"十二五"国家重点图书

出版规划项目

清华国学丛书

从思想世界
到历史世界

From Intellectual World to Historical World

陈 来 著

北京大学出版社
PEKING UNIVERSITY PRESS

图书在版编目(CIP)数据

从思想世界到历史世界 / 陈来著 . —北京：北京大学出版社，2016.1
（清华国学丛书）
ISBN 978-7-301-26130-9

Ⅰ.从… Ⅱ.①陈… Ⅲ.①儒家—研究 Ⅳ.① B222.05

中国版本图书馆 CIP 数据核字 (2015) 第 175346 号

书 名	从思想世界到历史世界
著作责任者	陈 来 著
责任编辑	王晨玉
标准书号	ISBN 978-7-301-26130-9
出版发行	北京大学出版社
地 址	北京市海淀区成府路 205 号 100871
网 址	http://www.pup.cn 新浪微博：@北京大学出版社
电子信箱	pkuwsz@126.com
电 话	邮购部 62752015 发行部 62750672 编辑部 62750577
印刷者	北京中科印刷有限公司
经销者	新华书店
	880 毫米 × 1230 毫米 A5 15.25 印张 318 千字
	2016 年 1 月第 1 版 2016 年 1 月第 2 次印刷
定 价	58.00 元

未经许可，不得以任何方式复制或抄袭本书之部分或全部内容。
版权所有，侵权必究
举报电话：010-62752024 电子信箱：fd@pup.pku.edu.cn
图书如有印装质量问题，请与出版部联系，电话：010-62756370

《清华国学丛书》总序

在现代中国,"国学研究"就其内容而言即国人对于中国文化之研究。中国文化有几千年连续发展的历史,中国文化的体系博大精深。经过百年来与外来文明的融汇,中国文化不断实现着新的发展与更新。在中国现代化进程不断发展、全球化浪潮冲击世界的今天,更全面、更深入地认识中华文明及其历史发展,发扬优秀的中国传统文化,已经成为新时代的重要使命。清华大学国学研究院的恢复建立,就是要为中华文明的伟大复兴,为中国文化走向世界,为中国学术的卓越发展,为重振清华大学中国文化研究的雄风而尽其努力。

在清华的历史上,1925年曾成立清华研究院国学门,当时亦通称清华国学研究院,后因各种原因,在1929年停办。在短短的四年当中,毕业学生近七十名,其中后来成为我国人文学界著名学者的近五十人。清华国学研究院指导学生的教授王国维、梁启超、陈寅恪、赵元任四位先生,后被称为四大导师,清华国学研究院的研究在当时代表了我国国学研究的最高水平,其教育人才的成就也成为我国近代教育史的一段佳话。

关于老清华国学研究院的宗旨和精神,吴宓在《清华开办研究院之宗旨及经过》中明确地指出:"惟兹所谓国学者,乃指中国学术文化之全体而言。而研究之道,尤注重正确精密之方法,并取材于欧美学者研究东方语言及中国文化之成绩,此又本校研究院之异于国内之研究国学者也。"近代以来,"国学"概念的使用有不同的用法,吴宓的提法代表了当时多数学者的用法。后来清华国学研究院的教研实践也显示出,清华国学研究院对"国学"和国学研究的理解,始终是把国学作为一种学术、教育的概念,明确国学研究的对象即中国传统学术文化,以国学研究作为一种学术研究的体系。在研究方法上,则特别注重吸取当时世界上欧美等国研究中国文化的成果和方法。这表明,老清华国学研究院以研究中国传统文化为本色,但从一开始就不是守旧的,而是追求创新和卓越的,清华国学研究院的学术追求指向的不是限于传统的学术形态与方法,而是通向新的、近代的、世界性的学术发展。

所以,这种求新的世界眼光,是清华国学研究院得以取得如此成就和如此影响的根本原因之一。事实上,在20世纪20年代,在大学里成立国学研究的院所,清华并不是第一家,前有北京大学研究所国学门(1922)、东南大学国学院(1924),后有厦门大学国学研究院(1926)、燕京大学国学研究所(1928),尤其是北京大学国学研究所成立早,人员多,在当时影响广泛,但最终还是清华国学研究院后来居上,声望和成就超出于其他国学院所,成为现代中国学术史的标志。究其原因,除了王国维等人本身是当时我国国学研究冠绝一世的大师外,主要有二:一是清华国学研究院以中西文化融合的文化观作为基础，在中国文化的研究方面，沉潜坚定，不受激进主义的文化观念所影响；二是把国人的国学研究和世界汉学、东方学的研究连成一体，以追求创新和卓越的精神，置身在世界性的中国文化研究前沿，具有世界的学术眼光。

老清华国学研究院是不可复制的，但它的精神和宗旨在今天仍然有其不可磨灭的价值。今天的清华大学国学院，依然承续老清华国学研究院对国学概念的理解和使用，我们也将以"中国主体、世界眼光"为宗旨传承老清华国学研究院的学术精神。"国学研究"是中国学者对自己的历史文化的研究，必须突出中国文化的主体性；但这种文化主体性的挺立，不是闭关自守、自说自话，而是在世界文化和世界性的中国文化研究中确立起自己的地位。

清华大学国学研究院力图秉承老清华研究院国学门的精神，接续20世纪三四十年代清华人文研究的传统，参与新时期以来清华文科的恢复振兴，力求把"清华国学研究院"办成具有世界影响的中国文化研究中心，为中国文化研究提供一个一流的国际化的平台。研究院将依托清华大学现有人文学的多学科条件，关注世界范围内中国研究的进展，内外沟通、交叉并进，既关注传统学术的总体与特色，又着重围绕中国哲学、中国史学、中国美学与文学、世界汉学进行多维度的深入研究，以高端成果、高端讲座、高端刊物、高端丛书为特色，为发展国际化的中国文化研究做出贡献。

《清华国学丛书》是清华大学国学研究院主办的几种高端丛

书之一,丛书主要收入本院教授、访问学人的研究成果,及本院策划立项的研究项目成果。这些成果在完成之后,经过遴选而收入本丛书,由北京大学出版社出版。

清华大学国学研究院
2011 年 1 月

目 录

《清华国学丛书》总序 …………………………………（ 1 ）

论儒家教育思想的基本理念 ……………………………（ 1 ）
古代德行伦理与早期儒家伦理学的特点
  ——兼论孔子与亚里士多德伦理学的异同 ………（ 20 ）
"儒服""儒行""儒道"
  ——先秦文献中"儒"的刻画与论说 ……………（ 46 ）
"儒"的自我理解
  ——荀子说儒的意义 ………………………………（ 69 ）
重订荀子《性恶篇》章句 ………………………………（ 88 ）
情性与礼义
  ——荀子政治哲学的人性公理 ……………………（100）
《逍遥游》与庄子的人生观 ……………………………（127）
《公孙龙子》与公孙龙的哲学 …………………………（143）
王弼及魏晋玄学的"有""无"范畴 ……………………（163）
郭象哲学及其在魏晋玄学中的地位 ……………………（179）
近世道学宇宙观的辩证观念
  ——朱熹的阴阳变化观 ……………………………（203）

儒学的普遍性与地域性 ………………………………（210）
儒教研究的方法 ………………………………………（229）
宋明儒学研究的回顾 …………………………………（244）
从"思想世界"到"历史世界"
　　——余英时《朱熹的历史世界》述评 ……………（259）
"一破千古之惑"
　　——朱子对《洪范》皇极说的解释 ………………（277）
元明理学的"去实体化"转向及其理论后果
　　——重回"哲学史"诠释的一个例子 ………………（313）
王阳明的拔本塞源论 …………………………………（348）
方以智的哲学智慧 ……………………………………（368）
何心隐的社会活动与思想特质 ………………………（379）

附录：儒学发展的问题与前景 ………………………（414）
后　　记 ………………………………………………（481）

论儒家教育思想的基本理念

中国的教育思想可谓源远流长，2500年前的孔子，他在生时和死后，一直被认为是伟大的教育家，而孔子的思想在广义上就是一套关于人的教育的思想。孔子的人文主义的教育理念和实践对中国的传统教育发挥了最重要的影响。本文将围绕"学"的观念，以孔子为主来说明儒家的教育理想，在论述中先说明孔子对教育和知识学习的重视，然后指出孔子的教育不仅重视知识的"学文"，更强调德性的"学道"；指出"圣人可学"的观念对解释儒家教育思想特色的意义，特别指出儒家强调自我学习的观念的重要性；最后论述了儒家的教育理念和目标。

一、好学

在西方，古代希腊以"爱智"（the love of wisdom）为哲学（philosophy）的精神特色，对后来的西方文化起到了相当大的塑造作用。古代中国哲学当然不强调以爱智为特色，故曾有许多学者以"明德"为中国哲学的特色，以与"爱智"成为对比，这对儒家哲学思想而言,也言之成理。

爱如果是爱好、喜爱,智如果与教育或学习有关,则与希腊"爱智"的取向相比,儒家思想特别是孔子本人的思想中另有一个观念更值得注意,这就是"好学",英文可译为 love of learning。"好学"决不是孔子思想中的一个普通概念,我们可以肯定地说"好学"是孔子思想中一个具有核心意义的基础性观念,不仅在他的教育思想,也在他的整个思想中占有特别重要的地位。这一点在以往似未受到应有的重视。

比如孔子说过:

> 十室之邑,必有忠信如丘者,不如丘之好学也。① (《公冶长》5:28)

这就是说有"忠信之德"者并不罕见,但"好学"之人则非常罕见。"忠信"是春秋时代的最基本的德性,而从这句话可以看出,孔子是把"好学"看得比"忠信"更为难能可贵的一种品质,虽然我不能说在孔子的全部德性系谱中"好学"的级位一定比仁和忠更高,但对孔子来说"好学"的品质显然是朝向于一个与道德不同的实践的面向,即教育的活动。

另一个例子是,鲁哀公与孔子谈话,问及弟子孰为好学,孔子说:

> 有颜回者好学,不迁怒,不贰过,不幸短命死矣。今也则亡,未闻好学者也。② (《雍也》6:3)

---

① 杨伯峻:《论语译注》,中华书局,1980年。
② 同上。

孔门贤人七十,弟子众多,可是孔子却惟独赞许颜回为"好学",颜回以外,则"未闻好学者也",这再次证明,孔子确实把"好学"看成非常重要而且难得的品质。

另一则《论语》的记述:

> 季康子问弟子孰为好学,孔子对曰:有颜回者好学,不幸短命死矣,今也则亡。①(《先进》11:7)

此段与上例相同,表示孔子对好学的重视和对颜回好学的赞许是一贯的。

仔细体会和回味《论语》中的上述三段话,我们应可知,整部论语把"学而时习之,不亦乐乎"置于全书之首,并非偶然。因为,孔子对"学""好学"的重视,确实非同一般。

这样,我们也就知道,孔子讲"吾十有五而志于学,三十而立……"这一段话中的"志于学"的意义亦非普通。"志于学"的志亦即"好学"之志,所以"学"与"好学"既是孔子思想的发生学的起点,也是他的思想生命的逻辑起点,是孔子思想的重要基石。

现在要问,"好学"是否为一种德性或美德呢?表面上看,好学与一般孔子所说的德性如仁、智、勇不同,似乎不属于德性,不过,这如何解释孔子既称颜回为惟一的"好学"者,又把颜回归在弟子中的"德行"一类?②如果好学属于德性,那么它与仁智勇的

---

① 杨伯峻:《论语译注》。
② 《论语》载:"德行:颜渊,闵子骞,冉牛,仲弓;言语:宰我,子贡;政事:冉有,季路;文学:子游,子夏。"(《先进》)

德性有何区别？亚里士多德在《尼各马可伦理学》中认为：

> 德性分为两类，一类是理智的，一类是伦理的。理智德性大多数由教导而生成培养起来的，所以需要经验和时间。伦理德性则是由风俗习惯熏陶出来的。……我们的伦理德性没有一种是自然生成的，因为没有一种自然存在的东西能够被习惯改变。①

理智德性的养成和教育有关，而好学也应当是属于教育的范畴，这样看来，从与教育的关联来说，好学与理智德性是有一致之处的。当然，理智德性是恰当运用理性的德性，与好学作为一种优秀的能力有所不同，同时孔子也不认为伦理德性与教育无关。但无论如何，孔子是把"好学"看成与"伦理德性"有别的重要品质和活动。

"好学"在孔子思想中的这种重要性，在他关于"六言六蔽"的论述中最突出地表达出来：

> 子曰："由也，汝闻六言六蔽矣乎？"对曰："未也。""居，吾语汝。好仁不好学，其蔽也愚；好知不好学，其蔽也荡；好信不好学，其蔽也贼；好直不好学，其蔽也绞；好勇不好学，其蔽也乱；好刚不好学，其蔽也狂。"②(《阳货》17：8)

这一段话很重要，从德性论来说，它表示每一个别德性对人的意义，不是独立的，而是与其他德性相辅相成地发挥其作用的，诸

---

① 亚里士多德：《尼各马可伦理学》，苗力田译，中国社会科学出版社，1992年，25页。
② 杨伯峻：《论语译注》。

德性的相辅相成才能造就君子或圣人的中和不偏的人格,而在德性的相辅相成的结构里,"好学"无疑占有其突出的地位。仁、智、信、直、勇、刚这六种德性都是伦理德性,但是孔子强调,对伦理德性的追求不能离开好学,所有的伦理德性若要中和地发挥积极的作用,不能离开好学的德性,不能离开好学的实践,否则这些伦理德性发生的作用就会偏而不正。这种思想认为,各种德性需要互相配合、互相制约、互相补充,因为每一单独的德性都可能在实践中有弊病。同时,还可看出,好学不仅是一种优秀的能力和特长,也是一种心智的取向,而这种能力和取向明显指向于知识的学习与教育过程。① 这样就把伦理德性和理智德性结合起来了,把伦理德性与教育(学习)活动结合起来了。

不管孔子这里所说是否有其特定的针对性,对照前述孔子一生对"好学"的高度重视,就可以看出"六言六蔽"之说并不是孔子的偶发之见,而是表达了孔子对伦理与理智,德性与学习的整体的、平衡的了解。有仁有智有勇有刚,但不好学,则德性仍不圆满而易产生偏差。因此,每一伦理德性都必须与好学的理智德性联系起来,相互补充,并且要用学习的实践成果去补益它,否则这一德性在实践中就会导致偏差,从这里可见孔子对教育及知识学习的重视。

自然,"好学"在这个结构中也并非独立自足的,但是,如果没有"好学",而只有好仁好信,孔子就不成其为孔子,不成其为教育家的孔子,不成其为"学而不厌"的孔子。在孔子留给后世

---

① 古希腊语中今天被翻译成德性的 arete,其原意即指特长和能力。

的形象中,"好学"始终是一个重要的侧面,这在唐以前的儒学中是不曾有过疑问的。

二、学道

好学是孔子思想中一个重要的价值,也是一种德性,好学体现于人的一生的无休止的过程,这也表示学习的实践是终生的,体现了孔子关于终身学习的理想。

如果说孔子提倡"好学",那么,孔门所学的内容是什么呢?宋代儒家就曾提出过孔门"所好何学"的问题。程颐说:

> 圣人之门,其徒三千,独称颜子为好学。夫诗书六艺,三千子非不习而通也,然则颜子所独好者,何学也?①

史书说孔子以六艺教人,以六艺为"礼乐射御书数";孔子曾致力整理六经,六经即"诗书易礼乐春秋"。根据《周礼》和《礼记》可知,诗书六艺在孔子以前的春秋后期已经是贵族教育的基本内容。②《史记》说孔门"弟子盖三千焉,身通六艺者七十二人",这里所说的通六艺即是礼乐射御书数。汉代以后的儒者则把六艺解释为六经。在孔子的时代,他把以前贵族教育的诗书六艺扩大为有教无类的一切人的教育,使得诗书六艺成为孔门教育的一般内容,极大地推动了知识的解放。不过,作为技术的六艺和

---

① 《二程集》,中华书局,1980年,577页。
② 《周礼》地官之大司徒有云:"三曰六艺:礼乐射御书数。"(《周礼正义》,中华书局,1987年,第756页)《礼记》王制则云:"乐正崇四术、立四教,顺先王诗书礼乐以造士,春秋教以礼乐,冬夏教以诗书。"(《礼记集解》,中华书局,1989年,364页)

作为经典的六经有所不同,后者完全是经典教育,前者则是实践性的技艺,孔子在二者之间更重视经典的教育。"好学"的对象当然包含这些内容,这说明孔子把经典为核心的人文教养与文化传承视为教育的基本内容。

但六艺、六经只是孔子教学的知识教育的范围,并非是孔子教育的全部内涵,甚至于《论语》中的孔子教诲几乎都是诗书六艺以外的内容。据《论语》,孔门以四教,"文、行、忠、信"①(《述而》7:25),后人还把先进篇的"德行、言语、政事、文学"称为四科②(《先进》11:3)。看来,技术的六艺是基础课程,经典的六艺是专业课程,而德行是通识教育的核心,因此四教和四科的说法,比六艺之说也许更全面地反映了孔子教育的理念与实践。更重要的是,孔子之为孔子,以及孔子的教育与周礼六艺的贵族子弟教育的不同之处,不仅在于他把六艺教育扩大为全民教育,而且在于他的教育理念已超出周礼的六艺,甚至超出周代的经典教育,而是以人文知识为基础发展为一种全面的自由人格教育。在《论语》中,"成为什么样人格的人"变成了教育最重要的核心意识,这在孔子以前的春秋时代是没有过的。也正是在此基础上孔子提出了"君子"理念为核心的"学道"教育。

教育或受教育对于孔子意味着什么?可以说,这个问题在孔子更多地是以"学"的形式提出来。就是说,在孔子思想中,"学"不仅是学习,"学"这个概念在孔子本身还意味着"教育"的意义。换言之"学"在孔子和儒家思想中有狭义和广义之分。狭

---

① 杨伯峻:《论语译注》。
② 同上。

义的"学"是学习,与"思"相对,所以,"子曰:吾尝终日不食,终夜不寝,以思,无益,不如学也。"①(《卫灵公》15:31)亦可与"修德"相对:"德之不修,学之不讲,闻义不能徙,不善不能改,是吾忧也。"②(《述而》7:3)广义的"学"则可以说就是对人的整体教育。狭义的"学"孔子又称为"学文",即知识的学习,所以孔子教人从孝悌信仁的践行开始,主张"行有余力而学文"③(《学而》1:6)。广义的学则不仅是知识的学习,而以德行之学为基础,因此,正如子夏所说,"贤贤易色,事父母能竭其力,事君能致其身,与朋友交而有信,虽曰未学,吾必谓之学矣。"④(《学而》1:7)这可以说也反映了孔子的思想。这里的"未学"的学当指学文;而把能行孝悌忠信"谓之学",这个"学"就不是学文的学,而是道德教育、人格教育,这里便体现了孔子的整体意义的"学"的概念。所以,孔子说"君子食无求饱,居无求安,敏于事而慎于言,就有道而正之,可谓好学也已。"⑤(《学而》1:14)一个不追求物质享受,而追求精神完满和人格完美,能勤敏谨慎,向掌握了真理的人学习,这就是好学了。这里的好学都不是狭义的学文的学,而是"君子"之学,即成为一个有人格追求的人、有精神理想的人的"学"。从教育的角度说,这里的"学"都具有一般人文教育的意义,不限于学文。相对于学的广狭二义,"好学"应当也有两重意义。

就学文而言,学是指知识的学习,尤其是礼乐知识和经典知

---

① 杨伯峻:《论语译注》。
② 同上。
③ 同上。
④ 同上。
⑤ 同上。

识。孔门中所谓"文学"是指此,"读书"之学是指此①(《先进》11:25),"多学而识"的学也是指此。所谓"博学于文"是指此种学文之学②(《雍也》6:27),学而不厌的学,也应主要指学文之学,与"德之不修"相对的"学之不讲"的学也应指学文之学。经典的学习,在《论语》中提到的有学易、学诗、学礼。孔子对于经典的学习与传承极为重视,"文"是学和好学的标志性内涵。这不仅成为后来儒学的主要特点,也深刻影响了中国的教育实践。

但是,如前所说,孔子主张的学不仅指此,经典和知识学习而外,还要"约礼""修德",在德行上、政事上实践有成,这些也都包含在学之内。所以孔子在回答哀公问时也说:"有颜回者好学,不迁怒,不贰过"③(《雍也》6:3),好学在此意义上即指学道、学德,这样的"学"是品质德性的获得和提升,所以这样的学亦可称为"学道",君子、小人都要学道。相比于技术的学习,孔子强调:"百工居肆以成其事,君子学以致其道。"④(《子张》19:7)所以,君子之学的要点在于学道,《礼记》称之为"修德学道"⑤。这样的学当然不注重特殊的技能(如稼圃),故"君子不器"⑥(《为政》2:12),君子所代表的是一完整的人格,不是某一专门技术或技艺。这样的学实际上更多的是指领导者之学,学作领导者。这种学作领导者的学,

---

① 杨伯峻:《论语译注》。
② 同上。
③ 同上。
④ 同上。
⑤ 《礼记·燕义》,中华书局,1989年。
⑥ 杨伯峻:《论语译注》。

并不是把领导作为一门技术,而是通过学"好礼好义好信"来得到领导者的素质和能力。①(《子路》13:4)

从整个孔子思想体系来看,最重要的是,"学"的目标是学为君子,这是全部《论语》的宗旨。后来唐代的儒学家和教育家韩愈(公元 768—824 年),明确提出教育者的第一位任务是"传道",其次才是知识的"授业"和"解惑",所以从教的方面说,"传道"是第一位的,从学的方面说,"学道"是第一位的。

孔子主张君子要"学道",普通人也要学道,学道与学文相对。从政治上说,君子学道是为了成为好的领导者,普通人学道是为了成为好的公民②(《阳货》17:4)。所谓学文是学道的余事,人能行孝悌忠信,"行有余力,则以学文"③(《学而》1:6),这可能更多地是对普通人而言。但无论如何,道是最重要的,所以"朝闻道,夕死可矣"④(《里仁》4:8),而好学的意义之一是"守死善道"⑤(《泰伯》8:13),维护道的正义。所以学的首要任务是"志于道",最后才是"游于艺"⑥(《述而》7:6)。"君子学以致其道"⑦(《子张》19:7),道的追求始终是君子之学的目标。

《礼记·学记》也说"玉不琢,不成器;人不学,不知道。是故古之王者建国君民,教学为先"。这也突出了学的目的是"知道",

---

① 杨伯峻:《论语译注》。
② 同上。
③ 同上。
④ 同上。
⑤ 同上。
⑥ 同上。
⑦ 同上。

学是使人成为君子,而君子的榜样可以化民成俗,具有社会政治的功用。在这个意义上,儒家的教育理念往往与社会政治联系在一起,接近于实用主义的立场。

三、圣人可学

关于事实的知识是可以教授的,但关于德性、人格的知识则有所不同。柏拉图在《米诺篇》中,以苏格拉底与米诺的对话,提出"美德能教授吗"的问题。[①] 这个问题当然包括两方面,一是老师能不能把美德教给别人?二是学生能不能从老师的所教中学得美德?照柏拉图所说,苏格拉底开始时强调不知道美德为何的人是不能教给别人美德的,而最后他明确主张美德不可教,他的论点主要是从老师即教育者的角度着眼的。且人可以通过学圣人之德而成为圣人。所以,对于苏格拉底与柏拉图的"德可教乎"的问题,中国古代儒家更倾向于用"圣可学乎"的方式来表达儒家的问题意识。因此我们可以说,儒家通过"圣人可学"的观念,肯定了"德可学"。自然,教与学不同,但它们都属于"教育"的范畴。因此,如果把苏格拉底、柏拉图的问题,转化为"美德可以通过教育获得吗?",那么,儒家对于德可学、圣可学的肯定,应当说即是肯定了德性与教育的联系。在柏拉图之后亚里士多德对这个问题的回答是,理智德性可通过教育获得,伦理德性则不是从教育获得。儒家则主张伦理德性也可以通过"学"而获得。

[①] 《柏拉图全集》卷一,王晓朝译,左岸文化事业有限公司,474页。

圣人可学的观念其实早在先秦已经成熟,荀子(公元前298—238年)说:

> 学恶乎始？恶乎终？曰:其数则始乎诵经,终乎读礼;其义则始于为士,终乎为圣人。①

"数"指课程的阶段,"义"是教育的目标。荀子认为,"学"以成为圣人那样的人作为目标,肯定圣人是可学而至的。如果说数学的计算是可以由老师教会的,显然,孔子到荀子,都不会认为德性是仅仅靠老师的教授获得的,事实上数学计算的能力也需要学生的实践,任何一种数学知识的获得都不仅需要教,也需要学和习(学而时习之)。在这个意义上,美德并不是仅靠老师教会的。但另一方面,孔子与此后的儒家以讲学为天职,无非是昭教学生去学习士君子的人格和德性,儒家在教学活动中也反复讨论许多对于德性的疑问。在这个意义上,德性的获得与"教"有关,当然,完整的德性的获得不是仅靠"教",而是"教—学"的连续过程。

圣可学的观念从教育的角度看是通过学习获得德性的发展,而君子是孔子特别用来作为理想人格的概念。从整个孔子思想体系来看,最重要的是,"学"的目标是学为君子,以君子的人格态度来从事"学",这是全部《论语》的宗旨。在孔子以前"君子"一词是指统治阶级,在孔子则将之改变为理想人格的名称,这是孔子对古代人文主义教育的根本性贡献。

圣可学的教育理念和儒家主流的人性论相关。孟子的人性善观念到宋代以后成为最有影响的人性论,这种人性论认为,人

---

① 《荀子·劝学》,《荀子新注》,中华书局,1979年,7页。

的本性不论其社会等级、职业差别、教育程度,都是本善的。善表示人与动物的根本不同,也是人能自我教育和自我发展的内在根据。一个人为不善,并不是他的本性所决定的,而是社会环境和习惯造成的。人性光辉的信念使得儒家教育思想对于人不是抱着不信任的态度,而是最大限度地相信人的自我教育和发展的能力,因此,引导人的行为向善,不是依靠严刑酷法,而是依靠人的本性的自觉,去冲破社会污染的迷失。这是最根本地肯定人的尊严的思想。

四、为己之学

就"圣可学"的观念来说,显然不是对于教育者而言,而是对学习者而言,其重点不是教育者怎样去教,重点是学习者怎样去学,学习者自己怎样学得德性、学为圣贤。这也可见儒家的教育思想更关注的不是教,而是学。这是儒家教育思想的特点。

从《论语》的文本来看,"学"一词使用的频率极高,而"教"的使用甚少。这一对比显示出,孔子把"学"看成教育过程的首要因素。从而,美德主要是从"学"获得而来的。孔子所理解的教育不仅是教,更强调学,教育从根本上说是人的自我追求的过程。孔子主张"古之学者为己,今之学者为人"[①](《宪问》14:24),为人即给别人看,为己是为了自己的人格与精神的成长和完满。从这个观点看,教育的主体性体现为由己之学,是人为了自己而主动的

---

① 杨伯峻:《论语译注》。

学习,教育的精神就是使受教育者主动地学习。"为仁由己,而由乎人哉?"①(《颜渊》12:1)

学习成为圣人的观念不仅在教育目标上界定了教育的人文性质,也使得"教育"的重点不在教,而在学,虽然"学"可能包括向老师学,即包括一些教的内容,但学更多强调的是学习者自己努力地去学习、实践,特别是这种学也是学习者自觉的为学,终身的追求,终身的教育。这种自觉自然要靠教育者的启发、引导和榜样的召唤,但更要靠学习者自己。而孔子所说的"学"也包含了实践,君子人格是可以通过学习和培养,通过德性的不断的自我训练来达到的。

由于教育中学习者的地位最重要,所以学是教育过程的首要因素。因为教育的过程主要是学习者自我学习、不断学习的过程,教虽然占有一个重要位置,但相比之下,学习者自己的学习更为重要。就德性的教育而言,教育者的最基本的责任是,对于受教育者特别是正在形成世界观的青少年启示一种理想的人格德性,唤起学习者的仰慕心,发愿成为这样的人,使理想人的德性成为自己的德性、品质和一生的选择。但成圣成贤,严格地说,不是老师所"教会"的,德性的知识虽然可以是 knowing what,但学会德性的知识,要自己在实践中做出来,是自我完成的。教育者的责任是告诉学习者什么是君子,君子处于何种境遇会展现何种德性,使学习者在教育过程中得以"兴起",产生一种对高尚人格的景仰、仰慕,从而希望在自己的生活中也模仿去做,把人格的追求

---

① 杨伯峻:《论语译注》。

看成生命中的重要任务。但老师教的只能使你"知及之",如果没有自己的努力实践,"虽得之,必失之"①(《卫灵公》15:33)。老师教的是知,自己去学的是行。

可以说,儒家更多的是把"学"理解为学习者自主的、终生的、实践的活动,如果说到德性的话,它决不像一种方程的知识可以在课堂里教会,而是在对正确与错误,高尚与低俗的不断教育中唤起人的道德感和生活选择的能力,并促使人在日常生活中体现它。所以儒家中重要的问题不是仁、德的定义和辨析,它认为这种辨析对德性的养成没有实际作用。儒家教育中关切的问题是怎样去做才是仁的德行,仁表示何种的实践,什么样的人可以称作仁的人,君子即高尚的人应当具有什么德行,他们的实践原则是什么,要成为君子需要具备什么德行,什么行为原则,具有这样德行和原则的人能达到何种精神的境界(仁者不忧,知者不惑,勇者不惧),君子选择什么,摒弃什么。论语中最常出现的是"君子——,而不——"或"君子——,小人——",叙述君子的生活状态、态度。

正是由于教育是学习者自主的学习,所以孔子和早期儒家强调"古之学者为己,今之学者为人""君子求诸己,小人求诸人",学是学为君子,为己就是为了使自己在精神人格上的充实发展而学习,儒家和中国哲学的意识是,理想的人格是什么,人性是如何,实现人性的修身方法是什么。

---

① 杨伯峻:《论语译注》。

五、成人之道

那么,从儒家的角度看,"教"的作用何在?除了知识的传授外,老师的教诲是指出道德的榜样,并通过对人事的道德评价鼓励和引导学生德性的进步;教育者的任务是告诉学习者什么是伟大的精神,什么是高尚的人格,引导学习者把自己培养成为高尚的人。这是古典教育的共同宗旨,与古代贵族教育有密切关联。儒家的教育者并不企图告诉学习者为什么要学习成为高尚的人格,更不会去证明成为高尚的人有何实际的好处,因为这对他们是不言自明的预设。古典儒家的师道只是力图说明什么样的人是高尚的人,高尚的人具有什么具体的德性,人应当如何修养自己以获得这些德性(或发挥这些德性),以达到圣人的境界。所以,孔子教人的重点不是具体的礼制知识,甚至也不是经典知识。对于礼,孔子是把礼作为规范的总原则,来评价人的行为,礼在这里成为道德行为的原则,参与到对德性和行为的评价。至于经典,孔子所关注的是如何利用经典话语的权威资源,把经典作为规范性的教训,引申其价值的意义,发挥其伦理教训的功能。儒家对经典的传承当然也重视其文献的知识意义,但比起其价值意义来,则居其次。在这个意义上,如果说孔子所说的"教",其注重传授的知识是道德知识,亦无不可。对于儒家,从理论、形象上,肯定和树立人格的理想是"教"的一个重要的方面,所以论士君子的德性的内容在《论语》中所占的数量最多,以此通过赞扬和贬评,培养人的道德正义感和公共服务的精神。

不论是士还是君子,儒家的"学"就是学为一种高尚的人格、完整的人格、具有多方面优秀品质的人格。培养一种追求高尚人格的人,以德性教育为中心的整全人格的塑造,是儒家的教育目标和理想,也是两千多年来儒家教育的历史实践。中国古代的教育理念是"做人",学做君子,学至圣人,体现了"做什么样人格的人"是儒家教育观的根本问题。孔子和孔子以后的儒家都把教育的最高理想界定为使学习者成为圣贤。古代教育与学习,最重要的是设立道德的榜样,而这在人文主义文化中只能通过圣人的形象来达到。在中国它虽然可以是具体人格的,如古代圣王的系谱,但更多的是儒家文化中对"君子人格""君子品质"的崇尚和表达,以此造成对受教育者的一种道德的感召,使得受教育者努力学习成为这样的人格。

在君子人格和德性中孔子最重视仁,仁是孔子道德教育的中心观念。照后来儒家对《论语》的解释,仁是人之全德,就是说,仁不是某一个方面的德性,仁代表整体的品质德性;狭义的仁与义礼智信相分别,广义的仁则包含义礼智信。由于这样的仁是人的全德,所以这表示孔子和儒家的教育理念是注重培养全德的人。古礼中的"成人"是指成年人,而孔子则将"成人"的观念转变为完备人格的概念:具有知、不欲、勇、礼乐、艺多方面德性的人是"成人","见义思利,见危授命"的人是"成人"[①](《宪问》14:12)。《管子》中说"既仁且智,是谓成人"[②]也明白地说明了这一点。后来荀子也说有德操的人是成人,德性完美的人是"成人",而君子就要

---

① 杨伯峻:《论语译注》。
② 《管子·枢言》二十二子本,上海古籍出版社,1986年,107页。

成为具有完备人格的人,"君子贵其全也"①。宋代新儒家邵雍(公元1011—1077年)则把全德之人称为"全人"②。这样的教育,其基点是服务于一个人的全体的精神成长,服务于他的全部的德行生活,它不是一个专一的技能所能体现的,当然也不是为了把一个人教育为专业的人士。从这个意义上说,孔子以前如果有"儒",这种儒也没有确立起这样的全人教育的理念,只有到了孔子及孔子以后的儒家才确立起全人教育的理念。而"君子不器"可以说也是这一理念的表现。

在教育上,"道"代表德性为中心的整全人格的塑造,是教育的目标和理想,这是孔子开创的儒家教育的实践所始终强调的。中国古代的教育,始终强调学习"做人"。要培养出把品格的操守看得最重要的人,追求人格高尚而鄙薄低俗、不屑功利的人,培养这样的人,是儒家教育的根本目标。

以圣人奠定整体性的生活目标,用箴言和榜样进行感召的教育,这种教育在哲学中被称为德性中心的教育或品质特性的教育。儒家以美德品质为教育的核心,要人自愿地忠于其品德责任,快乐地寻求学习圣人,因此哲学最重要的并非存在论的"是",而是伦理学的"德",重要的不仅是"知",还要重视"行"。哲学的性善论则是致力说明人性可以成为生长所有品质德性的自我的根源,以代表道德理想的圣人为学习的目标和动力。

总结起来,儒家的教育理念,重视经典的人文教养,以君子的榜样为学习的模范,以德行优于知识,以圣人人格为教育的培养

---

① 《荀子·劝学》,《荀子新注》,13页。
② 《宋元学案·百源学案》,中华书局,1986年,385页。

目标,强调成人或全人的教育理念,突出"学"和自我的主动性在教育过程中的意义,着眼在把人变成全面发展的高尚的人。儒家的教育思想不仅仅是对狭义的教育的认知,而且蕴涵着整个古典时代对"人"的理解。

(《北京大学学报》,2005年5期)

古代德行伦理与早期儒家伦理学的特点
——兼论孔子与亚里士多德伦理学的异同

一、"仁"观念的渐渐兴起

周人(公元前841—前770年)德性论中有些地方已经提到仁德(如《逸周书》的若干篇),但或意义不清,或强调不力。而在春秋(公元前769—前476年)各诸侯国,仁的意义渐渐明确,其地位也越来越重要。《国语》记晋献公十六年(公元前661年)骊姬的话:

> 吾闻申生甚好仁而强,甚宽灰而慈于民,皆有所行之。——吾闻之外人言曰,为仁与为国不同。为仁者,爱亲之谓仁。为国者,利国之谓仁。故长民者无亲,众以为亲。苟利众而百姓和,岂能惮君?(《国语》卷七,《晋语》一,275页)

这是说,"仁"有两个层次,就一般人而言,"爱亲之谓仁",仁即对父母兄弟之爱。而就统治阶级的成员而言,"利国之谓仁"。一个政治领导者只爱其亲,还不能算是做到了"仁",只有利于国家百姓,才算是做到了"仁"。从这里可以看出,一方面,"爱亲之谓仁"是当时通行的一种对"仁"的理解。另一方面,一个人是否完成了"仁"

的德行,是和他的社会位置关联着的,不同的社会位置所要求的"仁"是有所不同的。

说者的本意是攻击晋太子申生作为一个治民者会把满足百姓的需要放在优先的地位,而牺牲亲情,但其说法中,似把"利国"看成比"爱亲"更高一级的仁,这个讲法是有相当的水平的。不过,就事实而言,申生是很看重爱亲的仁的:

> 人谓申生曰:"非子之罪,何不去乎?"申生曰:"不可。去而罪释,必归于君,是怨君也。章父之恶,取笑诸侯,吾谁乡而入?——吾闻之,仁不怨君,智不重困,勇不逃死。若罪不释,去而必重。去而罪重,不智;逃死而怨君,不仁;有罪不死,无勇。去而厚怨,恶不可重,死不可避,吾将伏以俟命。"
> (《国语》卷八,《晋语》二,291页)

骊姬陷害申生,人劝申生流亡出走,申生不同意,他说,如果我走了而我的罪名得到彰雪,那就等于证明我的父亲错了,人们就会怨恨国君;把自己父亲的过错暴露于众,使父亲见笑于诸侯,哪个国家会欢迎这样的人,我又有何颜面去别的国家呢。另一方面,如果我走了而我的罪名没有解除,那就等于在原有的罪名上更加了一层罪名。于是,他说,使人怨恨自己的国君,这是不仁;逃走而加重自己的罪名,这是不智;怕死,这是不勇。所以申生拒绝了去国的建议,坦然直面命运的安排。在这里,"仁、智、勇"并称,这也就是后来《中庸》所说的三"达德"。这三达德在春秋前期已经提出来了。在伦理学上我们知道,有些美德是超乎基本的道德界限的,就是说,达到这些美德很高尚甚至很伟大,但做不到,也并非就是不道德。从申生的态度看,仁智勇不仅是他心所向往的超乎基本道德界限的美德,这些德目的否定形式,不仁、不智、不勇,就是不道德,至少对他自己有很强的约束力。在古代社会文化中,贵族把道德荣誉看得很重要,申生是一个例子。

自然,仁、智、勇的并称,一开始并不是稳定地集中在这三者上面,如:

> 却至曰:"不可。至闻之,武人不乱,智人不诈,仁人不党。"(《国语》卷十二,《晋语》六,424页)

此处以武、智、仁并提,武其实即是勇。勇之过憎恶乱,智之过则为诈,仁之过则为党。仁本来有亲、爱的意思,对于某些人特别亲之爱之,这就是党了,党即偏亲偏爱。

"仁、智、勇"在春秋前期还没有形成稳定的德目组合,不仅表现在"武、智、仁"的提法,也体现在:

> 悼公使张老为卿,辞曰:"臣不如魏绛。夫绛之智,能治大官;其仁,可以利公室不忘;其勇,不疚于刑;其学,不废其先人之职。若在卿位,外内必平。"(《国语》卷十三,《晋语》七,443页)

这里对人的评价,是用智、仁、勇、学四德为标准。这里的"学"是指世官制度下掌握、传承先人所职司的知识。

鲁成公十六年,周大夫单襄公因晋克楚,而发表议论:

> 襄公曰:"——夫人性,陵上者也,不可盖也。求盖人,其抑下滋甚,故圣人贵让。且谚曰:'兽恶其网,民恶其上'。书曰:'民可近也,而不可上也'。诗曰:'恺悌君子,求福不回'。在礼,敌必三让,是则圣人知民之不可加也。故王天下者必

先诸民,然后庇焉,则能长利。——佻天不祥,乘人不义。不祥则天弃之,不义则民叛之。且却之何三伐之有?夫仁、礼、勇,皆民之为也。以义死用谓之勇,奉义顺则谓之礼,畜义丰功谓之仁。奸仁为佻,奸礼为羞,奸勇为贼。"(《国语》卷二,《周语》中,84—85页)

在这里,单襄公是以"仁、礼、勇"并提,证明当时仁智勇还没有成为普遍的稳定组合。值得注意的是,单襄公给出了他的关于仁、礼、勇的定义:敢于为正义而死,这是"勇";以礼义为原则而奉行之,这是"礼";积养正义、增多功德,这是"仁"。

可见,"仁"的重要性日益为大家所肯定,且渐渐被认为是基本的德性:

> 对曰:"——瑶之贤于人者五,其不逮者一。美鬓长大,则贤;射御足力,则贤;伎艺毕给,则贤;巧文辩惠,则贤;强毅果敢,则贤。如是而甚不仁。以其五贤陵人,而以不仁行之,其谁能待之!(《国语》,卷十五,《晋语》九,500页)

晋国的智宣子要立瑶为后,智果不赞成,他说瑶有五项过人之处,却有一条不如别人,即在体魄、射御、伎艺、巧辩、果敢五个方面颇胜于人,但是"不仁",唯独缺少仁德;而如果没有仁这一基本德性,其他都不能发生正面的作用。可见他是把仁看成根本德性,而其余五者只是次级德目。一个人如果根本德性有缺,是很难立足的。

二、春秋时代德行论的流行

现在我们来考察仁及各种相关德目的意涵。《周语》上：

> 内史兴归，以告王曰："晋，不可不善也。其君必霸。逆王命敬，奉礼义成。敬王命，顺之道也。成礼义，德之则也。则德以导诸侯，诸侯必归之。且礼所以观忠信仁义也。忠所以分也，仁所以行也，信所以守也，义所以节也。忠分则均，仁行则报，信守则固，义节则度。——中能应外，忠也；施三服义，仁也；守节不淫，信也；行礼不疚，义也。(《国语》卷一，《周语》上，41页)

内史兴这里所说，是断言晋文公必能领导晋国成为霸主。他把忠信仁义四德并称，而且在他的讲法中，与前述各种说法不同的是，这四德与其说是"德行"不如说就是"德性"。中国古代的"德"往往泛指德行，即兼内外而言，而"德性"则是一个专指内在品质的概念。内史兴的这个讲法中，用了"所以"，他说"忠所以分也"，又说"中能应外"，故韦昭注云"心忠则不偏也"，即忠是心的一个德性，忠的这个德性可以使我们在分配的时候公平而不偏。所以，他的意思是，以忠（心）分配资源则均平，以信（心）持守承诺则坚固（"固"也是我们在前面见到几次的德目），以义（心）节制则有度（"度"也是我们在前面屡见的德目）。所以他所说的四德是指心之德，即德性。这里的"仁行则报"，意思不是那么清楚，推其意思，似指仁为一种悃德,可用以施恩,而能得到民人的回报。①

再来看周语下:

> 晋国孙谈之子周适周,事单襄公,立无跛,视无还,听无耸,言无远;言敬必及天,言忠必及意,言信必及身,言仁必及人,言义必及利,言智必及事,言勇必及制,言教必及辩,言孝必及神,言惠必及和,言让必及敌;晋国有忧未尝不戚,有庆未尝不怡。(《国语》卷二,《周语》下,95页)

晋之公孙惠伯谈,其子名周,即后来的晋悼公(悼公即位在公元前572年)。晋悼公即位之前,在周事单襄公,很受周大夫的赞赏。照这里所说,他的德行很完美,这是否事实,我们不必深考。我们所关注的是当时人们用以评价人的德行标准和德目表。这里有关德行的叙述可分为三个部分,一为四"无",二为十一"言",三为二"未尝不"。四无对其德行的描述是:站则双腿并直不弯,视则不会左顾右盼,听从不拉长耳朵,言恒论切近之事而不骛远。十一言对其德行的描述是:讲到敬一定表示对天的敬畏,讲到忠必求发自内心,讲到信必从自己身上作起,讲到仁必施爱及于他人,讲到义必能兼顾于利,讲到智必重处理事务而不流于虚浮,言及勇必定有所制约,论到教必强调分辨是非,讲到孝一定相信鬼神,讲到惠一定致力亲和,讲到让即使对敌人亦先礼后兵。二未尝不是指:自己的国家有忧患则未尝不忧愁,国家有庆则未尝不喜悦。就德目而言,这里提出了敬、忠、信、仁、义、智、勇、教、孝、惠、让共十一个德目,其中除了"教"是不是德行可能还有疑问,其他十个

---

① 韦昭注云:"仁行则有恩也。"(《国语》卷一,43页)

无疑都是德行的条目。而最后所说的忧国爱国之心,如果与前面所说的"忠"有区别的话,则这两个"未尝不"也可合为一个德行。前面所讲的四无当然也是德行。这样,总共有16个德目。这个德目表在公元前6世纪的前期,应当是有代表性的。

据《国语》,正是因为周的身上有种种美德,所以单襄公在重病时对儿子单顷公说,周一定会作晋国的国君,要善待他:

> 必善待周,将得晋国。其行也文,能文则得天地。天地所胙,小而后国。夫敬,文之恭也;忠,文之质也;信,文之孚也;仁,文之爱也;义,文之制也;智,文之舆也;勇,文之帅也;教,文之施也;孝,文之本也;惠,文之慈也;让,文之材也。象天能敬,帅意能忠,思身能信,爱人能仁,利制能义,事建能智,帅义能勇,施辩能教,昭神能孝,慈和能惠,推敌能让。此十一者,夫子皆有焉。天六地五,数之常也。经之以天,纬之以地。经纬不爽,文之象也。文王质文,故天胙之以天下。夫子被之矣,其昭穆又近,可以得国。
>
> 且夫立无跛,正也。视无还,端也。听无声,成也。言无远,慎也。夫正,德之道也;端,德之信也;成,德之终也;慎,德之守也。守终纯故,道正事信,明令德矣。慎成端正,德之相也。为晋休戚,不背本也。被文相德,非国何取!(《国语》卷三,《周语》下,98页)

后面一段,就是评论前面所说的周的第一部分德行四无,这四无之"行",用"德"的语言来表达,就是正、端、成、慎。单襄公又把周对晋国的"未尝不戚""未尝不怡"的爱国之德,合说为为国(晋)休戚。所以,单襄公评论周的德行,总共提出了16个德目,即:敬、忠、信、仁、义、智、勇、教、孝、惠、让、慎、成、端、正、为国休戚。值得一提的是,慎、成、端、正四德与敬、忠、信、仁等十一德之间的关系,照单襄公"慎成端正,德之相也"的说法,韦昭注云"相,助也",则似乎相对于其他德行,这四德是属于辅助的德行,而其他诸德是基本的德行。如果进一步分析的话,像"立无跋""视无远"这一类德行,比较属于个人性的德行;这些固然是贵族的"礼"文化中所要求的个人人格的一部分,但并不是与社会或他人有直接关联的德行。而忠信仁义孝惠让敬则是与他人和社会直接关联的德行。也许我们可以用"个人性德行"和"社会性德行"来区别二者。

在单襄公讲话的前面一段,在论述中间的十一德时,他引进了"文"的观念。在他的说法中,把"文"作为德行的总名,认为十一个德目都是反映了"文"的一个方面。如说敬是文德的恭敬的方面(敬,文之恭也),仁是文德的爱人的方面(仁,文之爱也),孝是文德的根本(孝,文之本也)等等。其中"爱人能仁""帅义能勇",以及"忠,文之实也""仁,文之爱也""孝,文之本也",这些提法都与早期儒家相同或相通。可见,早期儒家的德行论是对西周春秋时代的德行论的继承。

楚国的子西使人召王孙胜,子高问子西,你召他来要怎么使用他呢,子西说我想让他去守楚吴的边境。于是子高说出了他对王孙胜的德行的看法:

> 子高曰:"不可。其为人也,展而不信,爱而不仁,诈而不智,毅而不勇,直而不衷,周而不淑。复言而不谋身,展也;爱而不谋长,不仁也;以谋盖人,诈也;强忍犯义,毅也;直而不顾,不衷也;周言弃德,不淑也。是六德者,皆有其华而不实

者也,将焉用之?"(《国语》卷十八,《楚语》下,584页)

子高在这里用对比的方法,把六种吉德和与这六德相似而非的六凶德加以对立比列,以显示出吉德与凶德的不同,即

信—展／仁—爱／智—诈／勇—毅／衷—直／淑—周

左边的"信、仁、智、勇、衷、周"为正德、吉德。而右边的"展、爱、诈、毅、直、周"则偏而不正,它们不仅不能独立的成为美德,而且,它们的独立发生作用,反而与美德背道而驰。例如:"展"表示说话算话,但所说的话和对所说话的履行,不一定是善的言行。而"信"是就善的言行而言,这是信和展的不同。"爱"表示施加好处给人,可以得到别人的拥护,但这可能是出于私心和私情。"仁"包含着爱,但仁的爱不是出于私心,而是出于公心,这是仁和爱的不同。"诈"是对人使用计谋,而"智"是光明正大的智能,这是智和诈的不同。"毅"只是表示敢于以强力冲破束缚,而不管这种强力从事的是否正义,所以这还不是"勇"。子高的这些说法,特别是德之"实"和德之"华"的分别,显示出,在他看来,美德的德目可以有许许多多,但美德之为美德,在于任何一个美德的德目都必须在一个特定方面与"善""正义"联结着,没有这种联结的德目,就不能成为美德。

楚国的申叔时在阐明应当如何教导太子的时候,曾举出春秋、世、诗、礼、乐、令、语、故志、训典等文献,他同时还指出:

若是而不从,动而不悛,则文咏物以行之,求贤良以翼之。悛而不摄,则身勤之,多训典型以纳之,务慎惇笃以固之。摄而不彻,则明施舍以导之忠,明长久以导之信,明度量

以导之义,明等级以导之礼,明恭俭唷导之孝,明敬戒以导之
事,明慈爱以的之仁,明昭利以导之文,明除害以导之武,明
精意以导之罚,明正德以导之赏,明齐肃以耀之临。若是而
不济,不可为也。

且夫诵诗以辅相之,威仪以先后之,体貌以左右之,明行
以宣翼之,制节义以动行之,恭敬以临监之,勤勉以劝之,孝
顺以纳之,忠信以发之,德音以扬之。叫备而不从者,非人
也。(《国语》卷十七,《楚语》上,531页)

申叔时主张,在教授文献之外,还要加以道德教化,引导、培养太
子的德性,这些德性是:忠、信、义、礼、孝、仁、事、文、武、赏、罚、临。
共十二个,前六个是比较普遍的伦理德性,后六个是国家统治者
所需要的政治德性。在这里,"事"是敬慎从事;"赏"是指公平行
赏,善于以赏鼓励有德者;"罚"是指明断是非,正确实施惩罚的素
质;"临"是一种君临下民的严肃气质。

可见当时勇、仁、孝、智既是德性,而它们的反面,非勇、非仁、
非孝、非智作为道德规范对人的行为起着重要的调解作用。如无
名在前面所说的,春秋时代的德目既是美德、德行之目,而它们的
否定形式"非一"也是评判、制约社会行为的规范准则。

由以上可见,"仁"作为德目,在西周春秋已颇受重视,但除了
《逸周书·文政解》的"昭九行"以"仁"为首之外,在多数场合,"仁"
只是众德之一,地位并非突出于诸德之上。同时,我们也看到,
"爱"作为"仁"的一个主要内涵,已经在春秋时代渐渐形成。

三、西周春秋时期各种德目表的比较

现在我们把西周春秋的几种德目表和德行说，简化排列如下：

九德：孝、悌、慈惠、忠恕、中正、恭逊、宽弘、温直、兼武（《宝典解》）

十德：静、理、智、清、武、信、让、名、果、贞（同上）

九行：仁、行、让、言、固、始、义、意、勇（《文政解》）

九思：勇、意、治、固、信、让、行、仁（同上）

九德：忠、慈、禄、赏民之利、商工受资、祗民之死、无夺农、民之则（同上）

九守：仁、智、固、信、城沟、廉、戒、竞、国（同上）

九德：忠、信、敬、刚、柔、和、固、贞、顺（《常训解》）

五教：义、慈、友、恭、孝（《文公十八年传》）

六德：咨、询、度、诹、谋、周（《鲁语》下）

三德：义、祥、仁（《周语》下）

四德：忠、仁、信、义（《周语》上）

三德：仁、智、勇（《晋语》二）

四德：智、仁、勇、学（《晋语》七）

六德：信、仁、智、勇、衷、周（《楚语》下）

四德：仁、信、忠、敏（《成公九年》）

十一德：敬、忠、信、仁、义、智、勇、教、孝、惠、让（《周语》下）

十二德：忠、信、义、礼、孝、仁、事、文、武、赏、罚、临(《楚语》上)

从以上可见，春秋时代可以说是一个"德行的时代"。就以上述列统计，以出现次数排列，多者在前，少者在后，则以下八项最多：仁、信、忠、孝、义、勇、让、智。在这些不同的德目表里，德目的重要性的次序，各自安排不同，在统计上，"忠"和"仁"被置于首位的次数最多，当然，这只是就我们此处所列者而言。另外，我们也不能说出现次数多的德目，一定比出现次数少的德目重要。因为，首先，我们所占有的资料不一定能够全面反映历史的实际情形；其次，这种统计离开了具体的叙述和解释，故难以代表实质性的说明。如某一个德目出现的次数并不多，但在这些出现的场合，这个德目都被叙述为比其他的德目更重要。显然，在这种情形下，并不能因为这个德目出现的次数少而忽略其重要性。

最后，我们简略的讨论一下前面提到的所谓"形式性的德行"。我们所说的形式性德行是指中国古代典籍里记述的以下品质：

直而温，宽而栗，刚而无虐，简而无傲。(《舜典》)

宽而栗，柔而栗，愿而恭，乱而敬，扰而毅，直而温，简而廉，刚而塞，强而义。(《皋陶谟》)

宽宏、温直、恭逊、慈惠。(《宝典解》)

齐、圣、广、渊、明、允、笃、诚(《文公十八年》)

忠、肃、共、懿、宣、慈、惠、和(《文公十八年》)

敬、俭、让、咨(《周语》下)

正、端、成、慎(《周语》下)

我们应该记得《国语》中关于慎成端正的解释:"立无跛,正也。视无还,端也。听无声,成也。言无远,慎也。"而文公十八年传所说的 16 德"齐、圣、广、渊、明、允、笃、诚、忠、肃、共、懿、宣、慈、惠、和",最为典型地代表了所谓形式性德行。

自然,这些德行是贵族德行,与统治阶级有关,如:

> 定王八年,使刘康公聘于鲁,发币于大夫。季文子、孟献子皆俭,叔孙宣子、东门子家皆侈。归,王问鲁大夫谁贤,对曰:"为臣必臣,为君必君。宽肃宜惠,君也;敬恪恭俭,臣也。宽,所以保本也;肃,所以济时也;宣,所以教施也;惠,所以和民也。本有保则必固,时动而济则无败功,教施而宣则遍,惠以和民则阜。——敬,所以承命也;恪,所以守业也;恭,所以给事也;俭,所以足用也。"(《国语》卷二,《周语》中,76 页)

在刘康公的讲法中,就是以宽肃宜惠为君之德,而以敬恪恭俭为臣之德。当然,这种分别并不是绝对的,特别是,领主封建制中,一个国君的臣,同时又是其臣属的君。所以封建制中的统治阶级成员被要求具有适合其身份的各种德行。

另一方面,像以上所说的齐、圣、广、渊等等这些德行,固然可以说属于"仪式伦理",或者说"仪式性德行"。同时,这些德行的完成也并非仅仅服务于仪典文化的要求,作为其中主要部分的个人性情的陶养目标,它们体现了当时贵族社会和礼乐文化对于人的品性全面发展的人格理想。这些形式性德行所追求的,不是伦理关系的特殊规范,而更多的是人格、性情的一般完美。

四、从仪式伦理到德行伦理

德字古亦写作上直下心,《说文》释为"外得于人,内得于己",外得于人即其"行为"得到别人的肯定和赞许,内得于己是指个人内心具备了善的"品性"。因此,中国古代的"德"字,不仅仅是一个内在意义上的美德的概念,也是一个外在意义的美行的观念,而"德行"的观念正好将德的这两种意义合并表达出来。了解这一点,我们才能了解何以从《尧典》到春秋后期的文献记载中会有那么多"外得于人"的条目。同时,春秋文化的历史发展表明,"德"越来越内在化了。外在化的德目是与礼仪文化相适应的,内在化的德目的要求正是与礼治秩序解体相伴而生的。这当然不是说"德"到春秋中期才有内在的意义,事实上"德"在西周初已有内在的意义,但"德"之一字的内在意义压倒外在意义,是在春秋以后。所以,就古代而言,"德行"比"德性"这样纯粹内在的美德概念更适合翻译或表达"德"的概念。早期"德"的概念包含了德性与德行两义,故早期儒家文献《五行》也仍然把"仁义礼智圣"称为五"行",可见"德"与"行"本来是相通的。①《五行》说"仁形于内,谓之德之行","不行于内,谓之行",这就是说,不涉及内在的纯粹外在行为叫做"行",内在的德性叫做"德之行"即德性。而所谓"君子"就是既有"形于内"的"德之行",又将形于内者践之于外而"时行之",故云"五行皆形于内,时行之,谓之君子。士有志于君子道,

---

① 郭店楚简《五行》的发现,证明马王堆帛书《五行》篇的经部应成于战国前期。

谓之士"。

在春秋时代,已经明显地形成了有关德行的一些共同标准,中原各国,包括秦、楚,用相似的德行语言和类似的德目表,评衡和规范人的行为及品格。也许可以说,春秋时代,已经在某个意义上,从礼乐的时代转向了德行的时代,即"礼"(乐)的调节为主转变为"德"(行)的调节为主的规范系统。一个社会的规范系统是与文化变迁相关联的,会随着文化的变迁而改变,社会学上提供了不少类似的例证。

亚里士多德说:"一切德性通过习惯而生成,通过习惯而毁灭,人们通过相应的现实活动而具有某种品质。"[①]而"礼"的文化意义正是通过习惯、习俗、礼仪活动来组织社会并把人社会化。在这个意义上,"礼"文化的结果必然与德行思维有关,必然会导致某种德行论,并使德行成为礼乐文化展开的固有成分。

苗力田先生在亚里士多德伦理学著作的译者后记中说:"德性这个词,现在流行的术语中往往就英语的 virtue 而译作美德,但在柏拉图和亚里士多德的词汇中,arete 的内涵却广泛得多,深沉的多。""arete","原本意义不过指作战勇猛,武术娴熟,精神无畏",可见即使在古希腊,arete 也不是一个完全内在化的概念,而应包含了美德和美行,即使在伦理学上有近于德行的意义。

但是,向内在化发展似乎是古代文化向下发展的一个趋势,韦伯认为,从宗教史上看,早期发展中,"宗教上应该做的事情"是体现在"仪式和礼仪的准则",它所关心的是行为不要违犯这些行

---

① 亚里士多德:《尼各马可伦理学》,25页。

为的准则,如禁忌,如仪式礼仪准则,要接受这些准则的庄严性。但随着历史和文化及理性的发展,产生了对"突破个别准则的固定化"的要求,产生了"内在化"的变化,即,它不再关注什么是外在的仪式准则,而更关注"意向""思想"这些内在的东西。正如韦伯所说:"它不承认什么'神圣的法',而是承认'神圣的思想',因为'神圣的思想'可以根据情况而认可不同的准则。"①韦伯甚至把专注于仪式礼仪的行为叫作"仪式伦理",而把内在化的叫作"心志伦理"。春秋时代的"礼仪之辨",也正是具有这样的意义。在这个意义上,说西周春秋思想的发展,是从"仪式伦理"到"德行伦理",不仅意味着"德行伦理"是从外在化到内在化发展的一个中间阶段,也意味着"德行伦理"在类型上是内外结合的,而不是非内即外的。

"礼"当然不是原始宗教的禁忌体系,而是相当发达的文明的仪式准则体系,但仍然是一种外在的约束体系,是"仪式准则"的约束体系。而当礼乐社会不能再继续维持的时候,当礼治秩序危机四伏的时候,德性体系必然应运而发展起来。伦理精神从自在(习惯)上升到自觉(内在)的过程中,从相对消极的"礼"到比较积极的"德",仪式准则体系必然要引入德性体系并最终将主导地位让位于德性体系,而精神的自觉也由此得到一个重大的飞跃。

五、德行的类型

最后,再来总体讨论一下有关德行论的问题。

---

① 韦伯:《经济与社会》上卷,商务印书馆,1998年,646页。

从西周后期到春秋时代，德行体系可以说经历了一个发展的过程。在讨论古代的德行论体系的时候，我们会涉及德行的分类问题。在亚里士多德的伦理学中，德性分为两个类型，一种是"理智德性"，一种是"伦理德性"。比如，好的谋划是一种理智德性，大度和节制则是伦理德性。① 中国古代也有理智德性，如前面谈到的"智""事莫若咨""智以处物"，以及叔孙豹所说的"咨、询、度、诹、谋"，这些都是理智德性。但是很明显，与亚里士多德伦理学相比较，中国古代的理智德性在德性论系统中不占主要位置。而且，中国古代的所谓"智"，更多的是处理实际事务的明智和智能，而不像亚里士多德强调理论思维的思辨理智。

根据前述古代的德性体系，我们可以把中国古代德性论的全体区分为四种类型：

性情之德：齐、圣、广、渊、宽、肃、明、允

道德之德：仁、义、勇、让、固、信、礼

伦理之德：孝、慈、悌、敬、爱、友、忠

理智之德：智、咨、询、度、诹、谋

我想，第一种"性情之德"和第四种"理智之德"可以独立成立是不成问题的，它们和其他德行的分别是很明显的。其中"性情之德"即我们在前面称为形式性的德性，指人的一般心理性态；其在古代被强调，自然和周代的礼乐文化有关，但在后来的中国文化中也始终受到重视。可能引起讨论的是"道德之德"和"伦理之德"如何分别，以及是否需要分别。在我们的分别中想要表达的是，

---

① 亚里士多德：《尼各马可伦理学》，22页。

伦理之德是与人际的直接伦理关系的规范相联系的德目,而道德之德则是相对来说比较个人的道德品行。

麦金太尔强调,在古代希腊,德性是个体履行其社会角色的性质。上述四类德行固然可以说都是贵族履行其统治角色所要求的,但每一类和社会角色关联的程度有别。如《左传》文公八年所说"五教":"父义、母慈、兄友、弟共、子孝",在这个脉络里德目与社会伦理关系中的角色的关联就很直接。而尽力于公家之事的忠,敬守其业的信,就与伦理关系的特定角色较少关联,而近于普遍性的德行。另外,刘康公所说"宽肃宜惠,君也;敬恪恭俭,臣也"(《周语》中),这一类讲法固然可以帮助我们了解某些德行是当时主要对于统治者或统治阶级而要求的德行,但不等于说,仁义礼智孝悌勇信不是统治阶级所要求的德行。这只是表示,有些德行一般而言是普遍要求的,同时,由于担任某些特定的社会角色而更加强调另外某些德行。毫无疑问,西周春秋的封建时代,德行论主要是贵族的德行和规范,因为贵族承担社会管理职责和掌握权力,故特别需要强调使他们得以正确履行职责和权力的德行要求。同时,这也绝不表示这些针对贵族提出的德行对于其他阶层乃至对后来的人没有普遍意义。

麦金太尔指出,在荷马所描述的英雄社会中,"在一个得到明确界定并具有高度确定性的角色系统里,每个人都有既定的角色和地位,这个系统的关键结构是亲属关系和家庭的结构。在这样一个社会中,一个人是通过认识到他在这个系统的角色来认识到他是谁的,而且通过这种认识他也认识到他应当做什么"。① 其实认识到自己的角色,并不就能认识到应当做什么,甚至认识到应当做什么也不等于能促使他按应当去做。西周到春秋,基本上属于宗法政治的封建社会,在这个社会结构中,每个人的角色和地位是由宗法关系决定的。而处在每一位置的人都同时对上和下负有相应的义务,如父慈子孝兄友弟恭一类。宗法体系要求的是家族的德行,政治体系要求的是负责公共事务和承担对上级下属的相应义务,因此会产生不同的德行的要求。西周春秋虽然是宗法身份决定政治身份,但在依宗法身份担任公共职务时也就产生了附加于宗法德行以外的政治德行。

古代西周至春秋的德行论与政治密切相关,士大夫阶层"对政治家的品格问题的热衷绝非偶然",因为这个生活的文化和结构要求"以德性的实践来解决政治问题"。② 在春秋时代,德行论得到充分的发展,德目繁多,各种德目表不一而足。到春秋中后期,各种德行渐渐集中,但仍非确定。虽然亚里士多德说过,伦理学研究个人的善,政治学研究人群的善,但在伦理关系即政治关系的宗法社会,个人的善关联者人群的社群生活。还应当指出,德行体系的变化会反映社会—文化的变化,但人对德行与社会关系的认识不断深入,这种认识也会使德行体系发生变化。

---

① 麦金太尔:《德性之后》,中国社会科学出版社,1995年,153页。
② 语见《德性之后》,215页。

六、孔子与早期儒家伦理的特质

有学者认为,儒家伦理是一种德性伦理。① 一般来说,西方伦理学中所谓的德性伦理(virtue ethics),以古代希腊的亚里士多德的《尼各马可伦理学》为典型形态。当代哲学家麦金太尔(MacIntyre)极为重视亚里士多德的德性伦理这一传统,认为丢弃这一传统是近代西方文化的一大失败。

规范伦理学以"原则"为基础,判断正确行为和错误行为。这种理论把注意力集中在行为对错的判断上,而不重视那些具有动机的行为主体——人。但是,在广义的评价实践中,我们不仅对人的行为作判断,也通常对一个人是什么样的人作判断,对人的品质整体作判断,如说"他是个好人",即是此类。因此评价一个人的价值,不仅要看他履行了什么具体的义务和原则,还要以整体的品德、品质来概括他。

中国古代的德行论体系,比起亚里士多德来说,一方面理论上的辨析比较少;而另一方面,德行的条目之多,德目体系之大,德行受重视之突出,似又有过之而无不及。春秋 294 年间(公元前 770—前 476 年),德行伦理已相当发展。但因时代和地域的差别,这些德行的条目或叙述德行的语言,较为分散而不易统一。尽管如此,在春秋后期,我们已经看到德行条目和道德语汇的集中化趋势。

---

① 石元康:《从中国文化到现代性:典范转移》,东大图书公司,1999 年,117 页。

孔子(公元前551—前479年)是春秋时代德行论的综合者和总结者,也是儒家德行体系的创立者,而儒家的德行体系继承了西周春秋的德行概念而加以发展。孔子在礼乐文化的德行论体系中加入了新的道德精神,使得儒家德行体系对于西周春秋的德行论既有继承,也有发展。

另一方面,如果仔细考察记录孔子言论的《论语》,我们会发现,《论语》的多数论述,多不是对德目的阐发。相比于春秋的时代,孔子可以说较少以德性条目的形式论述。更引人注目的是,与春秋时代不同,孔子是以"君子……"的大量论述来讨论道德问题,论述士君子的人格、准则、理想。这才是孔子道德思想的根本特征。这些论述不是以德目的形式来表达的,而是以人生教导的形式,以"君子"为其根本的整全人格概念,说明什么是好的行为,好的境界,好的理想,好的人格。在这个意义上,孔子伦理学虽然包含了承继传统而来的德行论面向,但其整个思想已经超越了德性伦理的形态。

《论语》记载的孔子思想,除了两次提到仁、智、勇外,很少以列举德性节目表的形式来讨论。这意味着孔子并不想提出与以前不同的德性表。就德性而言,《论语》中最突出的,也是孔子与春秋以及前人最大的不同之处在于,孔子特别突出"仁"这一德。《吕氏春秋》说"孔子贵仁",正是突出了孔子思想中德性论的特征及其整个思想的主导特征。孔子对仁的讨论,与春秋以前的不同,首先是他以一个人反复地讨论仁德(仁在《论语》出现超过100次);其次他把仁德分为几个不同的层次,最高层次的仁是超越个别具体德性的全体德性;最后,春秋时代以前的人们是以"礼"或

"非礼"为评价的最高原则,而在孔子思想当中,显然"仁"的地位已经高于"礼"。

同样值得注意的是,"仁"不只是"德",仁也是"道",就是说,仁不仅是德性,而且是原则。如:

> 子曰:"富与贵是人之所欲也,不以其道得之,不处也。贫与贱是人之所恶也,不以其道得之,不去也。君子去仁,恶乎成名?君子无终食之间违仁,造次必于是,颠沛必于是。"(《里仁》)

这里的不以"其道",其道即是仁道,君子造次颠沛必不违的"仁"即是这个仁道。这个仁道就是道德原则。

仁不仅是对待富贵和贫贱的原则,更是道德行为的根本原则。孔子的弟子仲弓曾向孔子问仁,孔子的回答是"己所不欲,勿施于人"(《颜渊》),这样,仁就是一个根本的人己关系原则,这也是当今世界伦理运动宣告的、为全世界各宗教所共同肯定的基本道德原则——金律。

这个原则也就是"忠恕之道":

> 子曰:"参乎!吾道一以贯之。"曾子曰:"唯。"门人问曰:"何谓也?"曾子曰:"夫子之道,忠恕而已矣。"(《里仁》)

根据曾子的理解,孔子所说的一贯之道就是忠恕之道,而所谓忠恕之道即是"己所不欲,勿施于人"的"仁道"。

> 子贡问曰:"有一言而可以终身行之乎?"子曰:"其恕乎!己所不欲,勿施于人。"(《卫灵公》)

孔子在这里明确把"己所不欲,勿施于人"称为"恕",肯定"己所不欲,勿施于人"是"一言而可以终身行之者"。这个说法与曾子所理解的、以忠恕为一贯之道是一致的。换言之,"己所不欲,勿施于人"即是孔子主张的一贯之"道"。从孔子答仲弓以"己所不欲,勿施于人"释仁来看,证明孔子思想中的仁不仅是"德",而且是"道"。从而,由金律和忠恕一贯之道来看,孔子的伦理思想不能全部归结为"德性伦理"(virtue ethics),因为孔子更多地说到准则、法则、规则、原理。孔子所说的一以贯之的"道"不是那些单方面的德性,而是社会道德生活的根本原则和定律。

从君子之德到一以贯之的"道",也可以看出,孔子的道德思想已经超越了宗法社会的限制,"己所不欲,勿施于人"的金律不能被理解为宗法道德或宗法伦理,孔子的这些思想是超越了特殊社会关系的带有普遍性的对人和社会生活的道德思考。

从西季威克(Sidgwick)以降,特别是当代伦理学,用 good/right(好/对)的优先性来定义某一伦理思想的特质和形态。在这个框架中来看孔子,孔子的思想无疑是从"好"出发的。

通观孔子的思想,可以说孔子所关心的问题是一个整体人生的问题。他所关心的不是某一个具体的行为,而是什么是美好的人格,什么是理想的人格,美好的人格如何体现,什么是美善的行为,什么是理想的人生,人生的准则是什么,人生的理想境界是什么。

因此,孔子所关注的不是人的行为的最起码的准则和道德义务。比如"学而时习之不亦乐乎",这在《论语》中并不是一个描述性的语句,而是表示,孔子把"学而时习"看成一种美好的人生活动,一种值得倡导的人生态度。然而,"学而不时习",却不是一个不道德的行为。所以,如果人的行为可以分为道德、不道德、非道德、超道德的话,则《论语》中大量的语句都体现着比基本"道德"要求更高的人生理想,包含着"超道德"(超义务)的性质。超道德的语式是肯定性、倡导性的语式,但其境界已经超越"道德"的基本要求。

在《论语》中,孔子的这些思想的最主要的表达方式,是"君子……",偶尔也用"士……"的说法。《论语》中最多表达的是孔子关于士君子人生理想、人生态度、行为方式与做人准则。虽然孔子的人格论中有成人、善人、圣人,但最典型的还是"君子"。

"君子"在西周和春秋前期主要指贵族,张恒寿说:"君子一词,古代本来是指统治阶级的贵族士大夫而言,不论在《尚书》《诗经》等书中,没有例外。到了《论语》写作时,君子一词就有不同用法了。"[①]他指出,君子一词的用法,一方面沿用以前专指有管理地位的贵族而言,另一方面,则发展出专指有高尚道德品质的人而言的用法。这是孔子的贡献,他用"君子"论把理想人格的形态综合地呈现和陈述出来,汉以后中国文化中的君子的用法就是指有较高的道德品质的人格而言。

在《论语》中,"君子之道"及"君子"之德是最主要的论题。在这个意义上,孔子已经不再注重对某一个别德行的解说,如哪一德行好,哪一德行不好;而是统合地讨论,哪些是属于"君子"的德

---

① 中国孔子基金会学术委员会:《近四十年来孔子研究论文选编》,齐鲁书社,1989年,298页。

行。孔子对具体德行的讨论也是在"君子"的整体框架中讨论的。所以，孔子的讨论已经超出个别的德行，进入整合的人格，其中有关君子的讨论也不是德性论所能包含的了。如：

> 君子谋道不谋食，……忧道不忧贫。(《卫灵公》)
> 士志于道，而耻恶衣恶食者，未足与议也。(《里仁》)

"士志于道"表明士是有崇高理想的人，即君子是以"谋道""忧道"为终极关怀的。一个士君子，他的心志和追求不是物质性的生活，他所一心追求的是社会理想和道德理想。这样一种士君子人格，已经不是狭义的德性伦理所能包容的了。

因此，如果以亚里士多德的伦理学为标准，则我们可以说前孔子的春秋时代的道德思想是属于"德性的时代"，德目表很多，德性体系是大家关注的对象。而孔子的思想则强调君子的整体人格。更何况君子不仅是指道德人格，而广泛地包括真善美的多重面向。在这个意义上，德性伦理只是孔子道德思想和人生哲学的一部分。孔子的道德思想多不是以德性节目为形式提出，当然也不是对德性进行分析，而是以较德目更为普遍的方式提出来的。

自然，孔子的这些非以德目为形式的思想与美德伦理一样，是基于对"好"与"对"的优先性，即对好的、善的、完满的人生的追求和探究，他所提供的是综合的人格伦理；在孔子的论述中，强调"君子"人格的整体作为人生追求的目的。

孔子提供了对德性、嘉行、原则进行综合探究，而非把三者割裂对立的典范。这与罗尔斯（Rawls）以规则为伦理学全部探究任务，以及麦金太尔（MacIntyre）只以美德为伦理学首要任务都不同,孔子提供的是结合各种道德探究的方式。更为值得注意的是,孔子与西方哲学家不同,他还从实践的修养方法方面讨论了人格发展的途径。

(《河北学刊》,2002年6期)

"儒服""儒行""儒道"
——先秦文献中"儒"的刻画与论说

以"儒"作为孔子所建立的学派之名,在《论语》里尚无其例。而在孔子死后不久,到了墨子的时代,"儒"或"儒者"已经成为墨子及其学派用以指称孔子学派的定名了。与墨者同时的孔门七十子及其后学也以"儒"而自命,并往往通过追述"孔子曰"对"儒"加以定义和说明,在这一方面,《礼记》的《儒行》篇可谓是最明显的例证。

近代以来,因为孔子不曾对"儒"字加以解释和说明,已有的甲骨、金文资料中也没有儒字,于是引起诸多大家学者纷纷"原儒",企图找出春秋以前儒字的本义,从而说明春秋末期"儒"的特质和儒家思想的根源,以呼应20世纪前期对儒学的批评和关注。[①] 其中方法论上的问题我在拙著《古代宗教与伦理》中已经做了分析。

其实,不管"儒"字在字源上的源始意义如何,从学术史的观

---

① 参看王尔敏:《中国思想史论》,华世出版社,1977年。

点来看，战国儒学在运用"儒"字上所表达的自我理解，以及战国时代的其他学派对"儒"的思想刻画从他者的一面所反映的"儒"的意象描述，都突出显现了对何为儒之人格，何为儒家的学说宗旨在当时通行的理解，值得作一番清理。

一、儒服

衣服冠带在古礼中有其制度，随着春秋后期的礼崩乐坏，各种礼制都遭到破坏。儒家以继承和恢复周代礼乐制度与文化秩序为己任，所以在儒家传承的礼书中也往往涉及冠服的问题，特别是有关丧礼的冠服问题。但孔子的确也从以礼治国的角度谈到恢复古礼及其冠制：

> 颜渊问为邦。子曰："行夏之时，乘殷之辂，服周之冕，乐则韶舞。放郑声，远佞人。郑声淫，佞人殆。"①

这里的服周之冕即涉及冠制，但孔子在这里并不是作为儒服来提出的，而是作为恢复三代文明礼制的一部分提出来的。这是儒家复礼理想的一部分，所以后来荀子也提到冠制："天子山冕，诸侯玄冠，大夫裨冕，士韦弁，礼也。"②就涉及从天子到士的衣冠礼制。

据文献的记载，到了墨子时代，便明确有所谓"儒服"的问题出现了。所谓儒服，就是儒者所穿着的衣冠服带。不过，从《论语》看，在孔子的时代，并无所谓儒服。"儒服"的说法，在儒家典籍

---

① 《论语·卫灵公》，以下引此书及先秦典籍，只注明书名及篇名。
② 《荀子·大略》。

中首见于《礼记》的《儒行》篇,而即使在此篇,也证明孔子的时代还没有儒服的定制:

> 鲁哀公问于孔子曰:"夫子之服,其儒服与?"孔子对曰:"丘少居鲁,衣逢掖之衣,长居宋,冠章甫之冠。丘闻之也:君子之学也博,其服也乡;丘不知儒服。"①

这是最著名的孔子论儒服的言论。如果我们可以相信这的确是孔子的思想,那么可以说,虽然孔子自己对于所着衣冠有一定的讲究,但并未制定一种儒服,要他的弟子们都如此穿戴。郑玄注:"逢犹大也。大掖之衣,大袂单衣也。"孔子穿着的逢掖之衣是鲁国的衣服,是一种袖子很宽大的衣服;孔子的家族是贵族中最低的一级,即士,这种服装合乎他的身份。章甫本是殷人的冠戴,宋国贵族常戴章甫之冠,孔子既长于宋,故孔子也习惯戴章甫。所谓其服也乡,是指孔子的服装多是顺随环境风俗,而不是刻意定制。《论语》公西华之言曰:"宗庙之事,如会同,端章甫,愿为小相焉。"郑注:"衣玄端,冠章甫。"②可见,到孔子时代,章甫已成为一种礼冠。要之,逢掖之衣,章甫之冠,在孔子是作为他所认同的一种"士"的服装,符合自己的地位和习惯,以与俗人相区别。士须穿着与俗人不同的衣冠,这是礼,故孔子对衣冠的注意也表示孔子的尊礼。《论语》中没有关于儒服的讨论,在孔子死后,据墨子说,"其徒属弟子皆效孔某",故孔门弟子慢慢以孔子的衣冠作为儒士(墨子已用儒士之称)的标志,由是产生了所谓儒服的问题。

---

① 《礼记·儒行》。
② 引自《论语集释》卷二十三《先进》下,804页。

上引儒行篇的思想是符合孔子思想的,但"儒服"之说不一定是哀公与孔子真实的问话,可能是孔门七十子及其后学时代儒服论流行时所添加。无论如何,这种说法符合孔子的立场,代表了早期儒家的思想。

上面这一条材料出自《礼记》儒行,类似的在《荀子》中也有一条:

> 鲁哀公问于孔子曰:"吾欲论吾国之士,与之治国,敢问何如取之邪?"孔子对曰:"生今之世,志古之道;居今之俗,服古之服。舍此而为非者,不亦鲜乎!"哀公曰:"然则夫章甫絇屦,绅而搢笏者,此贤乎?"孔子对曰:"不必然。夫端衣玄裳,絻而乘路者,志不在于食荤;斩衰菅屦,杖而啜粥者,志不在于酒肉。生今之世,志古之道;居今之俗,服古之服。舍此而为非者,虽有,不亦鲜乎!"哀公曰:"善!"①

这本来是讨论如何取士,孔子主张要内观其志,外观其服,要取"生今之世,志古之道;居今之俗,服古之服"这样的士,这是孔子所肯定的士。"服古之服"应当是儒服之说所自出的根源。服古之服是作为志古之道的一种体现,也是复古之礼的一部分。但是孔子并不认为遵行"章甫絇屦,绅而搢笏"冠服的人就必然是贤士。哀公之问,应当就包含了所谓儒服的问题,絇是缚鞋带的鞋梁,绅是腰带,可插笏于上,笏是大夫朝见君主的手板。② 此条当源于战国儒者所增录,"章甫絇屦,绅带而搢笏"的冠服即是战国

---

① 《荀子·哀公》。
② 参看张觉:《荀子译注》,上海古籍出版社,1995年,580、669页。

时人们所理解的所谓儒服,但在这里,孔子并没有坚持儒服者必然是贤士。这和《儒行》的思想是一致的。

《荀子》中还有另一条是:

> 鲁哀公问于孔子曰:"绅、委、章甫,有益于仁乎?"孔子蹴然曰:"君号然也?资衰苴杖者不听乐,非耳不能闻也,服使然也。黼衣黻裳者不茹荤,非口不能味也,服使然也。且丘闻之:好肆不守折,长者不为市。窃其有益与其无益,君其知之矣。"①

据杨注:绅是大带,委指委貌,即周代的一种冠。② 这也是说,孔子认为,绅、委、章甫的服饰是礼制的规定,但并不能直接有益于仁,仁的德行要通过修身才能达到,而不能把注意力放在衣冠上面。所以,后来"鲁哀公问舜冠于孔子,孔子不对"。③

在《墨子》中儒服问题就明确了,与墨子同时的儒士中就有明白声称服古和儒服的人,如公孟子:

> 公孟子戴章甫,搢忽,儒服,而以见子墨子曰:"君子服然后行乎?其行然后服乎?"子墨子曰:"行不在服。"公孟子曰:"何以知其然也?"子墨子曰:"昔者,齐桓公高冠博带,金剑木盾,以治其国,其国治。昔者,晋文公大布之衣,牂羊之裘,韦以带剑,以治其国,其国治。昔者,楚庄王鲜冠组缨,缝衣博袍,以治其国,其国治。昔者,越王勾践剪发文身,以治其国,

---

① 《荀子·哀公》。
② 引自梁启雄:《荀子简释》,上海古籍出版社,1956年,403页。
③ 《荀子·哀公》。

其国治。此四君者,其服不同,其行犹一也。翟以是知行之不在服也。"公孟子曰:"善!吾闻之曰'宿善者不祥',请舍忽、易章甫,复见夫子可乎?"子墨子曰:"请因以相见也。若必将舍忽、易章甫,而后相见,然则行果在服也。"①

这清楚地表明,公孟子一派的儒者"戴章甫,搢忽,儒服",这正合于荀子哀公篇所说的"章甫絢屦,绅而搢笏"的冠服。从《儒行》篇可见,孔子本来是主张儒者的特性在于德行而不在于冠服,即所谓"行不在服",故其服也乡,在这一点上,墨子和孔子是一致的。公孟子一派是孔门后学中偏重儒服的,虽然他在墨子的教训下也承认了儒行不在冠服(儒行问题亦从此出),但终究将冠服的问题看得很重要。

《墨子》书中又载:

> 儒者曰:"君子必服古、言然后仁。"应之曰:"所谓古之言服者,皆尝新矣,而古人言之,服之,则非君子也。然则必服非君子之服,言非君子之言,而后仁乎?"又曰:"君子循而不作。"应之曰:"古者羿作弓,伃作甲,奚仲作车,巧垂作舟,然则今之鲍函车匠皆君子也,而羿、伃、奚仲、巧垂皆小人邪?且其所循人必或作之,然则所循皆小人道也?"②

服古即穿着古代冠服,服古而后仁,即上面所说的"服而后行",这里与墨家争论的"儒者"不仅狭义地重视冠服,而且可以说重"礼"胜过于"仁"。据《荀子》非十二子所说"弟佗其冠,衶禫其辞,禹行

---

① 《墨子·公孟》。
② 《墨子·非儒下》。

而舜趋:是子张氏之贱儒也",重视儒服的这一派可能主要是子张氏之儒,公孟子可能是子张的后学。又据荀子《儒效》篇"逢衣浅带,解果其冠,略法先王而足乱世术,缪学杂举",则古服派似乎也应当包括子思学派,因为子思氏之儒也是"略法先王而不知其统"。逢衣即逢掖之衣,浅带当即绅带。

前述哀公所说的"章甫,絇屦,绅带,而搢笏",关于絇屦,可见于《庄子》之书:

> 庄子见鲁哀公。哀公曰:"鲁多儒士,少为先生方者。"庄子曰:"鲁少儒。"哀公曰:"举鲁国而儒服,何谓少乎?"庄子曰:"周闻之:儒者冠圜冠者,知天时;履句屦者,知地形;缓佩玦者,事至而断。君子有其道者,未必为其服也;为其服者,未必知其道也。公固以为不然,何不号于国中曰:'无此道而为此服者,其罪死!'"于是哀公号之五日,而鲁国无敢儒服者,独有一丈夫儒服而立乎公门。公即召而问以国事,千转万变而不穷。庄子曰:"以鲁国而儒者一人耳,可谓多乎?"①

"君子有其道者,未必为其服也;为其服者,未必知其道也。"这与墨子的思想基本一致。庄子当时所说的儒服,主要是"冠圜冠;履句屦;缓佩玦"。据庄子注疏,句,方也,圆冠象天,方履法地,"缓佩玦,言所佩者玦,而系之带间,宽绰有余也",但庄子所说的冠是否章甫,无由得知。从"哀公曰"的说法来看,儒服已经是鲁国流行的冠服了,这大概是战国的情况。

《庄子》载盗跖责孔子:

---

① 《庄子·田子方》。

> 尔作言造语,妄称文、武,冠枝木之冠,带死牛之胁,多辞缪说,……今子修文、武之道,掌天下之辩,以教后世,缝衣浅带,矫言伪行,……①

这虽然是寓言,但"缝衣浅带"则显然是指儒服,即荀子《儒效》篇的"逢衣浅带"。荀子也认为士君子应当有士君子之容,他所说的士君子之容,就包括"其冠进,其衣逢"。进即峻,高也;逢,大也。②而盗跖的说法也证明,战国的儒者的儒服是来源于孔子的"逢衣浅带"。

其实,战国时期公侯和诸子之中有不少人都很注意在衣冠上作文章,除齐桓公"高冠博带"之外,如"昔者晋文公好苴服,当文公之时,晋国之士,大布之衣,牂羊之裘,练帛之冠,且苴之屦。"③《庄子》中"皮弁鹬冠、搢笏绅修以约其外"④,最有名者为"宋钘、尹文闻其风而悦之,作为华山之冠以自表"⑤,这样的例子很多。

总结上述,我们可以说,战国时代一些孔门儒者很重视儒服,既反映他们的文化理想,也反映了他们通过冠服表达的学派认同,儒服的主要特点是:衣逢掖之衣、戴章甫之冠、履句履、绅带、搢笏。但孔门传承的孔子宗旨,并不把儒服看作是儒的先务,始终主张德行的优先性,这一点也是明确的。

战国时代,儒服之说,渐渐流行,所以典籍中常见此说,如《吴

---

① 《庄子·盗跖》。
② 参看梁启雄:《荀子简释》,68页。
③ 《墨子·兼爱》。
④ 《庄子·天地》。
⑤ 《庄子·天下》。

子》:"吴起儒服以兵机见魏文侯。文侯曰:'寡人不好军旅之事.'"①又如《庄子》:"太子曰:'然。吾王所见,唯剑士也。'庄子曰:'诺。周善为剑。'太子曰:'然吾王所见剑士,皆蓬头突鬓垂冠,曼胡之缨,短后之衣,瞋目而语难,王乃说之。今夫子必儒服而见王,事必大逆。'"②吴起、庄子都不是严格的儒,何以儒服见王侯,不得而知。也许这里所说的儒服已成为一种流行的"士"的服装,而不是上面所说的儒者的古服。③

孔子死后,他的门人们很注重外在形式对孔门的象征性凝聚作用,如认为有子长得像孔子,便试图以有子为领袖。④ 冠服亦然。据《晏子春秋》:

> 景公为巨冠长衣以听朝,疾视矜立,日晏不罢。晏子进曰:"圣人之服,中侻而不驵,可以导众,其动作,侻顺而不逆可以奉生,是以下皆法其服,而民争学其容。今君之服驵华,不可以导众民,疾视矜立,不可以奉生,日晏矣,君不若脱服就燕。"⑤

可见法圣人之服,是当时的一种流行风气,以孔子冠服为模本的

---

① 《吴子》第一。
② 《庄子·说剑》。
③ 按《孔丛子·儒服》载:"子高衣长裾,振褒袖,方屦麓婁,见平原君。君曰:吾子亦儒服乎? 子高曰:此布衣之服,非儒服也,儒服非一也。平原君曰:请吾子言之。答曰:夫儒者居位行道则有衮冕之服,统御师旅则有介胄之服,从容徒步则有若穿之服,故曰非一也。平原君曰:儒之为名何取尔? 子高曰:取包众美、兼六艺、动静不失中道。"(《孔丛子》《汉魏丛书》本,吉林大学出版社,341页。)此子高疑即子羔,其所说儒服与儒之得名,亦可参之。
④ 《史记·仲尼弟子列传》。
⑤ 《晏子春秋》卷二第十六。

儒服,于是乎也流行起来。

二、儒行

对于"儒"者来说,既然行与服不同,行不在服,那么儒之"行"为何?这就从"儒服"的问题转到"儒行"的问题上来了。《礼记·儒行》列举了16种"儒行",其论述的特点是,论述每一种儒行,都以"儒有……"引导陈述,而以"其××有如此者"作结,以点出这一种儒行的特质。这是以"儒"为题的德行论体系,在先秦思想史上有独特的意义。由于其文甚长,故我们将之分为十六节,以清眉目,亦便于讨论(小节号为引者所加)。

《儒行》篇记载了鲁哀公和孔子的问答,这个问答是围绕着"儒行"的问题展开的:

> 哀公曰:"敢问儒行。"孔子对曰:"遽数之不能终其物,悉数之乃留,更仆未可终也。"哀公命席。孔子侍曰:
>
> 1 儒有席上之珍以待聘,夙夜强学以待问,怀忠信以待举,力行以待取。其自立有如此者。
>
> 2 儒有衣冠中,动作慎,其大让如慢,小让如伪,大则如威,小则如愧,其难进而易退也,粥粥若无能也。其容貌有如此者。
>
> 3 儒有居处齐难,其坐起恭敬,言必先信,行必中正,道涂不争险易之利,冬夏不争阴阳之和,爱其死以有待也,养其身以有为也。其备豫有如此者。
>
> 4 儒有不宝金玉,而忠信以为宝;不祈土地,立义以为土

地;不祈多积,多文以为富。难得而易禄也,易禄而难畜也,非时不见,不亦难得乎?非义不合,不亦难畜乎?先劳而后禄,不亦易禄乎?其近人有如此者。

5 儒有委之以货财,淹之以乐好,见利不亏其义;劫之以众,沮之以兵,见死不更其守;鸷虫攫搏不程勇者,引重鼎不程其力;往者不悔,来者不豫;过言不再,流言不极;不断其威,不习其谋。其特立有如此者。

照原文所作的区别,第一条讲"自立",第二条讲"容貌",第三条讲"备豫",第四条讲"近人",第五条讲"特立",如此等等。但第七条也是"自立",这便与第一条相重。第十三是"特立",便与第五条相重。可知作者所以命名诸条目者往往有重复之处。

因此,我们尝试重新区别这十六条,不拘泥原来的名目,而加以概括:第一强学力行,用指儒在未应仕时的学行状态。第二容貌敬慎,这是儒士平时生活的动作容貌。第三居处修身,言行中正,这也是儒士未从政时的行为状态(故原文说为备豫)。第四不宝财禄,这是儒士对于富贵利禄,也是儒士对出仕的态度(故云非时不见,非义不合)。第五见利思义,行动果敢,表示儒士即使在压力下仍坚持操守,不随波逐流。①

6 儒有可亲而不可劫也;可近而不可迫也;可杀而不可辱也。其居处不淫,其饮食不溽;其过失可微辨而不可面数也。其刚毅有如此者。

7 儒有忠信以为甲胄,礼义以为干橹;戴仁而行,抱义

---

① 《儒行》篇的今译与解释,徐泽荣有《〈儒行〉今述》,载思问哲学网,可以参之。

而处,虽有暴政,不更其所。其自立有如此者。

8　儒有一亩之宫,环堵之室,筚门圭窬,蓬户瓮牖;易衣而出,并日而食,上答之不敢以疑,上不答不敢以谄。其仕有如此者。

9　儒有今人与居,古人与稽;今世行之,后世以为楷;适弗逢世,上弗援,下弗推,谗谄之民有比党而危之者,身可危也,而志不可夺也,虽危起居,竟信其志,犹将不忘百姓之病也。其忧思有如此者。

10　儒有博学而不穷,笃行而不倦;幽居而不淫,上通而不困;礼之以和为贵,忠信之美,优游之法,举贤而容众,毁方而瓦合。其宽裕有如此者。

第六刚毅有节,这是指儒士立身处世重视自己的尊严。第七仁义忠信,这是说儒士有坚定的道德信念,即使在暴政之下也不会改变。第八安贫守道,第九穷则持志,这是指儒士政治上不得意时仍能持守其志。第十宽裕有礼,这是指儒士处物的胸怀。

11　儒有内称不辟亲,外举不辟怨,程功积事,推贤而进达之,不望其报;君得其志,苟利国家,不求富贵。其举贤援能有如此者。

12　儒有闻善以相告也,见善以相示也;爵位相先也,患难相死也;久相待也,远相致也。其任举有如此者。

13　儒有澡身而浴德,陈言而伏,静而正之,上弗知也;粗而翘之,又不急为也;不临深而为高,不加少而为多;世治不轻,世乱不沮;同弗与,异弗非也。其特立独行有如此者。

14 儒有上不臣天子,下不事诸侯;慎静而尚宽,强毅以与人,博学以知服;近文章砥砺廉隅;虽分国如锱铢,不臣不仕。其规为有如此者。

15 儒有合志同方,营道同术;并立则乐,相下不厌;久不相见,闻流言不信;其行本方立义,同而进,不同而退。其交友有如此者。

16 儒有不陨获于贫贱,不充诎于富贵,不慁君王,不累长上,不闵有司,其尊让有如此者。

17 温良者,仁之本也;敬慎者,仁之地也;宽裕者,仁之作也;孙接者,仁之能也;礼节者,仁之貌也;言谈者,仁之文也;歌乐者,仁之和也;分散者,仁之施也;儒皆兼此而有之,犹且不敢言仁也。故曰儒。今众人之命儒也妄,常以儒相诟病。"

孔子至舍,哀公馆之,闻此言也,言加信,行加义,(曰)"终没吾世,不敢以儒为戏。"①

第十一举贤援能,这是儒士完全为国家利益而奉行的用人举措。第十二,以善为则,这是儒士对于同事的态度。第十三独行中庸,表示儒士立身行事能得其中道。第十四傲毅清廉,强调儒士在政治上的清高。第十五交友有义,表明儒者的交友之道。第十六贫贱不移、富贵不屈,这是儒的大丈夫人格。总之,《儒行》篇列举的

---

① 按"温良者"至"不敢言仁也"一段,原在"儒有不陨"之前,从俞樾改。又按孔颖达疏,谓"孔子说儒凡十七条,其从上以来至下十五条,皆明贤人之儒。其第十六条,明圣人之儒,包上十五条贤人儒也。其十七条之儒,是夫子自谓也。"今取俞樾说,则前十六条皆分别各论儒行,第十七条则总论儒行也。

儒行，统括了儒者在未出仕、出仕、不仕的状态下的德行。

近代以来有些学者试图以《说文》的"儒，柔也"来理解早期儒家，而这十六项儒行，从总体上看，没有任何"柔"的特点，相反，和孟子所说的"大丈夫"的人格尤为接近。这也可以说明，以柔论儒是基本上错误的。其实，《说文》之柔，只是就"儒"字的根源而言，所以《说文》也说明"儒"其实是一种术士，也就是一种主张儒术的士（墨也是术士，是主张墨术的士）。应当说，《儒行》篇才最能代表早期儒家对"儒"的解释和理解。

《儒行》篇的这些条目，每一条往往包含几种德行，并非单一，所以诸条之间有许多重合之处。但无论如何，这些儒行，也就是孔子以来儒家所主张、所实践的德行。从此篇最后的论述来看，作者还想表达这样的意思，即这些儒行都可看作"仁"的不同的实践侧面，这种突出仁德的思想，更完整地体现了儒家德行论的核心和重点。

三、儒道

战国时代儒者与其他各家各派进行了不少争论，其中不少都涉及儒者之道的问题，分析这些论辩，也有助于对当时的"儒者"及儒者主张的理解。

战国时期儒者与各家进行了广泛的辩论，其中最为突出的是和墨家的辩论，"儒墨之争"也是当时最广为人知的学派争论。其在《庄子》之书，最为显然。

如《庄子》中说："夫施及三王而天下大骇矣。下有桀、跖，上有曾、史,而儒、墨毕起。于是乎喜怒相疑,愚知相欺,善否相非,诞信相讥,而天下衰矣;大德不同,而性命烂漫矣;天下好知,而百姓求竭矣。"①又说:"禹之治天下,使民心变,人有心而兵有顺,杀盗非杀,人自为种而天下耳,是以天下大骇,儒、墨皆起。其作始有伦,而今乎归,女何言哉!余语汝,三皇五帝之治天下,名曰治之,而乱莫甚焉。"②这都是认为儒家推崇的三代圣王之治,其实造成了天下的混乱,儒家墨家百家于是乎蜂起。在这里,庄子明确把儒墨两家作为当时诸子百家的代表,显示出儒墨两家在当时超过其他各家的社会文化影响。

又如:

> 道隐于小成,言隐于荣华。故有儒、墨之是非,以是其所非而非其所是。欲是其所非而非其所是,则莫若以明。③

这是说,儒墨两家都肯定对方所反对的观点,而反对对方所赞成的观点,由此说明儒墨的立场、观点都是对立的。庄子举出儒墨来论述是非的问题,也表示儒墨两家是当时辩论是非的主要思想派别。再如:

> 庄子曰:"然则儒、墨、杨、秉四,与夫子为五,果孰是邪?……夫或改调一弦,于五音无当也,鼓之,二十五弦皆动,未始异于声,而音之君已。且若是者邪?"惠子曰:"今夫儒、墨、杨、秉,且方与我以辩,相拂以辞,相镇以声,而未始吾

---

① 《庄子·在宥》。
② 《庄子·天运》。
③ 《庄子·齐物论》。

非也,则奚若矣?"①

这里以儒、墨和杨朱、公孙龙四家为当时最有影响的辩士。杨朱在当时也颇有影响,故孟子提到"天下之言不归杨则归墨",而《庄子》中亦屡以"杨、墨"并称。又因为庄子在这里的辩论对手是惠施,所以把名家也列入其中。但儒墨仍列于杨秉之前,表示儒墨的影响更大。此外,《庄子》中还说:"道之所一者,德不能同也;知之所不能知者,辩不能举也;名若儒、墨而凶矣。"②这是主张道家的圣人无名论,认为如果像儒墨那样有名,就是凶而不吉的。这也从一个侧面说明了儒墨的社会声名和影响是超过他家的。

《庄子》书中只显示出儒墨是当时主要的思想对立派别,但对儒家的思想主张载录较少,而且大都不是正面阐述的方式,如,满苟得曰:"尧杀长子,舜流母弟,疏戚有伦乎?汤放桀,武王杀纣,贵贱有义乎?王季为适,周公杀兄,长幼有序乎?儒者伪辞。墨者兼爱,五纪六位将有别乎?"③庄子在这里借他人之口,批评儒家所尊崇的圣王,认为他们的行为都根本背离了儒家主张的伦理道德;同时又批评墨家兼爱的主张,认为这种主张也将抹杀社会的伦理秩序。值得注意的是,庄子在这里不经意地提及儒家的伦理主张,即疏戚有伦、贵贱有义、长幼有序、六位有别。事实上这是舜以来中国社会的主要伦理观念,亦即后世所谓五常。④ 总的说

---

① 《庄子·徐无鬼》。
② 同上。
③ 《庄子·盗跖》。
④ 据《左传》《孟子》,舜命契颁布人伦五教,即父子有亲,君臣有义,夫妇有别,长幼有序,朋友有信。

来,《庄子》中的文献能够正面用来说明儒家的思想主张的不多,而庄子眼中和口中的儒家和孔子又往往被漫画化了。

在战国的儒家和墨家文献里,也都提到儒墨彼此的对立。孟子时代,已经自觉意识到墨家是儒家的主要论敌。如《孟子》书中载:"杨墨之道不息,孔子之道不著。"① 又如,孟子曰:"逃墨必归于杨,逃杨必归于儒。归,斯受之而已矣。今之与杨、墨辩者,如追放豚,既入其苙,又从而招之。"②

孟子甚至与墨者曾面对面论辩:

> 墨者夷之,因徐辟而求见孟子。孟子曰:"吾固愿见,今吾尚病,病愈,我且往见。"夷子不来。他日又求见孟子。孟子曰:"吾今则可以见矣。不直则道不见,我且直之。吾闻夷子墨者,墨之治丧也,以薄为其道也。夷子思以易天下,岂以为非是而不贵也?然而夷子葬其亲厚,则是以所贱事亲也。"徐子以告夷子。夷子曰:"儒者之道,古之人'若保赤子',此言何谓也?之则以为爱无差等,施由亲始。"徐子以告孟子。孟子曰:"夫夷子信以为人之亲其兄之子为若亲其邻之赤子乎?彼有取尔也。赤子匍匐将入井,非赤子之罪也。且天之生物也使之一本,而夷子二本故也。盖上世尝有不葬其亲者,其亲死则举而委之于壑。他日过之,狐狸食之,蝇蚋姑嘬之。其颡有泚,睨而不视。夫泚也,非为人泚,中心达于面目。盖归反虆梩而掩之,掩之诚是也。则孝子仁人之掩其亲,亦必有道

---

① 《孟子·滕文公下》。
② 《孟子·尽心下》。

矣。"徐子以告夷子。夷子怃然为间曰:"命之矣。"①

有关儒墨对厚葬问题的辩论不再在这里赘述,我们所感兴趣的是墨者作为儒家的"他者"对儒道的理解。从《孟子》中的这个例子来看,在墨者夷之的理解中,儒者之道的主要内容是"若保赤子",这的确是《尚书》的重要政治思想,并被儒家所继承。由此可见,这个时代的墨者所理解的儒者之道,其中之一,就是继承《尚书》的提法,主张若保赤子的政治思想。

如果说《庄子》中多寓言,而且对儒墨主张的刻画往往是漫画式的简略提及,那么《墨子》中的儒墨之辩,就要具体的多了。墨子中有关儒家的有儒术、儒士、儒者等概念,广泛涉及儒墨的辩论。

《墨子》非儒上中篇已佚,今本非儒下记述了若干儒者有关"礼"的规定和主张:

> 儒者曰:"亲亲有术,尊贤有等。"言亲疏尊卑之异也。其《礼》曰:"丧,父母三年,妻后子三年,伯父叔父弟兄庶子其,戚族人五月。"……其亲死,列尸弗敛,登屋窥井,挑鼠穴,探涤器,而求其人矣。……取妻,身迎,祗坲为仆,秉辔授绥,如仰严亲,昏礼威仪,如承祭祀。……儒者:"迎妻,妻之奉祭祀,子将守宗庙,故重之。"……②

亲亲尊贤是战国前期儒家的重点,《五行》《孟子》《礼记》都有记载。至于三年之丧的丧礼、祭礼、婚礼以及儒家所维护的诸多礼仪,都

---

① 《孟子·滕文公上》。
② 《墨子·非儒下》。

遭到墨家的反对。

墨子主张非命,其所针对的即是儒者,认为儒者主张"有命说":

> 有强执有命说议曰:"寿夭贫富,安危治乱,固有天命,不可损益。穷达、赏罚、幸否、有极、人之知力,不能为焉。"群吏信之,则怠于分职;庶人信之,则怠于从事。吏不治则乱,农事缓则贫,贫且乱政之本,而儒者以为道教,是贼天下之人者也。①

孔子相信天命,但儒家的天命论并不是否认人的努力,墨家则把儒家的天命论等同于命定论,而加以批判。

最后来看墨子中对儒家的综合性批评的两段,一段是:

> 且夫繁饰礼乐以淫人,久丧伪哀以谩亲,立命缓贫而高浩居,倍本弃事而安怠傲,贪于饮食,惰于作务,陷于饥寒,危于冻馁,无以违之。②

这是批评儒家重视礼乐、提倡久丧、主张有命、不事农工。

另一段是:

> 墨子谓程子曰:"儒之道足以丧天下者,四政焉。儒以天为不明,以鬼为不神,天鬼不说,此足以丧天下。又厚葬久丧,重为棺椁,多为衣衾,送死若徙,三年哭泣,扶后起,杖后行,耳无闻,目无见,此足以丧天下。又弦歌鼓舞,习为声乐,

---

① 《墨子·非儒下》。
② 同上。

此足以丧天下。又以命为有，贫富寿夭，治乱安危有极矣，不可损益也，为上者行之，必不听治矣；为下者行之，必不从事矣，此足以丧天下。"程子曰："甚矣！先生之毁儒也。"①

墨子在这里把儒之道概括为四：第一，以天为不明，以鬼为不神；第二，厚葬久丧；第三，弦歌鼓舞；第四，以命为有。弦歌鼓舞即繁饰礼乐，这"四政"概括了墨家所反对的儒家的四项主张。其中天、鬼、命属于天道观的问题，丧葬歌舞属于礼乐文化的问题，儒墨的主要分歧就在这两个方面。

《晏子春秋》记载孔子至齐，齐景公要封地给孔子，用孔子为政，晏婴反对。② 这件事也载于《墨子》非儒下：

> 孔某之齐见景公，景公说，欲封之以尼溪，以告晏子。晏子曰："不可，夫儒浩居而自顺者也，不可以教下；好乐而淫人，不可使亲治；立命而怠事，不可使守职；宗丧循哀，不可使慈民；机服勉容，不可使导众。孔某盛容修饰以蛊世，弦歌鼓舞以聚徒，繁登降之礼以示仪，务趋翔之节以观众。博学不可使议世，劳思不可以补民，絫寿不能尽其学，当年不能行其

---

① 《墨子·公孟》。
② 《晏子春秋》卷八：'仲尼之齐，见景公，景公说之，欲封之以尔稽，以告晏子。晏子对曰：'不可。彼浩裾自顺，不可以教下；好乐缓于民，不可使治民；立命而怠事，不可使守职；厚葬破民贫国，久丧循哀费日，不可使于民；行之难者在内，而儒者无其外，故异于服，勉于容，不可以道众而驯百姓。自大贤之灭，周室之卑也，威仪加多，而民行滋薄，声乐繁充，而世德滋衰。今孔丘盛声乐以侈世，饰弦歌鼓舞以聚徒，繁降之礼以示仪，务趋翔之节以观众，博学不可以仪世，劳思不可以补民，兼寿不能殚其教，当年不能究其礼，积财不能赡其乐，繁饰邪术以营世君，盛为声乐以淫愚民。其道也，不可以示世；其教也，不可以导民。今欲封之，以移齐国之俗，非所以导众民存民也。'公曰：'善。'于是厚其礼，留其封，敬见而不问其道，仲尼乃行。"

礼,积财不能赡其乐。繁饰邪术以营世君,盛为声乐以淫遇民,其道不可以期世,其学不可以导众。今君封之,以利齐俗,非所以导国先众。"公曰:"善!"于是厚其礼,留其封,敬见而不问其道。①

墨子中此段和《晏子春秋》所载,文字基本相同,疑是《晏子春秋》移用《墨子》文而有所增改。这里的"晏子曰"对孔子的批评,"浩居而自顺""好乐而淫人""立命而怠事""宗丧循哀""机服勉容",与上述墨子对儒道的批评是一致的。至于批评孔子重视礼、乐、仪、节,批评孔子博学、深思,则都是墨子小生产者功利思想的表现。

最后,我们来看《韩非子》中对儒的评论,与战国前期的文献一样,韩非子首先肯定儒墨是当时影响最大的两家:

> 世之显学,儒、墨也。儒之所至,孔丘也。墨之所至,墨翟也。……孔子、墨子俱道尧、舜,而取舍不同,皆自谓真尧、舜,尧、舜不复生,将谁使定儒、墨之诚乎?②

在韩非子眼中,儒墨两家有很多相同之处,如俱道尧舜,这是法家所反对的。

> 今世儒者之说人主,不善今之所以为治,而语已治之功;不审官法之事,不察奸邪之情,而皆道上古之传,誉先王之成功。儒者饰辞曰:"听吾言则可以霸王。"此说者之巫祝,有度之主不受也。故明主举实事,去无用;不道仁义者故,不听学

---

① 《墨子·非儒下》。
② 《韩非子·显学》。

者之言。①

韩非子批评儒墨皆以尧舜为法,是法先王的复古之学,是无用之学。

> 夫古今异俗,新故异备,如欲以宽缓之政、治急世之民,犹无辔策而御悍马,此不知之患也。今儒、墨皆称先王兼爱天下,则视民如父母。②

韩非子特别指出,儒墨两家的法先王,是称法先王的"兼爱天下,视民如父母",这就反映了儒家和墨家的政治思想。

> 墨者之葬也,冬日冬服,夏日夏服,桐棺三寸,服丧三月,世主以为俭而礼之。儒者破家而葬,服丧三年,大毁扶杖,世主以为孝而礼之。夫是墨子之俭,将非孔子之侈也;是孔子之孝,将非墨子之戾也。今孝戾、侈俭俱在儒、墨,而上兼礼之。③

韩非子在这里也举出儒墨在丧葬问题上的不同主张,这应当是受墨家文献的影响。

自然,韩非子中特别对儒家进行了评论,如:

> 齐宣王问匡倩曰:"儒者博乎?"曰:"不也。"王曰:"何也?"匡倩对曰:"博者贵枭,胜者必杀枭,杀枭者,是杀所贵也,儒者以为害义,故不博也。"又问曰:"儒者弋乎?"曰:"不也。弋

---

① 《韩非子·显学》。
② 《韩非子·五蠹》。
③ 《韩非子·显学》。

者从下害于上者也,是从下伤君也,儒者以为害义,故不弋。"又问儒者鼓瑟乎?曰:"不也。夫瑟以小弦为大声,以大弦为小声,是大小易序,贵贱易位,儒者以为害义,故不鼓也。"宣王曰:"善。"仲尼曰:"与其使民谄下也,宁使民谄上。"①

这是说,儒者在贵贱、上下、大小的关系中,注意维护贵者、上者、大者的地位,以维护贵对于贱、上对于下、大对于小的等级优先性为"义"。在这里韩非子显然片面截取了儒家维护上下贵贱秩序的一面,而掩盖了儒家对君主和在上者批评的一面。

总起来说,在战国各家涉及儒者的论述中,儒者的主张是:承认天命,而不重神鬼;重视社会伦理,而坚持人格;继承三代政治理想,爱民若保赤子;倡导孝亲厚葬,重视礼乐文化,尊重等级秩序。

通过以上的叙述,我们可以了解,对先秦"儒者"的了解,完全不必通过字源学的测度,先秦儒家和各家对"儒"的论述和评论才是了解先秦儒的学说宗旨与文化形象的最直接的依据和素材。

(《社会科学战线》,2008年2期)

---

① 《韩非子·外储说左下》。

"儒"的自我理解
——荀子说儒的意义

以"儒"作为孔子所建立的学派之名,在《论语》里尚无其例。而在孔子死后不久,到了墨子的时代,"儒"或"儒者"已经成为墨子及其学派用以指称孔子学派的定名了。与墨者同时的孔门七十子及其后学也以"儒"而自命,并往往通过追述"孔子曰"对"儒"加以定义和说明,在这一方面,《礼记》的《儒行》篇可谓是最明显的例证。

近代以来,因为《论语》中的孔子不曾对"儒"字加以解释和说明,已有的甲骨、金文资料中也没有确定的"儒"字资料,于是引起诸多大家学者纷纷"原儒",企图找出春秋以前儒字的本义,从而说明儒家思想的起源和春秋末期"儒"的特质,以呼应20世纪前期对儒学的批评和关注。① 其中方法论上的问题我在拙著《古代宗教与伦理——儒家思想的根源》中已经作了分析。

其实,虽然《论语》中没有儒的定义,但事实上,早期儒家即所

---

① 参看王尔敏:《中国近代思想史论》,华世出版社,1977年。

谓七十子及其后学以及早期儒家的论敌对"儒"的使用,已足以使我们了解"儒"在春秋末期和战国时代的意义。① 换言之,不管"儒"字在字源上的原始意义如何,从学术史的观点来看,战国时代的其他学派对"儒"的思想刻画,从他者的一面所反映的"儒"的意象描述,已经鲜明地呈现出儒家的思想特质;而战国儒学在运用"儒"字上所表达的自我理解,更突出显现了何为儒之人格,何为儒家的学说宗旨在当时的通行理解。② 尤其是,战国末期的儒学大师荀子对"儒"的理解,作为战国时代评论各家"儒"的总结性代表,集中体现了先秦儒家的自我理解和自我期许,同时也反映了儒家因应秦统一时代即将到来的新追求。本文以荀子为中心,对先秦"儒"的语用史作一个案的探讨。

一、陋儒、贱儒等

荀子是战国末期著名的学术思想批评家,荀子的特点是,在他的时代,他已经不把"儒"作为一个单一的学派群体,而是充满内部分歧的学术混合群体。所以我们首先来看荀子当时对各派儒学的批评。荀子在《劝学》篇中有"陋儒"的提法:

> 学之经,莫速乎好其人,隆礼次之。上不能好其人,下不能隆礼,安特将学杂志,顺《诗》《书》而已耳。则末世穷年,不

---

① 这里所说的早期儒家是指孔子的弟子们及其学生,即所谓"七十子及其后学",他们的思想主要保留在《礼记》一书之中。

② 事实上,离开了孔子与战国儒家的自我理解,以及墨家等其他各家对儒家的批评,单纯去追索儒的字源意义,是没有意义的。

免为陋儒而已。将原先王,本仁义,则礼正其经纬蹊径也。若挈裘领,诎五指而顿之,顺者不可胜数也。不道礼宪,以《诗》《书》为之,譬之犹以指测河也,以戈舂黍也,以锥餐壶也,不可以得之矣。故隆礼,虽未明,法士也;不隆礼,虽察辩,散儒也。(《劝学》)①

这是强调,真正的儒士必须仰慕君子人格,尊崇礼义,如果只是诵读《诗》《书》,那就不免为"陋儒"。我们知道,孔子删订六经,儒家从此以传承六经为己任,传承和讲说"诗书",成为先秦儒家的重要学派特征和文化主张。荀子的评说也证明了这一点。而在荀子看来,只懂得诵读诗书,不慕好圣人,不尊崇礼法,在道德和政治的领域无所表现,虽然算是儒,但只是陋儒。在这里,在慕好圣人和尊崇礼法两者之间,在道德修身与礼法政治之间,荀子更强调礼法政治的重要性,所以他进一步指出,如果不实践礼法,只依据诗书,就不能找到正确的途径,儒家"原先王、本仁义"的目的也就不能实现。可见荀子是把原先王、本仁义看作儒家思想的基点。不仅如此,对礼法的尊重与实践,在荀子看来是儒之所以为儒的关键。针对当时的名辩思潮,他还指出,仅仅以《诗》《书》为根据作理论的和知识的辩明,却不懂得尊礼重礼,这样的人虽然是儒,但只是散儒而已。陋儒的陋是强调其局限性,散儒的散是强调其散漫性,无论如何,荀子的批评,从反面提示出,颂"诗书"确实是当时"儒"的普遍特色,而荀子自己则突出"礼法"的优先性,

---

① 本文所引用荀子原文与标点,多据梁启雄:《荀子简释》,但亦参之以张觉:《荀子译注》而增损之,文中不一一注明。

这无疑也体现了一种政治儒学的立场。荀子自己很重视《诗》《书》,常常引称《诗》《书》,这继承了春秋后期思想家和早期儒家重视以《诗书》为规范性资源的做法;但同时在他看来,在制度与秩序重建的战国后期,《诗》《书》缓慢的文化作用赶不上政治的急迫需要,注重经典传承的"文化儒学"的立场应当让位于强调制度和规范的"政治儒学"的立场。

再来看《非相》篇"腐儒"的提法:

> 凡言不合先王,不顺礼义,谓之奸言;虽辩,君子不听。法先王,顺礼义,党学者,然而不好言,不乐言,则必非诚士也。故君子之于言也,志好之,行安之,乐言之,故君子必辩。凡人莫不好言其所善,而君子为甚。故赠人以言,重于金石珠玉;观人以言,美于黼黻文章;听人以言,乐于锺鼓琴瑟。故君子之于言无厌。鄙夫反是:好其实不恤其文,是以终身不免埤污、佣俗。故《易》曰:"括囊,无咎无誉。"腐儒之谓也。(《非相》)

这是强调君子要好言、乐言。自然,不合先王、不顺礼义的言,不可好,不可乐,不仅不好不乐,而且要予以辨明。但真正的儒士要多说不背先王、顺合礼义的善言,而且说这样的话唯恐不多,多而无厌。那种知法先王、顺礼义,却不爱说话、不懂得言语是君子之文的人,可谓腐儒。腐儒就是不懂得以言语作为自己的外在形式和外在表现的儒。荀子在这里引《易》之坤六四爻辞,用以批评不重视言语的人。这种用《易》之法,与一般的易学家不同,一般易学家引此爻辞,都用以正面表扬少说话的人,而不是批评说话少的人。① 从"君子必辩"来看,这还表明荀子受到当时名辩思潮的影响,重视对名言和理论的辩说的重要性。而从《非十二子》篇所谓"嘿然而终日不言,是子夏氏之贱儒也"来看,荀子这里所谓腐儒可能主要是指子夏氏之儒,认为他们跟不上当时的形势,没有拿起论辩的武器。从这个例子来看,荀子对他所不满而号称儒士的人,常常在儒字前加一贬义词,以呵斥之,而他所用的贬损词语,不仅过分尖锐,也并没有严格的指称对象的意义。

现在来看《非十二子》篇"贱儒"的说法:

> 弟佗其冠,衶襌其辞,禹行而舜趋:是子张氏之贱儒也。正其衣冠,齐其颜色,嘿然而终日不言,是子夏氏之贱儒也。偷儒惮事,无廉耻而耆饮食,必曰君子固不用力,是子游氏之贱儒也。彼君子则不然:佚而不惰,劳而不僈,宗原应变,曲得其宜,如是然后圣人也。(《非十二子》)

这里偷儒的儒即懦,故偷儒并不是荀子对某些儒士的贬称。子张、子夏、子游都是孔门的高弟子,荀子却攻击他们的学派是贱儒,这显然是不公允的。然观其所用,这里的批评都未涉及子张、子夏、子游的思想,其所批评者都是这些学派的衣冠饮食等生活方式。这些批评与墨子对儒者的批评,颇能相合②,由此也可见墨子对于儒者的此种批评多是针对子游氏之儒等。此外,我们知道荀子在此篇中也批评子思、孟轲的传人为"沟犹瞀儒"。总之,荀子对他所批评的其他"儒"是过分的尖刻了,未能重视儒家各学派

---

① 如程颐:《程氏易传》,《二程集》,中华书局,1979年,710页。
② 参看《墨子·非儒下》第三十九。

的统一性的特色。但从这些批评之中也能看到战国儒家各派的某些特色,如在荀子的刻画中,战国的儒学传统,就其一般特点而言是重视诗书;就其不同派别而言,有些儒者重视外在衣冠,有些儒者沉默少言,有些儒者轻视实际事务等。

无论如何,以上所说,贬义的"×儒"可以看作荀子对儒家内部他所不满的人的批评之辞,这样的辞是不能随便移用于其他学派及其他人身上的。此外,另有一例,与上面几例有所不同:

> 今圣王没,名守慢,奇辞起,名实乱,是非之形不明,则虽守法之吏、诵数之儒,亦皆乱也。若有王者起,必将有循于旧名,有作于新名。然则所为有名,与所缘以同异,与制名之枢要,不可不察也。(《正名》)

这里的诵数之儒,应指熟悉诗书礼乐条文的人,特别是熟悉传统礼之节目的学者。诵数之儒与守法之吏相对为文,在这里并没有特别的贬损意义,也应当不必专指儒家内部而言。

荀子对子张氏等儒的苛刻的批评与讥讽,除表现出他的强烈批评性格以及对儒学内部的各个方向的发展缺乏宽容的心态之外,有没有别的意义?如果说这里有可以积极地加以了解的方面,那么,除了显示了荀子提出对儒的新的时代要求,可能还在于,荀子指出了每一时代的所谓儒家,都不仅包含了各个不同派别,而且纯杂不一,高下不等,需要加以辨别。换言之,并不是所有认同孔门的"儒"者的思想和定位都能完全地体现儒道,必须加以甄别和辨认,以免"紫之夺朱""郑声乱雅"。当然,这也反映了在战国后期走向统一的时代荀子谋求设立共同思想标准的意图。

二、大儒与小儒

那么,什么是真正的"儒"?真正的"儒"的主张是什么?在《儒效》篇荀子答秦昭王之问中,他全面阐述了什么是儒、儒之为人和儒的社会功能:

> 秦昭王问孙卿子曰:"儒无益于人之国?"孙卿子曰:"儒者法先王,隆礼义,谨乎臣子而致贵其上者也。人主用之,则势在本朝而宜;不用,则退编百姓而悫,必为顺下矣。虽穷困冻馁,必不以邪道为贪。无置锥之地,而明于持社稷之大义。嚅呼而莫之能应,然而通乎财万物、养百姓之经纪。势在人上,则王公之材也;在人下,则社稷之臣,国君之宝也。虽隐于穷阎漏屋,人莫不贵,道诚存也。仲尼将为司寇,沈犹氏不敢朝饮其羊,公慎氏出其妻,慎溃氏逾境而徙,鲁之粥牛马者不豫贾,修正以待之也。居于阙党,阙党之子弟罔不分,有亲者取多,孝弟以化之也。儒者在本朝则美政,在下位则美俗。儒之为人下如是矣。"(《儒效》)

秦昭王显然受到法家的影响,怀疑儒对于治国没有实际的益处。对此,荀子对儒之体用作了正面的阐发,对儒之所以为儒作了明白的概括。他说明,儒的政治主张和实践特色,是效法先王,尊崇礼义,谨守臣子之礼,而致力守护君主的尊贵。儒者的人格操守是重义轻利,即使穷无立锥之地,也不会贪图私利,而始终坚持维护国家社稷的大义。因此,如果儒者出仕,可作王公之材,亦可作社稷之臣,成为国君之宝;儒者若不任官职,由于他们讲学求道,在民间亦会得到人民的尊重。所以，人主任用儒者担任官职，便可发生改善政治的效果；若儒者不为人主所任用，他们在民间也会发挥化改善风俗的作用，可见儒是大有益于国家的。

由此荀子提出了"大儒"的概念。"大儒"既表达了荀子对儒的正面理解，也是荀子用来正面表达儒家理想人格及其社会功能的最高形象，某种意义上也就是荀子对圣王的另一种说法，在这个意义上，圣就是儒的最高境界。反过来也可以说，最高的儒便是圣王。

现在来看《儒效》篇对大儒的说明：

> 大儒之效：武王崩，成王幼，周公屏成王而及武王以属天下，恶天下之倍周也。履天子之籍，听天下之断，偃然如固有之，而天下不称贪焉。杀管叔，虚殷国，而天下不称戾焉；兼制天下，立七十一国，姬姓独居五十三人，而天下不称偏焉。教诲开导成王，使谕于道，而能揜迹于文、武。周公归周，反籍于成王，而天下不辍事周，然而周公北面而朝之。天子也者，不可以少当也，不可以假摄为也；能则天下归之，不能则天下去之，是以周公屏成王而及武王以属天下，恶天下之离周也。成王冠，成人，周公归周，反籍焉，明不灭主之义也。周公无天下矣。乡有天下，今无天下，非擅也；成王向无天下，今有天下，非夺也；变埶次序节然也。故以枝代主而非越也，以弟诛兄而非暴也，君臣易位而非不顺也。因天下之和，遂文、武之业，明枝主之义，抑亦变化矣，天下厌然犹一也。非圣人莫之能为，夫是之谓大儒之效。（《儒效》）

儒效的效即效验，亦含功德之义，荀子以周公为"大儒"，他认为，周公践阼,以枝代主的行为虽然不合常规,但能得到天下万民的拥护;周公以武力平定叛乱、以弟诛兄、封建同姓,也都得到了万民的肯定;最后待到成王成人,周公返政于成王,同样得到广泛的称赞。这都是由于周公因应时势的变化,不拘守传统的规范,一切为周天下的大局着想,故能实现了周文王、武王的理想,统一天下而不分裂。这样的行为是圣人才能做出的行为,周公的功德即是大儒的效验。事实上,周公应即是荀子所说的"法后王"的后王的代表。在这里,荀子称道的大儒是特重其政治之"功",而不是修身之"德",当然,在他看来,周公的功烈是出自于他的公心。

所以,荀子所谓"大儒",首先就是指像周公这样的治理和一统天下的圣王式人物。他强调:

> 造父者,天下之善御者也,无舆马则无所见其能;羿者,天下之善射者也,无弓矢则无所见其巧;大儒者,善调一天下者也,无百里之地则无所见其功。舆固马选矣,而不能以至远,一日而千里,则非造父也;弓调矢直矣,而不能以射远中微,则非羿也;用百里之地,而不能以调一天下,制强暴,则非大儒也。(《儒效》)

大儒拥有治国之道,但必须有能施展其作用的用武之地,其治国的道术才能表现出来,而大儒的治国能事,就是能平定天下、制服强暴。可见大儒的提法是特别注重其政治能力而言。正是由于这个立场,荀子提出大儒可为君主,君主当为大儒的思想:

> 其为人上也,广大矣,志意定乎内,礼节修乎朝,法则度量正乎官,忠信爱利形乎下。行一不义,杀一无罪,而得天

下,不为也。此君义信乎人矣,通于四海,则天下应之如讙。(《儒效》)

"其"即大儒,"人上"即君主。这和《孟子》公孙丑上所说"行一不义、杀一不辜而得天下,皆不为也"完全相同。

但政治能力和治国功效虽然是大儒的特点,但外在的功效有其内在的凭借,前者是大儒之征,后者是大儒之稽。特别是,有政治能力不等于有政治机会,若没有政治机会表现政治能力,大儒的魅力则特别表现于人格的彰显和修身的成就。荀子指出:

彼大儒者,虽隐于穷阎漏屋,无置锥之地,而王公不能与之争名;用百里之地,而千里之国莫能与之争胜;笞棰暴国,齐一天下,而莫能倾也——是大儒之征也。其言有类,其行有礼,其举事无悔,其持险应变曲当;与时迁徙,与世偃仰,千举万变,其道一也——是大儒之稽也。其穷也俗儒笑之,其通也英杰化之,嵬琐逃之,邪说畏之,众人媿之。通则一天下,穷则独立贵名,天不能死,地不能埋,桀、跖之世不能污,非大儒莫之能立,仲尼、子弓是也。(《儒效》)

荀子答秦昭王问儒的首段说:"无置锥之地,而明于持社稷之大义。嗷呼而莫之能应,然而通乎财万物、养百姓之经纪。势在人上,则王公之材也;在人下,则社稷之臣,国君之宝也。虽隐于穷阎漏屋,人莫不贵,道诚存也。"可见这两处的思想是一致的。从政治实践的特征来说,大儒者,其达其用,则以百里之地而能齐一天下,除暴安民;其穷其隐,则道德声名传播于四海,人民莫不崇敬。大儒所以能如此,则来自其修身遵道。"通则一天下,穷则独立贵名",此说与《孟子》尽心下篇的"穷则独善其身,达则兼济天下"有异曲同工之妙,合乎这样的大儒标准的人,可以举出孔子和子弓。"齐一天下"的提法反映了荀子时代各诸侯国渐渐走向统一的背景下儒家对理想人格的期许,这种理想人格既有很强的政治能力,又有很高的道德境界。

可见,大儒就是在"外王"和"内圣"两方面都具有特别能力的儒。然而,既有"大儒",则亦有"小儒",荀子所做的分别是:

> 志不免于曲私,而冀人之以己为公也;行不免于污漫,而冀人之以己为修也;其愚陋沟瞀,而冀人之以己为知也——是众人也。志忍私然后能公,行忍情性然后能修,知而好问然后能才,公、修而才,可谓小儒矣。志安公,行安修,知通统类,如是则可谓大儒矣。大儒者,天子三公也;小儒者,诸侯、大夫、士也;众人者,工农商贾也。礼者,人主之所以为群臣寸尺寻丈检式也。人伦尽矣。(《儒效》)

明明充满私心,却希望别人以为自己出以公心,明明自己的行为不检点,却希望别人以为自己的行为端正,明明愚陋却希望被认为有智慧,这样的人就是"众人"。在内心克制了私欲然后出以公心,在行为上克制了本性的冲动而后采取端正的行为,知学、好问然后成才,这可称是"小儒"。心志自然安于公正无私,行为自然安于善道,知识贯通整体和不同的类别,这样的人才是"大儒"。比照《中庸》的说法,志安公、行安修即"生而知之""安而行之",这是大儒;知而好问然后能才,即"学而知之""利而行之"以及"困而知之""勉而行之",这是小儒。荀子强调二者的高下之别,《中庸》则强调"及其知之一也","及其成功一也"。可见《中庸》和荀子立场上的不同。这里的大儒,便不是专指"外王"如周公,而是重在"内圣",大和小在这里的差别是内圣方面的差别,大儒之高于小儒,主要是在道德自觉和知识智慧两方面都高于小儒。而大儒、小儒、众人的分别,正如天子三公、诸侯大夫士、庶人的品级分别一样是有高下之等的。正如后世有所谓"判教"说一样,荀子的说儒带有明显的判教特色,即在儒学内部划分出高下不同的层次,划分为正宗的和鄙俗的不同学派。这种判教的努力和荀子的关注点,即儒学在当时必须参与谋划和主导政治社会发展,是联系在一起的。

三、雅儒与俗儒

"小儒"的智慧和自觉的程度虽然不如"大儒",但"小儒"的道德境界应当是值得肯定的。荀子不仅分别了"大儒"和"小儒",还区分了"雅儒"和"俗儒":

> 故有俗人者,有俗儒者,有雅儒者,有大儒者。不学问,无正义,以富利为隆,是俗人者也。逢衣浅带,解果其冠,略法先王而足乱世术,缪学杂举,不知法后王而一制度,不知隆礼义而杀诗书;其衣冠行伪已同于世俗矣,然而不知恶;其言议谈说已无以异于墨子矣,然而明不能别;呼先王以欺愚者而求衣食焉,得委积足以揜其口,则扬扬如也;随其长子,事其便辟,举其上客,亿然若终身之虏而不敢有他志——是俗儒者也。法后王,一制度,隆礼义而杀诗书;其言行已有大法矣,然而明不能齐法教之所不及,闻见之所未至,则知不能类

也；知之曰知之，不知曰不知，内不自以诬，外不自以欺，以是尊贤畏法而不敢怠傲——是雅儒者也。法先王，统礼义，一制度，以浅持博，以古持今，以一持万，苟仁义之类也，虽在鸟兽之中，若别白黑；倚物怪变，所未尝闻也，所未尝见也，卒然起一方，则举统类而应之；无所儗怍，张法而度之，则晻然若合符节——是大儒者也。(《儒效》)

这里的"俗人"相当于上面说的"众人"，不求学问，不懂得正义，只追求富贵利益。"逢衣浅带，解果其冠"，相当于荀子《非十二子》篇中说的"弟佗其冠"的子张氏之儒；"略法先王而足乱世术"，相当于《非十二子》中以"略法先王而不知其统"对子思、孟轲的批评，可以说，非十二子中的"贱儒"在这里被称为"俗儒"。"俗儒"的特点是，衣冠行为同于世俗，在外在仪表和行为上不能体现儒者的认同和原则；"不知法后王而一制度，不知隆礼义而杀诗书"，即不知在持守大道的同时必须以改革的态度统一法度，不知在法度革新方面要法后王，不知尊崇礼义比传诵诗书更重要。"雅儒"则懂得要法后王而一制度，懂得隆礼义而杀诗书，言行都合于通行法度，但在知识和智慧上还达不到前面所说大儒的"知通统类"的程度。知通统类就是知识能贯通乎各类万事万物。"雅儒"与前面所说的"小儒"接近，但比小儒见识略高，小儒只重道德实践，雅儒还理解政治的需要。"大儒"则不仅在政治上法后王（先王当作后王）、统礼义、一制度，而且在知识和智慧上能原仁义，辨黑白，举统类而应之。大儒通于圣，圣主要体现在知，荀子在《儒效》篇明白说"知之，圣人也"，故"知"是理想人格很重要的维度。知即智，可见荀子思想也颇受到战国儒家圣智说的影响,这是很值得注意的。①

俗人、俗儒、雅儒、大儒的分别,同时代表了不同的政治主张和政治能力,从而也意味着不同的政治功效,这些都要面对人主的政治需要:

> 故人主用俗人,则万乘之国亡;用俗儒,则万乘之国存。用雅儒,则千乘之国安;用大儒,则百里之地久,而后三年,天下为一,诸侯为臣;用万乘之国,则举措而定,一朝而伯。(《儒效》)

这里的"千乘之国"似当作"千里之国",以与大儒"百里之地"相对。万乘之国的君主,如果任用俗人则国亡,如果任用俗儒则国存,可见俗儒不会导致亡国,这是俗儒高于俗人的地方。但存并不是安,安是安定平安,俗儒虽然不会导致亡国,但也不会使国家安定平安,任用雅儒则可以使千里之国安定平安,这是雅儒高于俗儒的地方。雅儒虽然可以安邦定国,但雅儒不能齐一天下;任用大儒则能以百里之国,三年而平天下,使诸侯臣服。如果任用大儒领导万乘之国,则很快就能够成为霸主。不同的儒有不同的治国效果,这就是儒之效。荀子所推崇的当然是大儒之效,而他的儒效说最重视的是能够使"天下为一"的政治能力和效果。这个"一"既是重新找到联结各诸侯国的一种统一形式,也是实现了安定、和平、和谐的理想世界。

---

① 圣智说在战国初期和中期很为流行,其代表作为竹简《五行》篇,载《郭店楚墓竹简》,文物出版社,1998年。

四、儒术与儒道

除以上论述儒的种种之外，荀子也论述了"儒道"和"儒术"。关于儒道之说，兹举一例：

> 入孝出弟，人之小行也；上顺下笃，人之中行也。从道不从君，从义不从父，人之大行也。若夫志以礼安，言以类使，则儒道毕矣，虽舜不能加毫末于是矣。（《子道》）

这里所说，与前面所说的大儒、小儒的分别，在思想是相通一致的。在家能孝能弟，是小行，亦是小儒；出仕能顺能笃，是中行，亦是中儒；以道义为普遍真理，坚持道义不仅高于君，而且高于父，这是大行，也是大儒。志安善、行安礼，知通统类，这是圣人，圣人是完全实现了"儒道"的人。而儒道即包括了从出孝入弟到知通统类这四个层次的内容。这四个层次，分别代表了家庭伦理、社会政治伦理、普遍伦理、最高智慧。

特别是，荀子在分析儒、墨之辩时，常以对比的方式，突出了儒术的特点。如：

> 故儒术诚行，则天下大而富，使而功，撞钟击鼓而和。《诗》曰："钟鼓喤喤，管磬玱玱，降福穰穰，降福简简，威仪反反。既醉既饱，福禄来反。"此之谓也。故墨术诚行，则天下尚俭而弥贫，非斗而日争，劳苦顿萃而愈无功，愀然忧戚非乐而日不和。《诗》曰："天方荐瘥，丧乱弘多，民言无嘉，憯莫惩嗟。"此之谓也。（《富国》）

这是说,墨术崇尚俭朴,而其结果将是贫穷,贫穷则必然带来劳苦和争斗,于是人们不和不乐。儒术崇尚礼乐,如果能彻底实行儒术,天下将富裕而且和谐欢乐。

> 孰知夫出死要节之所以养生也! 孰知夫出费用之所以养财也! 孰知夫恭敬辞让之所以养安也! 孰知夫礼义文理之所以养情也! 故人苟生之为见,若者必死;苟利之为见,若者必害;苟怠惰偷懦之为安,若者必危;苟情说之为乐,若者必灭。故人一之于礼义,则两得之矣;一之于情性,则两丧之矣。故儒者将使人两得之者也,墨者将使人两丧之者也,是儒墨之分也。(《礼论》)

这是说,人的情性是追求养生、养财、养安、养情,但只是贪生就会致死①,只是求利就会受害,只是求安就会处危,只是求乐就会灭亡;礼义的名节才能养生,礼义的消费才能养财,礼义的躬敬才能养安,礼义的文饰才能养情。儒者尚礼乐,能兼得礼义与情性,墨者尚俭朴,并失礼义与情性。可见,直至荀子时仍无儒家、墨家之名,而是以儒者、墨者来作为后世习用的儒家、墨家之名的。这当然应当是受墨子一派用词的影响。

以下还有几例:

> 故丧礼者,无它焉,明死生之义,送以哀敬而终周藏也。故葬埋,敬藏其形也;祭祀,敬事其神也;其铭诔系世,敬传其名也。事生,饰始也;送死,饰终也;终始具,而孝子之事毕,

---

① 贪生之解,可见李中生:《荀子校诂丛稿》,广东高等教育出版社,2001年,208页。

> 圣人之道备矣。刻死而附生谓之墨,刻生而附死谓之惑,杀生而送死谓之贼。大象其生以送其死,使死生终始莫不称宜而好善,是礼义之法式也,儒者是矣。(《礼论》)

敬事送死,如事生之厚,是礼的原则,也是圣人之道,儒者是始终坚持丧祭之礼这一立场的。荀子的这一说法和《礼记》是一致的。再如:

> 墨子曰:"乐者,圣王之所非也,而儒者为之,过也。"君子以为不然。乐者,圣人之所乐也,而可以善民心,其感人深,其移风俗易,故先王导之以礼乐,而民和睦。夫民有好恶之情,而无喜怒之应,则乱。先王恶其乱也,故修其行,正其乐,而天下顺焉。(《乐论》)

儒者认为乐有重要的社会文化功能,可以善民心,移风俗,用礼乐范导人的好恶喜怒,人民就能和睦。墨者非乐,这是和儒者不同的。这表示儒道是重视礼乐的。

> 大有天下,小有一国,必自为之然后可,则劳苦耗悴莫甚焉。如是,则虽臧获不肯与天子易埶业。以是县天下,一四海,何故必自为之?为之者,役夫之道也,墨子之说也。论德使能而官施之者,圣王之道也,儒之所谨守也。传曰:"农分田而耕,贾分货而贩,百工分事而劝,士大夫分职而听,建国诸侯之君分土而守,三公揔方而议,则天子共己而止矣。"出若入若,天下莫不平均,莫不治辨,是百王之所同也,而礼法之大分也。(《王霸》)

管理一个国家,如果一切都亲力亲为,则劳苦不堪,这是役夫之道。这是墨子的主张。儒者则主张社会分工,君主的职分是领导人,根据德行和能力,任用不同的人作不同的事。在战国儒学中,荀子对儒墨之辩的分析,以及对墨家的批评,是儒家对墨子非儒说的最为系统的回应。

> 儒者为之不然,必将曲辨。……士大夫务节死制,然而兵劲。百吏畏法循绳,然后国常不乱。商贾敦悫无诈,则商旅安,货通财,而国求给矣。百工忠信而不楛,则器用巧便而财不匮矣。农夫朴力而寡能,则上不失天时,下不失地利,中得人和,而百事不废。是之谓政令行,风俗美,以守则固,以征则强,居则有名,动则有功。此儒之所谓曲辨也。(《王霸》)

按照荀子所说,君主若不隆礼义,注重权谋倾覆,则臣民必从而成俗,不隆礼义而好贪利。儒者主张隆礼义、齐制度,致忠信,采取曲辨的方针。曲辨就是辩证的治国之法,从礼义入手,看起来好像不是直接指向目的,却可以收获广泛的治国效果。荀子这些关于儒道和儒术的阐发指明了当时儒家的重要主张。

当然,在说儒之外,荀子以君子、士等名义,也阐发了儒家的人格与理想,荀子中更有大量不以这些名义出现的论述,直接表达了荀子的儒家理解。例如:

> 体恭敬而心忠信,术礼义而情爱人,横行天下,虽困四夷,人莫不贵;劳苦之事则争先,饶乐之事则能让,端悫诚信,拘守而详,横行天下,虽困四夷,人莫不任。(《修身》)

这当然是指儒而言,此外,荀子也用仁者、仁人、法士、贤士等表达他的儒者的理想。但本文所以仅限于说"儒"者,是因为我们要以最直接的论儒资料作为证据来说明战国时人对何谓"儒"的理解,而那些非说儒的表达,则必须先假定荀子是儒家才能被利用,这就容易陷入循环论证了。

另外,我们的目的是借助战国儒者的自我理解以说明儒学在孔子以来的意义,但荀子的例子表明,他的说儒所体现和表达的自我理解,也充满了该时代新的要求,力图在继承孔子和早期儒家的同时,开创出"新"儒家的实践。因而他的儒说既可以帮助我们理解孔子和七十子时代的儒,也显示出荀子在新的时代对儒的理解与孔子和七十子时代的不同侧重。大体上说,荀子对"儒"的基本理解是和战国以来儒的传统一致的,但对法后王、一制度特别加以强调;荀子更重视的不是文化的儒家,而是政治的儒家,期盼在战国纷争即将结束的时代,大儒的政治家能够全面领导这个政治社会走向统一和秩序。这种政治儒学的转向,不仅影响了秦代的政治发展,也影响了西汉前期儒学的发展。

(《北京大学学报》,2007 年 5 期)

重订荀子《性恶篇》章句

一

《荀子》书中的《性恶》一篇,集中表述了荀子人性论的主要内容,受到历来研究者的重视。不过,《性恶》文本章句的讨论,似很少见。本文拟就此提出一些看法,以引起方家的进一步讨论。

《荀子》文本的分段,多出于清人。如王先谦《荀子集解》最称精详,其分段乃据卢文弨校本。而卢校本的分段,并未顾及战国古人的分章习惯。晚近以来,出土战国竹简文献,往往有章号、篇号可循,虽然这些章号可能是传承文献的经师所为,但应接近作者和时人,其法则值得参考。

如果在总体上观察《性恶》的文字叙述,很容易发现在该篇的前半部的叙述结构,是相当齐整的。根据今人张觉《荀子译注》的分章(节)①,此篇共分 19 章,而在前 12 章中,大多以"人之性恶明矣,其善者伪也"为一章的结束语。如:

---

① 张觉:《荀子译注》,上海古籍出版社,1995 年。又,其另著《荀子校注》(岳麓书社,2006 年)分章与注释皆与前书同。

1章"人之性恶,其善者伪也",

2章"……用此观之,人之性恶明矣,其善者伪也"。

3章"……用此观之,然则人之性恶明矣,其善者伪也"。

6章"……用此观之,然则人之性恶明矣,其善者伪也"。

8章"……用此观之,人之性恶明矣,其善者伪也"。

9章"……用此观之,然则人之性恶明矣,其善者伪也"。

10章"……用此观之,然则人之性恶明矣,其善者伪也"。

11章"……用此观之,然则人之性恶明矣,其善者伪也"。

12章"……故人之性恶明矣,其善者伪也"。

在上述各章中,其结语的文字虽略有差别,如有的用"然则",有的用"故",有的未用"用此观之",而结语的主要成分"人之性恶明矣,其善者伪也"是一致的。因此,我们可以说它们的结语形式是一致的。这显然是此篇作者有意而为之的,由此亦可见其结构的特色。然而,在前12章中只有4、5、7这三章没有以"人之性恶明矣,其善者伪也"作为结束语,这显得很不协调。以常理推之,此篇的作者既然已经有使用这一结语形式的偏好,则与上述各章内容相同的章,没有不使用这种结语的理由。因此,错简和脱误的可能性是明显存在的。

事实上,在第5章中,本来就有"用此观之,然则人之性恶明矣"的文字,只是缺少了"其善者伪也"五字而已。综观全书,除了此篇第5章外,《荀子》文中,孤立地说"人之性恶明矣"而不带"其善者伪也"的用例,是没有的。加上我们前面对结构的解析,使我们有理由推断,在第5章里本来也是有"其善者伪也"这一句,跟在"人之性恶明矣"之后。而今本的没有此五字,可能是传抄过程中的脱误所致。

二

为解决这一问题,我们把4、5两章合为一章,并在"用此观之,然则人之性恶明矣"后补上"其善者伪也"。做法如下:

张注本之第4章、第5章原作:

4. 孟子曰:"人之学者,其性善。"曰:是不然。是不及知人之性,而不察乎人之性伪之分者也。凡性者,天之就也,不可学,不可事(事即伪了)。礼义者,圣人之所生也,人之所学而能,所事而成者也。不可学,不可事,而在人者,谓之性;可学而能,可事而成之在人者,谓之伪。是性伪之分也。今人之性,目可以见,耳可以听;夫可以见之明不离目,可以听之聪不离耳,目明而耳聪,不可学明矣。

5. 孟子曰:"今人之性善,将皆失丧其性故也。"曰:若是则过矣。今人之性,生而离其朴,离其资,必失而丧之。用此观之,然则人之性恶明矣。所谓性善者,不离其朴而美之,不离其资而利之也,使夫资朴之于美,心意之于善,若夫可以见之明不离目,可以听之聪不离耳,故曰目明而耳聪也。

第5章的"所谓性善者……故曰目明耳聪也"一段文字,按张觉注,"据文义应在'若是则过矣'之后"。① 这样,此第5章可改为:

---

① 张觉:《荀子译注》,501页。

5. 孟子曰:"今人之性善,将皆失丧其性故也。"曰:若是则过矣。所谓性善者,不离其朴而美之,不离其资而利之也;使夫资朴之于美,心意之于善,若夫可以见之明不离目,可以听之聪不离耳,故曰目明而耳聪也。今人之性,生而离其朴,离其资,必失而丧之,用此观之,然则人之性恶明矣。

"孟子曰"至"明矣"的序次,即据张注所调整,而调整之后,"用此观之,然则人之性恶明矣"就成为最后一句了。

然后我们将"其善者伪也"五字补于句尾,盖此篇之中,"人之性恶明矣"后皆接有"其善者伪也",未有独立言"人之性恶明矣"者。① 现把第4章和经我们调整后的第5章合为一章,即新的第4章,如下:

孟子曰:"人之学者,其性善。"曰:是不然。是不及知人之性,而不察乎人之性伪之分者也。凡性者,天之就也,不可学,不可事(事即伪了)。礼义者,圣人之所生也,人之所学而能,所事而成者也。不可学,不可事,而在人者,谓之性;可学而能,可事而成之在人者,谓之伪。是性伪之分也。今人之性,目可以见,耳可以听;夫可以见之明不离目,可以听之聪不离耳,目明而耳聪,不可学明矣。

孟子曰:"今人之性善,将皆失丧其性故也。"曰:若是则过矣。所谓性善者,不离其朴而美之,不离其资而利之也;使夫资朴之于美,心意之于善,若夫可以见之明不离目,可以听

---

① 清人王念孙亦言:"此下亦当有'其善者伪也'句",可为吾人的支持。其语见王先谦:《荀子集解》,中华书局,1988年,436页。

之聪不离耳,故曰目明而耳聪也。今人之性,生而离其朴,离其资,必失而丧之,用此观之,然则人之性恶明矣,其善者伪也。

下接新的第5章:

今人之性,饥而欲饱,寒而欲暖,劳而欲休,此人之情性也。今人见长而不敢先食者,将有所让也;劳而不敢求息者,将有所代也。夫子之让乎父,弟之让乎兄,子之代乎父,弟之代乎兄,此二行者,皆反于性而悖于情也;然而孝子之道,礼义之文理也。故顺情性则不辞让矣,辞让则悖于情性矣。用此观之,人之性恶明矣,其善者伪也。

这样的好处是,调整之后,第4章结尾为"用此观之,然则人之性恶明矣,其善者伪也"。与第1、2、3、5章结尾"用此观之,人之性恶明矣,其善者伪也"一致,章句整齐,条理清晰,而无改于荀子文义。

这样,原本章尾缺少"人之性恶明矣,其善者伪也"的4、5、7章,其4、5两章经过合并和增加一句"其善者伪也",问题已经解决。至于第7章,因今本原文中并无"人之性恶明矣"之句,亦无可补,故将此章移至张注本13章之前;又以此章稍长,故将此章分为两章。考虑到以"人之性恶明矣,其善者伪也"为结语的各章,至第10章为止,自为一组,与后面各章有别,故以《性恶篇》分为上下,读之更为顺畅。

就具体所改而言,本文则亦参之以郭店出土战国楚简《性自命出》篇章句之定。如李零氏所订本,每章以"凡"字开头,句次整齐,而又分为上下,颇便阅读。① 所不同者,李氏所订,有竹简章号篇号可以为据,而《荀子》文本乃传世文献,已无章号等可寻耳。

三

以下是我们的改本。其中文字明显脱误者则就正文改正,并加注说明;文字有疑义而非明显脱误者,则不改正正文,而出注以参考之;标点则以参照张注为主。

《性恶》上(共 10 章)

1. 人之性恶,其善者伪也。

2. 今人之性,生而有好利焉,顺是,故争夺生而辞让亡焉;生而有疾恶焉,顺是,故残贼生而忠信亡焉;生而有耳目之欲,有好声色焉,顺是,故淫乱生而礼义文理亡焉。然则从人之性,顺人之情,必出于争夺,合于犯分乱理,而归于暴。故必将有师法之化、礼义之道,然后出于辞让,合于文理,而归于治。用此观之,人之性恶明矣,其善者伪也。

3. 故枸木必将待檃栝、烝矫然后直,钝金必将待砻厉然后利。今人之性恶,必将待师法然后正,得礼义然后治。今人无师法,则偏险而不正;无礼义,则悖乱而不治。古者圣王以人之性恶,以为偏险而不正,悖乱而不治,是以为之起礼义,制法度,以矫饰人之情性而正之,以扰化人之情性而导之也,使皆出于治②,合于道者

---

① 李零:《郭店楚简校读记》,北京大学出版社,2002 年,105 页。
② "使"原作"始",据文义及张觉注改。

也。今之人化师法、积文学、道礼义者为君子；纵性情、安恣睢而违礼义者为小人。用此观之，人之性恶明矣，其善者伪也。

4. 孟子曰："人之学者，其性善。"曰：是不然。是不及知人之性，而不察乎人之性伪之分者也。凡性者，天之就也，不可学，不可事。礼义者，圣人之所生也，人之所学而能、所事而成者也。不可学、不可事而在人者①，谓之性；可学而能、可事而成之在人者，谓之伪；是性伪之分也。今人之性，目可以见，耳可以听。夫可以见之明不离目，可以听之聪不离耳，目明而耳聪，不可学明矣。

孟子曰："今人之性善，恶皆失丧其性故也。"②曰："若是则过矣。所谓性善者，不离其朴而美之，不离其资而利之也。使夫资朴之于美，心意之于善，若夫可以见之明不离目，可以听之聪不离耳，故曰目明而耳聪也。今人之性，生而离其朴，离其资，必失而丧之，用此观之，然则人之性恶明矣，其善者伪也。"

5. 今人之性，饥而欲饱，寒而欲暖，劳而欲休，此人之情性也。今人见长而不敢先食者，将有所让也；劳而不敢求息者，将有所代也。夫子之让乎父、弟之让乎兄；子之代乎父、弟之代乎兄；此二行者，皆反于性而悖于情也，然而孝子之道，礼义之文理也。故顺情性则不辞让矣，辞让则悖于情性矣。用此观之，人之性恶明矣，其善者伪也。

6. 凡人之欲为善者，为性恶也。夫薄愿厚，恶愿美，狭愿广，贫愿富，贱愿贵，苟无之中者，必求于外。故富而不愿财，贵而不

---

① "而在人者"，顾千里以为当作"之在天者"，见《荀子集解》，中华书局，1988年，436页；后亦有注者据上下文改为"而在天者"，见《荀子新注》，中华书局，1979年，392页。

② "恶"原作"将"，不可通，据文意改。

愿势,苟有之中者,必不及于外。用此观之,人之欲为善者,为性恶也。今人之性,固无礼义,故强学而求有之也;性不知礼义,故思虑而求知之也。然则性而已,则人无礼义,不知礼义。人无礼义则乱,不知礼义则悖。然则性而已,则悖乱在己。用此观之,人之性恶明矣,其善者伪也。

7. 孟子曰:"人之性善。"曰:是不然。凡古今天下之所谓善者,正理平治也;所谓恶者,偏险悖乱也。是善恶之分也已。今诚以人之性固正理平治邪,则有恶用圣王、恶用礼义哉?虽有圣王礼义,将曷加于正理平治也哉?今不然,人之性恶。故古者圣人以人之性恶,以为偏险而不正,悖乱而不治,故为之立君上之势以临之,明礼义以化之,起法正以治之,重刑罚以禁之,使天下皆出于治,合于善也。是圣王之治而礼义之化也。今当试去君上之势,无礼义之化,去法正之治,无刑罚之禁,倚而观天下民人之相与也;若是,则夫强者害弱而夺之,众者暴寡而哗之,天下悖乱而相亡,不待顷矣。用此观之,然则人之性恶明矣,其善者伪也。

8. 故善言古者,必有节于今;善言天者,必有征于人。凡论者贵其有辨合,有符验。故坐而言之,起而可设,张而可施行。今孟子曰:"人之性善。"无辨合符验,坐而言之,起而不可设,张而不可施行,岂不过甚矣哉!故性善,则去圣王,息礼义矣;性恶,则与圣王,贵礼义矣。故檃栝之生,为枸木也;绳墨之起,为不直也;立君上,明礼义,为性恶也。用此观之,然则人之性恶明矣,其善者伪也。

9. 直木不待檃栝而直者,其性直也。枸木必将待檃栝烝矫然后直者,以其性不直也。今人之性恶,必将待圣王之治、礼义之化,然后始出于治、合于善也。用此观之,人之性恶明矣,其善者伪也。

10. 问者曰:"礼义积伪者,是人之性,故圣人能生之也。"应之曰:是不然。夫陶人埏埴而生瓦,然则瓦埴岂陶人之性也哉?工人斫木而生器,然则器木岂工人之性也哉?夫圣人之于礼义也,辟则陶埏而生之也。然则礼义积伪者,岂人之本性也哉!凡人之性者,尧舜之与桀跖,其性一也;君子之与小人,其性一也。今将以礼义积伪为人之性邪?然则有曷贵尧禹,曷贵君子矣哉?凡贵尧禹君子者,能化性,能起伪,伪起而生礼义。然则圣人之于礼义积伪也,亦犹陶埏而为之也。用此观之,然则礼义积伪者,岂人之性也哉!所贱于桀跖小人者,从其性,顺其情,安恣睢,以出乎贪利争夺。故人之性恶明矣,其善者伪也。

《性恶》下(共9章)

11. 问者曰:"人之性恶,则礼义恶生?"应之曰:凡礼义者,是生于圣人之伪,非故生于人之性也。故陶人埏埴而为器,然则器生于陶人之伪①,非故生于人之性也。故工人斫木而成器,则器生于工人之伪,非故生于人之性也。圣人积思虑,习伪故,以生礼义而起法度,然则礼义法度者,是生于圣人之伪,非故生于人之性也。若夫目好色,耳好听,口好味,心好利,骨体肤理好愉佚,是皆生于人之情性者也,感而自然,不待事而后生之者也。夫感而不能然,必且待事而后然者,谓之生于伪,是性伪之所生,其不同之

---

① "陶人之伪",原作"工人之伪",杨倞注"或曰:工人当作陶人"。王念孙亦同此说。参看《荀子集解》,437页。

征也。

12. 故圣人化性而起伪,伪起而生礼义,礼义生而制法度。然则礼义法度者,是圣人之所生也。故圣人之所以同于众,其不异于众者,性也;所以异而过众者,伪也。夫好利而欲得者,此人之情性也。假之有弟兄资财而分者,且顺情性,好利而欲得,若是则兄弟相拂夺矣;且化礼义之文理,若是则让乎国人矣。故顺情性则弟兄争矣,化礼义则让乎国人矣。

13. 天非私曾、骞、孝己而外众人也,然而曾、骞、孝己独厚于孝之实,而全于孝之名者,何也?以綦于礼义故也。天非私齐鲁之民而外秦人也,然而秦人于父子之义①、夫妇之别,不如齐鲁之孝共敬文者②,何也?以秦人情性,安恣睢,慢于礼义故也,岂其性异矣哉!

14. "涂之人可以为禹。"曷谓也?曰:凡禹之所以为禹者,以其为仁义法正也,然则仁义法正有可知可能之理。然而涂之人也,皆有可以知仁义法正之质,皆有可以能仁义法正之具,然则其可以为禹明矣。今以仁义法正为固无可知可能之理邪?然则唯禹不知仁义法正,不能仁义法正也。将使涂之人固无可以知仁义法正之质,而固无可以能仁义法正之具邪?然则涂之人也,且内不可以知父子之义,外不可以知君臣之正。今不然。③涂之人者,

---

① 据王念孙,"父子之义"前应有"秦人"二字,而今本脱之。说见《荀子集解》,442页。

② "敬文"原作"敬父",杨注以为当为"敬文",即敬而有文。"孝共"原作"孝具",王念孙谓当作孝共,即孝恭。见《荀子集解》,442页。

③ 原文作"不然今涂人",俞樾云"不然二字当在今字之下,今不然三字为句"。见《荀子集解》,443页。

皆内可以知父子之义,外可以知君臣之正,则其可以知之质,可以能之具,其在涂之人明矣。今使涂之人者,以其可以知之质,可以能之具,本夫仁义法正之可知可能之理、可能之具,然则其可以为禹明矣。今使涂之人伏术为学,专心一志,思索孰察,加日县久,积善而不息,则通于神明,参于天地矣。故圣人者,人之所积而致也。

15. 曰:"圣可积而致,然而皆不可积,何也?"曰:可以而不可使也。故小人可以为君子,而不肯为君子。君子可以为小人,而不肯为小人。小人君子者,未尝不可以相为也,然而不相为者,可以而不可使也。故涂之人可以为禹,则然;涂之人能为禹,则未必然也。虽不能为禹,无害可以为禹。足可以遍行天下,然而未尝有遍行天下者也。夫工匠农贾,未尝不可以相为事也,然而未尝能相为事也。用此观之,然则可以为,未必能也;虽不能,无害可以为。然则能不能之与可不可,其不同远矣,其不可以相为明矣。

16. 尧问于舜曰:"人情何如?"舜对曰:"人情甚不美,又何问焉!妻子具而孝衰于亲,嗜欲得而信衰于友,爵禄盈而忠衰于君。人之情乎!人之情乎!甚不美,又何问焉!唯贤者为不然。"

17. 有圣人之知者,有士君子之知者,有小人之知者,有役夫之知者。多言则文而类,终日议其所以,言之千举万变,其统类一也:是圣人之知也。少言则径而省,论而法,若佚之以绳,是士君子之知也。其言也讠刍,其行也悖,其举事多悔,是小人之知也。齐给便敏而无类,杂能旁魄而无用,析速粹孰而不急,恤是非,不论曲直,以期胜人为意,是役夫之知也。

18. 有上勇者,有中勇者,有下勇者。天下有中,敢直其身;先王有道,敢行其意;上不循于乱世之君,下不俗于乱世之民;仁之所在无贫穷,仁之所亡无富贵;天下知之,则欲与天下同苦乐之①;天下不知之,则傀然独立天地之间而不畏;是上勇也。礼恭而意俭,大齐信焉而轻货财;贤者敢推而尚之,肖者敢援而废之;是中勇也。轻身而重货,恬祸而广解苟免;不恤是非,然不然之情,以期胜人为意,是下勇也。

19. 繁弱、钜黍,古之良弓也,然而不得排檠则不能自正。桓公之葱,太公之阙,文王之录,庄君之曶,阖间之干将、莫邪、巨阙、辟闾,此皆古之良剑也;然而不加砥砺则不能利,不得人力则不能断。骅骝、䯀骥、纤离、绿耳,此皆古之良马也;然而必前有衔辔之制②,后有鞭策之威,加之以造父之驭,然后一日致千里也。夫人虽有性质美而心辩知,必将求贤师而事之,择良友而友之。得贤师而事之,则所闻者尧舜禹汤之道也;得良友而友之,则所见者忠信敬让之行也。身日进于仁义而不自知也者,靡使然也。今与不善人处,则所闻者欺诬、诈伪也,所见者污漫、淫邪、贪利之行也,身且加于刑戮而不自知者,靡使然也。传:"不知其子视其友,不知其君视其左右。"靡而已矣!靡而已矣!

本文章句之订,可谓略承宋儒之法,如朱子《大学章句》之章句序次。而朱子《大学章句》序,于所改本,已自言"忘其固陋""无所逃罪",笔者此文改动旧本,亦深同此感,读者谅之。

(《浙东学术》,第一辑)

① "同苦乐之",杨注云"苦"或为"共",王念孙曰,作共者是也。见《荀子集解》,447页。
② "必前有"原作"前必有",据王念孙说改,见《荀子集解》,449页。

情性与礼义
——荀子政治哲学的人性公理

研究者早就注意到,荀子的人性与政治思想与霍布斯的人性和政治思想颇有可比之处。列奥·施特劳斯指出,霍布斯的政治哲学归结为"两条最为确凿无疑的人性公理",第一条是自然欲望公理,第二条是自然理性公理。[①] 同样,研究和说明荀子政治哲学的基础,既可以采用传统哲学研究的论述进路,也可以取"公理"方法,即还原荀子政治哲学的原始假设和根本出发点。这将使我们可以更清楚地揭示出荀子哲学中的最基本的价值及其结构。本文分为三大部分,首先通过对情性和势物的讨论理清荀子政治哲学对自然状态必然引致争夺的人性论论证,其次通过对分辨和礼义的讨论说明荀子对息止争夺的政治条件的设计,最后通过对心和知的讨论说明荀子哲学中心作为理性的重要意义。

---

① 参看施特劳斯:《霍布斯的政治哲学》,译林出版社,2001年,10、17页。

一、情性与知能

先看《荣辱》篇,荀子说:

> 材性、知能,君子小人一也;好荣恶辱,好利恶害,是君子小人之所同也;若其所以求之之道则异矣。①

"材性"指人生而具有的本性;"知能"指人生而具有的知觉本能和知觉能力,"一"即相同。荀子在这里强调人生而具有的本性和知觉取向,都是相同的,都是好荣恶辱,好利恶害的。这一段话是很有名的,不过也应指出,材性、知能作为两个概念,除了《荣辱》篇外,荀子很少使用。然而,虽然荀子很少使用这两个概念,但此处的重点在说明人生而本有的性情,其讨论属于荀子对于人性的讨论,这里所表达的思想与荀子其他的情性论思想完全是一致的。

材性的概念应该包含有两个意思,性是生而具有的意思,材是本始朴材,也就是原始素材的意思。材性的生而具有的性质与材性的原始素材的意思,荀子在《荣辱》篇的另一个地方也谈到,他说:

> 凡人有所一同:饥而欲食,寒而欲暖,劳而欲息,好利而恶害,是人之所生而有也,是无待而然者也,是禹桀之所同也。目辨白黑美恶,耳辨声音清浊,口辨酸咸甘苦,鼻辨芬芳腥臊,骨体肤理辨寒暑疾养,是又人之所常生而有也,是无待而然者也,是禹桀之所同也。可以为尧禹,可以为桀跖,可以

---

① 《荀子·荣辱》。以下《荀子》引文只引篇名。按王天海《荀子校释》言:"材性,资质、禀赋也。知能,即智能。一,一样,相同也。"上海古籍出版社,2005年,137页。

为工匠,可以为农贾,在势注错习俗之所积耳。是又人之所生而有也,是无待而然者也,禹桀之所同也。①

这段话,通过三个"人之所生而有也,是无待而然者也,是禹桀之所同也",一方面,讲了材性、知能的三个一般特征,即材性、知能是生而具有的,材性、知能是不依赖外在社会条件而如此的,材性、知能是所有人都相同的。另一方面,又讲了材、性、知、能的三层具体内容:第一层,指出"饥而欲食,寒而欲暖,劳而欲息,好利而恶害,是人之所生而有也,是无待而然者也,是禹桀之所同也"。此是指生而具有的情性义,即自然欲望和本能,此是人人之所同。这一点同于霍布斯的自然欲望公理。第二层意思,"目辨白黑美恶,耳辨声音清浊,口辨酸咸甘苦,鼻辨芬芳腥臊,骨体肤理辨寒暑疾养,是又人之所常生而有也,是无待而然者也,是禹桀之所同也"。此是指知能义,即自然的知觉分辨能力,也是禹桀之所同。第三层意思,"可以为尧禹,可以为桀跖,可以为工匠,可以为农贾,在势注错习俗之所积耳。是又人之所生而有也,是无待而然者也,禹桀之所同也"。王先谦氏以此句为衍文,似非是。若生而即有,无待而然,为性,则此性不可说是恶,这是作为原始素材的自然材性,这一句是讲材性义,即人格发展在原始素材上的多样可能性,乃随环境而被塑造,这也是人人之所同。情性、知能、材性,这三个概念的意义是有区别的。

前面说到,事实上荀子只在《荣辱》篇使用一次"材性"的概念,他比较多地使用的是"情性"概念。就情性而言,其内涵就是:

---

① 《荣辱》。

饥而欲食,寒而欲暖,劳而欲息,好荣恶辱,好利恶害。如果加以分别,其中前三项是自然欲望,后两项是社会欲望,因为"荣辱"是要在具体的社会中来界定的。若比照霍布斯,这五项也可以统称为自然欲望。荀子对性和情的内涵不做严格区分,认为人之性即表现为情欲、欲望,故喜欢用"情性"一词。如荀子在《性恶》篇说明:"今人之性,饥而欲饱,寒而欲暖,劳而欲休,此人之情性也。""夫好利而欲得者,此人之情性也。"

所谓"是人之所生而有",即我们所说的"性"的生而具有的总特征;而"可以为尧禹,可以为桀跖",即"材"的原始素材的意思。可见,上面所引的荀子的叙述,清楚地表达出了他的材性思想。材性的观念其实已经隐含并预设了"加工""塑造"的概念,这是霍布斯自然欲望公理所没有的,因为荀子不是仅从政治哲学立论,也从教育和修身哲学着眼。

荀子接着说:

> 尧禹者,非生而具者也,夫起于变故,成乎修,修之为,待尽而后备者也。人之生固小人,无师无法则唯利之见耳。人之生固小人,又以遇乱世,得乱俗,是以小重小也,以乱得乱也。君子非得势以临之,则无由得开内焉。……是若不行,则汤武在上曷益?桀纣在上曷损?汤武存,则天下从而治,桀纣存,则天下从而乱。如是者,岂非人之情,固可与如此,可与如彼也哉!①

人生而具有的是"饥而欲食,寒而欲暖,劳而欲息,好荣恶辱,好利

---

① 《荣辱》。

恶害"的情性,而尧禹的圣人人格和德性都不是生而具有的,是在材性基础上加工而成的。因此,可以说,人生下来都是自然的小人,只有通过修为才能成为圣人。人性的自然状态是惟利是图,只有通过社会加工才能改变,在素材与加工的关系中,人性提供加工的原初材料,故荀子在《礼论》篇也说:"性者、本始材朴也;伪者、文理隆盛也。无性则伪之无所加,无伪则性不能自美。"因此,人不是绝对的、独立的实体,一定是在社会加工中存在和改变着的;人不是天生所成的样子,一定是社会作用成的样子。故离开社会的具体塑造和自我的修养努力,孤立地去说天生的人性,对现实的人生没有决定意义。"材性论"提供了荀子道德哲学的人性基础,在修身哲学上我们重视材性的概念,但在政治哲学上我们更重视情性的概念如何导出政治制度的形成,而不是材性如何通过修身而改变。①

二、势物

荀子政治思想的出发点是情性,我们想指出的是,如果从政治哲学的角度来看,荀子的情性观联系着两个定理,正是借助这两个定理而得以展开到政治思想。这两个定理,一个是与"势"相关的定理,一个是与"物"相关的定理:

---

① "对霍布斯而言,自然状态是从人的情感中推演出来的,是为了揭示阐明为了形成正确的政治秩序我们必须了解人的自然倾向,它主要用来确定人形成政治社会的原因、目的、目标,认知了这些目标,政治问题就变成了该如何为了更有效实现这些目标而把人和社会组织起来。"(施特劳斯等主编:《政治哲学史》(上),河北人民出版社,1993年,469页)

> 分均则不偏,势齐则不壹,众齐则不使。有天有地,而上下有差;明王始立,而处国有制。夫两贵之不能相事,两贱之不能相使,是天数也。势位齐,而欲恶同,物不能澹,则必争;争则必乱,乱则穷矣。先王恶其乱也,故制礼义以分之,使有贫富贵贱之等,足以相兼临者,是养天下之本也。书曰:"维齐非齐。"此之谓也。①

分、势在这里是政治学的概念,分别指名分、地位。"天数"表示这是普遍的规律。

"分均则不偏,势齐则不壹,众齐则不使",是指如果所有人政治地位和等级没有差别,那就没有人可以领导他人,支配他人,政治领导将成为不可能,只能导致争斗和混乱。这里所表达的是"势位齐而必争"的政治学定理,本来荀子也可以以此作为等级制礼制的独立论证,但荀子并没有把它作为独立的论证。

"势位齐,而欲恶同,物不能澹(赡),则必争;争则必乱,乱则穷矣",如果没有地位等级的差限,大家对物品的欲望又相一致,物品和资源的供给将不能满足需求,从而必然引起纷争,导致混乱无序,这是"欲多物寡而必争"的经济学定理。

这两个定理是关于争的起源的定理,被荀子看作"天数",具有普遍的意义。势位齐而必争,欲多物寡而必争,争夺即霍布斯所谓"自然状态"。而避免冲突和社会无序,是一切国家权力和政治制度的基本功能。荀子所要着力探讨的是争的根源,和息争止乱的条件,这是荀子的基本问题意识。至于"先王制礼义说"则是

---

① 《王制》。

一种设定。总之,在这里,荀子政治哲学认为,等级制的礼制,出于人和社会的可持续生活的需要,而不仅是政府和国家的主观设计,国家和政府自身也是为适应这种需要而产生的。

荀子又把这两条定理称为"势不能容"和"物不能澹",

> 夫贵为天子,富有天下,是人情之所同欲也;然则从人之欲,则势不能容,物不能赡也。故先王案为之制礼义以分之,使有贵贱之等,长幼之差,知愚能不能之分,皆使人载其事,而各得其宜。然后使谷禄多少厚薄之称,是夫群居和一之道也。①

"贵为天子,富有天下,是人情之所同欲也",这就是属于"好荣恶辱"的社会性欲望,这是人的情性。"从人之欲"的欲即人的基本欲望,应有二义:一为君人,即统治或领导别人,而不被人所领导;二为占物,即占有物品,无限地占有生活物品。势与物对,虽然荀子未清晰区别对权势的占有和对物品的占有,但其思想明显包含着这两个方面。从这里看,礼义的起源和必要性是欲望的无法满足,而不是欲望本身的善恶,也不是人性的善恶。这是从政治学着眼的观点。

荀子在其他地方也多次表述过这一思想:

> 人伦并处,同求而异道,同欲而异知,生也。皆有可也,知愚同;所可异也,知愚分。执同而知异,行私而无祸,纵欲而不穷,则民心奋而不可说也。如是,则知者未得治也;知者

---

① 《荣辱》。

> 未得治,则功名未成也;功名未成,则群众未县也;群众未县,则君臣未立也。无君以制臣,无上以制下,天下害生纵欲。欲恶同物,欲多而物寡,寡则必争矣。故百技所成,所以养一人也。而能不能兼技,人不能兼官。离居不相待则穷,群居而无分则争;穷者患也,争者祸也,救患除祸,则莫若明分使群矣。①

"欲恶同物,欲多而物寡,寡则必争矣",就是我们前面所说的第二定理即经济学定理。如果分析来看,欲同和欲多可以是两个不同的方面,但任何一个方面与物寡的条件相结合,即可证成礼制的必要性。从"欲—物"的关系说,如果人们的欲望相同,而物品的供给是无限的,则不必引起供给的纷争;如果人们的欲望很多,而物品的供给是无限的,也不会引起供给的纷争。可见,荀子思想中,物的有限供给,即所谓物不能赡,应是一个更为基本的预设。这既涉及自然资源的有限性,也涉及人的生产力的有限性。而欲同和欲多(欲多之多只是相对物寡之寡而言,多本身不是一个原理,原理只是欲同。众人欲同即是多。)都是哲学的情性论所提供的需求。

三、群分

以上是荀子论自然状态与人类纷争的根源,那么,在物品的有限供给下,如何防止、息灭争夺,如何摆脱自然状态?荀子认为

---

① 《富国》。

必须立"分"。

> 礼起于何也？曰：人生而有欲，欲而不得，则不能无求。求而无度量分界，则不能不争；争则乱，乱则穷。先王恶其乱也，故制礼义以分之，以养人之欲，给人之求。使欲必不穷于物，物必不屈于欲。两者相持而长，是礼之所起也。①

这里涉及不平等的起源问题，荀子这种"论不平等的起源"，是从"资源—欲望"的满足关系如何平衡来立论的，属于从功利、工具层面立论的。照这个说法，自然欲望的公理是根本的一项，在这个论证中，政治学定理和经济学定理都未出场。可见，荀子的论证在不同的脉络中侧重不同。但就逻辑关系而言，政治学定理和经济学定理都可视为自然欲望公理的延伸。在上面这段话里，"欲—求—争"是原始的自然状态的主要结构，"欲"是心理层面的，"求"是行为动作的，这是欲和求的分别。以前的解释习惯于笼统地把"分"解释为名分，其实这并不能包含其用法的复杂性。度量分界的分(fèn)即是分均则不偏的分，分即等级秩序的安排。而制礼义以分之的分则是划分度量分界。二者虽有名词、动词的不同，但其精神是一致的。

> 人之生不能无群，群而无分则争，争则乱，乱则穷矣。故无分者，人之大害也；有分者天下之本利也；而人君者，所以管分之枢要也。②

---

① 《礼论》。
② 《富国》。

这表示,荀子在政治哲学上不仅从争的起源来看问题,也在整体上注重"群",即社群、社会生活之所以可能的条件,在他看来,群体生活的根本条件就是"分"。分是对欲望满足的限制,有分是"群道"。这种分并不是人性自然包含或带来的,毋宁是外在于人的,而人能够认识"分"对群体生活的意义,从而接受并遵守之。

前面我们概括荀子的思想是主张欲同必争,欲多必争,势同必争,在这里,是强调群居无分必争,同求无分必争。求即需求,无分即无所限制,即自然状态,强调自然状态必然导致争斗。息争止夺的条件则是"分",而分不是自然产生的。因此,表面上,"无分则争",与"欲同则争"都是同一类的论证话语,都属于论述"必争"而对"争"进行的根源性论证,其实两者有所不同。人的欲望是不可改变的,而分的建立与否是依赖于人的。因此,与其说,无分则争,不如说,分是息争的条件,分不仅是息争的条件,也是群居的根本条件。因此,自然欲望公理及其所属的两个定理——政治学定理和经济学定理,都是论究"争"的根源,论自然状态的根由。而分的提出则是关于"息争"的条件。在这个意义上,"无分则争""有分则无争"所表达的"群居"的社会学定理,是属于论究"息争"的条件,不是关于争的起源的认知。

在上一节最后一段话里,荀子说"离居不相待则穷,群居而无分则争",讲的也就是这个意思,都是要一方面阐明"争"的根源,一方面论证礼制的目的是息争归和以维持群居的生活。"分"代表一种社会分级系统,即一种等级化的制度,此种制度规定了一个人在此系统中的政治地位和消费限制。政治地位的分级使人的势位有高有低,确保政治领导成为可能;消费的等级限制使得物品的有限供给不会产生社会冲突。这就是"制礼义以分之,以养人之欲,给人之求"。礼或礼义便是规定度量分界的分的体系。人君则是掌管分的体系的中枢。

"分"与"辨"又有关联,荀子说:

> 人之所以为人者,何已也?曰:以其有辨也。饥而欲食,寒而欲暖,劳而欲息,好利而恶害,是人之所生而有也,是无待而然者也,是禹桀之所同也。然则人之所以为人者,非特以二足而无毛也,以其有辨也。今夫狌狌形笑,亦二足而无毛也,然而君子啜其羹,食其胾。故人之所以为人者,非特以其二足而无毛也,以其有辨也。夫禽兽有父子,而无父子之亲,有牝牡而无男女之别。故人道莫不有辨。①

荀子认为,人之所以为人的人类特性、人与动物不同的特性,既非人的类本质,亦非他所说的人性。那么,人之所以为人的特性与人性什么关系?在荀子看来,人性就是天生的情,为本始朴材;性是人生而具有,不是指人生而独有、与动物不同的性质。他认为,人性与人道不同,人性是自然,而不是当然。人道是当然,却不是自然,人道是人的社会生活得以成立的原理。荀子以"人之所以为人"为"人道",而非"人性",故人性不是"人之所以为人者"。可见人性和人道的分别,亦是自然和当然的分别。如果进一步分析,人之所以为人的"人"究竟是个人还是人类社群,也是值得注意的,有辨的人作为社群的成员具有"辨"的社会意识,显然并不是自然的个人,而是社会化的人群。父子之亲、男女之别,也是指

---

① 《非相》。

人群的行为。在这个意义上,"人之所以为人"在这里应是指人群社会的特性而言。

荀子把"辨"看作是人之所以为人者,这里的"辨"不是目辨黑白、耳辨清浊的个人知觉,而是父子有亲、男女有别的社会伦理,这种对父子之亲和男女之别(男女之别应当和等级之分不同,故这里的辨并不能直接指向等级制)的分别才是人道的基础。分析来看,辨有二义,一是主观的,即意识知觉的辨别;二是客观的,即社会意义的辨,即人的社会分位的分别,这个意义的辨也就是分。

在后一种意义上,即辨的客观意义上,荀子把辨和礼连接在一起:

> 辨莫大于分,分莫大于礼,礼莫大于圣王。圣王有百,吾孰法焉?曰:文久而灭,节族久而绝,守法数之有司,极礼而褫。故曰:欲观圣王之迹,则于粲然者矣,后王是也。彼后王者,天下之君也;舍后王而道上古,譬之是犹舍己之君,而事人之君也。故曰:欲观千岁,则数今日;欲知亿万,则审一二;知上世,则审周道;欲审周道,则审其人所贵君子。①

父子之亲、男女之别,即是辨,又是分,也是礼,因为区别是分位的基础,礼则是分位的体系。

需要指出的是,固然,人若不群,而土地无限广大,则亦可不争,但这是不可能的。"人生不能无群",的确是荀子思想逻辑体系意识到的基点,是比无分必争的社会定理更为基础性的对社会

---

① 《非相》。

理解的前提条件。

四、礼义

进一步分析来看,分、辨体现于社会规范体系,便是"礼";礼反映在意识和原则上,便是"义":

> 水火有气而无生,草木有生而无知,禽兽有知而无义,人有气、有生、有知,亦且有义,故最为天下贵也。力不若牛,走不若马,而牛马为用,何也?曰:人能群,彼不能群也。人何以能群?曰:分。分何以能行?曰:义。故义以分则和,和则一,一则多力,多力则强,强则胜物;故宫室可得而居也。故序四时,裁万物,兼利天下,无它故焉,得之分义也。故人生不能无群,群而无分则争,争则乱,乱则离,离则弱,弱则不能胜物;故宫室不可得而居也,不可少顷舍礼义之谓也。能以事亲谓之孝,能以事兄谓之弟,能以事上谓之顺,能以使下谓之君。君者,善群也。群道当,则万物皆得其宜,六畜皆得其长,群生皆得其命。①

禽兽有知而无义,则"义"作为人与动物的区别特性,应当属于"人之所以为人",这个"义"是道德和伦理的范畴。"义"不是生而具有的,但可说是以人的理性为基础。荀子认为人能群,牛马不能群,说明这里的"群"不是指成群结队,而是结成具有一定结构的社群,"分"则是人类社群得以结成的关键。分的社会结构是以义的

---

① 《王制》。

价值理念为其依据的,义为分提供了实践动力和价值正当性,即所谓"分何以能行?曰义。故义以分则和"。义就是处理人的社会关系的各项原则,如孝弟顺等。礼义是社会规范与价值体系。当然,人能群,并不表示人天生具有社会性。[①]

现在我们来看荀子对礼义的起源的说明。社会需要礼义之分,那么礼义之分是如何起源的?根源与起源不同,本文前几节讨论的自然欲望公理及其所属的两项定理,都是说明礼义之所起的必要性和理由,这是属于根源的讨论。而礼义之发生的历史过程,是属于起源的讨论。

概而言之,荀子以"先王制礼论"说明礼义的起源:

> 争则必乱,乱则穷矣。先王恶其乱也,故制礼义以分之,使有贫富贵贱之等,足以相兼临者,是养天下之本也。书曰:"维齐非齐。"此之谓也。[②] 故先王案为之制礼义以分之,使有贵贱之等,长幼之差,知愚能不能之分,皆使人载其事,而各得其宜。然后使谷禄多少厚薄之称,是夫群居和一之道也。[③]
>
> 礼起于何也?曰:人生而有欲,欲而不得,则不能无求。求而无度量分界,则不能不争;争则乱,乱则穷。先王恶其乱也,故制礼义以分之,以养人之欲,给人之求。使欲必不穷于

[①] "霍布斯认为,从人的情感中推出的自然状态理论是解决古老的心理学问题:一个对政治哲学有决定意义的问题,即人是不是天生就具有社会性和政治性?霍布斯的回答是否定的。……如果人天生不是社会性和政治性的,那么所有文明社会必定从社会和政治出现前的自然状态中产生。"见施特劳斯等主编:《政治哲学史》(下),河北人民出版社,1993年,469页。

[②]《王制》。

[③]《荣辱》。

物,物必不屈于欲。两者相持而长,是礼之所起也。①

故古者圣人以人之性恶,以为偏险而不正,悖乱而不治,故为之立君上之埶以临之,明礼义以化之,起法正以治之,重刑罚以禁之,使天下皆出于治,合于善也。②

先王制礼义以分之,是荀子反复明确宣称的对礼制起源的解释,(当然,他也偶尔用"圣人"代替"先王",从其思想来看,还是先王论更能代表其思想)。先王制礼说实际上是表达了荀子对政治制度的重视,人类社群早期的政治领导者,面对势不能容、物不能赡而导致的争夺对于组成人类社群的危害,发明了礼义制度,这个等级化的制度和规范体系是通过国家、政治权威的强制性来保证的,而礼义制度的形成是为了限制人的自然欲望、因应人类社群生活的需要,为了保证社会生活的和平无争。

如果礼义是先王的创制,那么礼与天地的关系如何看待?在春秋时代,人们认为礼是来自于天之经、地之义的③,荀子也说过"礼有三本"④,以天地为三本之首,但荀子在他的时代更重视先王圣人,故说:"天能生物,不能辨物也;地能载人,不能治人也;宇中万物,生人之属,待圣人然后分也。"⑤因此,在荀子,已经很少把人道礼义追溯到天地宇宙,而突出圣王制礼义的观念。这是一个值得注意的变化,即荀子对于礼义,不复重视自然法的论证,而更重

---

① 《礼论》。
② 《性恶》。
③ 如《左传》昭公二十五年所载郑国子大叔之论礼。
④ 《礼论》。
⑤ 同上。

视圣王的作用，这实际是重视人类政治经验和政治理性在历史实践中的发现。

在荀子的时代，礼义制度是人的理性的结果这一思想，不是绝对不能表达，如可以表达为：古之人见其乱也，心知其理，故制礼义以止其争。但荀子不采取这样的说法，而始终坚持先王制礼说，这明显突出了政治权威和历史实践的作用，即早期政治领导者在政治实践中认识到礼义制度才是止息争夺的根本办法。用哲学的话说，理性通过政治权威和历史实践来发生作用。但是，如果突出政治权威，则人对礼义的知能只是对政治权力及体制的服从，价值上的认同又从何而来？另一方面，先王不是泛指历史上过去的君王，它实际是指的是圣王，圣王的概念突出了政治权力的主观因素，这种主观因素不是指身份，而是特指其智慧和道德而言。在政治领域，道德主要是公正，智慧即认识人群事务的理性能力。而礼义制度说到底就是政治制度，礼制的政治合法性似是荀子心目中重要的主题。在礼制的合法性基础是什么、如何形成的问题上，荀子的思想倾向于认为礼制合法性的基础是社群的整体利益，其形成依赖于圣王所代表的人的理性和能力。所以，用先王说来说明政治制度的历史形成在荀子看来是最简明的、最有说服力的方式。①

如果礼义只是某几个圣王的创制，为什么人们会接受礼义、

---

① 礼之分当然是必要的，人们是能够同意的，存在的合理性解释只是说明没有这一礼制秩序，人便争夺，物便匮乏，生活变得不可能。可是，谁愿意接受自己在"分"中作奴隶和下民？真正做历史的说明就必须回答：圣人制礼，谁作君子，谁做小人？另外，如果世界只有一个人，他的本性不必受到规制，但每个人都必须生活在人群之中，与别人合作，故必须以理智节制其本性。

认同礼义？是因为圣王作为早期历史的政治领导者代表政治权威？或其创制的礼义法正成了人们的既定社会环境和传统？还是人们普遍认识到礼义是社会生活的需要？如果说人们因为尊崇政治权威和制度传统而接受礼义制度，但人们如何能在内心认同它？在这些方面，荀子的论断，往往在逻辑上并不一致，有的论述含混不清，他似乎并没有完成对他的根本论断所做的论证，各篇的论证也有时脱节。而我们所关注的，是荀子书中提供了哪些论证，而不是这些论证是否构成一严密的逻辑关系。

五、心知

因此，我们必须从这种先王制礼的说法，进而深入到荀子对人类理性的理解。

让我们先回到"知能"的问题上来。

前面我们引用过《荣辱》篇的下面这句话："目辨白黑美恶，耳辨声音清浊，口辨酸咸甘苦，鼻辨芬芳腥臊，骨体肤理辨寒暑疾痒，是又人之所常生而有也，是无待而然者也，是禹桀之所同也。"这是指知能，即自然的知觉分辨能力，是禹桀之所同。比较《性恶》篇"若夫目好色，耳好听，口好味，心好利，骨体肤理好愉佚，是皆生于人之情性者也"的说法，《荣辱》篇在这里不说"好"，而说"辨"，表现出二者的不同，即，"好"是指情性而言，"辨"是指知能而言。这里作为知能的"辨"是指知性的分辨。

知能不仅能辨别，还能认知、学习：

> 凡禹之所以为禹者，以其为仁义法正也。然则仁义法正

有可知可能之理。然而涂之人也,皆有可以知仁义法正之质,皆有可以能仁义法正之具,然则其可以为禹明矣。今以仁义法正为固无可知可能之理邪?然则唯禹不知仁义法正,不能仁义法正也。将使涂之人固无可以知仁义法正之质,而固无可以能仁义法正之具邪?然则涂之人也,且内不可以知父子之义,外不可以知君臣之正。今不然。涂之人者,皆内可以知父子之义,外可以知君臣之正,则其可以知之质,可以能之具,其在涂之人明矣。今使涂之人者,以其可以知之质,可以能之具,本夫仁义法正之可知可能之理,可以能之具,然则其可以为明矣。①

所谓"涂之人也,皆有可以知仁义法正之质,皆有可以能仁义法正之具",应当说,这些也是"人之所生而有也,是无待而然者也"。但这些并不是自然的价值取向,故荀子在这里并不说它们是性。正如人们都可以知篮球如何打,也都可以去打篮球,但对篮球的这种"知"与"行"的能力,不属于道德价值,没有确定的价值方向,故不说是性。仁义法正是理,而人人都有知理、行理的能力。对仁义法正的可以知、可以能、可以为,是人的多种潜能之一,如果用知能的范畴来说,则"皆有可以知仁义法正之质,皆有可以能仁义法正之具",应当也是属于"知能"。② 当然,荀子也偶尔把这类知能说为性:"凡以知,人之性也,可以知,物之理也。"③这里的性不是情性的性,是指知能而言。因为知能也是天之就者,也是不事

---

① 《性恶》。
② 牟宗三亦认为此质与具指才能而言,见《名家与荀子》,学生书局,1985年,228页。
③ 《解蔽》。

而自然者。

问题在于,仅仅是"可以知礼义",不等于知之而后心便好礼义,仅仅是"可以能行礼义",也不等于能之之后便化为心的德性。这就必须了解荀子关于"心"的思想。

我们先来看荀子关于"心知"的思想:

> 然则何缘而以同异?曰:缘天官。凡同类、同情者,其天官之意物也同,故比方之疑似而通,是所以共其约名以相期也。形体、色理以目异,声音清浊、调竽、奇声以耳异,甘苦、咸淡、辛酸、奇味以口异,香臭、芬郁、腥臊、漏庮、奇臭以鼻异,疾养、沧热、滑铍、轻重以形体异,说、故、喜、怒、哀、乐、爱、恶、欲以心异。心有征知。征知则缘耳而知声可也,缘目而知形可也。然而征知必将待天官之当簿其类,然后可也。五官簿之而不知,心征之而无说,则人莫不然谓之不知。此所缘而以同异也。①

前面说的"目辨白黑美恶,耳辨声音清浊,口辨酸咸甘苦,鼻辨芬芳腥臊,骨体肤理辨寒暑疾养",在这里就是天官的征知作用。更重要的是,这里所说的"喜怒哀乐爱恶欲以心异",认为情性是每人与生俱来的,但由于心知的差异,故每人的情性之发则是有所不同的。

> 性之好恶喜怒哀乐谓之情。情然而心为之择谓之虑,心虑而能为之动谓之伪。虑积焉,能习焉,而后成谓之伪。正

---

① 《正名》。

利而为谓之事,正义而为谓之行。所以知之在人者谓之知,知有所合谓之智。所以能之在人者谓之能,能有所合谓之能。性伤谓之病,节遇谓之命。是散名之在人者也,是后王之成名也。①

性是自然本性,性的表现是好恶喜怒哀乐之情,二者合称情性。但人的情性固然是好利恶害,而情的活动却要受到"心"的管制选择,所以情并不是直接影响作用人的行为的。"情然而心为之择"与"喜怒哀乐爱恶欲以心异"是一致的。故现实生活中"情性"不是单一地直接支配、作用于人的行为,"心"在这里发挥着重要的作用。

> 欲不待可得,所受乎天也;求者从所可,所受乎心也。所受乎天之一欲,制于所受乎心之多,固难类所受乎天也。人之所欲生甚矣,人之所恶死甚矣;然而人有从生成死者,非不欲生而欲死也,不可以生而可以死也。故欲过之而动不及,心止之也。心之所可中理,则欲虽多,奚伤于治?欲不及而动过之,心使之也。心之所可失理,则欲虽寡,奚止于乱?故治乱在于心之所可,亡于情之所欲。不求之其所在,而求之其所亡,虽曰我得之,失之矣。②

前面指出过荀子思想"欲—求—争"的自然状态的原始结构,那是荀子的逻辑推演。照荀子这里的说明,在现实生活中,"欲"是天生而有的,但"求"受到心的制约,而心的这种制约主要表现为价

---

① 《正名》。
② 同上。

值意识的"可"或"不可"。欲虽然是自然天生的,但受制于心,从而在心的制约作用下显现的欲望,就和天生的自然欲望不完全一致了,所以说"所受乎天之一欲,制于所受乎心之多,固难类所受乎天也"。可见,情性并不能独立无阻地对人的行为发生作用,因而,在实际生活中,"欲"会引导到"求",而"求"却不一定导致"争",阻止"求"变为"争"的关键在"心",在"心之所可",这里的"心"即近于霍布斯所谓自然理性的公理了。

在《天论》篇可见有这样的说法:

> 天职既立,天功既成,形具而神生,好恶喜怒哀乐臧焉,夫是之谓天情。耳目鼻口形能各有接而不相能也,夫是之谓天官。心居中虚,以治五官,夫是之谓天君。财非其类以养其类,夫是之谓天养。顺其类者谓之福,逆其类者谓之祸,夫是之谓天政。暗其天君,乱其天官,弃其天养,逆其天政,背其天情,以丧天功,夫是之谓大凶。圣人清其天君,正其天官,备其天养,顺其天政,养其天情,以全其天功。①

前面所说的好恶情性,此处属之天情。前面所说的知能之辨,这里归于天官之能。作为治天官、宰中虚的心,便是理性了。心被称为"天君",即天赋的理性,这就近于所谓自然理性的公理了。(这也应当是人之所以为人者,所以荀子虽然主性恶,但也了解人的独特性,甚至是本质属性,此独特性可以率导人的情性)。所以人虽有天情,但并非受制于天情,圣人清其天官、正其天君,才能养其天情。天君无疑在这里扮演了中枢的角色。

---

① 《天论》。

这样，在荀子哲学中，"欲"和"心"便成为一对矛盾关系，主体对于行为是通过欲和心的双行机制而产生作用，从而意识也不是仅仅由情性主导的。如，好恶有两种，一种是自然情性的好恶，一种是心知的好恶：

> 夫桀纣何失？而汤武何得也？曰：是无它故焉，桀纣者善为人所恶也，而汤武者善为人所好也。人之所恶何也？曰：污漫、争夺、贪利是也。人之所好者何也？曰：礼义、辞让、忠信是也。①

这里讲人之所好为礼义、人之所恶为争夺，这里的好恶都是指心而言，而非情性。欲望主体与理性主体在荀子哲学中呈现出这种关系，为解决好礼义的问题准备了出路。

在荀子，心之所好为礼义，心之所可即可于礼义，礼义则是"反于性而悖于情"（《性恶》篇语），反于情而养情，反于性而归于治：

> 孰知夫出死要节之所以养生也！孰知夫出（靡？）费用所以养财也！孰知夫恭敬辞让之所以养安也！孰知夫礼义文理之所以养情也！故人苟生之为见，若者必死；苟利之为见，若者必害；苟怠惰偷懦之为安，若必危；苟情说之为乐，若者必灭。故人一之于礼义，则两得之矣；一之于情性，则两丧之矣。②

这是说，人的情性是追求养生、养财、养安、养情，但只是贪生就会致死，只是求利就会受害，只是求安就会处危，只是求乐就会灭

---

① 《强国》。
② 《礼论》。

亡；但这种老子式的论证并非要引导到老子的结论,而是宣称,礼义的名节才能养生,礼义的消费才能养财,礼义的躬敬才能养安,礼义的文饰才能养情。儒者尚礼乐,能兼得礼义与情性,墨者尚俭朴,并失礼义与情性。

那么这样的好礼义之心是如何来的？荀子有名言："不可学,不可事,而在人者,谓之性；可学而能,可事而成之在人者,谓之伪。是性伪之分也。"故这样的好礼义的心荀子不认为是性,而这样的心应当是学而始能的伪。尽管,这样的心并不是与生俱来的,不是不学而能的,但其作为"人之所好",已经不是一个由"知"而学得的能力,而已经成为一种"才知便好"的内在的价值。在这个意义上,心对礼义之好,便不仅仅是知能或知能的结果了。

心对社会的法正在知之之后为何容易产生认同？在这点上荀子似非常乐观：

> 人之生固小人,无师无法则唯利之见耳。……是人之口腹,安知礼义？安知辞让？安知廉耻隅积？亦呥呥而噍,乡乡而饱已矣。人无师无法,则其心正其口腹也。今使人生而未尝睹刍豢稻粱也,惟菽藿糟糠之为睹,则以至足为在此也,俄而粲然有秉刍豢稻粱而至者,则瞲然视之曰："此何怪也？"彼臭之而嗛于鼻,尝之而甘于口,食之而安于体,则莫不弃此而取彼矣。今以夫先王之道、仁义之统,以相群居,以相持养,以相藩饰,以相安固邪。以夫桀、跖之道,是其为相县也,几直夫刍豢稻粱之县糟糠尔哉！①

---

① 《荣辱》。

照此说法,人生来只知欲望的满足,而一旦接触到礼义、实践了礼义,就会被其所吸引,如同一直吃糟糠的人吃了美食之后便被其所吸引一样。这就是心对于礼义的"才知便好""才知便可"的机制了。这无异于承认人心天然地具有选择礼义的潜在偏向,这是从"知"到"可"的先验根据。"心知道,然后可道,可道,然后能守道以禁非道"(解蔽)。

由此可见,荀子政治哲学有两条线索,一条是"情性说"代表的自然欲望原理,一条是"礼义说"代表的自然理性原理。前者是自然状态的基础,后者使人摆脱自然状态成为可能。所以荀子说:"人一之于礼义,则两得之矣;一之于情性,则两丧之矣。"

六、小结

如果我们看《孟子·告子上》,在告子和孟子的论辩中,两人的问题意识都没有显示出政治哲学的面向。如告子的"性犹杞柳"说,是讲本性与道德的关系;"性犹湍水"说,是讲本性和行为的关系;"生之谓性"说则是讲性的定义。孟子针对告子所说而论辩之,也没有由性的讨论引出政治哲学的结论。孟子性善之说诉诸四端,落脚在四德我固有之,思而得之,操而存之,这些都是修身取向的,故孟子心性论的确是心性儒学的特色,指向教育和修身。但荀子不同,荀子的人性论问题意识主要不是道德修身,不是从德行出发的,而是从国家、政府、权威的必要性和自然状态着眼的。与孟子不同,荀子的人性论明显地不是其德行论的基础,荀子人性论是其政治思想的基础,这和霍布斯是一样的。霍布斯的自然欲望公理认为人渴望攫取占用他人皆共同感兴趣的东西,又认为人的欲望是无穷尽的,从而自然状态是一切人反对一切人的战争状态,这个自然主义的人性论虽然没有说性是恶的,但论证的思路与荀子相同。古代政治哲学以法律规范(礼义)为基点,近代则以个人权利为出发点,荀子的政治哲学正是以礼义为基点的古代政治哲学。① 荀子从自然倾向、自然欲望出发,但其主旨和结论又是针对自然主义的。②

荀子人性论的本意是对等级礼制的存在的合理性做一说明,这可谓对制度存在的"合理性论证"。但此种说明需要借助某种历史的或自然的追溯,于是表现为一种对制度起源的"历史性解释"。列奥·施特劳斯指出:"对霍布斯来说,自然状态,并不是一个历史事实,而是一个必须的构想。……对他的政治哲学至关重要的是,这个政治哲学应该着手于自然状态的描述,它应该使国家产生于自然状态。从这里出发,霍布斯不是在描述一个真实的历史,而是在把握一个典型的历史。"③ 实际上,正如霍布斯一样,自然状态在历史上未必存在过,荀子构想的礼制的起源也未必在历史上实际如此,但这种对起源的描述也不妨看作一种对历史的想象和把握。在霍布斯,自然状态只是一种逻辑的条件,在荀子恐怕亦是如此。"对霍布斯而言,历史问题并不十分重要,自然状

---

① 传统的自然法,主要是一种客观的法则和尺度,一种先于人类意志的有约束力的秩序,古代学说从自然"法则"出发、诉诸某种客观秩序,与近代诉诸个人的权利思想不同。参看施特劳斯:《霍布斯的政治哲学》,2页。

② 施特劳斯认为,自然主义的政治哲学的后果,必然是对正义本身作为一个概念的取消,无法区分强权与公理,参见施特劳斯:《霍布斯的政治哲学》,33页。

③ 施特劳斯:《霍布斯的政治哲学》,124页。

态是从人的情感状态中推演出来的,是为了揭示阐明为了形成正确的政治秩序必须了解的人的自然倾向,它主要用来确定人形成政治社会的原因、目的、目标。认知了这些目标,政治问题就变成了该如何为了更有效实现这些目标而把人和社会组织起来。"[1]从荀子的对起源的解释可以看出其存在的关怀,即对匮乏的恐惧,对争夺的恐惧,在制度上是对失去礼制的担忧。这种担忧既是对晚周礼坏乐崩的回应,也是面对新的统一时代来临对礼制秩序的强调。因为惧怕失去礼制,就要论证礼制的必要性和合理性,由于礼制的必要性是面对"争"而消解"争",从而必须深入情感状态的人性基础和政治秩序的制度安排。这一政治学的视角自然便与教育学的修身视角,在性与心的看法上大不相同。从政治学上来看,荀子的论证重点其实是在于"人为什么需要礼制"的逻辑论证,而并不是"礼制是如何起源的"的历史论证;其人性论是指出欲望的现实,以明了政府建立的必要性;而理性的认识,提供了制度和秩序建立的可能性。荀子把感性欲望视为人的本性,而没有把理性在人性的意义上加以肯定,从而使得感性和理性的紧张没有在人性的层次上明确展开。与人性不同,人道是建立在理性的基础上的,故人性与人道的紧张是荀子思想直接呈现的紧张。

如果人性是饥而欲食,寒而欲暖,好利恶害,好荣恶辱,那么秩序和道德能否建立在人性基础上?荀子认为秩序和道德不是从人的情性基础上自然生长起来的,情性的自然状态是不能建立

---

[1] 《政治哲学史》(下),469页。

秩序和道德的,人性不足以支持礼制秩序。自然的放任适足以破坏社会,人为的社会导正系统才能建立秩序,君上、礼义师法、法正刑罚是规范人心和行动的根本条件。秩序是面对自然情性而采取的社会规制。① 因此人性并不是根本的价值,维持个人和社群的生活有序才是最高的价值。这不能不说是一种社群主义的观点。这个需要构成了最基本也是最重要的价值。要依据这个价值对现实的人和制度予以调节和改造。一切价值都是面对"人类合作而可持续地生活"而产生,这也是荀子哲学的根本目的。合作即人的生活必须以社群为形式,可持续即人的生活必须依靠一定的自然资源,这些资源必须能够持续地与需求平衡。

人需要礼制是因为人性恶(感性本性、欲望本性),但人之能建立礼制并服从他又因为人有理性。说到底,理性虽未出场,但起着作用,圣人是人的理性的代言者,(圣人即人的)理性看出人类社群生活的真正需要,于是制定政治礼制;而人们有理性,故能接受圣人的创制并认同之。所以,在荀子哲学里,理性隐藏着,但作用无所不在。礼制的建立和起源,本质上是人的理性面对社群生活的现实和需要所做的创制,道德则是其中的一部分。圣人就是人类理性的化身。人心之知能可知本性欲望,学习社会规范和习俗,修养性情而发展德性,发展心之所好而使理性彰明和成熟。

(《中国社会科学季刊》,2009年夏季卷)

---

① 可是这样一种想法和法家的观念是不是相合?与荀子前的儒学传统是否背离?儒家当然赞成礼制,但这是一种非法律的调节机制,根据儒家正统的理解,礼近于德,而远于政。荀子则有所不同。

《逍遥游》与庄子的人生观

探讨庄子的人生观可以帮助我们了解庄子哲学的出发点,更深入地把握庄子哲学体系的脉络。依照历史的习惯,这个工作总是以研究庄子首篇《逍遥游》为开始,对于研究庄子或庄学的人来说,《逍遥游》也就往往成为最重要的篇章。20世纪50年代后期流行一时的所谓"庄子哲学骨架":有待—无己—无待,也是提出者从《逍遥游》中发掘得来的。因此,研究《逍遥游》的论述和思想,对于研究庄子本身,和澄清"庄子骨架论"一类的说法,都是必要的。

《逍遥游》一篇讲的究竟是什么意旨,甚至于"逍遥游"三字的意思究竟是什么,古往今来,庄学家各持己说,莫衷一是。成玄英在其《庄子序》中,"泛举纮纲,略为三释",举出三种主要的对"逍遥游"的理解,还没有包括郭象"自足其形而逍遥"的解释。50年代以后的庄子哲学讨论,受教条主义、极左思想所主导,为本来就已纷乱的"逍遥义"又增添了炫目的色彩。现在是还《逍遥游》本来面目的时候了。

其实,纠缠在什么是"逍遥游"的问题上,很可能是一个误导,并由此入于歧途。有论者提出,大鹏是逍遥游还是圣人是逍遥游?如果此篇没有"逍遥游"的题目,就其文本而言,是不会提出这种问题的;也不会从"逍遥游"三字而去关注自由与不自由的问题。关于《庄子》内篇各章以三字为题的现象,任继愈先生在其《庄子探源》中认为,三字的题目比较特别,从而将之作为判定内篇晚出的一个根据。这个晚出的结论固然可以讨论,但却提示我们从另一个角度来考虑,即《逍遥游》的本文是先秦作品,而三字式的题目却是后来汉人所加。这不是没有可能的。虽然,这个问题不必在此做定论,但在逻辑上,理解《逍遥游》文本的思想,应当不受其题目的限制,而从文本的内容入手,这一点应无异议。

一

我们把《逍遥游》整个文本分为三章。第一章自"北溟有鱼"至"此大小之辨也"。第二章自"夫知效一官"至"窅然丧其天下焉"。第三章自"惠子谓庄子曰"至篇尾。下面来逐章进行讨论,以彰显其叙述脉络。

> 北冥有鱼,其名为鲲,鲲之大,不知其几千里也。化而为鸟,其名而鹏,鹏之背,不知其几千里也;怒而飞,其翼若垂天之云。是鸟也,海运则将徙于南冥;南冥者,天池也。
>
> 齐谐者,志怪者也。谐之言曰:"鹏之徙於南冥也,水击三千里,搏扶摇而上者九万里,去以六月息者也。"野马也,尘埃也,生物之以息相吹也。天之苍苍,其正色邪?其远而无所至极邪?其视下也,亦若是则已矣。

上面是第一章的一、二两段,都是讲大鹏"徙于南冥"的故事。"水击三千里,搏扶摇而上者九万里,去以六月息者也",描绘了大鹏乘风而起、高天怒飞的雄壮身姿。

第三段:

> 且夫水之积也不厚,则其负大舟也无力;覆杯水于坳堂之上,则芥为之舟,置杯焉则胶,水浅而舟大也。风之积也不厚,则其负大翼也无力;故九万里,则风斯在下矣,而后乃今培风。背负青天,而莫之夭阏者,而后乃今将图南。

第三段正面阐明了,为什么大鹏要扶摇而上达到九万里之高,然后才向南飞行。庄子的观点是,就一般而言,事物的运动需要一定的条件,条件必须与事物的形态及其运动状态相适应。一杯水倒在小坑里,可以浮起几根小草;而要浮起大船,就需要深厚的水体,这是普遍的规律。就个别而言,大鹏之所以要上达九万里云天之高,是因为没有九万里厚的积风,就不能浮起大鹏的垂天之翼,大鹏也就无法飞行。如我们将在后面越来越清楚地看到的,庄子以大鹏自喻,以九万里云风比喻其境界之高远宏大,为"大"而辩护,从而开启了一场"大小之辨"。

> 蜩与学鸠笑之曰:我决起而飞,枪榆枋,时则不至而控于地而已矣。奚以之九万里而南为?适莽苍者三餐而反,腹犹果然,适百里者宿舂粮,适千里者三月聚粮;之二虫,又何知?

第四段引出了大鹏的对立面小虫——蜩与学鸠对大鹏高飞九万里的嘲笑,认为飞这么高是不必要的。通过对两个小虫的反驳,庄子在此阐明第三段讲述的道理。庄子论述道,近郊的旅行仅仅带三餐,当天返回,肚子还是饱的。但是作百里的旅行,就得用一天的时间准备干粮。若作千里之行的打算,就要准备三个月的干粮。大鹏之背长几千里,翼长亦几千里,要飞到南冥,必须要乘九万里高的厚风。郭象注:"所适弥远,聚粮弥多。故其翼弥大,则积气弥厚也。"只需要飞几尺高的小鸟这么能知道这个道理!

可以看出,庄子在以上几段中并没有抽象地谈论"有待",庄子提出和回答的问题,不是大鹏要不要依赖于风,而是大鹏为什么要依赖九万里厚的大风。因此,如果把事物需依赖与其形态相当的条件叫作有待,那么,庄子对这种有待是肯定的,丝毫没有把这种有待与自由对立起来而加以否定。其次,庄子所真正强调的是"物与待相应",事物所依赖的条件是必须与事物形态的大小和运动状态相适应,认为这是普遍的规律。

> 小知不及大知,小年不及大年,奚以知其然也?朝菌不知晦朔,蟪蛄不知春秋,此小年也。楚之南有冥灵者,以五百岁为春,五百岁为秋;上古有大椿者,以八千岁为春,八千岁为秋。此大年也。而彭祖乃今以久特闻,众人匹之,不亦悲乎?

第四段是说,蜩与学鸠不懂得"物与待相应"的道理,而这里第五段则是说明为什么蜩与学鸠不懂得这个道理反而嘲笑大鹏飞得高远是不必要的。庄子认为,知有大小,蜩与学鸠只有小知,没有大知,知的大小是由知者的生活形态及所处条件的限制而形成的。如"朝菌不知晦朔,蟪蛄不知春秋",清晨初生、太阳一出便死的朝菌自然不知道一天的长短;春生夏死、夏生秋亡的蟪蛄也无法了解什么是一年的时间。如果不了解认识论条件的限制,而以自己的小知为真理,以之去衡量他人的大知,那就太可悲了。这里是用认识的相对性限制来批评和讽刺蜩与学鸠以小知嘲笑大知。

汤之问棘也是已。"穷发之北,有冥海者,天池也。有鱼焉,其广数千里,未有知其修者,其名为鲲。有鸟焉,其名为鹏,背若泰山,翼若垂天之云,抟扶摇羊角而上者九万里,绝云气,负青天,然后图南,且适南冥也。"斥鷃笑之曰:"彼且奚适也?我腾跃而上不过数仞而下,翱翔蓬蒿之间,此亦飞之至也。而彼且奚适也?"此小大之辩也。

这是第一章的最后一段,回到大鹏的故事,做一总结,用"大小之辨"点出全篇的主题和宗旨,这就是:知有大小。小者受其限制而仅有小知,却嘲笑大者的大知为无用。这表现了小知者不能自觉到认识的相对性局限,以小知为真理,永远无法了解大知。

二

那么什么是大知呢?第一章是借大鹏和小鸟的故事阐明大小之辨,而大小之辨的关键是小知和大知之辨。第二章回到人世之知的主题。

故夫知效一官,行比一乡,德合一君,而徵一国者,其自视也亦若此矣,而宋荣子犹然笑之。且举世而誉之而不加劝,举世而非之而不加沮,定乎内外之分,辩乎荣辱之境,斯已矣。彼其於世,未数数然也;虽然,犹有未树也。夫列子御风而行,泠然善也,旬有五日而后反,彼於致福者,未数数然也;此虽免乎行,犹有所待者也。若夫乘天地之正,而御六气之辩,以游无穷者,彼且恶乎待哉？故曰:"至人无己,神人无功,圣人无名。"

人有大知小知之别,人世间也常有以小知笑大知的事例,从中可以看出人之知的高下不同。那些才能可胜任一官之职,或行为能聚合一乡之众,或德行合于一国之君的要求,或能得到一国人民信赖的人,也往往像斥鴳或学鸠一样,犯同样的错误,把自己的有限小知当成终极真理而自鸣得意。宋荣子与这四种人不同,他看不起那些在政治领域有声名成就的人,他的特点是"举世而誉之而不加劝,举世而非之而不加沮,定乎内外之分,辩乎荣辱之境"。可见,庄子所说的"知"的不同,也就是人生境界的不同。在庄子看来,宋荣子已经不受人世评价和社会舆论的影响,能确当地分别内外之分、荣辱之别,对人世间种种声名都不屑于追求。但他还是有做不到的地方。列子乘风而行,免于徒步,对人世的功业之福都不汲汲追求,但十五日还要返回来,"犹有所待者也"。这些还都不是最高的境界。在庄子看来,更高的境界是"乘天地之正,而御六气之辩,以游无穷者,彼且恶乎待哉？"庄子最后指出,他所推崇的大知,就是"至人无己,神人无功,圣人无名",宋荣子近于无名的境界,列子近于无功的境界,最高的境界是无己的境界。

这第二章的第一段非常重要,按照庄子骨架论者的看法,这一段里把有待、无己、无待一齐列出。但我们追寻文本的脉络,在这一段之前,庄子没有在任何意义上使用过"有待"或"无待"。在

第一章的讨论中,我们之所以也从有待方面作了讨论,完全是为了回应骨架论者提出的问题,而把庄子的叙述在一定程度上转化到有待的方面来理解。这是不得已而为之。照我们对第一章的结论,庄子没有专门讨论有待的问题,他只是以物待相应为基础,说明待有大小,知有大小。另一方面,庄子也没有根本否定条件的有待意义,对大鹏对九万里高风的依待是肯定的。可见,在第一章所讨论的存在论意义上,庄子并没有否定事物对条件的依存。

但在第二章这里,庄子对列子的"有所待"颇有微词。那么,这里的"有所待"是指什么呢?比较列子的"旬有五日而后反,……此虽免乎行,犹有所待者也",与至人的境界"乘天地之正,而御六气之辩,以游无穷者,彼且恶乎待哉?",可以看出列子的"有所待"体现在"旬有五日而后反",而至人的"恶乎待"则是"以游无穷"。列子返回大地,而至人则往而不反,以游无穷。进而言之,列子已经达到无功,但还没有达到无己,列子还没有达到彻底的无所待,而"至人"才是达到彻底的无所待了。可见,"反"与"不反"的区别标示出,第二章的有所待或无所待,不是指存在论意义上的条件,而是指人生论意义上的系着留恋。

接下来庄子讲了两个故事,一个是许由辞尧之让位,一个是肩吾与连叔的问答:

> 尧让天下于许由,曰:"日月出矣,而爝火不息;其于光也,不亦难乎?时雨降矣,而犹浸灌;其于泽也,不亦劳乎?夫子立而天下治,而我犹尸之;吾自视缺然,请致天下。"许由曰:"子治天下,天下既已治也;而我犹代子,吾将为名乎?名

者,实之宾也;吾将为宾乎?鹪鹩巢于深林,不过一枝;偃鼠饮河,不过满腹。归休乎君,予无所用天下为!庖人虽不治庖,尸祝不越樽俎而代之矣!"

肩吾问于连叔曰:"吾闻言于接舆,大而无当,往而不反。吾惊怖其言。犹河汉而无极也;大有径庭,不近人情焉。"连叔曰:"其言谓何哉?"曰:"'藐姑射之山,有神人居焉。肌肤若冰雪,淖约若处子,不食五谷,吸风饮露,乘云气,御飞龙,而游乎四海之外;其神凝,使物不疵疠而年谷熟。'吾以是狂而不信也。"连叔曰:"然。瞽者无以与乎文章之观,聋者无以与乎钟鼓之声。岂唯形骸有聋盲哉?夫知亦有之!是其言也犹时女也。之人也,之德也,将磅礴万物以为一,世蕲乎乱,孰弊弊焉以天下为事!之人也,物莫之伤:大浸稽天而不溺,大旱金石流,土山焦而不热。是其尘垢秕糠将犹陶铸尧舜者也,孰肯以物为事?"宋人资章甫而适诸越,越人断发文身,无所用之。尧治天下之民,平海内之政,往见四子藐姑射之山,汾水之阳,窅然丧其天下焉。

冯友兰先生认为"'圣人无名'以下几个小故事,意义与前面不连贯"(见其《再论庄子》),其实还是连贯的。如接舆对肩吾讲的话,被肩吾当作"大而无当、往而不反"的狂言,这种对"大而无当"的嘲笑就是蜩鸠对大鹏的批评,所以肩吾被连叔用瞎子聋子的比喻讽刺了一番。这与第一章的内容明显是一致的。连叔所说的"知有聋盲"即如第一章所说的知有大小,第一章所说"朝菌不知晦朔,惠姑不知春秋",与这里所说"瞽者无以与乎文章之观,聋者无以与乎钟鼓之声"是一致的。接舆的话"乘云气,御飞龙,而游乎四海之外"与第二章的第一段中至人"乘天地之正,而御六气之辩,以游无穷者"的说法也是一致的。肩吾只有小知,却嘲笑接舆的大知,这个叙述和第一章是连贯的,与大鹏小鸟之辨完全对应。

许由让贤的故事看起来没有讲大小之辨,但许由的思想跟接舆的思想相通,是叙述肩吾、连叔论接舆思想而展开大小之辨的铺垫。而且,本段先叙述许由的"无所用天下为"的境界,与第一章先讲大鹏扶摇高飞九万里,再引出大小之辨,也是一致的。这一段的核心也是对"大而无当"批评的回应,是对小知的批评,是对大知的推崇。许由的不治天下的境界应属神人无功的境界,而接舆的境界应近于乘天地之正而无所待的至人无己的境界。

三

第三章是庄子和惠施的大小之辨,这是最清楚不过的了:

惠子谓庄子曰:"魏王贻我大瓠之种,我树之成,而实五石。以盛水浆,其坚不能自举也。剖之以为瓢,则瓠落无所容。非不呺然大也,吾为其无用而掊之。"庄子曰:"夫子固拙于用大矣。宋人有善为不龟手之药者,世世以洴澼絖为事。客闻之,请买其方百金。聚族而谋曰:'我世世为洴澼絖,不过数金,今一朝而鬻技百金,请与之。'客得之,以说吴王。越有难,吴王使之将,冬,与越人水战,大败越人。裂地而封之。能不龟手一也,或以封,或不免于洴澼絖,则所用之异也。今子有五石之瓠,何不虑以为大樽,而浮于江湖,而忧其瓠落无所容?则夫子犹有蓬之心也夫!"

> 惠子谓庄子曰:"吾有大树,人谓之樗。其大本拥肿而不中绳墨,其小枝卷曲而不中规矩,立之涂,匠人不顾。今子之言大而无用,众所同去也。"庄子曰:"子独不见狸狌乎?卑身而伏,以候敖者;东西跳梁,不辟高下;中于机辟,死于罔罟。今夫斄牛,其大若垂天之云。此能为大矣,而不能执鼠。今子有大树,患其无用,何不树之于无何有之乡,广莫之野,彷徨乎无为其侧,逍遥乎寝卧其下。不夭斤斧,物无害者,无所可用,安所困苦哉!"

惠施讲了两个故事,嘲笑庄子之言为"大而无用",明显表达出,第一章所说小鸟嘲笑大鹏"奚以之九万里而南为",第二章所说肩吾嘲笑接舆之言"大而无当",都是影射譬指惠施,前两章都是用寓言的方式演示庄惠的大小之辨。而第三章,则直接呈现了庄子和惠施的大小之辨。

行文至此,我们已可看出,骨架论所谓以有待、无己、无待为《逍遥游》的三段式,是没有根据的。无己是庄子推崇的境界,这是没有问题的,但是无己并不是庄子作为有待、无待之间的环节。认为庄子要求破除一切"所待"去达到绝对自由,这只是一种对《逍遥游》比较极端的诠释。

《逍遥游》的结构并不是什么有待—无己—无待,也并非意义不连贯,历来庄学家注重探微,都没有说对。一篇《逍遥游》,从头到尾,就是个"大小之辨"。为什么要讲大小之辨?把《逍遥游》倒过来读,问题就很明白。因为惠施说庄子言大而无用,庄子要反驳惠施,他认为惠施囿于其小知而不懂大知,因此庄子要辨知的大小,从而把他的大知境界的内涵及其意义凸显出来。

他借连叔之语"瞽者无以与乎文章之观,聋者无以与乎钟鼓之声。岂唯形骸有聋盲哉?夫知亦有之!是其言也犹时女也"。刻薄地嘲讽惠施等人,他把惠施比喻成蜩与鸠,说它们不懂得大鹏"奚以之九万里而南为",又把惠施比成斥鴳,比成不知朝朔的朝菌,不知春秋的蟪蛄,无非都是说它们只有小知而不懂庄子境界之高之大。他用"知效一官,行比一乡,德合一君,而征一国者,其自视也亦若此矣"为小知的代表来批评惠施,显然是针对着惠施为梁相的事实。庄子批评惠施等像小雀嘲笑大鹏九万里之飞为无用一样,不了解大的智慧,不了解大有大的需要,大有大的用处。庄子认为大的境界是圣人、神人、至人的境界,从大的境界发出的当然是大言,而惠施这些小知者当然不能理解大言了。对比《秋水》篇的庄子惠施之辨:

> 惠子相梁,庄子往见之。或谓惠子曰:"庄子来,欲代之相。"于是惠子恐,搜于国中,三日三夜。庄子往见之,曰:"南方有鸟,其名为鹓鶵,子知之乎?夫鹓鶵,发于南海而飞于北海;非梧桐不止,非练实不食,非醴泉不饮。于是鸱得腐鼠,鹓鶵过之,仰而视之曰:'吓!'今子欲以子之梁国而吓我邪?"

对比庄子借鸱与鹓鶵之辨嘲笑惠施的故事,《逍遥游》的主旨不是很明然的吗?抓住庄惠之辨,就抓住了读破《逍遥游》全文的线索。

甚至,《秋水》篇最后的故事也有同样的意义:

> 庄子与惠子游于濠梁之上。庄子曰:"儵鱼出游从容,是鱼之乐也?"惠子曰:"子非鱼,安知鱼之乐?"庄子曰:"子非我,安知我不知鱼之乐?"惠子曰:"我非子,固不知子矣;子固非

鱼也,子之不知鱼之乐,全矣。"庄子曰:"请循其本。子曰'汝安知鱼乐'云者,既已知吾知之而问我。我知之濠上也。"

从《逍遥游》的"知有大小"之辨来看,庄子曰:"子非我,安知我不知鱼之乐?",就包含着认为惠施的小知不能理解庄子的大知的意义,所以这个濠上故事的意义不是论辩术的,从《逍遥游》的角度看,是包含了"知"的主题,具有大知小知之辨的意义。

四

现在来进一步讨论《逍遥游》篇中"大知"所体现的庄子人生观。庄子的行文有他的特点,他的哲学思想和人生观点大都不是采用近代的逻辑推证方式。如果按现代方式的理解去挖掘庄子全文的逻辑结构,可以说,这正是骨架论者错误的认识论根源之一。庄子的文章,其特点是文学与哲学合一,形象思维和抽象思维在他的文章里得到很好的结合。他采用丰富的语言表达手段来表达他的思想。《逍遥游》的线索虽然是大小之辨,而庄子在每一部分的"大"上都间接或直接地寄托了他的人生理想,接舆甚至就是庄子自己的化身。因此,我们说《逍遥游》表达了庄子的人生观,并不是说它通过逻辑论证论述其人生观;反过来,我们说它不采取逻辑论证,不等于说它不能在其中直接表述其人生观而失去其哲学意义。

那些被笑为"大而无用"的庄子之言,即表达了庄子的人生观。我们通过《逍遥游》里面庄子所肯定的那些大知大言,可以了解庄子的思想。在《逍遥游》中,这些表达主要是:"乘天地之正,而御六气之辩,以游无穷者,彼且恶乎待哉?""乘云气,御飞龙,而游乎四海之外"。这几句是玄化的语言。此外还有"无所用天下为!""孰弊弊焉以天下为事!""孰肯以物为事?",而表达得最概括也最具体的则是"至人无己,神人无功,圣人无名"。其要旨是追求精神的自由与解脱。

理解这些思想,也需要和《庄子》内七篇及其他各篇的思想提法相参照。如庄子《逍遥游》中连叔教训肩吾时,对接舆所说的神人作了补充:"之人也,物莫之伤:大浸稽天而不溺,大旱金石流、土山焦而不热。"《齐物论》,王倪曰:"至人神矣!大泽焚而不能热,河汉沍而不能寒,疾雷破山、飘风振海而不能惊。若然者,乘云气,骑日月,而游乎四海之外,死生无变于己,而况利害之端乎!"《大宗师》说:"古之真人,不逆寡,不雄成,不谟士。若然者,过而弗悔,当而不自得也。若然者,登高不栗,入水不濡,入火不热。是知能登假于道者也若此。"入水不濡,入火不热,游于无穷,都是指一种精神境界。王先谦注:"危难生死不以介怀,其能登假于道,非世之所为知也。"此注颇得庄子意,就是说这不是世人所说的神仙,而是生死危难不介于心的一种境界。所以《人间世》说"乘物以游心",外篇的《则阳》也说"游心于无穷",都强调游心。《达生》,扁子曰:"子独不闻夫至人之自行邪?忘其肝胆,遗其耳目,芒然彷徨乎尘垢之外,逍遥乎无事之业,是谓为而不恃,长而不宰。"扁子又把这叫作圣人之德,也意在说明这是圣人的一种内心境界。

庄子理想的人,什么事都不做,不追求世俗的声名,不追求圣贤的功业,不崇信任何学说,也不躲避危害困苦,生死、天下、万事万物都已经被"忘"了,他只是游心于想往的"混芒"之境。庄子的这些表达,表现了一种对摆脱现实和追求精神自由超脱的要求。庄子的说法尽管迷离惝恍,归结起来无非是三点:强调不治天下;对人生和世界漠不关心;追求精神上的自由解脱。在《逍遥游》中表达的思想在《庄子》书中是有普遍性的。在《齐物论》有:"圣人不从事于务,不就利,不违害,不喜求,不缘道,无谓有谓,有谓无谓,而游乎尘垢之外。"在《大宗师》有:"参日而后能外天下;已外天下矣,吾又守之,七日而后能外物;已外物矣,吾又守之,九日,而后能外生。""外"也就是遗忘。这种人是游方外之人,"彼方且与造物者为人,而游乎天地之一气。彼以生为附赘县疣,以死为决溃痈。夫若然者,又恶知死生先后之所在!假于异物,托于同体;忘其肝胆,遗其耳目,反复终始,不知端倪;茫然彷徨乎尘垢之外,逍遥乎无为之业。"在《应帝王》以无名人之口说:"予方将与造物者为人,厌则又乘夫莽眇之鸟,以出六极之外,而游无何有之乡,以处圹之野。汝又何为以治天下感予之心为?"这些思想都是一致的。

从这些思想来看,比起老子,庄子已经根本抛弃了治天下,天下已经被"外"去了;比起杨朱,庄子甚至也不再看重身体生命,他已经忘了生死,生也被"外"掉了。一种超世主义和对精神超脱的要求成为庄子人生观的特征。这些在朝气蓬勃的新兴势力看来当然是大而无用的孟浪之言。

世俗之人事实上是不可能乘风御气于六合之外的。"游"是对精神解脱的要求,其实现只能诉诸主观修养,如"忘汝神气、堕汝形骸,而庶几乎"《天地》),"以死生为一条,以可不可为一贯""有人之形,无人之情"《德充符》)。为了达到精神的解脱,你要把死生看成一回事,可以与不可以没有差别,没有好,也没有恶,生死存亡全不计较。你哪里有什么身,不过是天给你的罢了。把人的一切都忘掉,进入一种混芒之境,你还有什么苦恼呢! 天塌地陷不能动你的心弦,登高入水对你毫无所谓,你怎么还会有畏惧呢! 你把形都忘了,把死都外了,把自己看成与天一体,这不就是游乎天地之外了吗!

这种方法在《大宗师》里被归结为一个"忘"字,"忘仁义""忘礼乐",达到"堕肢体,黜聪明,离形去知,同于大通",这叫作"坐忘",就是说把世界上的一切彻底忘掉。把醉酒看成"神全",把人生看成梦幻。庄子的这些思想反映了一种消极的世界观,中国历史上的知识阶层,在个人失意或政治斗争失利的时候,由于他们自身的软弱性和知识分子的精神特性,往往求助于老庄,而这所谓老庄更多的是指庄,即庄子的这一部分思想。《庄子》中的超世主义和虚无主义成为封建时代失意士大夫的精神避难所,其消极性无疑应当加以批判。

关于庄子思想的社会基础,有的同志认为消极悲观的情绪可能在各种人头脑中产生,不一定只产生于战国时代的没落贵族。很难说这些说法抓到了问题的实质。我们说一个思想家代表某某阶级或阶层,当然不是说一定要这个思想家出身于这个阶层或阶级,这个道理马克思讲得很明确。如果按出身去理解一个阶级的著作方面的代表同他所代表的阶级的关系,显然会失之狭隘。庄子本人为什么会产生消极思想,当然可能有各种原因,但反映在《庄子》中的消极思想,能够作为一种有影响的思潮在当时发生影响,这就不能以某一个人的经历来说明,而必须把这作为一种社会思潮而不是某个人的思想放在当时的历史环境中加以认识。同时,这也不排斥这些思想在一定条件下的某种非消极性作用,如反对追求庸俗名利等。后来在中国历史上,某些知识分子在对社会蔽污不满又找不到解决的出路时,也往往取其清高的一面。一个复杂的思想体系,在后来的历史发展中往往被各取所需而用来满足不同的需要,这与这一思想发生时代的社会基础没有必然的联系。

生就是生,死就是死,肯定和否定相对立,好恶相尅,是非分明,为什么庄子可以把它们看成"一条",视为"一贯",从而进入一种"混芒"的境界呢?回答这些问题,就是庄子的相对主义的任务。从哲学史的观点看,庄子哲学不仅提出了一套人生观,更重要的是为其人生观建立了一堆认识论的根据,从而深入揭示出认识过程的矛盾。而本文的目的,只在于说明这种相对主义哲学的人生观基础。[1]

(《商丘师范学院学报》,2012 年 5 期)

---

[1] 本文写于 1980 年,曾提交给当年举办的北京大学哲学系五四科学讨论会,这次发表的时候,对若干词句作了修订。

《公孙龙子》与公孙龙的哲学

小 引

　　无论是中国哲学史通史著作中所介绍的公孙龙哲学,还是以公孙龙为主题的专题论文,所根据的材料都是现有的六篇《公孙龙子》。晚近已有不少研究文章力图说明公孙龙不是诡辩论者,并给公孙龙以很高的评价,不过,这与史书所记载的公孙龙并不一致。其原因在于,主张公孙龙不是诡辩论者的学者是从《公孙龙子》一书出发的。从一定意义上说,《公孙龙子》一书的确是很少诡辩迹象的。但这是否反映出了历史上的公孙龙其人其思,以及此书是否公孙龙子所作,皆须有所交代说明。

　　《史记·孟荀列传》说"赵亦有公孙龙,为坚白同异之辩"。这只说明了他的理论要点,没有涉及他的论说方式。《史记·平原君列传》则说"公孙龙善为坚白之辩,及邹衍过赵,言至道,乃绌公孙龙"。《集解》引刘向《别录》叙述邹子之言,但不见于《史记》。不过从司马迁的意思来看,虽然没有明确说公孙龙是个辩者,但明显认为公孙龙的理论并非至道,这种说法可以看出是有贬义的。

《庄子·天下篇》说"辩者以此与惠施相应,终身无穷。桓团、公孙龙辩者之徒,饰人之心,易人之意,能胜人之口,不能服人之心,辩者之囿也"。庄子笔下的公孙龙是个善辩的辩论家,甚至是以辩论为生涯的。《法言》中说"公孙龙诡辞数万以为法"(《吾子篇》),更明白地认为他是诡辩家。公孙龙辩论的特点是"析言剖辞,务曲折之言"(《论衡·案书》),"析辩抗辞"(《淮南·齐俗训》)。这说明他的辩论内容和论证方式是很曲深的,而不是流俗的。吕览《淫辞》篇中记载的公孙龙为赵助魏而辩于秦,已纯粹是诡辩。《列子·仲尼篇》记载,有人攻击公孙龙,说他是"行无师,学无友,佞给而不中,漫衍而无家,好怪而妄言,欲惑人之心,屈人之口"。应当说,在这些记载中对于公孙龙的描述,基本是一致的。因此,《庄子·秋水》篇借公孙龙自己之口说"龙少学先王之道,长而明仁义之行;合同异,离坚白,然不然,可不可,困百家之知,穷众口之辩"。这虽然不一定真有其事,但从与前述各说的一致来看,可以认为是接近于公孙龙本来面目的。确认历史上的公孙龙是一个辩者,并不排斥在他的辩论中含有深刻的道理。中国古代的"辩者"不是古希腊的智者,依靠分析寻找对方的矛盾,但也是以讲"道理"著称的。他们提出一些与常识对立的问题与人辩论,是建立在他们深入常识背后的思想之上的。在这个意义上,"辩者"这一称呼并不损害他们的形象,像古希腊的芝诺一派一样。

汉志《公孙龙子》原有十四篇,现存六篇,其实,除《白马》《坚白》以外,其他几篇根本不是辩论或者没有辩论的意味。有一种可能是他晚年退而著书,把他的辩论加以总结,甚至上升到一般的理论上来。如果以此推论,也许十四篇《公孙龙子》中的其他部分收集的是他早年的辩论；而现存六篇中没有一篇是彻底的诡辩，则可能是其晚年的著作。这和历史记载他的诡辩活动就没有矛盾了。这可为调和史书和今本差异的一个出路。不过我们不取此说，我们将借鉴沈有鼎的意见而主张一种部分为伪作之说。

一

按照《史记》，公孙龙为战国时赵国人，曾为平原君门客，现在据以研究公孙龙的材料，除散见于《庄子》等先秦及两汉著作中的材料之外，主要是依靠现存六篇的《公孙龙子》。如果要依据此书来表现战国时那个公孙龙的思想就不可避免的涉及人书的关系，就是说六篇是不是，或者哪些是、哪些不是那个战国的公孙龙所作。除非对上述问题做出明确说明，我们很难有把握说我们讲的就是战国时公孙龙的思想。

《史记》不曾说到公孙龙有什么著作，《汉书·艺文志》载"《公孙龙子》十四篇"列于名家，这是最早的记载。从司马迁到班固大概不会伪造出十四篇已在"罢黜"之列的名家著作。隋志载《守白论》，列在道家，不见有《公孙龙子》；近人根据《迹府》中"守白之论"的说法，推断《守白论》即为《公孙龙子》，固是不无道理的，但无法说明书名前后更易及改列在道家的原因。而唐志有《公孙龙子》三卷，《宋史·艺文志》有《公孙龙子》一卷，到宋朝时《公孙龙子》明确地只有六篇了。其中的《迹府》载孔穿与公孙龙辩论，此事又见于《孔丛子》公孙龙篇，据考证，后者疑为汉魏间的伪作。《迹府》主要记载此事，却没有记载先秦诸书中提到的公孙龙的其他事迹，因此完全可能袭于《孔丛子》。其余五篇风格不一,条理有别,思想也不一致,沈有鼎先生认为可能是晋代人根据破烂材料伪纂而成,完全失去了战国时公孙龙的面貌。我以为沈先生此说很有道理。①

不过,说《公孙龙子》中六篇全部是伪作恐怕是不可以的。我们看《迹府论》以外有几篇文章,其思辨性是很突出的,它的抽象分析在中国哲学史上实属罕见。如果伪造者具有这种能力,那么决不可能是平庸之辈,也就完全有条件自己著书立说,而不至甘于作伪。更重要的是,如果现存六篇是较完整的话,那就不能想象魏晋时人要冒名编出像《指物论》《通变论》那种令人难以理解的东西。一般地说,后出伪作的东西,要比历史上以前的东西清楚,有条理,要更易于理解;伪作的目的是托名弘扬一定的观点,如果编造出无人可懂的东西,显然就失去了伪作的意义。同时,篇中有些术语专用于先秦而不见于汉以后。从这个推断来看,我认为很可能较为清楚且易于理解的《名实论》《白马论》是后人所做的,已经不是公孙龙的面目(《迹府论》自不必论)。在这两篇中,《名实论》非常工整,《白马论》极有条理,与《指物论》《通变论》完全不同。而《指物论》《通变论》《坚白论》因为太难懂了,以至后人无法把它们补全。就是宋人谢希深,虽然为《公孙龙子》作了注,尚在《自序》中说"虚诞不可解,缪以肤识注释,私心尚在疑信间"。②从思想上看也是这样,《名实论》《白马论》《迹府论》可分为一类,《通变论》《坚白论》《指物论》可分为一类。后三篇当是公孙龙古本

---

① 沈先生说法均见其《公孙龙子的评价问题》,载《逻辑学文集》,吉林人民出版社,1979年,334—339页。以下引沈先生说皆见此文。

② 引自《公孙龙子集解》卷首,27页。

的流传，中间或有缺省，但基本上保留着公孙龙的思想原貌。"白马非马"固然在公孙龙思想中也有根据，但其战国式思维的线索和论证的方法不一定是今所见《白马论》中所呈现的那样。

《白马论》《名实论》《迹府论》三篇是何人所作？我意以为当为晋人鲁胜。"名家"的说法，倡自司马谈，他虽然也说了"正名实不可不察"，但基本上认为"名家苛察缴绕，使人不得反其意，专决于名而失人情"(《论六家要旨》,《史记·太史公自序》)。而鲁胜在《墨辩叙》说"名者所以别同异，明是非，道义之门，政化之准绳也。孔子曰，必也正名，名不正则事不成。墨子著书作辩经以立名本，惠施公孙龙祖述其学，以正刑名显于世。"又说"名必有形，察形莫如别色，故有坚白之辩。名必有分明，分明莫如有无，故有无序之辩，是有不是，可有不可，是名两可；同而有异，异而有同，是之谓辩同异；至同无不同，至异无不异，是谓辩同辩异。同异生是非，是非生吉凶，取辩于一物而原极天下之污隆，名之至也。"(《晋书·鲁胜传》)鲁胜此叙一味的为公孙龙讲好话，评价是很高的。由战国经秦汉而至于唐宋，上下千余年，为公孙龙说好话的只有一鲁胜而已，对比《迹府》所说"公孙龙，六国时辩士也，疾名实之散乱，因资材之所长，……欲推是辩以正名实而化天下焉"。两者是完全一致的。《白马》《名实》的内容是与这种说法完全相印证的。《名实论》合情合理，全无辩者痕迹。沈有鼎先生说"因资材之所长"正是魏晋材性论的说法，何况能伪作白马非马的，除了作《墨辩注》的鲁胜外，再没有更合适的人了。元康初年鲁胜曾为建康令，后来不仕，大概正起因于元康之初的八王之乱，《晋书》把他列为隐逸，说明他对社会的态度。由此推断他在去官后依据散失于董卓西迁的材料,编纂了新的《公孙龙子》,是完全有可能的。

二

根据上述推论,我们把现存六篇中的《坚白论》《指物论》《通变论》确定为战国公孙龙的思想。其实,坚白说本来就是公孙龙思想的典型特征。人们之所以习惯于把白马论作为公孙龙的典型思想,只不过因为白马论更通俗易解罢了。公孙龙真正的思想要点是坚白说,白马非马是他作为一个辩者的副产物,在理论上是一个附属的部分。沈有鼎先生甚至以为是抄袭兒说的。杜国庠曾说"人们说起公孙龙子来就会想到他主张过白马非马,这件事他自己似乎也很得意,其实他的学说的基础,毋宁说是建立在坚白论上……"[①]杜老的结论是正确的,只是杜老此论没有从理论上系统加以论证。

实际上,在历史记载中这点也很清楚。《史记》云"赵亦有公孙龙,为坚白同异之辩","公孙龙善为坚白之辩",可见是把坚白同异之说作为他的主要立论。《孔丛子》公孙龙篇中说公孙龙自己认为"龙之学正以白马非马者也",然此书既可能为伪,所载便难尽信。《荀子》中对"坚白同异"的攻击更多见,"若夫冲虚之相施易也,坚白同异之分隔也,是聪耳之所不能听也,明目之所不能见也"(《儒效》),"礼之理诚深矣,坚白同异之察,入焉而溺"(《礼论》)。《淮南子》说"公孙龙析辩抗辞,别同异,离坚白,不可与众同

---

① 《论公孙龙子》,《杜国庠文集》,人民出版社,1962年,65页。

道也"(《齐俗训》)。刘向校孙卿书录"赵亦有公孙龙为坚白同异之辞,然非先王之法也"。王充《论衡》"公孙龙著坚白之论,析言剖辞,务曲折之言,无道理之较"(《按书篇》),汉人以前,把坚白之论作为公孙龙的代表论点是颇为一致的。① 因此,近人如冯友兰先生都把公孙龙学说概括为"离坚白",是恰当的。

同异之说已不可考,《庄子》中说公孙龙是"合同异",《淮南》中说是"别同异",《抱朴子》说是"离合同异"。如果不作为一个思想家而单纯作为一个辩者,只要能"胜人之口""穷人之辞",离、合同异都是可以的,公孙龙的辩论曾涉及离合两个方面的内容不是不可能的,但是据现有材料来考察公孙龙的哲学思想,还是"别同异"更为恰当。冯友兰先生认为"合同异"是惠施一派的论辩,这已经成为学界的共识了。②

根据以上的观点,我们应当立足于《指物论》《通变论》《坚白论》三篇来研究公孙龙的思想,而把《名实》《白马》《迹府》作为晋人逻辑思想的材料,我以为作这样的考察和区分之后,我们才有权利讲一篇先秦公孙龙子的哲学。

三

《名实论》的思想是正名,但这里的正名说不同于早期儒家的正名理论,不是纯粹政治的,而且它更像是晋人的理论。"天地与

---

① 以上诸说引自张怀民:《公孙龙子考证》,载其《公孙龙子斠释》,中华国学会,1937年,13页。
② 冯友兰:《中国哲学史》(上册),中华书局,1963年。

其所产焉,物也"这句话很清楚,接下去说到物和实。有学者在物和实上大做文章,实际上物和实是一回事,角度不同。从客观存在的方面,叫作物;作为一个具体概念的外延,即对名而言,叫作实。此马是一物,它又是"马"这个概念的实,是"马"这个概念的具体承担者。"所物""所实"都是指名。在作者看来,概念是虚的,要被承担者所承担,所以叫作所物、所实。"物以物其所物,而不过焉""实以其所实而不旷焉"说的也是同一意思。实和名要相符,确切的说是实要符名。"物"和"实"作为动词,就是承担者去承担,物和实用自己去作为指称它们的名(所物、所实)的承担者,但要恰如其分。这就叫作"不过""不旷"。汪奠基先生说这意思就是控名责实,这是正确的。①

从逻辑上说,所实就是外延所指的具体事物,所物所实就是概念,在作者主要是指与具体存在有关的具体概念。一个名(概念)有它的外延,作者把它称作"位",明确这一点,是作者的一个创见。

作者是从名出发的,这正是"疾名实之散乱",合乎他在《迹府》中给予公孙龙子的评价。名是既定的,但在使用过程中变得混乱,需要重新明确每个概念的外延。外延可以看作一个集合,名相当于这个集合的定义,现在要确定这个名的外延——"位"是哪些元素的集合,用作者的观点就是用哪些物充实到"位"中去,使它符合这个集合的构造要求。如果找到的元素正好是这个集合所要求的,这就是"正其实",而这个集合与其元素相当,从名的方面看就叫作"正其名",从双方的关系看,就叫作"当"。"北大学

---

① 见汪奠基:《中国逻辑思想史》,上海人民出版社,1979年,88页。

生"定义了一个集合,应当把所有北京大学的在校学生都放在这个"名"下,即实其所实,物其所物,把清华的学生也放进去,就"过"了,就是"谓彼而彼不唯乎彼";把研究生的忘记了,就是"旷"了,因此,作者要求"彼彼当乎彼,则唯乎彼,此此当乎此则唯乎此","彼彼止于彼,此此止于此",从而达到"以当而当"。

由此可见,《名实论》正名而正实的说法就是对既定之名重新明确外延的问题,所以作者说"审其名实,慎其所谓",把概念外延明确了,称谓就不会混乱,他的逻辑思想是正确的,不是唯心论。因为逻辑面对的就是既定的概念对象。当然,从另一个方面看,作者有他的局限,他是以既定之名为前提,他不懂随着历史和时代、生产和科学、文化和语言的发展变化,应当有一些新的名来对应新的实,同时他也没能进一步深入研究概念外延间的关系。

在作者看来,上面所说的就是《白马论》的出发点,依据这个思想,他补改了《白马论》,详细论证了白马与马外延不同。"白马非马"从形式上看是表现了古代的诡辩,但作者(鲁胜?)是按照名实论所表现的他自己的思想,按照"白马异马"来理解公孙龙的。与《名实论》一样,白马与马外延不同,应当各有所当,他研究了命题的提出,花工夫修补了《白马论》,把白马异马的推理和论证做得非常出色。

"非"即不是,从逻辑的观点看白马非马或者白马是马,可以有几种理解,其中表现出自然语言的歧义性所造成的巨大局限。我们说鲁迅是许广平的丈夫,此乃等同之义。鲁迅是小说家,此乃属于之义。小说家是文学家,这是另一种类的属于。自然语言"是"的歧义性在逻辑上可以造成混乱,惟其如此,现代逻辑强调采用形式化语言,避免这些古典逻辑的缺限。《白马论》一文,如果把"非"理解为不等同,那么从头到尾都是一个正确的推理和论证,在逻辑上没有矛盾。

"白马非马"是战国时颇为有名的命题,战国时对它的辩论在《墨子》中都有反映。公孙龙对"白马非马"的论证无从知道,从先秦论述文的一般面貌推论,估计不会像现今《白马论》那么严密和有条理。当然,可以想见公孙龙也看到了白马与马的概念差异,在这一点上也可以说看到了同一性中的差异性。但是他不采取白马是马而且白马又异马的说理方式,故意采用"白马非马"的与常识完全对立的形式出现,挑起争论,从作为一个战国时代的辩者来讲,这也很自然。先秦的语言对于一个态度严肃的思想家是可以表达白马与马的概念差异的思想,用一"异"字就可以了。但是公孙龙不只是要说明"白马不等同于马",而是要为在常识上说"白马是马"制造困难。因此,如果考虑到公孙龙是从命题出发的,他的目的是为了证明白马非(不属)马,而在证明中利用自然语言的歧义性,采取白马异马来论证白马非马,这就是利用自然语言偷换命题中的概念,这当然就是诡辩。但诡辩并不等于有逻辑矛盾。黑格尔说诡辩可以不违背形式逻辑,关键在于命题要证明的是什么。许多人不赞成公孙龙是诡辩,认为这样就否认了其中的逻辑意义,甚至有的走到极端,说公孙龙是专门研究形式逻辑和逻辑结构的。其实不用讲其他篇,就是《白马论》也不是研究逻辑的形式结构。公孙龙的目的并非只要求人们承认他的推理形式,这里的问题被混淆了。采用正确的推理形式不等于专门研究推理形式,这是显见的。如我们前面所说,公孙龙在历史上扮演过诡辩家的角色在史书上是有案可查的,所以即使我们对公孙龙和《白马论》作诡辩的解释,也不排斥下面这一点:他深入了概念外延差异的问题,并以反常识的形式把同一性和差异性的矛盾尖锐的表现出来,并在推论中使用了一些正确的推理。

从哲学上说,《白马论》反映的只是一般和个别的差异性,白马非(不属)马这个命题是否定同一性的,因此是形而上学的,不能正确处理共相和个别的辩证关系。但就《白马论》而言,还不能简单地说是唯心主义。因为在这里还没有得出有抽象之马可以自存的结论。"故所以为有马者,独以马为有马耳,非以白马为有马"。"独以马"的"马"也是有歧义性的,但这里不是谓词上的歧义而是名词上的歧义。如果把这理解为"马者所以命形",即只考虑马形,具有马形的所以为有马,那么可以不得出唯心主义的结论,因为有马和有白马,与马和白马一样是相异的。

"白者不定所白,忘之可矣",这里也没有说有共相白可以独立自存,同时这也可以作为一个条件句,虚拟语:设使白者不定所白,则忘之可矣。

最后,"白马者,言白定所白也,定所白者非白也",作者认为白马是合白色与马形而成。就"定所白非白"(共相之白)而言是不错的。但这里的意思是因为白乃"定所白",所以不能"忘",不能"离",不能不考虑白只考虑形而说白马是马。但在《坚白论》,则认为白石之白乃"不定所白",所以可以"离",可以"藏"。如果把公孙龙的思想看成一个有系统的体系,那么这里可以证明《白马》和《坚白》非一人所作。因此我们推断是鲁胜所作,他认为公孙龙之所以讲白马非马,就是因为概念外延不同,白马与马之不同,乃在一白字。所以安守这"定所白",因此在《迹府》中把公孙龙说成"为守白之论","以守白辩"。由此我们还可以作另一推论,即鲁胜把新编的"公孙龙子"更名为"守白论",直到唐人作注才将名字改回来。至于为何隋志的《守白论》列入道家,虽然是个问题,但考虑到名家中没有《公孙龙子》而到唐志又出现《公孙龙子》,以及黄老与形名在后人看本是相通的,加之"以异俗为高,狂狷为尚,迂诞谲怪而失其真"(《隋书·经籍志》)未尝不可适用于公孙龙,把《守白论》列在道家似乎也不全无道理。

四

《通变论》冯友兰先生认为是讲变化的,我认为是讲共相理论的。什么叫"二无一","二无左又无右"? 冯先生说二是二的共相,基本上说对了,但不清楚。从现代的观点看,如罗素(Russel),二是一个由许多二元组组成的一个多元[①],2匹马,2头牛……,但这个多元本身不包含一,也不包含左和右,它是一种共性,一种抽象。这种理解是否牵强? 也不见得。它的古典说法在柏拉图的理念论中就已经有了。就是说"二"是一个"数",不是一个单位,用柏拉图的语言叫作二这个数本身,它不是2个人,不是具体的2个东西,是2的"理念"。因此2作为一个数本身,不包含一,也无所谓左和右。而一对具体的东西,为这一个和那一个所组成,可以说有一,也可以根据两个东西的相对位置说有左有右。"二无一"

[①] 见罗素所著:《西方哲学史》上册,商务印书馆,1976年,205页。

与《天下篇》的"火不热"是一类的说法,"火"的共相或概念是不会烧死人的。

为什么下面又说"左与右可谓二,"因为这里是指一左加一右构成一个具体的二元组,它不是那个抽象的"二",所以说可谓二,也可以说有左有右。客没有理解,又问:"二苟无左又无右,二者左与右,奈何?"你刚刚说二是无左无右的,怎么又说左与右可谓二呢?前者指主对抽象的二的说法,后者指主对具体二元组的说法。主见客对他讲的抽象和具体、共相和个别的区别没有理解,就举了许多例子。羊合牛非马,牛合羊非鸡。一方面羊合牛只是一个二元组,不是一个抽象的"2",另一方面,羊合牛不能构成一个共相,比如不能构成马的共相,或者反过来说也一样,马不是羊合牛的共相,因为羊合牛不同类。一只鸡有两只脚,我们可以说有一,也可以说此左彼右,但这两个脚不是那个抽象的"脚","脚"这个概念或者作为共相,是无所谓左和右的,如果加上共相的脚,那么可以说鸡有三足。同理,"青"与"白"也不是一个共相,也没有共相可言。具体的东西与共相是有区别的。同理,"左"与"右"的概念或共相是固定的。具体的事物何左何右则可以根据相对位置的变化而确定。

沈先生认为"《通变论》大段是一派胡言,完全没有逻辑脑子",实际上,把《公孙龙子》作为逻辑著作来读是不恰当的。《坚白论》《指物论》《通变论》都不是讲逻辑的,而是讲哲学的。从逻辑上说,$1 \in 2, 2 = df\{\varphi, \{\varphi\}\} = \{0, 1\}$ 从哲学上说则不然。共相是共同性,这种共同性无所谓包含一,更无左与右。

共相与具体是有区别的,已经没有具体的丰富的规定性,这一点公孙龙看到了,但共相不能独立自存。公孙龙最后走到"鸡三足",就是把共相实体化或把概念客观化,从而把抽象的足也作为具体的足来数。《通变论》整篇的哲学要点即在于此,这实际上就是柏拉图的共相(理念)论的说法。公孙龙的"白马非马"可以从这里共相和具体的区别中得出,并且得到一个抽象的马来,这在公孙龙是有思想根据的。但《白马论》如果认定是后人所作,也可以不作上述理解。

《坚白论》,如前所说,是公孙龙的一个主要理论。《坚白论》的思想比较清楚,照公孙龙的看法,一个具体物体的各种属性是可以互相分离的。具体地说,一块白色的坚硬石头,在不采取物理或化学手段改变石头的物理性质的情况下,坚硬的性质可以在某些时候离开了石头,白色的性质也同样。因为一块石头的属性在他看来也就是同种属性的共相,这块石头的白色也就是作为共相的白。共相不依赖于某一个别的石头,因此可以独立存在。可见公孙龙的结论是属于客观唯心主义的。但是他采取了主观唯心主义的论证方法,利用感官职能的差别,把各种感觉孤立起来,分割开来,否认统觉,"视不得其所坚而得其所白者,无坚也,拊不得其所白而得其所坚者,无白也",客观存在取决于人的感觉,这无疑是主观唯心主义的感觉论说法,从这里发展,可以得到一个主观唯心主义的体系。但是公孙龙没有发展这个思想,而是利用它作为一个手段,他要利用这个辩论强迫对方得出"知与不知相与离,见与不见相与藏",坚、白可以相离,可以分别离石的结论。归根到底,他认为不是因为那些性质存于石中,只是我们未感觉到才说它离或藏;而是与我们没有感觉到相对应,它们确实"藏"

起来了,而且不是在石中藏着,因为这些属性,白和坚,不但是此石的性质,也是所有白马、白牛、坚铁、坚铜的共相。既然是共相,就不依赖于某一块石头而有无,因此可以脱离这块石头而存在。

公孙龙的思想线索很清楚。当然,共相和一般的东西不依赖于某一个别而存亡消息,但它不能脱离所有个别而存在,它可以不因某一个别的消失而消失,但不能为其他个别所共有而不为某一个体所共有,不能说坚是所有坚物的属性,但可以不是这一块坚石的属性,而最后说"天下未有若坚而坚藏","未与为坚而坚必坚","白可自白",得出一般可以脱离具体自存的结论,客观唯心主义思维表现得很清楚。

公孙龙坚白说的一个特点就是个别属性＝属性的共相。但他不是采取辩证的态度讲个别就是一般。辩证法主张的个别就是一般,不是个别等同一般,是说个别属于一般,一般通过个别而存在,不能把一般和个别以各种方式割裂开来。《坚白论》把定所白和不定所白混同起来,与《通变论》定所白之上还有一个不定所白所走的方向不同,但实质上都是最终把一般与个别割裂开来,承认有可以独立自存的共相,《坚白论》的这个思想在《指物论》中进一步以抽象的方式表现出来。

五

从现存《公孙龙子》看,《指物论》是公孙龙一篇专门的哲学论文。他的一些思想和方法上升到哲学的抽象,集中表现在《指物论》中,《庄子》中有"指不至物不绝""以指喻指之非指"之语,说明他的指物观在先秦已经是有影响的。像《指物论》这样思辨地讨论问题,在中国哲学史上是罕见的。整部《公孙龙子》经过流传过程的阙损和改变,已经很难读通;而《指物论》经过后人的主客划分、断句标点、训诂解释各个相异,纷乱混杂,又是其中最难读的。但是如果我们把公孙龙的思想看作一个系统,那么就应当从《坚白论》《通变论》这些具体问题的讨论中追寻《指物论》的线索。搞清《指物论》概念的含义和中心思想。

对《指物论》,我在前一大部分所采取的主客划分和分段标点基本与庞朴译注相同。① "指"是什么,谭戒甫认为是物体的属性,冯友兰说是共相,我认为应当结合起来。因为从《坚白论》看,公孙龙认为属性等于共相,如果仅说是个体的属性就很难说"天下之所无",也很难说"天下之所兼",如果单纯说共相而不说明这些共相是作为属性的,讲共相聚合成物体又是说不通的。

"物莫非指",是说物都是由指合成的,而指不是由指合成的。在人类早期认识上,把物体看作是一个不能直接认识的实体上附有许多可为人们直接认识的属性。特别在西方古代哲学中,这是一种较通行的观点。《指物论》还没有说到实体,因此它还不就是那种"本体论"。"物莫非指"的说法包含有下面这样的观点,即人对事物的认识总是通过感官接触物体的可感属性来认识的,这在原则上是可以说的。从客的一方面看,物是某种实体性的东西,如果仅仅把物说成是属性的集合,物体的实体性就受到了损害,因此提出"非指者天下,而物可谓指乎?"客认为指作为个别属性

---

① 庞朴:《公孙龙子译注》,上海人民出版社,1974年。

没有实体性,不能独立存在于时空之中,作为共相,又不能是个别存在,因此是"天下之所无"。万物作为个别存在,则是实有的,两者不可相混。客的说法基本上是一种朴素唯物论的说法。

主认为指作为共相是"天下之所兼",为各个事物所共有。指能够独立自存,但不等于人能看到一个独立的共相体。相反这种独立自存是人所看不到的,所以可以说天下所无。但无不是不能自存,因为这个自存的方式就是"藏"(潜存)。另一方面人虽看不到独立的共相体,但物体上的属性就是指的表现,个别属性也就是共相,所以"物不可谓无指也"。

"使天下无物,指,谁径谓非指,天下无物,谁径谓指,天下有指无物指谁径谓非指,径谓无物非指",按照伍非百的意见应改为"使天下无物谁径谓指,天下无物谁径谓非指,天下有指无物指谁径谓非指,径谓无物非指"。他认为第一个指字乃衍字,又一、二句应当颠倒。陈柱同意这个说法,但认为此句是客问。[①] 我兼取两说。近人讲公孙龙都搞出一个"物指"和"非指"来。非指不一定是名词,可以是非"指",但非"指"和"非指"意思相近,可以不去辩论,而物指之说甚为可疑。此篇《指物论》专讲物与指的关系,前面都没有物指之说,不应当在最后冒出一个不定义的物指,伍百非、谭戒甫、陈柱均不取此说。上句意思是说如果天下没有物,那还有什么指或非指呢。这意思分明是强调与指对立的物,因此陈柱以之为客问是合乎道理的。根据这一点,我认为最后一句还应研究:"且夫指固自为非指,奚待于物而乃与为指"。伍百非认

[①] 本节所引谭戒甫、伍非百、陈柱说皆见《公孙龙子集解》卷三。

为最后一指字前阙一"非"字,当作"奚待于物而乃与为非指"。我以为,如果后无阙文的话,最后一句无疑是主的答语,作为文章的结尾。那么,主语应当针对客问而言,而按伍说则不可得,故我大胆地认为不是缺一"非"字,而是衍一"非"字,此句如去掉非字,作"且夫指固自为指,奚待于物而乃与为指"。既回答了强调物的客问,又符合公孙龙的白可自白,未与坚而坚自坚,天下未有若坚而坚藏的思想。这句之所以理解错了,是因为注家惯把"物莫非指而指非指"作为《指物论》的两个辩论命题,因此认为最后一句应当是回答后一个"指非指"的命题的辩论,自然须有一个非字。我以为只有一个命题即"物莫非指"。而"指非指"是自明的,不用辩论,客方也并未提出疑难。客所反对的正是物莫非指。传统注家还有一个矛盾,"物莫非指而指非指"乃一气之语,两"非"字当是一义,如果前"非"是"形成"或"构成"的否定,后"非"也应同样,注家惯于把后"非"字解释为"是"的否定,把两"非"字作两种解释是有问题的。

近代人研究公孙龙,认为公孙龙的理论是事物的实体不可知,只可认识其属性,在这种意义上把他与康德相比。但一篇《指物论》并没有涉及实体,仅就"物莫非指"而言,重在说物体是可感性质的集合,其理论性质还不是很清楚。这并不是经验批判主义的要素论,因为可感性质不是感觉,是可以不依人主观感觉而存在的,从物理学的角度看,一种属性对应一种物质结构。

一篇《指物论》关键是两句话,一句是"且指者天下之所兼",对照《坚白论》"不定所坚"的说法,可见"指"即坚、白这些物体的属性,但个别属性是不能为天下所兼的,可见是把个别属性与共相等同起来。第二句即是最后一句"且夫指固自为指,奚待于物乃与为指",这就是共相可以自存。抓住这两句话就抓住了《指物论》的纲领。公孙龙把物体说成可感性质的集合,又把个别属性与共相混同起来,从而得出一般可以脱离个别,属性可以独立存在的结论。他虽然采取了混同个别属性与属性的共相,但目的仍是为引出共相可以独立存在的结论。

总起来看,《通变论》《坚白论》《指物论》虽然不同程度地以辩论的形式出现,但基本上涉及的不是逻辑问题,而都是哲学问题。总思想是一个:一般可以脱离个别而存在。三论通过不同角度进行论证:《通变论》说具体事物之上还有独立一般,表现为极端实在论;《坚白论》《指物论》说具体事物的属性也就是属性的共相,一般的东西附在物体上成为个别属性,又可以以藏的方式脱离具体事物,接近于一种温和实在论。公孙龙哲学的特征是实在论而不是要素论。

实在论是客观唯心主义,但是我们应当注意,在温和实在论方面公孙龙的问题很大程度上是没有能处理好感觉的问题。在离坚白问题上,只承认感觉的独立性,否认感觉的统一性。在对待物体的属性上,他也是从感觉出发的,既然所有坚物给人的感觉都是"坚",因此它们的坚都是一样的,定所坚与不定所坚是一样的,这里又夸大了对不同事物感觉的同一性,否认了差异性。

公孙龙是中国哲学史上最早接触共相理论的哲学家,最早研究概念的思想家,他看到了"任何个别都不能完全包括在一般之中",看到了概念外延不同标示了概念内涵不同。虽然他沿着错误的路线得出错误的结论,但他在认识史上的地位是不可抹杀的。他的理论,特别是在反常识形式下提出来的这些理论,促使人们更深入地研究世界上的哲学问题,他提出的共相、概念、感觉的问题,是和人的认识密切关联的具有普遍性的哲学问题。从深入研究认识论方面的问题来说,他在先秦也占有了独到的地位,他表现出来的抽象思维能力在中国哲学史上闪烁着思辨的光芒,他的学说确实是一份值得珍重的历史遗产。①

(《国学研究》,2003 年 12 期)

---

① 此篇为 1980 年年初所写旧稿,未曾发表。近检出一读,觉得其中仍有些见解,为时贤所未道及,故敢刊出,以就正于专家。陈来 2003 年 2 月谨识。

王弼及魏晋玄学的"有""无"范畴

在哲学史上,理论思维的广度和深度在一个哲学体系中常常难以兼得。也许正惟如此,舍弃了广度和规模追求的魏晋玄学,得以建立起一种空前的哲学思辨,以致我们今天读到玄学家的著作时,仍会对那种谈论抽象哲理与理性智慧感到惊叹不已。玄学家的哲学清谈,妙语连珠,清新幽远,充满言外的深长意味,显示出魏晋哲学浪漫的理论情趣和不同凡响的思维水平。然而,如果哲学永远停止在王弼的"圣人体无"或乐广的"自体虚无",不能从言不尽意的"体悟"中走出来,就不可能发展。哲学史的研究同样如此,只有力图把古代哲人的个人体会用逻辑的和理性的方式把它们重新表述出来,我们才能真正了解并正确评价这些古代哲学的理论思维。

"有""无"问题是中国古代哲学中道家系统的基本问题。关于"有""无"问题的讨论,发展到魏晋玄学,更为集中和清楚。魏晋时代的有无之辩体现了这一时代智慧的精华。

自汤用彤先生之后,关于玄学有无之辩讨论的问题,学术界在看法上已趋一致,即肯定玄学有无之辩着眼于现象之后的宇宙本体,重在探求宇宙万物及社会人生的根据,从而把玄学与两汉自然哲学着重讨论的宇宙生成问题区别开来。以何晏、王弼为代表的玄学贵无论的核心命题是"以无为本",由此决定了贵无论的唯心主义性质。然而,重要的问题是,不仅要指出贵无论是以"无"作为宇宙的本体,世界的本原或万有存在的根据,而且需要对作为哲学范畴的"无""有"作出进一步分析,以说明这一理论的认识依据。从这个观点来看,玄学中的"无"的范畴是经过怎样的途径抽象出来的,是怎样的一个概念,以及玄学何以把这样一个"无"作为宇宙本体而走向唯心论,都是值得深入探讨的问题。

一般认为,玄学从追求世界本体出发,由于看到具体的、有规定的东西难以成为万物的本体,于是提出一个规定性最少的"无"作为万有存在的共同依据。近年来学术界提出了一些新的认识,如认为"无"就是"一般","有"就是"个别";"无"是"共相","有"是"殊相"等。有些学者提出,"无"实际上是把万物的一切属性抽空之后得到的没有内容的概念;有的学者则认为"无"是从群有—有—无的抽象序列中得出的思辨结果。这些看法对分析有、无范畴都极富启发,但是其中也有一些问题需要进一步加以讨论。

一

讨论玄学有无之辩,首先应当注意这一讨论的实际社会内容。在研究玄学的纯粹形而上学方面,我们常常不自觉地偏向于把玄学仅仅当作一个思辨哲学去分析,忽视了从社会思潮的整体背景上阐明玄学的玄虚形式与其现实要求的相互关联。把"无"仅仅看作是追求最高本体无规定性的结果,在某种程度上就是反映了这样一种仅从本体论自身去考察本体论的方法。

汤用彤先生曾指出,"贵无""崇有"之争,不仅是本体论之争,"有无之辩在对世务人事方面说,有另一意义",又指出:"盖无论讲有讲无,都是从人事政治出发。"① 十分明显,玄学产生的时代,在门阀世族,特别是在士族官僚及其知识分子中间出现了一种新的精神追求和交往方式。的确,这是取代两汉王朝意识形态烦琐礼教和经院哲学的新的观念体系,代表、反映了门阀士族地主阶级的世界观和人生观。但是,这种以清谈玄远为形式,以崇尚虚无为内容的新的思想潮流,与其说是人的自觉或觉醒,不如说是在后汉王权大大削弱,社会礼法普遍破坏,地方士族的力量相对增强的情况下突显出来的门阀士族的自我意识的高涨,是这一阶层要求走到历史前台的文化表现。而贵无论哲学无疑正是以这一思潮为土壤的理论升华。把出现在这一时期反映士族心理追求的玄学思潮归结为"极端腐朽"或"纵欲享乐"固失于偏浅,魏晋时代士族官僚和知识分子中产生并表现出一种要求突破纲常名教对自身的严格束缚的强烈倾向,这个历史事实是不能否定的。这样一种倾向反映到理论上,是要求突破儒家经典章句的乏味说教,否定纲常伦理的规范权威,积极建立起为士族人生观所作的哲学的论证。门阀士族要求摆脱或冲破名教束缚,与平民对于名教的反抗不同,不能不具有由这个阶级特定心理所决定的特定形态。

---

① 汤用彤:《崇有之学与向郭学说》,载《燕园论学集》,北京大学出版社,1983年。

无论从当时思想资料提供的可能方面,还是从老庄思想符合门阀士族精神需求的方面来说,都决定了必然要出现一个以老庄为基本思想资料、反映士族贵族要求的崇尚浮虚的哲学形态来。

正如史书所说,"魏正始中,何晏、王弼等祖述老庄,立论以为天地万物皆以无为为本"①,在玄学从正始到竹林到元康的连绵发展中,回响着一个不断重复的主题,这就是"无为"。换言之,"无为"思想是玄学"以无为本"思想的真正内容和基础。裴頠的《崇有论》表明,"崇有"与"贵无"之争,从根本上说就是"有为"与"无为"之争。离开了这一现实根据就不可能阐明"有""无"范畴及其争论。而且,"有为"还是"无为"也正是"区分玄学与反玄学的一个重要界限"。②

魏晋时期的有无之争,在一定意义上代表了这一时期儒家和道家的争论。在这一点上,过分地相信玄学表面上宣称的为名教重新确立根据的努力,可能是不恰当的。玄学贵无论是否真正像他们标榜的要为社会的纲常名教寻求新的理论依据,以便最大限度地实现名教的社会效果?秦汉以来,宗法等级制度和与其相适应的道德伦理已经成为维系社会的基本支柱,这决定了汉以后任何一个地主阶级都不可能从根本上反对和否定在中国宗法社会中起着基本稳定作用的纲常伦理。但是,一方面地主阶级要以名教作为维持社会统治的基本手段,地主阶级内部的种种复杂关系也需要宗法道德加以调节;另一方面统治阶级作为剥削阶级的本性又决定了他们必然在实际行为上超越礼制和名教的束缚。这

---

① 《晋书》四十三《王衍传》。
② 反玄学思想家之说,见张岱年先生:《中国哲学史史料学》,三联书店,1982年。

一种矛盾只是在门阀士族占主导地位的魏晋时代表现得更为突出和明显,因而这个矛盾对士族也就显得尤为重要。士族既要鼓吹虚无,为他们突破礼法约束的贵族生活方式寻找支持,又必须以名教维持社会的普遍统治与稳定,这就是自然和名教之辩的热烈讨论成为魏晋时期特有理论现象的根由。按玄学家的说法,"贵无"只是为了更好地实现名教所要达到的政治效果。"贵无"是本,"名教"是末,统本才能举末,鼓吹"无为"才是推行名教的真正根本;名教必须以"无为"为根据才能发挥作用。可是,如果我们真正相信贵无论是用虚无来论证如何巩固汉末重遭破坏的礼教,那就难以认清玄学的真正实质。实际上也很难想象天才俊逸、恣意山林的玄学家们会天真地相信只有虚无才能拯救名教。玄学"崇本举末"的说法只能合理地解释为在士族追求的生活方式与社会的普遍价值的矛盾面前,士族所作的一种自我辩解。事实上,玄学是魏晋士族的世界观和人生观,但不是用以统治和实行教化的哲学武器。时人曾说:"圣人贵名教,老庄明自然。"①玄学的本末之辩也就是"明自然"与"贵名教"之辩,所以玄学是新道家,而不是新儒家。

当然,玄学中各家所讲的"无为"不尽相同,玄学对名教的态度也一定程度上包含着对东汉以来儒家烦琐礼仪的否定。玄学之崇尚老庄,从根本上说反映了士族及其知识分子的内心要求与儒家主张的修养方式和人格境界格格不入。成为对照的,两宋时期士大夫的内心追求就与玄学有很大的不同,这显然与这两个不

---

① 《晋书·阮瞻传》。

同时代士大夫的不同阶级基础有关。七贤的狂士风度后面可能隐藏有个人的苦衷,他们之所以采取这种掩饰的形式,恰恰表明当时的放达风气愈演愈盛。从这个观点看,越名教而任自然的提出在玄学的发展中就不是偶然的了。

二

如果像有些学者主张的,"无"就是"一般",是"共相"[①];那么,"无"这一范畴与我们通常了解的人的普遍概念所反映的"一般",与古代希腊及中世纪西方哲学反复讨论的、与具体个别的"殊相"(particulars)相对的"共相"或"一般"(universals)是否相同?我们知道在古希腊,柏拉图最先提出了关于共相、一般的问题。按照柏拉图的思想,任何一类特殊的、具体的东西都有它的普遍形式,即一般或共相,在柏拉图称之为"相"(或译为理念)。一个个具体的人之外,有一个人的"共相",一个一般的"人"。与此相类,桌子有桌子的一般,美有美的一般,圆有圆的一般。依照辩证唯物论的说法,人的普遍概念正是对于具体事物中的共性的能动反映。概念所反映的事物的共性和一般只能存在于个别事物之中,不能独立存在。柏拉图的错误在于,他认为一切共相、一般共同构成了一个永恒的真实世界,现实的世界则没有共相世界那么真实。一张桌子之成为桌子,乃是由于分有了桌子的理念、桌子的共相,由此才成其为现实的桌子。这种思想正如亚里士多德指出的,认

[①] 此说见冯友兰:《魏晋玄学贵无论关于有无的理论》,《北京大学学报》,1986年第1期。

为在个别的房屋之外还有一般的房屋,也像黑格尔批评的,认为在苹果、桔子等等之外还有一般的水果。

就范畴来说,魏晋玄学的"无"与"有"显然是不能相当于古希腊及中世纪西方哲学的"共相"和"殊相"、"一般"和"个别"。"有"与"殊相"的外延虽然都是指具体存在的事物,但"殊相"相对于"共相"而言,它是和"有"外延相同而内涵不同的概念。而"无"显然不是指人的一般,桌子的一般,或一切一般的一般。因而,有无问题,也如后来的理气等问题一样,其中固然包含有一般和个别的问题,但在直接意义上并不是一般和个别的关系。

黑格尔在谈到中国哲学的有、无问题时曾指出道家哲学的"无"是无规定的最高本质。他认为,以"无"为最高范畴,"而这本来不过是说,统一在这里是完全无规定的,是自在之有,因此表现在'无'的方式里。这种'无'并不是人们通常所说的无或无物,而是被认作远离一切观念、一切对象——也就是单纯的、自身同一的、无规定的抽象统一。因此这'无'同时也是肯定的;这就是我们所叫作的'本质'。"又说:"'无'如果不扬弃一切规定,它就没有意义。同样,当希腊人说:绝对、上帝是一,或者当近代的人说:上帝是最高的本质,则那里也是排除了一切规定的。最高的本质是最抽象的、最无规定的。"[①]但是,作为范畴的"无"的意义本身显然并不是"本质"。在玄学的体系中"无"确乎扮演了世界本质的角色,然而理学的"理"何尝不是扮演了世界本质的角色!因而,仅仅说"无"是"我们所叫做的本质",正如我们说"无是本体""无是本

---

① 黑格尔:《哲学史讲演录》第 1 卷,131 页。

原"一样，还不能揭示出"无"是如何提出来的，是怎样的一个范畴。在这种情况下，也就无法把它和"理"或其他作为世界本质的范畴进行区别。按黑格尔的说法，世界的最高统一性与本质必须是排除了一切规定的最抽象的东西，否则它就是有限的东西而不能成为最高本质了。认为玄学从追求最高本体出发得出规定性最少的"无"，也是受了黑格尔这个思想的启发和影响。然而，按照黑格尔哲学，"纯有"与"纯无"都是排除了一切规定性的抽象，这样，如果认为"无"仅仅是由追求规定性最少得到的逻辑结果，那就必须解释，为什么魏晋玄学追溯到的无规定的抽象统一是"纯无"而不是"纯有"呢？

有许多同志认为，轻易地断言中国哲学的某一范畴即外国哲学的某一范畴，或外国哲学的某一范畴即中国哲学的某一范畴，是理论轻浮的表现。笔者同意这一点。但是如果反对把中国哲学与外国哲学的某些范畴比较地加以研究，从而使我们的认识得到某种深化，那也是片面的。所谓解释中国古代哲学的范畴，实际上无非是要求把古代哲学的范畴转换为当代的哲学语言来了解。我们今天的哲学语言中已经大量引入了来自西方哲学的概念规定，如本质、现象、抽象、具体、一般、个别等等。为了深入分析玄学的有无问题，适当地借助西方哲学的类似概念或思想，进行比较和认识，是必要的。在这方面首先值得注意的还是黑格尔的有关思想。

黑格尔哲学提供了关于有无的几个重要观念。即"纯有""纯无""规定了的有""规定了的无"（杨一之译）。黑格尔说过："无是经常要与某物对应的，但某物已经是一个规定了有之物，与别的某物有区别,所以,与某物对立的无,即某一个东西的无,也就是一个规定了的无,但在这里(指逻辑学的开端),须把无认作是在无规定的单纯性之中的。"① 有某物的有,如有一百块钱的"有",只是一个具体的"有",即"规定了的有"。所谓"规定了的有"是指,从物的方面看,某物只能是某物,不能是他物;从有的方面说,它只是肯定了有钱或有特定的某物,还不是普遍的有。同样,无一百块钱的"无",只是一个具体的无,一个"规定了的无",它只把"无"限定在对一百块钱的否定上。作为黑格尔逻辑学开端的"纯有"和"纯无"则是在无规定的单纯性之中,即没有被限定为指某一个存在或非存在。在黑格尔看来,"纯无"或"纯有"作为真正的抽象,是纯粹无规定的,如果无或有被规定了,那就不再是纯粹的抽象了。因此,"纯无"与"纯有",和"规定了的无"与"规定了的有"不同,"有与无"的抽象在获得了一个规定的内容时,"有"就变为实在。黑格尔指出,"从特殊的有限的有,追溯到完全抽象一般性的有本身"本质上是"把自己提高为抽象的共相"②。这表明一般的有(纯有)是从特殊的有(规定了的有)中抽象出来的。根据这一思想,很明显,从特殊的、有限的无追溯到完全抽象的无(纯无)也是一种同样的"提高"过程。这里所说的"追溯""提高"就是指思维过程的抽象。当然,黑格尔这里说的抽象具有高度思辨的意义,这表现在"纯有"或"纯无"都不是具体的共相。

为了实现逻辑学的范畴推演,黑格尔比较强调"纯有"与"纯无"的一致方面,即同样没有规定、没有内容、在自身中没有区别,

---

① 黑格尔:《逻辑学》上卷,70、71页。
② 同上书,78页。

正是在这个意义上他宣称"纯有"也就是"纯无",于是逻辑学得以从"纯有"过渡到"纯无"。但是,如果认为黑格尔哲学中的"纯有"与"纯无"是"两者同出,异名同谓",也不正确。黑格尔所以始终不从正面谈论"纯有"与"纯无"的区别,乃是因为,如果他谈了两者的区别,"无"和"有"就不纯粹了,他也就无法从逻辑学第一个范畴过渡到第二个范畴。其实"纯有"与"纯无"的区别对黑格尔应是不言而喻的。他说:"如果一切物都是有的物,而那一个物的抽象又被当作前提,那么那个抽象就必须更正确地对待,一切有的物的抽象的结果首先是抽象的有,一般的有。"①这是说"纯有"是从一切规定了的"有"中抽象出来的。不管黑格尔对于"纯无"有什么思辨的说法,十分清楚,"纯无"与"纯有"的不同就在于,对于人类思维来说,"纯无"是从一切规定了的"无"中抽象出来的。

　　玄学的"无"究竟指什么?黑格尔上述思想对我们把握这一点可以有所启发。实际上,贵无论的最高范畴"无",就是由"无为""无形""无名""无音""无声"等等特定的有限的无中抽象出来的"一般的无"。若对比黑格尔所说,玄学所谓无音、无声、无形、无象、无功、无名、无誉、无为、无事,虽然比无一百块钱来得广泛些,但相对于"无"来说都是获得了一个规定了的内容,属于"规定了的无",而贵无论的"无"正是作为这一切特殊的无的进一步抽象。这个被玄学视为本体的无,相当于黑格尔所谓"纯无"的意义,即它是一个抽象的、一般的无。而无形、无名、无为、无事则是某种规定物、某一内容的无。

---

① 《逻辑学》上卷,90页。

由此，从共相和殊相，从一般和个别的方面来看，"无"并不是普遍意义上的一般或共相，它只是一个特定的一般，即无的一般，而不是指人的一般、桌子的一般等等。这个"一般的无"显然蕴含了与玄学思潮的中心观念"无为"的直接关联。

按照贵无论哲学，把宇宙万物作为总体来看，其本体就是"无"。部分地看，宇宙每一领域又以该领域特定的"无"作为直接根据。所谓"大音希声，大象无形"，就是认为只有不宫不商才是大音，不温不凉才是大象。"形必有所分，声必有所属。故象而形者非大象也，音而声者非大音也。"①大音、大象必须超出宫商或温凉的有限规定。所以"五物之母，不炎不寒，不柔不刚；五教之母，不皦不昧，不恩不伤"。②"至和之调，五味不形；大成之乐，五声不分；中和备质，五材无名也"。③玄学在论证"以无为本"的时候，提出了规定性的问题，这一思辨成果在中国哲学发展中是有意义的。本文所强调的是，关于规定性的思考只是玄学本体论思维的一个方面；而作为论证的目的——"无"这一最高范畴并不是仅仅从追求本体的无规定中得出来的。玄学的真正思想线索应当是，为了论证在社会生活中必须以"无为"为本，就需要普遍地论证宇宙及其每一部分都必须以"无"为根据，贵无论归根到底是要从"无"落实到"无为"。这种关系，在表述的逻辑上，用传统哲学的语言说，"无"是无的"本体"；"无为"是无的"发用"或"流行"。因此，"无"作为高度的抽象是贵无论用来从更加普遍的意义上、从本体

---

① 《老子指略》。
② 同上。
③ 《论语释疑·述而》。

论上为社会事务的无为确立根据。根据这一立场,《晋书·王衍传》那句话究竟是"天地万物以无为本",还是"天地万物以无为为本",在实质上没有什么差别。

古希腊的埃利亚学派曾提出"存在"的学说,巴门尼德关于"存在"的思想在西方哲学史上曾产生过巨大影响。巴门尼德所谓"存在",实际上是将所有存在物的特殊属性抽象后所得到的一个最普遍、最一般的共性。从这个观点来看,如果说魏晋玄学的"无"也是把存在物的一切属性抽象之后得到的概念[①],那就难以解释,为什么同样是把存在事物的属性抽象掉,巴门尼德得到的是"有"(being),而魏晋玄学却得到的是"无"(non-being)?在思维的抽象上,巴门尼德的"存在"与黑格尔的"纯有"相当,确乎是把存在物(规定了的有)的特殊属性抽象掉之后得到的纯粹概念。而玄学的"无"是一个与巴门尼德的"存在"相反的概念,是一个"非存在"的概念即"纯无"的概念,它是从一切规定了的无抽象出来的结果。

关于"无"这一范畴的抽象,冯友兰先生也有一种说法。他说:"'有'就是一大群殊相,一大群具体的事物。寓于一大群殊相的就是'有'这个共相,'有'这个共相不可能是任何殊相,不可能是任何具体事物。因为如果它是这种具体的事物,它就不可能是那种具体的事物了。它要是那种具体的事物,就不能是这种具体的事物了。在理论上说,它可能是任何东西;在实际上说,它不可能是任何东西,它是不是任何东西的东西。可是实际上不可能

[①] 参看汤一介:《郭象与魏晋玄学》,湖北人民出版社,1983年。

有不是任何东西的东西,因此'有'又变成'无'了。在中国道家哲学的关于'有''无'问题的纠纷,大概是由此而起。"①冯先生这里说的道家哲学的有无纠纷包括魏晋玄学(新道家)在内。这个思想是说人们从具体的事物中抽象出一般的"有",但这个一般的"有"再没有其他进一步的规定了,所以这个一般的无规定的"有"也就是无了。冯先生的这个说法明显发挥了黑格尔从有到无的推演逻辑。这个解释与其说是解说玄学的思想,不如说冯先生以此阐发他自己的哲学思想更恰当些。

三

在魏晋玄学的讨论中,"有"并不是一个抽象的有,"有"就是实际存在的具体事物,既指客观存在的自然物体(物),也指人类的社会活动及其产物(事),如各种礼乐制度。何晏说:"有之为有,恃无以生;事而为事,由无以成。"②既然说到生和成,这里的"有"应是指一切有的事物,抽象的"有",无所谓生灭。王弼说:"夫物之所以生,功之所以成,必生乎无形,由乎无名。"③功即何晏讲的事为,也是以有兼指物与事。贵无论的观点被概括为"立论以为天地万物皆以无为本",及裴頠所说"夫无者,诚万物之所资也",都表明贵无论讲的有以无为本,即指万物生与成以无为本,说明他们所说的"有"是指存在的万物。

① 《哲学回忆录》,载《中国哲学》第 7 辑。
② 《列子注・天瑞》。
③ 《老子指略》。

王弼说:"以无形始物,不系成物,万物以始以成","浑然不可得而知,而万物由之以成","万物皆由道而生,既生而不知其所由"。又说:"凡物之所以生,功之所以成,皆有所由。有所由焉,则莫不由乎道也。"①把王弼这些论述与他以有无相对的说法相比较:"凡有皆始于无,故未形无名之时,则为万物之始,及其有形有名之时,则长之、育之、亭之、毒之,为其母也。"及"有之所始,以无为本,将欲全有,必反于无"②。固可见,"有"是与"万物"相当的范畴。

黑格尔区别了"有"(being)与"存在"(existence,或译实存),在他理解,"有"或"纯有"是最空洞、最抽象的范畴,而"存在"或"实存"是较丰富的、具体的。"存在"就是实际存在的具体事物,是无数多的具体事物的存在、现实世界的实际存在。因而,玄学的"有"这一范畴不同于黑格尔的"纯有",大体相当于他的"存在"。

裴頠作《崇有论》,他对"有"的理解也是如此。他讲的"有"既是"形象著分"的"有生之体"(郭象亦讲有生之类),又指"制事"。他还特别从"理"的角度规定"有",提出"理之所体,所谓有也",就是说"有"是指理赖以表现的客观物体。"理"既指客观事物的条理、规律,又指名教的礼法原则,所以理之所体当然包括各种现行制度。裴頠还说:"夫品而为族,则所禀者偏,偏不自足,故凭乎外资","有之所须,所谓资也"。"有"指具体事物,因而每个个体事物都要与外界发生种种联系,这些事物彼此关联,彼此依赖,每个事物所依赖的外部条件也是具体事物,不是无,所以说"济有者皆

---

① 以上见《老子注》二十一、二十五、三十四、五十一章。
② 《老子注》一、四十章。

有"。由此可见,裴頠所说的以外部事物为条件的"有",是指具体存在物,不是万物总体。万物总体其大无外,所凭资的根据即在自身之中。这个"有"也不是黑格尔哲学的"纯有",黑格尔也说过,只有"实有""存在"才谈得到外部联系。

郭象哲学中的"有"既指具体存在的事物,也用以指万有总体,他说:"无既无矣,则不能生有;有之未生,又不能为生。然则生生者谁哉?块然而自生耳。"① 又说:"夫有之未生,何以为生乎?故必自有耳。"② "有"是如何产生的?是郭象哲学讨论的一个基本问题。郭象认为"无"不能产生"有","有"在尚未产生之前也没有别的"有"能产生它,因而"有"是自生的。就问题而言,郭象的这个讨论是一个本原的问题,也就是说,这里所谓"有"是自生的,主要不是指现实的事物都是自己产生的,而是讨论整个物质世界在开始的时候如何产生。因此,就概念来说,这里的"有"就不是指任一具体的"有",而是指万有总体,即作为集合概念的"有",强调整个物质世界是不依外力而自己产生和存在的。至于物质世界存在之后,具体事物就不一定是自生了,如"万物虽以形相生,亦皆自然耳"。③ 郭象也承认现实世界中的事物可以是以形相生的。

从逻辑上说,"有"在使用上有集合使用和非集合使用的不同。非集合使用时,"有"作为一个普遍概念,它的外延是指具体存在的事物;集合使用时,"有"的外延是指所有具体事物组成的那个类。

---

① 《庄子注·齐物论》。
② 《庄子注·庚桑楚》。
③ 《庄子注·知北游》。

魏晋玄学作为士族自我意识的表现，不可避免地有它的种种局限乃至弊病。但它的出现毕竟为思想界带进了某种活跃的因素和气氛，使哲学从旧的经院习气中解放出来。玄学家执麈清谈，以善名理、尚玄远见称，名即概念，理即逻辑，玄远是指理论有深度。以有无之辩为代表的玄学在思辨哲学上的建树，是中国古代哲学的重要遗产，我们应当努力发掘和研究。

(《哲学研究》，1986年8期)

郭象哲学及其在魏晋玄学中的地位

郭象是魏晋哲学的一个重要人物,对他的评价一直存有争论,这里就郭象的哲学思想提出一些初步的想法。

研究郭象,先有一个"向郭二庄"的问题。《晋书》说向秀注庄"妙演奇致,大畅玄风",可是未竟而卒,后来郭象窃以为己注,"自注《秋水》《至乐》二篇,又易《马蹄》一篇,其余众篇点定文句而已"。以后的研究者认为《晋书》"点定文句"的说法不一定可靠,向郭二人还是有区别。不过宋代以后向注已佚,只有《列子》张湛注和《世说新语》等存有片断材料,难以确论。

无论是向秀还是郭象,对于我们研究哲学史来说,如果他们的思想一致,那么在注本问题尚未解决的情况下仍然无碍研究。根据《晋书·向秀传》"其后秀义别本出,故今有'向郭二庄,其义一也'",我以为足以为据,说明向郭的思想基本一致。《庄子注》表现了他们的共同思想,虽然不排除细节的差别。这个问题的辩论是要说明一个问题,即反对把《庄子注》中有"贵无论"嫌疑的材料都归给向秀而仅仅把郭象说成是"崇有论"。

一

正始年间兴起的贵无论,基本上是唯心主义本体论,以王弼为代表,但其中也有有生于无的说法。《老子注》一章"凡有始于无,故未形无名之时,则为万物之始"。何晏《无名论》"夫道者惟无所有也,自天地以来,皆有所有矣"。照这些说法,道(无)应在天地万物之前。另一方面,玄学的"本体论"说法,如"开物成务"①"万物以始以成""有之所始,以无为本"②"生乎无形,由乎无名"③等等,在一般人也容易作宇宙论来理解。但从裴頠和郭象的明确反对来看,当时确有讲"无能生有"的。对这种无能生有说,郭象是反对的。

郭象说:"无既无矣,则不能生有,有之未生又不能为生,然则生生者谁哉?块然而自生耳。自生者,非我生也。我既不能生物,物亦不能生我,则我自然矣,自己而然则谓之天然。天然耳,非为也,故以天言之。以天言之,所以明其自然也,岂苍苍之谓哉!"④以天然为天,是庄子的用法,郭象给以明确的定义,从范畴的发展讲,有意义。但是这里所说"无既无矣,则不能生有",是指无作为纯粹虚无不能主动地生有呢,还是指虚无虽然不能有意识地把有生出来,而有却可能是从虚无中自己产生出来的呢?在这

---

① 《晋书·王衍传》。
② 王弼:《老子注》二十一章、四十章。
③ 《老子指略》。
④ 郭象:《庄子注》《齐物论注》,本文所引郭注皆用郭庆藩《庄子集释》本。

里还不能得到回答。郭象又说:"夫造物者有耶?无耶?无也,则胡能造物哉!有也,则不足以物众形,故明众形之自物而后可与言造物耳。是以涉有物之域,虽复罔两,未有不独化于玄冥之境也。"①照郭象看来,无是虚无,怎么能创造万物!根据这个意思看,"无不能生有"的"生",是创造之意。在其他地方郭象也表达了同样的思想,"无也,岂能生神哉!不神鬼帝而鬼帝自神,斯乃不神之神也。不生天地而天地自生,斯乃不生之生也"②,这个"生"也是创生之意。

在《庚桑楚注》中说:"若无能为有,何谓无乎?"《天下注》说:"夫无有何所能建,建之以常无有,则明万物之自建也。"由以上这些说法可见,郭象所说的"无"即无所有,这个"无"并不是一个实体。因此郭象反对"无能生有"的思想是明确的,即虚无的、无所有的无,是不可能有意识地创造万有的。这个思想含有朴素唯物主义因素。

从以上还可见,郭象在反对无能生有的同时,也反对有能生有。起码从逻辑上讲,郭象认为对"有是怎样生出来的"这个问题(郭象并未明确提出这个问题,但他的自生说是围绕这个问题的),如果作"有生有"的回答是不允许的。所以说"有之未生,又不能生"。

其次,有不能生有,这后一个有是多样的具体存在;前一个有是较为单一的存在,比如五行元素之类。"有也,则不足以物众形",在郭象看来,有限的、有规定的存在,是不可能产生如此多样

---

① 郭象:《庄子注》《齐物论注》。
② 《大宗师注》。

的万物。在这一点上,郭象把老子以来道家所碰到的有限与无限的矛盾,明确地表达出来了。

经过上面的分析,我们可以发现,所谓"无"不能生"有",在郭象并未排除"有"仍然可能从"无"产生;所谓有不能生有,其中包括郭象肯定存在一个有之未生的阶段。也许有人认为"有之未生"只是一种逻辑的假设,正因为如此,在上面我们强调"从逻辑上讲"。下面我们来进一步研究一下这两个问题:万有是永恒存在的呢?还是突然从某个地方自己产生出来的呢?如果是后者,那么万有未生之前的世界又是什么?

《知北游注》说:"非惟无不得化为有也,有亦不得化为无矣。是以夫有之为物,虽千变万化,而不得一为无也。不得一为无,故自古无未有之时而常存也","言天地常存,乃无未有之时"。这个注看起来似乎是承认万有永恒存在的。然而可以提出异议。首先,这是注"冉求问于仲尼曰:未有天地可知耶?仲尼曰:古犹今也",可以把这个注看成是申发庄子原意。其次,从这个注看,"有"的"常存"的说法,是从有不得化为无的角度讲的,是向下推的。它可以理解为"有"自己产生之后常存不无。

《天地注》说:"一者有之初,至妙者也。至妙故未有物理之形耳。夫一之所起,起于至一,起于至一,非起于无也。然庄子之所以屡称无于初者何哉?初者,未生而得生。得生之难犹上不资于无,下不待于知,突然自得而生矣。"这里的"非起于无",仍指"有"非"无"之所能生,即上不资于无,而不是说有是永恒存在的。"初者未生而得生"显然是承认存在"有之未生"的阶段,只不过其生乃自生罢了。郭象又说:"谁得先物乎哉?吾以阴阳为先物,而阴阳者即所谓物耳。谁又先阴阳者乎？吾以自然为先之，而自然即物之自尔耳。吾以至道为先之矣，而至道者乃至无也。既以无矣，又奚为先？然则生物者谁乎哉？而犹有物，无已。明物之自然非有使然也。"①既然是虚无，又怎么能成为生物者！显然这里仍然是说无不能生有，有乃自生。

无疑，"自生"是郭象最常用的说法。这个自生有它的特点。"自得者道不能使之得也，我之未得又不能为得也。然则凡得之者，外不资于道，内不由于己，掘然自得而独化也"②。"自得"也即"自生"，"夫无不能生物，而云物得以生，乃所以明物生之自得"③；"我之未得"与"有之未生"相同；掘然即忽然。万物忽然自生而有，可见这里没有承认万有永恒存在。"既明物物者无物，又明物之不能自物，则为之者谁乎哉？皆忽然而自尔也"④。又说："一无有则遂无矣，无者遂无则有自欻生明矣"，"欻然自生"⑤。

"有""突然自得而生""忽然自尔""欻然自生""掘然自得"，这些《庄子注》中常见的自生说法，显然不是表明万有永恒存在，它只表明"有"是不依赖任何外力，自己突然从某个地方产生出来。因此我们所要研究的第一个问题已经清楚了。至于万有是不是从"无"中一下子产生出来，郭象没有说。但是，假设万有尚未产生，那个世界又能是什么呢？

说郭象的自生说反对无能生有，但蕴含着有生于无，并不是

---

① 《知北游注》。
② 《大宗师注》。
③ 《天地注》。
④ 《知北游注》。
⑤ 《庚桑楚注》。

要把他简单地宣布为唯心主义。为什么会出现这种情况,将在最后给以说明。

二

所谓突然自生,如上所说,排除了万物产生的原始动力,在这个意义上是排除了始因。然而对于具体的、日新的万有来说,还有一个"相因"的问题。相对于始因的是"自生",相对于相因的是"独化"。

当然,郭象的独化,有时也有自生之意。"若责其所待而寻其所由,则寻责无极而至于无待,而独化之理明矣"①,这是说的始因。郭象又说:"夫物事之近或知其故,然寻其原以至乎极,则无故而自尔也。"②按照因果链条,总是因上有因;而郭象所说,并不是看到追求第一因就要陷入恶性无限,从而干脆抛弃一切原因。在他看来,追究到底,不再因上有因,而是无故自尔。万物各自是自己的第一因。郭象这个说法,表面上类似于斯宾诺莎"实体是自身的原因",但后者是说作为实体的整个世界是自己存在的原因,两者完全不同。

独化虽然有时有自生之意,但"生"与"化"还是有区别。"吾之生也,非吾之所生,则生自生耳。生生者岂有物哉!故不生也。吾之化也,非物之能化,则化自化耳。"③化是变化。在郭象看来,

---

① 《齐物论注》。
② 《天运注》。
③ 《列子·天瑞》引向秀注。

不但万有初生之时是无待的,就是后来变化日新,也是不依赖任何其他事物的。"故彼我相因,形景俱生,虽复玄合,而非待也","是以涉有物之域,虽复罔两,未有不独化于玄冥者也"。① 因此他说:"相因之功,莫若独化之至也。"②

对郭象来说,事物之间没有任何必然的联系,也没有任何的因果关系。形影罔两,它们出现在一起,也不过是一种莫名其妙的重合。就它们每个自身说来,都是不依赖于任何别的东西而独化的。他又说:"唇齿未尝相为而唇亡则齿寒。"③郭象认为世界上不是不存在那种相为彼我的联系,但这种关系并不意味着每一方有意识地为对方创造条件。这一点对于一般的自然现象是可以成立的。郭象对事物之间的关系也不是一概抹杀,"故彼之自为,济我之功宏矣,斯相反而不可相无也"。④ 在"主观为我,客观为他"的意义之内,他承认唇亡则齿寒,彼我不可相无的关系。也是在这个意义上他说"故天地万物凡所有者,不可一日相无也"。⑤

郭象的错误在于他荒谬地认为这些依赖关系并不包含任何因果联系。形消和影灭,唇亡和齿寒,没有任何因果关系。唇齿相依和形影俱生一样,实质上都是偶然重合。这样,郭象就彻底否认了世界的有机联系。"明斯理也,将使万物各反宗于体中而不待乎外。外无所谢,内无所矜,是以诱然皆生而不知所以生,同焉皆得而不知所以得也。今罔两之因景,犹云俱生而非待也。则

---

① 《齐物论注》。
② 《大宗师注》。
③ 《秋水注》。
④ 同上。
⑤ 《大宗师注》。

万物虽聚而共成乎天,而皆历然莫不独见矣。"①

从理论思维上看,郭象对因果概念的理解和处理有很大的问题。他把"因"单纯理解为有意识而为,从而否认事物间因果关系的存在。但又不能无视事物间的依赖关系,只好用偶定和谐来解释。他也不懂事物发展过程中外因的作用,于是根据他对因果的理解,把事物的运动变化理解为"独化";这一点实际与承认事物之间存有依赖关系相抵触。既然是独化了,为什么和它物又不可相无呢?郭象无法彻底解决这个矛盾。最后,郭象不懂得虽然应当否认万物的第一因,但对永恒的物质世界来说,"相互作用是事物的终极原因"。②

三

自生,独化,郭象都称为"自然"。郭象的自然观,可以称作"自然论"。郭象的自然观,着重讨论了"生"的问题。这个问题的提出,应当说是从无能生有来的。但"生"的提法,本身包含着对物质永恒存在的否定。"突然自生"排除了一切外在的原因和作用,这些都已在上面说清楚了。但"自然论"的全部含义不止于此。

"夫趣之所以异,岂知异而异哉?皆不知所以然而自然耳"③。可见郭象的"自然"包含着不知其所以然而然。前面说过,"自然

---

① 《齐物论注》。
② 《马克思恩格斯选集》第三卷,552页。
③ 《逍遥游注》。

的天"是庄子的用法,郭象将之明确化,有意义,同时,自然的天,有否定神权论的意义,带有朴素唯物主义的特点。但是郭象所讲的自然的天有局限性,它本身意味着仅仅承认既定事实。就是说一个事物就是那个样子,没有进一步的为什么。如果问为什么牛马四足,鱼没有脚,回答是:天也,非有意而为之也。非有意而为是对的,但"天也"并不能对进一步说明问题有所帮助。近代科学可以用生物进化论对上述问题作出说明。对于古人,当然不能要求他们对问题都能科学解释,但是如果过分强调自然的天,也会走到另一个方面,否定一个事物的存在、形态、运动有具体的原因,从而带有浓厚的不可知论色彩。这正是我们在郭象那里所看到的。

"物各自然,不知所以然而然","凡此以上事,皆不知所以然而然,故曰芒也。今未知者皆不知所以知而自知矣,生者皆不知所以生而自生矣。万物虽异,至于生不由知,则未有不同者也,故天下莫不芒也"。①

这些说法在《庄子注》中俯拾皆是。"玄冬肃杀,夜宵暗昧,以意亿度,谓有主司关闭,当不得已,致令如此,以理推之,皆自尔也","自尔故不可知也"。② "皆在自尔中来,故不可知也"③,又说:"自然之故,谁知所以也?"④ "自尔则无所稍问其故,但当顺之。"⑤

在郭象哲学中,"不知其所以然而然"是与"自然"相等价的。

---

① 《齐物论注》。
② 《天运注》。
③ 《知北游注》。
④ 《则阳注》。
⑤ 《天运注》。

郭象讲"自然论",说到底,一切事物都是不知其所以然而然的。那些前人作为所以然而提出的无能生有、有能生有以及彼我相因等等,在他看来都不能成立。他举不出也认为没有必要举出什么其他的所以然来,有时他干脆用无故来解释。这都表明,郭象自然观的结论就是一切存在都是不知其所以然而然的,这是郭象自然观的重要特征。

从逻辑上说,在始因上否定了物质产生的任何外在原因,但又不承认物质的永恒存在,剩下的道路只有一条:不知其所以然而然。整个世界为什么存在?为什么变化?这当然不能用一个原因说明,但任何一个个别的现象,一个具体的存在物都不是无故自尔的。否认这些,使郭象的自然观必定是反决定论的和不可知论的。

不可知论是庄子哲学的主要特征之一。但是庄子的不可知论,是建立在相对主义认识论之上的。庄子从相对主义出发,向世界提出了一连串的问题。站在庄子的立场,可以在魏晋提出这样的问题:你怎么知道世界是以无为本呢?怎见得就不是以有为本呢?你说无不能生有,我偏说无能生有,我们孰是孰非呢?从庄子的怀疑论和相对主义出发,一切问题都无法解答,因此庄子的不可知论是一种以否定为出发点和内容的不可知论。虽然郭象的理论实际上最大限度地发挥了《庄子·骈拇》中的"天下诱然皆生而不知其所以生,同焉皆得而不知所以得",但他与庄子不同。庄子可以说:是耶?非耶?吾不可知也。郭象说:是就是是,非就是非,但为什么是、为什么非不知道,也不可能知道。庄子是否定现实,追求精神超脱;郭象是肯定现实,要求顺命安分。因此,相对庄子来说,郭象的不可知论可以说是以肯定为出发点和内容的不可知论。

郭象的不可知论是一种特殊形态的不可知论。与古代和近代大多数从认识论的怀疑主义或相对主义出发的不可知论不同，它是从研究本体论问题出发的。从理论上看，是他的一系列本体论观点的逻辑结果。郭象不可知论的认识论根源，除在前面自然论提到过的之外，其中之一就是受社会生产和科学发展水平限制的人对客观规律的认识。四季交替、昼去夜来，没有造物主主司关闭，但这是天地相对运动规律的表现，不是不可知的，不是无故自尔。如果说"在康德那时代，我们对于自然界事物的认识，还是如此残缺不全，以致他还可以设想在每一事物的背后尚存在某种神秘的自在之物"[1]，那么在郭象所处的古代，不能科学地认识这些世界上的规律，以致他设想事物都是不知其所以然而然的，就更不奇怪了。

四

在追究事物的原因时，郭象认为是不可知的。在描述事物的存在时，他认为是不知其所以然而然的。在追寻有意而为的这种动因时，他有时干脆说无故自尔。但全面地说，不知其所以然而然更体现了郭象的态度。

但是，不知其所以然而然，在另一个方面又意味着某种抽象的必然性，如"命"这个概念就是很抽象的，很难说清其具体内容。

---

[1] 《马克思恩格斯选集》第三卷，438页。

它就是不知其所以然而不得不然的东西。这"不得不然",在郭象就是"理"。因此,我们看到郭象在说了事物之故不可知的同时,又经常引出"理"来是不奇怪的,对于他本来是可以相通的。

郭象在注《知北游》中"天不得不高……此其道与!"时说:"言此皆不得不然而自然耳,非道所能使然也。"又说:"万物虽以形相生,亦皆自然耳。故胎卵不能易种而生。"这些说法表明郭象的"自然"本来就有必然的意味,这与王充的"自然"充满偶然的味道不同。下面来研究一下郭象的"理"所包括的内容。

《逍遥游注》:"非冥海不足以运其身,非九万里不足以负其翼,此岂好奇哉! 直以大物必自生于大处,大处亦必自生此大物,理固自然。"一"必"一"固",说明这种自然之理含有必然性。《人间世注》:"不得已者,理之必然者也,体至一之宅,而会乎必然之符者也""任理之必然者,中庸之符合矣",这里的理也具有必然性的意义。《寓言注》说:"理必自终,不由于知,非命如何! 不知其所以然而谓之命,似若有意也,故又遣命之名以明其自尔,而后命理全也。"这是说理是一种非有意安排的、不知其所以然而然的命,理在这里作为一种抽象的必然性与命等同起来了。理指必然,这是第一种用法。

"物物有理、事事有宜",这是对《齐物论》中"有伦、有义"的解释。以"理"解"伦",这是指条理秩序。又说"夫物有自然,理有至极,循而直往,则冥然自合,非所言也"[①],这个理是人循自然而可与之相合者,也应当理解为规律。在《养生主注》,他把"合于桑林

---

① 《齐物论注》。

之舞,乃中经首之会"注为"言其因便施巧,无不闲解,尽理之甚。既适牛理,又合音节"。说庖丁解牛是"暗与理会",这与上说冥然自合相似。这里理亦指规律。《人间世注》讲养虎之道说:"顺理则异类生爱,逆节则至亲交兵。"这是说养虎有一定规律。理指规律,这是第二种用法。

《天运注》:"首在其上,足自处下;府藏居内,皮毛在外。外内上下,尊卑贵贱,于其体中各任其极,而未有亲爱于其间也。然至仁足矣。故五亲六族,贤愚远近,不失其分于天下者,理自然也,又奚取于有亲哉!"理在这里引申到社会关系中,具有社会伦理次序的意义。理指社会伦理,这是第三种用法。

这种理又叫天理。这种理自然又称天理自然。《天道注》:"主上无为于亲事,而有为于用臣。臣能用事,主能用臣,斧能刻木而工能用斧。各当其能,则天理自然,非有为也。"《秋水注》说:"人之生也可不服牛乘马乎?服牛乘马可不穿落之乎?牛马不辞穿落者,天命之固当。苟当于天命,则虽寄之人事,而本在乎天也,穿落之可也。若走作过分,驱步失节,则天理灭矣。"《达生注》:"性分各自为者,皆在至理中来,故不可免也。"这几种关于理的说法,是郭象的创造。把理和天理作为性分的规定,亦可列为命的意义的一种(后面还要论到),是说人的身份地位差别和动物的受人驱使,都是命中注定,合该如此。

当然,在一些地方,理是兼有几重意义的。在郭象思想中,理最经常地是与必然相联系。郭象之所以强调作为必然的理与他的社会思想密切相关。但我们之所以细致地考察郭象的理和天理,是因为先秦以降,着重讲理的首推郭象。从哲学史上来看,这些范畴的使用与后来的宋明"理学"也存在一定的关系。《齐物论注》:"故知君臣上下,手足内外,乃天理自然,岂真人之所为哉!"《大宗师注》发挥《乐记》的思想:"人生而静,天之性也;感物而动,性之欲也。物之感人无穷,人之逐欲无节,则天理灭矣。"宋儒"天理"从《乐记》来,不是来自郭象,但这两句话的确可以说是开宋明理学之先河。

五

《庄子》首篇《逍遥游》,为历来思想家所重视,认为是庄子思想的代表作。但对于"逍遥游"的意义各有不同解释。庄子本意,在于鼓吹他的逃世主义思想,而郭象的思想与之不同。《逍遥游注》开宗明义说:"夫大小虽殊,而放于自得之场,则物任其性,事称其能,各当其分,逍遥一也,岂容胜负于其间哉!"又说:"苟足于其性,则虽大鹏无以自贵于小鸟,小鸟无羡于天地,而荣愿有余矣。故大小虽殊,逍遥一也。"① 很明显,郭象是用足性安分解释逍遥。他的意思是说,无论任何事物,只要安于自己的性分,就可以获得最大的快乐和满足,这就是"逍遥"。

"性分"是郭象哲学的重要概念。"天性所受,各有本分,不可逃亦不可加"②。"受生有分,而以所贵引之,则性命丧矣"。③ 在郭象看来,任何一个事物从产生起,就有由命所决定的"性分"。它

---

① 《逍遥游注》。
② 《养生主注》。
③ 《胠箧注》。

体现了"理",决定事物的活动范围和在宇宙间所应处地位和限度,不可更改,更不可超越。这就是所谓"性各有极""性有至极"。这种性分虽然不是什么真宰有意识地安排,但丝毫不可背离。

郭象认为,"夫物性无极,知足者鲜"。① 一方面,从客观上讲,任何事物都为性分所绝对限制;另一方面,从主观上讲,事物总是不满足的,倾向于超出自己性分的限制。郭象认为既然人在实际上不可能超越性分的限制,就应当安分守己,否则就会造成秩序失调。所以他说:"以小求大,理终不得,各安其分,则大小俱足矣。若毫末不求天地之功,则周身之余,皆为弃物。"②

《齐物论》是庄子的另一篇重要论文。它要为庄子虚无主义人生观提供认识论根据,其核心是认识论的相对主义。大小、是非完全是相对的,人们无法确定什么是大小是非,所以应当把事物看成是没有差别的。郭象的解释又不同。他注《齐物论》,有时也申发庄子抹杀差别的原意,但他自己的观点还是承认有是非差别,故在题注中说:"是非虽异而彼我均也。"又说:"是以至人知天地一指也,万物一马也,故浩然大宁,而天地万物各当其分,同于自得而无是无非也。""所谓齐者,岂必齐形状而同规矩哉?故举纵横好丑,恢诡怪儴。各然其然,各可其可,则理虽万殊而性同得,故曰道通为一也。"对泰山毫末、殇子彭祖之辩,也是用这种足性齐一来解释的,所以他说:"是以蟪蛄不羡大椿而欣然自得,斥鷃不贵天地而荣愿以足。苟足于天然而安其性命,故虽天地未足为寿而与我并生,万物未足为异而与我同得。"郭象并不像庄子那样

---

① 《齐物论注》。
② 《秋水注》。

认为事物的差别是相对的,所以应当抹杀,而是认为大固然是大,小固然是小,差别虽然存在,但是如果都安于自己的性分之内,那么都可以逍遥满足,从这个角度说,差别还有什么意义呢?以各足其性解逍遥,以同于自得解齐物,两者完全一致。郭象对这两篇文章主旨的改造,体现了他的基本思想。

郭象这种逍遥、齐物说具有非常实际的内容。所谓性分,就是命的具体化。所以说:"命非己制,故无所用其心也。夫安于命者,无往非逍遥矣。"[1]很明显的,足性安分的说法首先是对下层人民的安命说教。正如郭象自己所说:"夫物未尝以大欲小,而必以小羡大,故举小大之殊,各有定分,非羡欲所及,则羡欲之累可以绝矣。"[2]"上下相冒而莫为臣妾矣,臣妾之才而不安于臣妾之位则失矣。"[3]大小上下安分自得,无非是说给小者下者听的。他喋喋不休的劝诫人们:"凡得真性,用其自为者,虽复皂隶,不顾毁誉而自安其世。"[4]人民只能老老实实地甘任牛马。郭象的哲学完全是为统治者服务的牧师哲学。

顺命安分是郭象思想的基本出发点。他的整个思想体系就是安命哲学。他的所有理论都直接或间接地与这个核心相联系。郭象的"自然论",一方面,其本身就意味着不得不然而自然,有强烈的必然意味,从而与"命"相通,不任自然就是违反必然,自然论的归宿就是安命论。"皆自尔……自尔则无所稍问其故,但当顺

---

[1] 《秋水注》。
[2] 《逍遥游注》。
[3] 《齐物论注》。
[4] 同上。

之"①,"夫相因之功莫若独化之至也……况于卓尔独化,至于玄冥之境,又安得不任之哉!既任之,则死生变化,惟命之从也"。② 另一方面,自然是不知其所以然而然,既然所以然是不可知的,那就只有顺应自然,顺应自然也就是顺命,所以他说:"不知其所以然而谓之命。"③

所有上面这些说法,集中起来就是"凡是存在的都是自然的(即必然的、亦即合理的)"。郭象的所有理论,其中可能有不一致的地方,但都归向一个中心:顺命安分。足于天然、安于性命是贯穿郭象思想的一根主线,这是比较清楚的。《德充符注》说:"夫我之生也,非我之所生也。则一生之内、百年之中,其坐行起止、动静趣舍、性情知能、凡所有者、凡所无者、凡所为者、凡所遇者,皆非我也,理自尔耳。"又说:"理必自终,不由于知,非命如何。"④一切现象、一切活动都是某种铁的必然性的自然展开。故又说:"死生存亡、穷达贫富、贤与不肖、毁誉、饥渴、寒暑,是事之变、命之行也。""其理固当,不可逃也,故人之生也非误生也,生之所有非妄有也。天地虽大万物虽多,然吾之所遇适在于是,则虽天地神明、国家圣贤,绝力至知,而弗能违也。故凡所不遇弗能遇也,其所遇弗能不遇也。凡所不为弗能为也,其所为弗能不为也。故付之自当矣。"⑤人的活动完全为一种必然性所支配,这是命,也是理。这些说法已经是十足的命定论了。至此,再回过头来看"故知君臣

---

① 《天运注》。
② 《大宗师注》。
③ 《寓言注》。
④ 同上。
⑤ 《德充符注》。

上下、手足内外,乃天理自然,岂真人之所为哉",郭象哲学思想的实质就更为昭然了。

六

郭象哲学的安命实质已如前所说,这是一个主要方面,但还不是全部。郭象哲学不但要说教于人臣百姓(当然也有自我表白的成分),另一方面,也要为他设想的理想统治提供政策的理论依据。

"言性各有分,故智者守知以待终而愚者抱愚以至死,岂有能中易其性者也"①,这是上面说过的命定思想。然而人之不安己分,除了不明此理之外,"上有所好,则下不能安其本分"②也是一个重要原因。这个思想采用玄学的语言来说,就是"在上者不能无为而羡无为之迹,故致斯弊也"。③

《庄子·天运》中借老子之一百二十一说:"夫六经,先王之陈迹也,岂其所以迹哉!今子之所言,犹迹也。夫迹,履之所出,而迹岂履哉。"郭注曰:"所以迹者,真性也。夫任物之真性者,其迹则六经也。况今之人事,则以自然为履,六经为迹。"

迹和所以迹,作为一对范畴,为郭注中所常见。迹指一定的社会现象,是从结果这方面说的。所以迹指产生这种社会现象的根由,在郭象主要指帝王君主的为政之道。这一对范畴是郭象用来表达社会政治思想的范畴,不是本体论的范畴。把迹与万有相

---

① 《齐物论注》。
② 《则阳注》。
③ 《缮性注》。

对应,以真性为万有的根本,这是郭象思想中所没有的。① 郭象所说的"所以迹"到底是什么?从《天运注》来看,"真性"是简略的说法,即下边所说"任物之真性";进一步说,真性即自然,亦即任自然。对于作为人君的统治者,他建立的那些政绩,只是迹,而之所以成就这些建树,并非他有意识地追求这些作为目的,而是任自然,用郭象另一种常用的语言,即无为。以无为为所以迹,这在《庄子注》中是容易看出的。郭象认为,所谓尧舜,不过是指传说为尧舜所作的那些政绩,这些只是迹。表面上尧舜躬行君道,实际上是"眘然丧之而尝游心于绝冥之境",也就是所谓"遗天下者固天下之所宗"②。郭象的这些说法不合庄子原意。庄子是逃世主义,主张极端无为;郭象是以无为作为治世的手段,以无为为所以迹。因此他说:"夫黄帝非为仁义也,直与物冥,则仁义之迹自见""故所贵圣王者,非贵其能治也,贵其无为而任物之自为也"。③

很明显,郭象的迹和所以迹之辩,是典型的玄学思维,其内容不出王弼《老子注》三十八章。郭象所谓"夫与物无伤者非为仁也,而仁迹行焉;令万理皆当者非为义也,而义功见焉"④,就是王弼所说"仁德之厚,非用仁之所能也,行义之正非用义之所成也"。⑤ 王弼的思想较郭象更为集中:"礼敬之清非用礼之所济也。载之以道,统之以母,故显之而无所尚,彰之而无所竞。用夫无名,故名以笃焉。用夫无形,故形以成焉。守母以存其子,崇本以

---

① 参见楼宇烈:《郭象哲学思想剖析》,载《中国哲学》第一辑。
② 《逍遥游注》。
③ 《在宥注》。
④ 《胼拇注》。
⑤ 王弼《老子注》三十八章。

举其末,则形名俱有,而邪不生。"①郭象不过是用所以迹和迹代替了王弼的本与末的说法。王弼"仁义,母之所生,非可以为母"②,即郭象所说"皆世事之迹耳,非所以迹也"③;王弼批评"舍其母而用其子,弃其本而适其末"④之意,即郭象所谓"莫之反一以息迹而逐迹以求一"。⑤郭象的社会政治思想证明他是地道的玄学中人,这与《世说新语》中郭象玄谈的形象是一致的。

迹和所以迹之辩与郭象的自然论当然有关。但是这种关系并不是必须在本体论方面找到与迹和所以迹相应的范畴才能说明。在方法论上,我们经常倾向于认为一切哲学思想实质上都从本体论出发,按照体系或范畴引申到社会政治思想领域,而历史事实非皆如此。郭象同玄学的王弼一派,都主张崇本以举末,改造了老子崇本息末的说法。郭象主张无为而任自然,是以道家为主,兼统儒法,这也是玄学的特征。郭象的无为而任自然,在政治上包括两个方面。第一是要求各阶级顺命安分,第二是需要另一个条件来保证第一点,即无为而治。本体论的自然论与作为所以迹的君主无为的关系就在于,在社会活动中,人的活动是有意识的、能动的,因此存在一个是否任自然的问题。既然从自然论的角度看,一切事物都是自然而然的,又是必然的和合理的,性分所定,天理所现,不可更改,如果君主积极有为,上好下作,结果都不安于本分,所以君主应当崇尚自然,听任自然。自然论正是给

① 王弼《老子注》三十八章。
② 同上。
③ 《应帝王注》。
④ 王弼《老子注》三十八章。
⑤ 《缮性注》。

这种任自然政策提供理论依据。

王弼以道统儒,讲以无为为本。但他讲无为讲的不清楚,没有落实到治上。玄学中的极端,发展到"口谈玄虚,不遵礼法,尸禄耽宠,仕不事事"①,对于已经在晋朝居统治地位的世族政权来说,流弊是明显的。裴頠深感此弊,《崇有论》理正辞严,"故养既化之有,非无用之所能全也。理既有之众,非无为之所能循也""是以欲收重泉之鳞非偃息之所能获也,陨高墉之禽,非静拱之所能捷也"。但裴頠的一套政策与世族享乐腐化的本性相矛盾。因此,郭象的无为说,作为对王弼贵无派的一种修正,澄清无为的政策,并反驳崇有论,就比较符合门阀世族统治的口味。"无为者,非拱默之谓也,直各任其自为,则性命安矣"。② 郭象屡屡反对以拱默为无为,说明他是在回答崇有派的反对。郭象虽然也主无为,但加了一条任自然,要求各阶层安于本分,尽其所能;不讲以无为本,不再推崇虚无。"故各任其司,则上下咸得,而无为之理至矣"。③ 这种修正,如上所说,正适合了当时统治者的需要。郭象和王弼分别用不同的理论为世族不同时期、具有不同内容的无为进行了论证。

七

哲学史研究中有一种意见,把郭象作为与裴頠一派的崇有论

---

① 《晋书·裴頠传》。
② 《在宥注》。
③ 《天道注》。

派,放在魏晋哲学有无之辩中来处理,这是很值得重视的。① 但是郭象并非崇有论。什么是崇有论?不能把不赞成无能生有都叫作崇有论。"崇有论"是裴𬱟一篇文章的题目。我们讲崇有论是按裴文的基本观点来理解的。崇与贵相对。崇有论的特点在于不仅反对无能生有,而且反对各种贵无说法;特别是明确提出反对贱有,突出强调有的重要性,最后落实到积极有为,所以才称为"崇有"。我们看《崇有论》,大致有以下这样一些主要的观点:1.夫至无者无以能生,故始生者自生也,自生而必体有。2.总混群本,宗极之道也。3.偏无自足,凭乎外资,济有者皆有也。4.生而可寻所谓理也,理之所体所谓有也。5.用天之道,躬其力任,居以仁顺,守以恭俭,率以忠信,行以敬让。反对忘礼、无为、无心。

郭象把始生者自生加以夸大,其余四条均为郭象所无。特别是最后一条,有为还是无为,这是贵无、崇有之争的实际社会内容,裴𬱟的界线可以说泾渭分明。因此,实际上郭象既非贵无,也不崇有。如果一定要说郭象崇尚什么的话,那么最合适的,莫过于说他是崇"自然"。

现在我们来总的讨论一下郭象哲学及其在魏晋哲学中的地位。两汉出现的豪强大地主,是世族地主阶级的前身。是社会最保守、最反动的势力,在政治上和经济上都是皇朝必须重视的一个因素。但总的说,在后汉,世家大族还不是当权的地主阶级。一方面豪强贵族地主阶级通过皇朝享有大量的政治、经济特权,同时,刘氏王朝中也不断出现一些抑制豪强的人物和政策。随着

---

① 此说见于汤用彤先生《魏晋玄学论稿》的"魏晋玄学流别略论"。

豪强世族的发展,在政治上提出更多的要求,政治势力也日益增长。从汉末到三国,经过纷乱战争和各种形式的政治斗争,到西晋才建立了门阀世族政权。世族地主阶级成为当权的地主阶级,这中间有一个过程。曹丕上台,对世族作重大的让步,反映世族力量经过黄巾起义并未削弱,相对于被农民起义直接冲击的皇朝来说,反而趋向增强。三国的社会基础,仍然主要依赖世族。政治上出现了九品中正制,在意识形态上也势必出现为世族服务的意识形态。何晏、王弼祖述老庄,正始玄风应运而生。玄风鼓吹以无为本,反对礼法仁义,鼓吹无为,在当时实际上是反对对世族的束缚,要求削弱君权。但是一个理论在一定范围内可以用来实现不同的目的。这个玄风鼓吹的东西,到阮籍等人手中,被利用来与当权派消极合作,从而发展到极端,表现出了流弊。这就是裴𬱟所说:"是以立言借其虚无谓之玄妙,处官不亲所司谓之雅远,奉身散其廉操谓之旷达,故砥砺之风弥以陵迟。放者因斯,或悖吉凶之礼,而忽容止之表,渎弃长幼之序,混漫贵贱等级。其甚者至于裸裎,言笑忘宜。"①因此,出现了以裴𬱟为代表的对王弼贵无论的否定。反对贱有,主张恢复礼法之制。反映到哲学上就是有无斗争。王弼派鼓吹以无为本,裴𬱟的主张实际是以有为本。从三国到西晋,是世族统治的建立过程。世族统治建立之后,需要更全面地考虑维持社会统治。王弼之说,站在统一的西晋王朝统治者立场看,不能解决黄巾起义暴露出来的人民反抗问题;裴𬱟之说,要求加强礼法,选贤举善,有利于庶族地主,也不适合世族

---

① 《晋书·裴𬱟传》。

统治的要求。然后出现了郭象的安命哲学,不再崇尚虚无,而是为君道、臣道、民道描绘了一幅各安其分各足其性的安于现状的图画,适合于门阀世族地主阶级专政的需要,因此大畅玄风,广为流行。从王弼经裴𬱖到郭象,是一个否定的否定。反映了世族地主阶级在建立统治的同时为自己寻找合适的意识形态的过程。

　　作为正、反、合的"合"的郭象哲学,调和崇有贵无,是魏晋哲学的中间路线,带有明显的折衷主义色彩;在哲学上表现为特殊的自生论,容纳了不少唯物主义的说法,摇摆于唯物主义和唯心主义之间。郭象以"有""无"为基本范畴注释《庄子》,说明他是自觉置身于魏晋哲学论争的。但他既非贵无,也不崇有。王弼以无为本,裴𬱖以有为本,郭象都不同意;他说无不能生有,有也不足以物众形,世界上的一切都是不知其所以然而自然,它们自己突然产生,独化玄冥,这是命,也是理。人只应顺应现状、接受现实,无须问其所以然。郭象实际是用不可知论折衷有无。反映到现实,就是现存的都是合理的。安命哲学是最适合于已经建立的门阀世族统治的。当他反对无能生有时,他是站在朴素唯物主义一边的;但他没有承认物质永恒存在,因为他本来就没有打算坚持唯物主义;而当他否认事物有可知的所以然时,他就走向唯心论。他反对拱默时,他与崇有论站在一起;但他以无为为所以迹,又说明他的观点仍然是玄学的。

　　　　　　　(《中国哲学》,第十一辑,三联书店,1984年)

近世道学宇宙观的辩证观念
——朱熹的阴阳变化观

一、两端相对

阴阳的学说是中国古典哲学辩证思维的主要理论形式之一,在这个问题上不仅气本论思想家作了许多深入的阐发,理本论哲学家也作出了自己的理论贡献。

朱熹十分强调阴阳的普遍性。他指出:"阴阳无处无之,横看竖看皆可见。横看则左阳而右阴,竖看则上阳而下阴。仰手为阳,覆手则为阴。白明处则为阳,背面处则为阴。《正蒙》云阴阳之气循环迭至,聚散相荡,升降相求,絪缊相揉,相兼相制,欲一之不能,盖谓是也。"(《朱子语类》卷九十四)朱熹继承了张载"阴阳两端"和二程"无独有对"的思想,并把阴阳对立统一的思想作了更加充分的发挥。

在朱熹讲学的语录中,几乎到处都可以看到他对阴阳的普遍性的强调。他说:"无一物不有阴阳乾坤,至于至微至细,草木禽兽,亦存牝牡阴阳。"(《朱子语类》卷六十五)"只就身上体看,才开眼,不是阴,便是阳,密拶拶在这里,都不着得别物事。不是仁,便是义;不是刚,便是柔,只自家要做向前,便是阳,才收退,便是阴,意思才动便是阳,才静便是阴。未消别看,只是一动一静便是阴阳。"(《朱子语类》卷六十五)"天地之间无往而作阴阳,一动一静,一语一默,皆是阴阳之理。"(《朱子语类》卷六十五)"一物上又自各有阴阳,如人之男女,阴阳也。逐人身上,又各有这血气,血阴而气阳也。如昼夜之间,昼阳而夜阴也。而昼自午后又属阴,夜阴自子后又属阳。"(《朱子语类》卷六十五)这些论述通俗易懂,无须作进一步的解释。他还指出:"天地之化,包括无外,运行无穷,然其所以为实,不越乎一阴一阳两端而已。其动静屈伸、往来阖辟、升降浮沉之性,虽未尝一日不相反,然亦不可一日而相无也。"(《朱文公文集》卷七十六《金华潘集序》),阳代表一切前进、上升、运动、刚健、光明、流动的方面,阴代表一切后退、下降、静止、柔顺、晦暗、凝固的方面,一切事物,大至天地,小至草木,无不具有正反两方面的相互作用,这两方面的相互作用是宇宙及万物的本性。朱熹关于对立面及其相互作用、相互渗透的思想显然接受了张载的许多影响。

朱熹也发展了二程关于"对"的讨论。他说:"一便对二,形而上便对形而下。然就一言之,一中又自有对,且如眼前一物,便有背有面,有上有下,有内有外,二又各自为对。虽说'无独必有对',然独中又自有对,且如棋盘路两两相对,末梢中间只空一,若似无对,然此一路对了三百六十路,所谓一对万,道对器也。"(《朱子语类》卷九十五)这是强调,"对"不只是指两个不同事物或现象的对立,每一个统一体自身中都有对立面,所以说一中自有对,独中自有对。根据这个思想,事物的矛盾不仅是一种外在的对立,也是一种内在的对立统一,这个思想显然把阴阳对立思想推进了一步。

朱熹指出:"……东之与西,上之与下,以至寒暑昼夜生死皆是相反而相对也,天地间物未尝无相对者。"(《朱子语类》卷六二)相反相对既然是宇宙的普遍现象,也就是表明相反相对是宇宙的普遍规律。他指出:"有高必有下,有大必有小,皆是理当如此,如天之生物,不能独阴,必有阳;不能独阳,必有阴,皆是对。这对处不是理对,其所以有对者,是理合当恁地。"(《朱子语类》卷九十五)在朱熹论阴阳对立的字里行间,常常允溢着一种由于体认到宇宙真理的兴奋,正如程颢所表达的那种同样的心情:"每中夜以思,不知手之舞之,足之蹈之也!"

二、阴阳交变

朱熹对于阴阳对立学说的发展还表现在他提出了"交易"和"变易"的观念。朱熹提出,"某以为'易'字有二义:有变易,有交易。"(《朱子语类》卷六十五)"变易"是指事物的运动过程是一个对立面不断更替的循环过程,"交易"是指事物的构成都是对立面的交合及相互作用。朱熹说:"阴阳有个流行底,有个定位底。'一动一静,互为其根',便是流行底,寒暑往来是也。'分阴分阳,两仪立焉',便是定位底,天地上下四方是也。'易'有两义,一是变易,便是流行底;一是交易,便是对待底。"(《朱子语类》卷六十五)根据这个思想,宇宙间的对立统一,从纵的过程来说,正像昼夜更替,寒暑往来。从这个方面看,阴阳二气只是一气,气的运动如磁场的变化,它的过程是一个阴阳交替的循环过程。在这个过程中,阳气运行到极点就会转化为阴气,阴气运行到极点又转化为阳气。

宇宙的对立统一,从横的方面看,一切事物包括宇宙本身都是阴阳对立的统一体。从这个方面看,有东便有西,有南便有北,有男便有女。这种阴阳对立称之为定位底,表明这种对立面有相对的固定性,然而这种对立面又是相互交合,相互作用的。

阴阳的变易又称为流行、推行、循环;阴阳的交易又称为对待、相对、定位。朱熹认为,只有从这两个方面同时理解阴阳的学说,才能全面地把握宇宙的辩证法。

朱熹的语录中记载:"或问一故神,曰:一是一个道理,却有两端,用处不同。譬如阴阳,阴中有阳,阳中有阴,阳极生阴,阴极生阳,所以神化无穷。"(《朱子语类》卷九十八)阴中有阳、阳中有阴指阴阳的交易,阴极生阳、阳极生阴指阴阳的变易。正是阴阳的这两方面的对立统一造成了宇宙神妙无穷的变化和运动。对立面既是相互渗透的,又是相互转化的。从而定位的对待不是僵死的固定的;流行的循环在不断地否定中运动。朱熹对阴阳显然有着辩证的理解。

三、体用对待而不相离

和二程一样,朱熹也是重视"形而上"与"形而下"的区分的。在他看来,凡是具体的东西总是形而下的,抽象的原理、本质、规律才是形而上的。朱熹说:"形以上底虚,浑是道理。形以底实,便是器。"(《朱子语类》卷七十五)虚表示形而上的东西是一种感性的具体存在。在亚里士多德的哲学中曾提出"两种实体"的理论,认为个体事物是第一实体,一般性的东西是第二实体,在朱熹哲学中则认为前者是形下之器,后者是形上之理,他还认为,在两者之间有体用之分,不能认为形上形下都是体或本体。如他说:"至于形而上下,却有分别,须分得此是体,彼是用,方说得一源。分得此是象,彼是理,方说得无间。"(《朱文公文集》卷四十八《答吕子约》)

在中国古代哲学中,体用的范畴有多种意义。朱熹也说:"见在底便是体,后来生底便是用。此身是体,动作处便是用。天是体,万物资始处便是用。地是体,万物资生处便是用。就阳言,则阳是体,阴是用。就阴言,则阴是体,阳是用。"(《朱子语类》卷六)就是说,体用可以用来区分本原的和派生的,实体和作用。体用作为用以把握世界的范畴,也有相对性。然而,和其他理学家一样,朱熹哲学中的"体"主要指事物内隐不可见的形而之理,"用"则是指见诸事物的、理的各种表现。

关于"体用'的规定朱熹进一步提出了一些补充前人的原则,这主要是:

"体一而用殊"(《朱子语类》卷二十七),体既然是事物深微的本质、原理,它就是一般的、普遍的,而用作为理的外在表现则然是个别的、万殊的、具体的。

"体用"无先后,朱熹说:"有体则有用,有用则有体,不可分先后说。"(《朱子语类》卷七十六)体用有则同有,无则皆无,两者没有发生学上的关系,没有时间上的先后,朱熹曾举例说,好像耳和听,两者没有先后。

"体用"二而一,朱熹常说,体用是二,是两物,这是说体与用不是一个对象有两个名称,体和用是事物客观存在的两个不同方面。"体用自殊,安得不为二"(《朱文公文集》卷三十五《答吕伯恭》),体用如果本来是同一的,也就谈不上"一源"和"无间"了。另一方面,体用又是统一的,"体用亦非判然各为一事"(《朱文公集》卷三十三《答吕伯恭》),在这个意义上,体用又是一物,是一物的不同方面。

体用不相离,朱熹指出:"体用之所以名,政以其对待而不相也。"(《朱文公文集》卷三十三《答吕伯恭》)体用作为一种对立统一的关系,互为存在的前提,互为存在的条件,离开对方而独立存在的体和用是不可想象的,也就不成其为体或用了。

朱熹极为推崇程颐"体用一源,显微无间"的名言。他进一步发挥说:"体用一原,显微无间,盖自理而言,则即体而用在其中,所谓一原也。自象而言,则即显而微不能外,所谓无间也。"(《朱文公文集》卷三十《答汪尚书》)这是用体中有用、用中有体来发展程颐的思想,虽然朱熹的思想是从其理本论出发体现出他对体用的一些辩证的理解。

此外,朱熹还主张体用是有层次的,他说:"大抵体用无尽时,只管恁地移将去。如自南而视北,则北为北,南为南。移向北立,则北中又自有南北。体用无定,这处体用在这里,那处体用在那里,这道理尽无穷。……分明一层了又一层。"(《朱子语类》卷十二)这是说在一定的条件下,体或用,每一方面都可以进一步在自身区分出体用,这几乎是一个无穷的一分为二的层次体系。

以上这些思想,充分表现出朱子在宇宙观、方法论上的辩证思维,这些思想既是对北宋道学辩证思维的继承和发展,也对后世理学的宇宙观和方法论产生了重大的影响,对中华民族的思维方式也发生了不容忽视的影响。

儒学的普遍性与地域性

首先说明,本文所说的儒学的普遍性和地域性是专就中国的历史文化而言,即本文所说的儒学是指中国的儒学,本文所说的地域性也是指中国内部的地域而言,本文所讨论的是儒家思想史研究的普遍性与地域性问题。

本文所涉及儒家思想的普遍性,有两个意义,一个是传播空间的普遍性,一个是思想内涵的普遍性。一种思想文化是否为地域性的思想文化,主要是看其思想文化的内涵与地域因素(地理和社会的)是否存在有机的关联。一种思想的普遍性则取决于此思想中是否面对普遍意义上的政治、社会、历史、文化、人生的问题提出具有普遍性的思考。这两者之间也是互相联系的,任何思想的产生和提出总是在某一地区开始,而其传播的范围既受到一定时代传播网络的外在制约,也会受制于思想的普遍性的内在因素。但大体上说,一种思想学术的传布范围可以反映出它的普遍性的大小和可普遍化的能力。①

一

文化的普遍主义和特殊主义,统一性和差异性,共同性和地域性,这些对比性的范畴是人类学思考中所特别关注的论域。在人类学中,普遍主义者主张人类学的目的是发现人类文化的共同结构或普遍规律,历史特殊主义者则强调各种不同文化间的差异特征。

20世纪60年代,结构主义的出现曾使人类学中的普遍主义较为流行,并且影响到整个人文社会科学领域的方法论取向。70年代以后,人类学者中越来越多的人拒绝接受这种结构的主宰,试图寻求研究文化与社会的新途径。这一时期分别兴起于英美的象征人类学与阐释人类学可以看作对结构人类学的回应。二者均强调社会科学不能像自然科学那样达到普遍化的结论,而应去发现个人和族群的独特精神品性。所不同的是,象征人类学的代表人物特纳(Victor Turner)侧重于从仪式的象征解释中去把握特定社会秩序的再生产;而阐释人类学的代表人物吉尔兹(Clifford Geertz)则主张将文化视为一张由人自己编织的"意义之

---

① 当然这亦非绝对,一般来说,一个学派如果始终只在一个地区传承发展,仅活动于地方,作用于地方,则其地域性自然突出;但此一学派是否可以完全归于地域性学术,则还要看其思想学术的内涵是否仅仅完全依赖于、依附于当地社会结构,是否具有可普遍化的因素;因为它也可能受到一定的传播的限制,而可能在另一种机缘下就变为普遍化。真正的地域性的文化是永远难以普遍化的地方性知识。另外,可普遍化的能力与文字语言载体的使用范围亦有关。

网",他认为,人生活在自己编织的意义之网中,而这个意义之网则是有着特殊的时间－空间的规定的,故每一文化的意义和价值都是特殊的,属于"地方性知识"。由此,他主张人类学要掌握"文化持有者的眼界",即以本地人的眼光来理解本地人的文化。根据这样的立场,他主张文化的研究"不是寻求规律的经验科学",而是"一门寻求意义的阐释学科"。可见吉尔兹的人类学与结构主义的人类学的一个重要差别是,吉尔兹很强调"地方性知识"(local knowledge),而不是追求可以通约为某种"语法"的普遍规则。[1]地方性知识意味着一地方所独享的知识文化体系,是由此地人民在自己长期的生活和发展过程中所自主生产、享用和传递的知识体系,与此地人民的生存和发展环境及其历史密不可分,地方知识的保存不能采用孤立的方式,因为一旦将地方知识从它们所赖以存在的自然和人文环境中孤立出来,它们就不能够再得到发展。因此,人类学家必须进入地方性知识的内部生活,才有可能理解地方性知识。在这种观念下,相对主义和特殊主义在人类学观念中占了上风。

按照文化社会学的观点,文化乃是人们适应环境的产物,不同的地域共同体在不同的生存环境下造就了自己的文化,从而造成了文化的地域性差异。尤其是,在传统乡村社会,一个地域的文化往往难以成为其他地域共同体共有的文化,其根源在于传统乡村社会的地域共同体缺乏流动性。当然,在传统乡村社会,各地域的文化也在一定程度上互相影响,互相传播,但这种影响和

---

[1] 参看克利福德·吉尔兹:《地方性知识——阐释人类学论文集》,王海龙、张家瑄译,中央编译出版社,2000年;叶舒宪:《地方性知识》(文载《读书》,2001年第5期)。

传播在广度上和深度上往往受到相当的限制。

上述社会科学中的论说不断地影响到历史研究与思想文化研究。有关"地域"或"地域性"的关注，近二十年来似乎得到特别发展。这种关注也延伸到对中国历史文化的研究。20世纪80年代到90年代以来，出现了"儒学地域化"的研究和从"地域研究"切入近世儒学研究的新动向。不仅如此，当代所谓地域的研究不是在描述性的意义上对不同区域的文化加以比较，而且更是把思想文化在某些地方的发展追溯到其当地社会的政经结构基础，从而，不仅把儒学"地方化"(localization)，而且把一个地区的思想学术"脉络化"(contextualization)，使对儒学的研究变成为地方社会史的研究。

重视地域性的观点在一般的意义上说是合理的，尤其是在人类学这样的研究领域。但是，在思想史的领域，问题便复杂得多。如果从"大传统"(great tradition)和"小传统"(little tradition)的分别来看，则我们可以说，小传统的地域性比较强，而大传统的内容则往往以超越地域性的普遍性为其特征。特别是，"地域性"是个相对的概念，有大有小，而在空间的规模上，大与小往往具有完全不同的意义。如"儒学"的观念若在世界文化的范围看，在历史上就传播区域而言也可说是东亚地域性的文化，但就中国的范围内而言，就不能说是地域性的文化了。又如目前有关中国历史文化的地域研究，其地域性的单位往往关注于"州县"一级。就人类学研究、民俗学研究而言，州县不算小，但就"儒学"这样的大传统的观念而言，州县就是个太小的单位了。另外，古代"地域性"特色的突出往往源自传播条件的限制，因而有些所谓地域性的文化，其内容不见得就没有普遍性,这些都是需要提起注意的。可以说,在晚近的中国研究中,有一种倾向,比较强调或偏重儒学研究中小单位地域性的重要性,而忽视儒学分布的同质性、统一性,忽视儒学思想的普遍性,这是值得检讨和注意的。

二

人类学家之重视地域或地方性,这在很大程度上是与人类学所研究的对象多为原始部落文化或民俗文化有关。但如果不加分析地随意把"地方性知识"的概念运用到思想史的叙述,便会发生问题。如有的学者借用人类学的观念,把儒学的历史描述为"从曲阜的地方性知识到儒学的三期发展"。虽然,这种提法仍然承认孔子思想是有普遍意义的地方性知识,但把孔子或孔孟的思想称为"地方性知识",这种说法在严格的意义上看并不恰当。孔子固然是春秋时代鲁国(即今山东)曲阜人,事实上孔子不仅在地理上是鲁人,更在族裔上是殷人,但是孔子思想的意义正在于超越地域和族裔,致力于提出一种普遍的道德认识和人生真理。我们知道,对于孔子来说,自觉继承夏、商、周以来三代中原文明的传承,乃成为他终生的强烈的使命感。这种文化意识已经是在全黄河流域和一千五百年的文明历史长河中来确定其文化认同的。从这一点来看,孔子本人的思想从一开始就不是曲阜的地方性知识,而是致力继承"周文"即整个周代的礼乐文明。从这个方面看,孔子是超越了曲阜、鲁国的地域性而作为商周以来文明整体的继承者。

在春秋时期，各个诸侯国的政治－文化发展当然有所差别，尤其是秦楚与其他中原诸侯国的差别比较突出，但一般来说，这种差别被视为是一种内在的差距，即在礼乐文明道路上的先进与后进的差距。到孔子的时代，各诸侯国在"大传统"上，都在统一的东周礼乐文化的覆盖之下，政治结构、宗教信仰、文字使用相当一致，《周易》《诗经》和《尚书》成为普遍的经典，德性的范畴也大体一致。如果不从民俗的角度而从大传统的角度，我们可以说春秋各国在大传统（即宗法制度和礼乐文明）上有高度的一致性。春秋时代，南方的吴国贵族也已经饱受礼乐文化的浸润，吴季札在鲁国观看乐舞时所发的评论，显示出吴国贵族对礼乐的知识和修养绝不低于中原贵族。[1]而楚国贵族的教养从他们的教育所使用的典籍文献可知，也是与中原礼乐文明高度一致的。[2]所以周代的礼乐文明在涵盖性上是超地域的，以继承周文化为使命的儒家在文化意识上也是超地域的，事实上墨家、道家、法家的思想也都是针对周文化的变化而提出的超越地域的政治主张、社会规划、人生理想。从前的历史学家一向认为战国时楚国地区的文化相当独特，而以道家思想为其主流；但90年代出土的湖北郭店楚简等战国简帛文献则证明，在战国前期的楚国大量流传并保存着孔子和早期儒家的思想文献。这不仅使我们对楚国文化的多样性有新的了解，而且对儒家文化在战国前期的广泛流传和影响也有了进一步的认识。早期儒家文献在战国前期楚国的流行，鲜明地显示出儒家学说从一开始就是具有超越地域性的

---

[1] 《左传》襄公二十九年。
[2] 《国语》卷十七《楚语上》，申叔时答楚庄王问。

普遍性文化。

春秋战国时代在黄河和长江流域的各个地区间的文化交流往来的密切,远远超过我们以前的认知。事实上,孔子自己曾周游列国,他的门下据称是"贤人七十、弟子三千",其中来自鲁国的居多,但也有从楚国等地远道来学的。这些来自各地的学者回去之后便在各地宣讲、传承孔门的儒家思想,这样一种思想文化的沟通、流动、传播本身就表明了儒家学说的普遍性格,而孔门的往来学传,也成为此后中国文化思想学术实现其普遍性的实践方式。因此,战国时期,儒家以及其他法家、道家等思想流派,在内涵上和传播上都已经成为"天下"取向的学问,而不是地方性的知识。很明显,产生于甲地方的文化思想流传于乙地方,这既表明乙地方对此文化思想的接受,也表明此文化本来具有普遍性。战国的士人,四处游学奔走,售其说于各国诸侯,这本身就说明"百家之学"并不是地方性的知识,而是以"天下"为其普遍化的空间。虽然地方性的因素不能完全抹杀,但地方性的因素对大传统而言,往往体现为促进一种思想发展的条件,如齐国利于产生功利主义,秦国利于出现法家思想;各地儒学发展的条件亦不相同,如齐鲁的儒学发展最为持久;但这绝非意味着儒、墨、道、法的思想只具有地域性的意义和适用性。所以,"百家之学"是以思想的内容划分其派别,直到西汉时期,司马谈的"六家要旨"也仍然从思想系统的本身分论六家的不同,全然与地域性因素无关。当然,儒学在各地传播和发展,而各地儒学的发展特色可能有所不同,如战国的儒家易学,在鲁国、齐国和楚国的发展便有所不同。但是,儒学发展的地域性,是与儒学发展的统一性联系在一起的;而且此种地区的不同发展,主要是各地的文化传统之影响,而不是由于各地的经济—政治结构。所以,问题的关键不在于承认不承认地域性的因素,而在于如何理解和认识、掌握地域性因素对思想学术的作用。如在某一地区特别发展的学术流派,自是有资于此地的文化条件,但不等于说此种学说和此地域的政治—经济社会基础具有有机的关联。

西汉立五经博士,儒家经典的地位为国家所承认和确立,成为全国文化权威的根源和意识形态的标准,全国各地的人士都必须学习儒家传承的典籍才能进入仕途,或取得地方的声誉。从汉代到唐代,儒家经典的学习和教授——经学成为儒学的主导形态,主张儒学地域化的学者也认为两汉是儒学统一性话语的时代。① 从政治—文化结构上说,秦汉以后,统一的郡县制国家的建立,全国使用相同的书写文字,国家确定通行的儒家经典崇拜,这些都为确保儒学话语(discourse)的普遍性进一步提供了条件和保证。当然,西汉前期国家推行道家学说,亦促进了道家在全国的发展。汉代以后的各个地方不再是较为独立的封建国家,而是中央集权国家的一个地方行政区域,这为全国精英文化的同质性发展提供了比战国更好的条件。从汉代到唐代,经典数目从五经不断增加,儒家的经典体系成为国家颁布的经典和国家文官考试的内容,具有不可动摇的权威,这都强化了儒家的超越地域性的影响。

从发生学上说,儒学起源在山东,但即使在孔子生时,其思想

---

① 杨念群:《儒学地域化的近代形态》导论,三联书店,1997年。

也不是仅在曲阜形成的,孔子的儒学是在他周游列国的实践中动态地形成的,也是在他和来自各地的学生的互动中形成的,绝非限于曲阜一地而已。鲁国对于孔子思想的形成固然起了主要的作用,但这种作用主要不是鲁国的政治结构和经济制度,在政治、经济、宗法的结构上鲁国与其他列国相似接近,鲁国的礼乐文化传统才是孔子儒学产生发展的重要条件。儒学在先秦的主要发展区域是齐鲁,但儒学本质上并不是山东地方的学问。

三

有些历史学者认为,从北宋到南宋,士人阶层的心态从全国性事务和中央朝廷的政务渐渐转向地方事务,特别是所居州县的地方利益。① 照此说法,南宋以后的儒学已经从"以天下为己任"的文化精英变为地方认同为主的地方精英。在此种研究中呈现的是地域性的儒学,即这些地域性的儒学学派是地方精英的心态和地方利益的表达。这种把天下与地方对立起来的研究是很值得检讨的。这种研究及其结论,多是从欧美史学移植而来,其结论并不能合乎中国近世历史文化的普遍状况。

中国古代自秦汉以来,各地已经文化交流频繁,并没有一个地区是孤立发展的,特别是在帝国统一的时代。宋代以后,更是

---

① Robert P. Hymes, *Statesmen and Gentlemen : The Elite of Fu-chou, Chianghsi, in Northern and Southern Sung*(《政治家与绅士:北宋和南宋时期江西抚州的社会精英》), Cambridge University Press,1986。而余英时新著《朱熹的历史世界》(台北允晨出版公司, 2003年)正是针对此种倾向,而强调"以天下为己任"仍然是整个宋代儒学的普遍关怀。

文化的同质性大大提高,科举制度和印刷业在促进了各地文化的同一性方面起了巨大作用。其具体表现如下:

第一,唐宋以后,士人游旅成为普遍的风气,知识人在整个中国境内大跨度往来,拜师求友,游历山川,使得各地之间文化的交流更为通畅。第二,士人取得功名的前提是学习普遍性的经典文化,进士之后,则作为中央政府任命的官员到各地任职,从县级的行政或文教作起;而士人在县级基层大都同时从事儒家文化的传播,以教化的努力把统一的精英价值贯彻于地方行政和民众生活。在县以上的任官经历中,士大夫的一生往往要更换许多不同地域任官,这种官员的任命制度与流动机制也就便于把统一性的、普遍性的精英文化传带到各个不同的地方。第三,宋代以后儒家士大夫官员更以兴学和办书院为形式,在各地推广儒学。这些使得儒学的教育和传播更有了体制上的保障,也促进了全国儒学文化的同质性的发展。第四,宋代印刷业极为发达,宋以后驿站和水陆路的改进也很明显,这都使得宋代儒家书籍藉印刷技术的进步而大量印行,书籍的商业流通大大方便。儒家士大夫的书信来往也更为流行,宋人文集的书信大量增加便是明显的证明。书信往来论学和各地学者著作的普遍流通,使得宋以后儒家士人可以不依赖面对面的传授和交流进行学问的研讨和信息的传递,使得儒家士人突破地域的限制更为方便。第五,明代中期以后,经济的发展和交通的进步,使得一般民众也有更多的机会在省内远距离往来和省际往来,王心斋早年从江苏到山东经商的例子以及颜山农从江西到江苏往来问学的例子都是明证。明代中期以后,士人以游走四方,到各省参加讲会为风气,促进了理学话语的全面传播,这就使得很多本居狭小地方的儒者在思想和话语上得以超出乡里和州县的限制,融进普遍的理学话语。①第六,近世以来的儒学虽有不同的思想派别,成圣成贤在宋明儒学中已成为普遍的文化理想,即使像泰州学派这样最接近民间的学者也没有把自己的理想限于地方事务,而是以其特殊的形式追求孔子师教的实现。明代讲会的普遍流行,正表明儒者的心态根本上是超越州县地方的,而向往伟大人格和文化理想。明代王学的理想、活动、心态都是超地域的,就社会关怀而言,所有儒者都一贯关切其原籍居住地的事务,但作为随时可能进入朝廷和外任要职的士大夫,他们从来没有在根本上放弃对中央王朝政治的改革和全国社会风俗的改进。第七,近世以来每个时代都有若干由著名儒者领导的学术或精神中心,这些中心可能在都城,也可能在其他地方,但不论这些中心在哪里,都对边缘各地发生莫大的影响力,这种向心作用也使得即使是边缘的地区,其文化也无不向中心趋近。

  自然,各地儒学的发展始终是不平衡的。但近世儒学的地域性呈现必须在以上所叙述的统一性和普遍性的前提下加以了解。中国古代的历史编纂学家常常偏好用地域性名词对学术派别进行方便的分类和命名。如宋代理学的发展和主流,被用"濂、洛、关、闽"来命名和表达,这一类地理名词是用学派领袖的家乡居地作为学派的代称。这些名词在一定程度上可以提示不同学派的发源地和活动中心,但不能理解为这些学派只是地域性的学派。如濂学绝不是湖南道县的地方知识,关学也决不是关中地方利益

---

① 参看陈来:《明嘉靖时代王学知识人的会讲活动》,载《中国学术》,2000年2期。

的表达，伊川学和朱子学更不能归约为洛阳或闽北某种地域的需要或地方社会结构的反映，它们都是具有普遍性的哲学思想和伦理思想，这些思想探索人的生活意义、人格境界、德性的作用，道德的实践，个人心灵的调整，理性与情感的关系，探索个人与他人、个人与群体、人与自然之间的关系，还包涵人生的终极关怀，社会历史的理想，道德与精神修养的各种功夫的探索，这些都是普遍性的哲学思考。洛学在宋室南渡后，在受到压制的情况下，仍能吸引不少闽浙士人（如朱熹的老师三君子），便是思想学术超地域性的最明显的例子。南宋前期及朱熹早期，在道学处境不利的时候，都强调伊川学的普遍性意义，即二程学的价值在于发明孔孟不传之学，发明《大学》"诚意正心"、修身穷理，以至"治天下国家"的思想；其所针对的是两汉以来流行的辞章记诵之学或佛老观念，完全不是针对任何地域性的问题。同样，王安石的新学更是如此，它代表中央政府政策的一种调整，而不能归结为江西人的地域文化。正如余英时最近指出的，"以天下为己任"始终是宋明儒家士大夫普遍的意识①，而洛学与新学的分歧既是具有全国性的政治—经济政策的分歧，也是具有全国性的学术思想的分歧，绝不能视为地域文化的分歧。至于南宋，朱熹虽然常用"江西之学"称陆九渊兄弟的心学学派，但不仅陆九渊自己淳熙中在朝时一直怀有"得君行道"的期待，及晚年在荆门出色履行其外任的职能，即使在家乡象山讲学，也是以全国的文化领袖自任。因而，朱陆之争根本不是地域文化的纷争，而是一个大的思想体系中必然发

---

① 余英时：《朱熹的历史世界》上卷。

生的两种倾向的普遍冲突,两派学者都是超地域的,而且两派的争论历宋元明清四代而不绝,从来就不是用地域因素能够解释的。

明代理学的发展更盛于宋代,明代的阳明后学发展,在黄宗羲的《明儒学案》中被类分为浙中、江右、南中、楚中、北方、粤闽及泰州,这种叙述模式把阳明弟子后学按其地理籍贯而加以分疏,显然是当时的历史编纂学家的方便法门,而王学之散布于大江南北,这正说明阳明学本身是有着超地域的普遍性的。即以其中的"泰州学派"而论,其中既有创派的泰州王艮,也有江西的颜山农、罗汝芳等,这一派的思想固然也重视地方乡里的教化,但它们活动的范围和对象都从未限于地方性,它们都是以其自身思想的普遍性理论和跨省的讲会传播来吸引其对象。

另一方面,每一地区都有全国性学派的当地代表,即同一个地区都有不同的文化和思想派别。仍以江西而论,自北宋以来,江西学术便是多元的,欧阳修辟佛著本论,为庆历大儒,刘敞为一时经学之首,李觏注重周礼,王安石新学则作为北宋后期至南宋前期的主流意识形态近百年。他们的学术思想各个有别。而江西陆氏在乾道淳熙间异军突起,从者甚多,但当时江西亦有不少朱学者,何况还有不少江西学者是往来于朱陆两家的。明代江西的王学固盛,但江西王学中邹东廓与聂双江、罗念庵便不同,与颜山农更不同。明代朱学水平最高的当属胡敬斋和罗整庵,他们也都是江西人。可见忽视全国性话语而专注于地方性因素,是必然有偏颇的。陈白沙是广东人,但学于江西吴与弼;王阳明是浙江人,他的思想是对白沙的发展,如果吴与弼、陈白沙、王阳明的学派思想只是地方性社会网络的产物,它们又怎么能跨地域传播而在全国发生影响？

因此,儒学的普遍性和地域性是辩证的关系,这种关系用传统的表述可谓是"理一而分殊",统一性同时表达为各地的不同发展,而地域性是在统一性之下的地方差别,没有跳出了儒学普遍性之外的地域话语,也不可能有离开全国文化总体性思潮涵盖的地方儒学。当然,地域性的因素在古代交往还不甚发达的时代,终究是不能忽视的。但要弄清地域性的因素表现在什么层次和什么方面。宋明理学虽然在各地的发展不平衡,但地方文化的特色多因袭于传统,如江西二陆之后,金溪士人多偏主陆学,而非受制于经济或宗族。朱熹之后,福建、徽州多朱子学者,而不仅朱熹自己的思想不能归结到任何地方政治、经济、家族的原因,整个福建朱子学也不可能归结到闽北地区或闽南地区的政治、经济、家族的原因。而各个地区知识人的大跨度的频繁往来,更使在一个地方开始产生的思想扩散到远近不同的地区。王阳明是浙江人,但其哲学思想的形成,是与他在北京、山东、贵州等不同地方的政治、行政、教育、仕宦活动的经历相联系的,是与他在各个地方交往的朋友的思想往来有关联的,是在他和古人的思想对话中展开的。江西、江苏都不是王阳明的生活中心,但在嘉靖时代都成了与浙江相当的阳明学中心,这些阳明学中心的形成都是在知识人的交往中形成的,如各地的士人到浙江向王阳明问学后,回到家乡即以讲会的形式宣传、推广阳明学说。各地的阳明学者们跨县、府、省到其他地区参加讲会,传播、交流学习的心得,促进阳明学的传播和深入,是在中心与边缘的反复互动中发展起来的。当然,一种思想在一个地区的广泛影响,还与此一地区的需要有关,也会因应实际需要而发生变化,但总的说,像宋明理学的各派,都是决不能归结于地方家族、经济基础的。

至于清代,清代中期文献学的新发展,使得这一时期的学者分别专长于某部经书或子书,全国的统一性理学话语减弱,强化的只是某种共通的文献学的方法。在这种情形下,文献学研究日益走向专门化,使得文献学只成为少数学者的长期专门化工作,也使得文献学的传承变得狭窄和困难,形成家族内长期传习才能延续的局面,于是文献学的学问在某种程度上可能成了家族科举的长技。对于"汉学"(与"宋学"相对)性质的经学,这种专门化和狭窄化是不可避免的。然而,在这种情况下,家族和学术的关系是外在的,一个家族只要垄断某种学问,就可保证其子弟的科举成功率,在这里被垄断的学问是什么并不重要。但是这种情形在宋代和明代是极少的,以此种例外来夸大地方性结构对文化思想的作用,把学术派别孤立于整个中国文化之"场",把学术派别变成由地方社会利益所决定而反映地方利益的学派,这是有其片面性的。

四

在有关中国思想研究方面,特别是在关于宋元明清时代的儒学研究方面,有两种在晚近影响较大的倾向,一种是当代新儒家学派所表达的,注重儒家哲学思想的自主性,认为哲学思想的研究基本不需要考虑思想家所在的时代和社会。这实际上是认为,宋明儒学的思考和论争不依赖于政治、经济、社会的背景条件、结构基础和关系脉络,这个时期的各种各样的儒学思想,是人面对自己的人生、古人的或时人的思想而产生的回应与思考。另一种倾向是新文化史学派所注重的,强调各个时期儒学思想都是在其所在的政治、经济、社会的现实脉络中产生的,认为社会、政治、经济的结构和脉络对思想有决定性,并且把研究的注意力完全放在揭示思想学术和社会脉络的联系上面。这两种方法都各有其片面性,较好的方法应当是"合其两端而用其中"。

当然,一种学说如何在一个历史时期成为国家意识形态,一种学说在特殊的历史环境中如何被运用于政治经济,都是历史学应当研究的课题,对理学的所以长久流行的更大背景的说明有所帮助。但也应指出,历史唯物论或知识社会学的意义在于指出长时段历史的宏观背景,而不应是把每一种思想或学派都还原或归约到一种社会脉络。特别是,这种以"思想史"为名的研究,却并不去研究思想本身,不去研究思想体系的复杂意义和内部结构,不去解释说明思想、命题、概念、论证,不去理会思想讨论在历史上不断深化和延续的理论逻辑,忽略哲学思想中对社会和谐、存在意义和精神世界的探讨其本身具有的超越时代和超地域的普遍性意义,终究不能说是思想史研究的理想境界。事实上,化约主义(Reductionism)这样的研究也不能妥当地说明历史,如果孔子思想只有反映其时代某种社会脉络的"具体"意义,而没有任何揭示道德、人生、政治、社会真理的"抽象"意义[①],就无法说明为什么历代统治阶级和知识人会不断地尊崇孔子及其思想。这种方法运用于所谓地域研究上的问题,其偏差便更明显,因为如果说

---

① 1950年代中期冯友兰提出的"抽象继承"的问题也是对化约主义的质疑。

唯物史观是面向全国的普遍性的思想或学派,它所揭示的是整个社会的经济基础或阶级背景,是可为人接受的;那么地域研究把眼光聚焦在州县的地方社会,其结果只能是把个人的思想和学派归约到一种地方性的社会脉络,这就缺少说服力。这种离开思想本身而完全转向寻求社会政治的脉络以说明思想的基础的倾向,在欧洲史、美国史的范例之下,以"地域化"的研究为旗帜,追求揭示学术观念与特定地域的关联及特定地域的社会结构(如宗族)的关联,这虽然能丰富我们对社会史细节的认知,却可能导致对儒学的普遍性的遗忘。如果我们在西方思想的领域,只注重研究柏拉图、亚里士多德、康德、黑格尔思想与他们各自的政治、经济、社会脉络的外在关系,而不去研究他们的思想特质,或认为他们的思想没有超越当时社会脉络的普遍性意义,这能解释和说明西方思想史吗?如果我们只研究基督教和佛教的思想家们在历史上各个时代与所在社会脉络的联系,而认为这些基督教和佛教思想家的思想没有超越社会经济基础的普遍性意义,这能够解释历史和思想的历史吗?所以,最重要的问题是,我们承不承认近世中国儒家思想的各派学说包含有普遍性的哲学思考和理论智慧。而一些地域研究的学者也正是希望"把思想史的命题部分地转换成近似社会史的命题"①,其结果是只能牺牲思想史去成全社会史。事实上,只有对思想的思想史研究与对思想文化的社会史研究互相尊重、互相补充,才能相得益彰。

中国的历史学家一直承认,南北之间存在着文化差别,但这

---

① 《儒学地域化的近代形态》,564页。

种差别多理解为精神气质和风俗（ethos）上的差别。晚近地域研究突出的地域性多指中国历史上的州县级区域，如果这种研究是为了使我们的历史知识更加丰富，使我们对历史的了解更为细致，使我们对思想家的生活环境的了解更为具体，这当然是积极的。同时，地域研究基本是地方史、社会史或社会文化史的范畴，地域化的研究对于社会史或社会文化史来说，有其非常正面而积极的意义，这也是人所共认的。但不能认为思想史学者只应当研究这些地方史的课题，不能把它转移为思想史的主要研究方式。特别是，如果地域的研究形成一种倾向，忽视文化的跨地域的统一性或思想文化的普遍性内涵，把这种研究同对思想本身的研究对立起来，排斥对思想本身的哲学研究和分析，这种研究，对思想而言，就难免限于外在性的研究。一般来说，对于思想的哲学研究比较深难，但是如果把对哲学的畏难变成对哲学的排斥，甚至用历史学来排斥哲学，以回避对哲学做艰苦的研究功夫，这些近年在海外思想史研究领域出现的偏向都是不可取的。

20世纪的人文社会科学研究中，曼海姆（Mannheim）的知识社会学，很强调社会的阶级分析，在此种分析中，不仅国家的意识形态要从支配地位的社会阶级来理解，任何思想体系作为上层建筑也都被归约到社会的、经济的下层基础。60年代以后，法国的思想文化研究发展了另一趋向，福柯（Foucault）的知识考古学和布尔迪厄（Bourdieu）的文化再生产论，被用来说明精英如何利用文化以维持其权力、财富和荣耀，这种从社会功能的文化研究，在某种意义上仍难摆脱抹杀知识阶层的文化思想的自主性的倾向。这种归约主义的倾向如此明确，以致社会文化史论者也不得不承认"过度决定了思想的社会起源,却没有在社会形构中为个人的自主性留下足够的空间"。①

我们的立场是赞成历史学的社会史研究和地域研究对历史的细化描述,而不赞成把归约主义的研究当成思想史研究的主体。近世中国的儒学当然有其政治、社会的背景,这是马克思主义史学家在50年代到70年代,年代不断重复的叙述,即使在今天,中国学者也仍然承认这种大背景的描述,如中央集权的皇权与地方郡县、科举制度与士大夫官僚、中小地主与自耕农经济等等。但这种思想与政治社会背景的相关性是在一个长时段历史的大背景中,并不等于我们可以把一切思想学术的派别都与某一州县内地方性的社会基础,并与地方性的社会权力结构、阶级利益相联系,更不可能化约为地域性的基础结构。即使某些学派与地方文化有关联性,这也不能否定这些学派的学术思想在地域性成分外仍含有普遍性的内容。

不仅古代政治哲学和社会理论有普遍性的一面,宗教、哲学思想中的道德思考、人生探究、精神境界和修养功夫都有其不可归约的独立性和普遍性,宋明理学各派的宇宙论、知识论、价值观、心性论和修养论都是具有普遍意义的精神追求,值得不断地深入研究和加以发展。

(《天津社会科学》,2005年3期)

---

① 艾尔曼(Benjamin A. Elman):《经学、政治和宗族》,江苏人民出版社,1998年,3页。

儒教研究的方法

儒教研究的方法，在不同的国家和地区，因受到历史传统和教育体制的影响，而有所不同。各位对日本的儒教研究及其所常使用的方法，已经比较熟悉，所以我在这里所讲的，是以中国和中文世界的儒教研究为主。这是先要向各位说明的。

一、儒学研究的内容分类

我曾经提出，如果说，儒家的各种人性论学说是对儒学宗旨的不同论证，那么，儒学有没有一个一以贯之的思想宗旨、价值核心，构成了儒家之所以为儒家的传统？我认为，从先秦时期到明清时代，在中国儒学的发展中，是有这样一个未加明言的宗旨和核心的，我把它简要概括为"宗本五经，尊信孔孟；倡导王道，崇尚教化；仁义优先，伦理本位；强调道德，重视修身"。[①] 先秦至隋唐的儒学多以经学为形式，传经是前期儒学延续的重要方式，"宗本

---

① 参看陈来：《郭店楚简与先秦儒学的人性论》，《儒林》第一辑，2005年9月。我在这里的表述略有调整。

五经"即指儒学的此种经典特征。孔子是儒家的圣人,始终是儒家最高的精神权威,孟子则是宋代以来仅次于孔子的圣贤,而综合论之,以"孔孟"合列,可以比较全面地贯通儒学的历史。忠孝是早期儒家注重的德行,但通观儒学从先秦到宋明的发展,应当说,"仁义"才是儒家最根本的价值观念。

儒学的内容甚广,包含各种各样的方面,有关儒学的分类也有不同的角度或方式,我们可以举出几种。

第一种是儒学内容的分类:依照近代以来学术类别的分析,儒学的内容至少可以分为道德、教育、宗教、政治、礼俗、哲学等,每一部分都可以依照近代已经分化了的学科方法去研究,如道德的部分可以用伦理学的方法进行研究,哲学的部分,可以用哲学的方法进行研究等。其中哲学的内容还可细分,如宇宙论、人性论、历史观、知识论、功夫论等。

第二种是儒学研究的分类:就已有的对于儒学所作的研究来看,至少可以分为人物、著作、思想、实践、制度、经典、学派等。人物的研究,如对孔子生平的研究;思想的研究近代以来最多见,如对朱子思想的研究;实践的研究是指儒家人物的文化、社会、政治的实践活动;制度的研究,如儒家礼制的研究;经典是对《五经》及《四书》等儒家经典进行的研究,古代经学的传统源远流长,今天也仍是儒学研究的重点;至于学派,古代经学的古文、今文,近世理学的程、朱、陆、王,清代朴学的吴、皖等,都是学派研究的重点。

第三种是对儒学功能的分类:即儒学给中国历史文化与社会所提供的东西,如:士之理想、日用伦理、礼教秩序、政治理念、经典传承、教育体制、天道性命、人格修养、圣贤功夫等。儒学对中国社会文化的支持是不同方面的：君子理想所提供的是儒者个体的精神世界，日用伦理是对家族—家庭制度的规范的支持，礼教是社会秩序的安排，儒学也为古典政治提供了一套治国理念，儒学的经典意识是其对文化传承的贡献，儒学还提供了一套古代社会的教育体制。

以上所说的几种分类，不是互相排斥的，而是有些地方可以重合的，但分类的系统和系列的着眼点不同，所以这几种分类总体上是不同的。

从这些分类可以看出，儒学并非仅仅是一种哲学。固然，儒学的体系中包含有许多哲学的论证和哲学的主张，但这些哲学的主张往往不是独立自足的，而是服务于儒家的思想宗旨与核心价值的，因此，在儒家的传承中可以看出"思想"与"哲学"的差别。传统的中国学术，是以"思想"为派分的基本单位，而不是以西方文化意义上的"哲学"作为派分的基本单位，如司马谈的《论六家要旨》，明显是以"思想"为区分六家的单元。

当然，唐宋以后，中国思想的实际发展，并不是主要由思想的派分本身推动的，而是主要由思想体系内部的哲学派分而推动的，如就儒学来说，就是由其内部的程、朱、陆、王的对立争辩所推动的。但要指出，朱陆之辩的哲学分歧，主要不是西方哲学意义上的哲学分歧，而是如"本体—功夫"一类的东方哲学的分歧，这是应当注意的。

从近代以来的学术观念来看儒家，儒家是一套广泛的思想—文化体系，其中思想的部分，如政治思想、伦理思想，都可归于哲学研究的领域，涉及宗教的部分，可归于宗教学的研究，礼仪礼制的部分归于社会学、人类学的研究。当然,这几种可归于不同领域的研究都需要有文献学的基础,儒家文献的问题可归于古典文献学的研究。儒学作为思想—文化体系的特点决定了儒学研究方法的多元性。

二、儒学研究的典籍资料

儒学的典籍,以传统的立场来看,用传统图书分类的说法,是以经部的注疏和子部的儒家类著述为主;宋以后,儒学的文献,在集部也保存甚多。以下分别简论之。

1. 经部为主体。在中国古代,先秦已有六经的文本流传,儒家自孔子开始,便以传承六经为己任。后来乐经失传,汉代以后至唐代,皆以五经(易经、诗经、尚书、仪礼、春秋)为根本典籍,汉代以后儒家建立起经学的体系,把对五经的解释发展为体系。论语、孝经在汉代虽不称经,但也具有经典的地位。唐代以春秋的三传(左氏传、公羊传、谷梁传)入经,又以仪礼、礼记、周礼并称三礼而皆入经,于是经典的数目增加至九种。晚唐至宋代,又增入论语、孝经、尔雅、孟子,成为十三经的体系。

就传统学术观念而言,《易》《诗》《书》《礼》《春秋》谓之"经",《左传》《公羊传》《谷梁传》属于《春秋经》之"传",《礼记》《孝经》《论语》《孟子》均为"记",《尔雅》则是汉代经师的训诂之作。这十三种文献,以"经"的地位最高,"传""记"次之,《尔雅》又次之。这十三种儒家文献最后都取得了"经"的地位,是经过了一个相当长的历史过程。汉代以《易》《诗》《书》《礼》《春秋》为"五经",朝廷立五经博士,颇为重视。唐代有"九经",立于学官,并用以取士。所谓"九经"包括《易》《诗》《书》《周礼》《仪礼》《礼记》和《春秋》三传,而唐文宗开成年间在"九经"外,又增以《论语》《尔雅》《孝经》。五代时刻"十一经",排除《孝经》《尔雅》,而收入《孟子》,这是《孟子》首次入经。南宋大儒朱熹以《礼记》中的《大学》《中庸》两篇与《论语》《孟子》并列,形成了今天人们所熟知的《四书》,并为后世所认可。

汉唐时期,对五经到十三经,儒者作了很多的注释,宋代学者也作了不少疏解。到了清及近代,经部的著作已数以千计。"十三经"各注释著作中,以"十三经注疏"最有代表性,以清代学者阮元主持校刻的《十三经注疏》较为完善,其中多为汉晋人注,及唐宋人义疏。如《周易正义》为魏王弼、晋韩康伯注,唐孔颖达等正义;《论语注疏》为魏何晏注、宋邢昺疏,等等。

北宋开始表彰《大学》《中庸》,至南宋朱子编定《四书集注》,论、孟、学、庸合刊为一,于是有"四书"之名。元代以后四书为科举考试的重要题目,加上理学对四书的尊崇,以四书为名的注释著作也多达上千种。

总之,从传统的立场来看,经部以《五经》和《四书》及其注疏为主,构成了儒学典籍的主体。《四库全书》与《续修四库全书》的相应部类,收录了这些典籍的绝大部分。

2. 子部为核心。传统四部分类的经、史、子、集,子部之中有"儒家类"。子部儒家类的著作非常丰富,先秦孔门除《论语》而外,流传资料尚多,《家语》《说苑》晚近渐受重视。孔子之后,儒分为八,汉代仍保留有七十子及其后学的大部分著作。孟子之外,荀子影响汉代甚大,汉儒陆贾、贾谊、董仲舒都有重要地位。这些都保在子部儒家类中。唐代王通、韩愈都很重要,宋代以后的儒者和著作就更多了,子部儒家类也更为丰富。宋代以后,理学的著作也成为新的经典,如近思录等。子部的性理类是宋元明清儒者的语录,是宋以后儒学研究特别重要的资料,如二程遗书、朱子语类,王阳明传习录等。道学或理学虽然是宋以后儒学运动的主流,但道学或理学之外仍有大量儒学者的著述,这都要注意,不可忽略。

3. 文集与语录。儒者的语录,在宋代以后风行于社会,这种体裁是随着宋代以来讲学活动的发展,和禅宗语录形式的影响,而发展起来的。对某些道学家来说,语录甚至是其唯一的思想资料。没有讲学活动,就不会有语录的记载,讲学活动若是以注疏而不是以义理为主,也不会有记录语录的需要。语录的特点是话语通俗,讨论的语境比较清楚。

宋以后的儒学研究,集部的重要性也上升了,儒者的文集中的大量论文、书札、杂著,是研究儒学思想的重要材料,并且许多学者的文集的卷册,往往多于其语录的卷册。而文集其中的各种记表墓铭,也都是研究儒学与社会其他方面关联的宝贵资料。现代学者的近世儒学研究,文集的细致阅读,是最基本的学问功夫。

4. 出土文献。现代发掘的古墓出土文献,也有不少儒学的重要资料,如先后发表的马王堆汉墓出土的帛书《易经》与《易传》,帛书《五行》篇,定州汉墓出土的竹简《论语》,郭店楚墓出土竹简儒书各篇等。出土文献的研究已经成为先秦儒学研究的前沿。从儒学的研究来看,1970年代以来,出土文献的研究,往往以文字学者为主,因为文字学的释读,是出土古文献得以研究的最基本的条件。但是,对属于儒学范围的简帛而言,仅仅依靠文字学的训练,还不能达到对文献的思想内容的理解和研究,需要研究儒家思想史和儒家经典学的学者积极参与其中,相关的研究才能深入和提高。

5. 礼教与蒙学。儒学与基层社会特别是家庭的联系,尤可见之于礼教,其著书形式包括家训、家范、家礼、乡约及各种童蒙读物。子部、集部的儒学资料多是精英儒学的著书、语录等,属于儒学思想家的思想,而礼教之属则反映了儒家的更广泛的社会文化影响,也是儒家文化在基层社会的体现,与社会的关系更为紧密,是研究儒影响社会历史的重要资料。

就史料而言,四部的文献分类中,经部全部为儒教文献,子部以儒家类最多,亦为儒教文献。史部各种年谱、实记、宗传都是儒教研究的重要资料,加上集部的文集,这些构成了儒教本体研究的主要资料。儒教的外延研究,涉及社会、历史、政治环境、经济发展、宗教生态,有关资料更多不可计。

三、传统儒学研究的方法

1. 文献注疏。从汉代到清代,古代的研究,无论经部还是子部,文献注疏是最多见的方式。其原因是古代文本经过长期的流传,后世学者在文字、名物等诸方面都与原始文本形成历史的隔阁，必须经由注疏的训诂疏解，才能达到对文本的基本理解。汉代以后的经学，大多采取此种研究方法，清代学者将此种方法加以发展发扬，在乾嘉时代达到高峰。现代研究者也仍然不断地从事文献注疏的整理与研究。文献的注疏研究是文本理解的基础。

2. 义理诠解。儒学的主要部分是儒家思想，包括哲学思想、政治思想、社会思想等等。对思想的理解不能停止在对文字的简单、直接的了解，必须结合各种资源，结合社会与时代的变化，深入加以理解，并在此基础上加以新的阐释。宋代以后的理学在对古典文本的诠释上，坚持义理优先的方向，使对经典的诠释成为发展儒家哲学思想的根本性途径，并在元明清时代形成为传统。

3. 学案年谱。学案的基本部分是对学术流派资料的汇编，而汇编是在一定学术指导思想下的整理与梳理，并通过案语表达出整理者或作者的学术观点和判断。年谱是个人生平思想历程的记录，是思想家研究知人论世的主要依据。较之年谱，学案更能了解学术思想派别的传承和历史流变。现代学者有时也仍然需要学案、年谱的研究方法。

4. 思想发展。广义的研究，包括思想本身的不断发展，如中国的汉代儒学中既包括对先秦儒学的研究，特别是经学，也包括对先秦儒学思想的发展，如董仲舒的儒学思想。中国的宋明儒学，既包括对古典儒学的研究，也包括对古典儒学的发展。甚至可以说，在前近代的时代，很少有孤立的、独立的研究，研究都是和思想的发展或重建联在一起的。

四、现代儒学研究方法的多元性

1. 哲学的研究方法。近代以来,中国学人接受西方学术的影响,也接受西方的学术分类,参照西方的学术分类和研究方法,将之应用于东亚古代思想文化的研究。儒学的研究也是如此。

儒家最主要的特征是它是一个思想的体系,故哲学的思想研究方法成为最重要的方法之一。哲学的基本方法是要分析、澄清古典文本的重要概念,如"天"之一字,冯友兰分析有五种意义。①其次哲学的方法要弄清古典文本的"命题"意义,如张横渠所谓"太虚无形,气之本体",此本体是指本然的体段、状态,故此命题为一气本论的命题。② 近代东亚的语言都发生了变化,引进了大量西方学术的词汇,如何适当地用近代的学术词汇语言解释古代的概念,进而由命题确定思想(观点、主张)的具体意义,遂成为一个突出的问题。哲学方法以概念、命题的解析为基本方法,进一步展开到哲学思想体系的整体把握,确定其思想性格。

但是要注意的是,虽然哲学方法是主要的,但一定要了解东方哲学与西方哲学的差异,即彼此的哲学讨论所突出的问题并不一致,讨论的方式和内容也都有差异。就儒学而言,其中特别注重的是心性与功夫。与功夫实践关联一体的心性哲学,和与心性哲学关联一体的功夫实践,构成了宋明道学(理学)的主要特征。在这方面产生了很多讨论,如格物致知的问题等。因此必须内在

---

① 冯友兰:《中国哲学史》上册,第三章第三节。
② 参看张岱年:《中国哲学发微》,山西人民出版社,1981年,391页。

地把握儒教的哲学概念、哲学问题,而不能以任何一种西方的哲学为标准,不能认为某一种西方哲学突出讨论的问题才是"哲学"的基本问题或主要问题。儒家哲学讨论的哲学问题可能与西方哲学有很大差异,但仍然是哲学,是东方的哲学,中国哲学儒家哲学的范畴与西方哲学的范畴有很大差异。

经典诠释学的问题也可以看作哲学方法的一种,经典诠释仍应归到哲学思想上来讲,不能仅仅停留在诠释形式、方法,而注重如何用诠释发展思想。

2. 儒学史与经学史的研究方法。虽然哲学方法在义理研究上很重要,但又要注意儒学史与哲学史的不同。哲学史容易注意一般的哲学问题,但儒学史中有很多特殊的问题,这对哲学史也可能不太重要,但对儒学史就很重要。如"道统"的问题不是哲学问题,但却是儒学思想的重要观念,所以是儒学史特有的思想史问题。儒学史就是要研究这些特有的问题的历史。

此外,还要研究思想或思潮之历史的发展演变,如道学的产生与发展,或朱子学的发展与演变,都属于此类儒学史或儒学思潮史的课题。经学史是总结经学研究的新的学术史方法。传统学术有经学,但没有真正的经学历史著作,把经学作为独立的领域,梳理儒家经典与注疏的历史衍变,查其源流、派别、传承是近代学术的事情。

3. 文献学与考证学的方法。传统儒学研究中多采取此种方法,尤以乾嘉学派诸儒擅长,今天仍是儒学研究的方法之一。但传统研究多只作专书的注解,专人的年谱,今天的文献学范围更广,辑佚、校释、新注、专题考证等多种整理方法,不一而足。应当说,此种传统的研究方法并未过时。如前面提到的,注疏、学案、年谱的研究方法现代学者也仍然需要。在文献学方面,文字学的研究涉及出土文献的研究,在先秦儒学研究中有重要的作用,但字源学的研究有其限制,也必须有所认识。总之,文献的深度解读,是一切研究的根本,在这方面是不能离开文献的基础研究的。

4. 宗教学的研究方法。东方思想,无论是儒教或佛教,作为思想体系,包含许多哲学的内容,故须用哲学的方法来加以研究。同时,作为一个"思想—实践—教化"的体系,也包含有与宗教相关的或宗教性的内容,因此可以用宗教学、宗教哲学的理论资源,来处理、分析相关的儒家思想材料,如宗教仪式与丧礼、祭礼的功能与理解,如宗教伦理与儒家伦理的比较等。宗教哲学有关心灵、精神、修行锻炼等都可用于对儒学中对应部分的研究。

5. 历史学的研究方法。所谓历史学的研究方法注重儒家人物的历史活动,从中理解他们的思想关怀,如余英时的《朱熹的历史世界》,结合政治史的研究,超越了传统年谱的研究方式。当然,年谱亦属历史研究的方法,近代的对于人物的史学研究已大不止于此。传统的学案的研究方法,广义上也属史学,学案作为资料选汇,是一种文献的整理梳理和选择性保存,但其组织条理是按历史脉络,是按学派的历史传承而来,在性质上是注重学派的历史传承、流衍。但学案是以资料为主,史学的功能受到限制,而现代学者的著作如《宋明理学史》,则可以更全面地展开对儒学历史发展的史学研究。另外,儒学中礼制一类,属历史制度,适用制度史研究方法,这一类的著述已有很多。总之,现代学者采用史学方法对儒学所作的研究,在广度和深度上都早已大大超越传统儒学研究,有力地扩大了儒学研究的空间。

在历史的研究方面,晚近地域研究的方法也被引入到儒学的研究,出现了"儒学地域化"的研究和从"地域研究"切入近世儒学研究的新动向。不仅如此,当代所谓地域的研究不是在描述性的意义上对不同区域的文化加以比较,而且更是把思想文化在某些地方的发展追溯到当地社会的政经结构基础,从而,不仅把儒学"地方化"(localization),而且把一个地区的思想学术"脉络化"(contextualization),使对儒学的研究变成为地方社会史的研究。目前有关中国历史文化的地域研究,其地域性的单位往往关注于"州县"一级。就人类学研究、民俗学研究而言,州县不算小,但就"儒学"这样的大传统的观念而言,州县就是个太小的单位了。另外,古代"地域性"特色的突出往往源自传播条件的限制,因而有些所谓地域性的文化,其内容不见得就没有普遍性,这些都是需要提起注意的。可以说,在晚近的中国研究中,有一种倾向,比较强调或偏重儒学研究中小单位地域性的重要性,而忽视儒学分布的同质性、统一性,忽视儒学思想的普遍性,这是值得检讨和注意的。①

6. 社会科学的方法。以上的儒学研究可称为本体的研究,此外,现代儒学研究也分别引起了社会科学不同领域的关注。儒学研究者也往往借用社会科学领域的研究方法、问题意识来进行研究。其中最重要的,如儒家与现代化、儒家与全球化、儒家政治哲学与民主等,分别代表了1970年代以来引起较大关注的思想性议

---

① 参看陈来:《儒学的普遍性与地域性》,《天津社会科学》,2005年3期。

题。就社会科学的研究而言,特别是中文世界的社会科学研究,以儒家思想为主题的也很突出,比如从社会学的角度重视儒家文化对"秩序"的认知和重视,重视儒家伦理与社会规范即社会变迁的关系,讨论儒家作为意识形态与社会控制的关系,以及针对韦伯的理论,研究儒家伦理是特殊主义还是普遍主义的问题,等等。社会科学中社会学对儒学研究影响最大,政治学、伦理学也受其影响,如用问卷调查的方法以了解儒家价值对当代社会人群的政治认知和价值取向的影响,便是明显的表现。

7. 思想史的研究方法。现在回到最关键的问题,即思想史研究的方法问题。"思想史"一词有不同的理解,第一种是 history of ideas,又译为"观念史",这种研究方法,在西方学术中,与哲学史的方法没有什么区别,注重了解一个思想家、一个思想体系中的各概念的意义。这种研究是注重"思想"本身的研究,研究思想的理解与分析。第二种是 history of thought,译为"思想史",研究思想发展的历史,其基本单位是思想家的思想,这也是中文世界常用的研究法。第三种是 intellectual history,译为"思想文化史",其范围稍宽,其重点不着重在思想或核心哲学观念,而在另一些观念变化的地方,或者与文学、史学相关联的观念,或者一个时代思潮中的一些社会性观念,或者非思想家知识人的种种活动,总之注重思想观念在实际的生活世界的诸文化表现,在美国学术界较为流行。第四种是 new cultural history,实即社会文化史,属于"社会史"取向的思想文化研究,其所研究的重心不是思想的本身,观念的本身,而是注重思想文化的活动在社会的表现,及其与社会的关系,如书院讲学与州县地方的关系、与地方宗族的关系等。

以上四种，前两种重视思想本身的研究，不注重思想的社会作用；后两者不注重思想的研究，而注重社会文化的表现。哲学或哲学史的研究方法与前两者基本相同，也是注重思想本身的研究。我的主张是，无论如何，思想优先的研究原则，应当是思想史研究的基本立场。其他的不注重思想本身的研究，则不必称作思想史研究，而应当按其主题分别视为对儒学的历史研究、文化研究、社会研究。

最近十几年来，美国和日本在思想文化史的研究和社会文化史的研究，比较突出，思想本身的研究受到忽视。于是儒学的研究往往多注重社会作用的层面，如儒学（朱子学）与地主阶级的关系，儒学（阳明学）是否致力地方的教化秩序、乡村共同体的生活规范；或注重思想运动的社会性格，如认为阳明学朝向庶民、朱子学朝向士人；阳明学倾向地方自治，朱子学倾向在朝廷得君行道。这些倾向往往容易把思想的主观定位与思想的客观作用混为一谈。这种所谓思想史的研究通常重视政治思想和社会思想的研究，或者对某一思想主张作政治的解释或社会的解释，而政治的意涵或社会的意涵的解释，多在形而下的方面和层次，急于做出思想对社会的意义的结论，而忽视对思想系统作细致的深入研究。总之，这类思想文化史或社会思想史的研究，一般而言，关注是"思想"与"社会"的互动，其中"思想"可以是一个人的思想，也可以是一个流派的思想；"社会"可以是整个社会，也可以是某一地区的基层社会，而这些所谓思想一般都是社会、政治的思想，而不是形上学或心性论的思想。

最后提一下多学科交叉研究方法。事实上，许多研究都是采用了多学科交叉的研究方法,如晚近有经学哲学史、经学思想史的研究,都是用不同的思想角度来考察经学史中的思想性课题,属于经学史与思想史交叉并用的方法。这里就不加细谈了。

宋明儒学研究的回顾

有关儒家思想的研究,包括新儒家思想文化的研究,在中国、日本、韩国都是重要的学术领域。就当代中国而言,与东亚其他国家一样,研究的方法越来越多元化。本文只是对近五十年来中国学术界有关宋明理学研究的一个简略的回顾。

一

与日本学界不同,中国学界一般不使用"儒教",而是习惯使用"儒学""儒家"来指称孔子所开创的思想传统。"儒家""儒学""儒教"都是古代文献中使用过的概念。这三个概念在许多使用的场合,有互相重合之处;而就其分别而言,大体上可以说,"儒家"的用法可强调其与道家、墨家等其他学派的分别,"儒学"的用法强调其作为学术体系的意义,而"儒教"的用法往往注重其作为教化体系的意义。近代以来的中国学术界所习惯于使用"儒家""儒学",一般都是指"儒家思想"而言,如冯友兰说过,在历史上,

"儒家是中国封建社会的正统思想"①,反映出中国学者注重把儒家作为的学术思想体系的主流趋向。

"新儒家"或"新儒学"的提法,就现在所知的最早的用例是冯友兰的著作。冯友兰在其《中国哲学史》上册"荀子及儒家中之荀学"一章中言:"战国时条件有孟荀二派之争,亦犹宋明时代新儒家中有程朱陆王二学派之争也。"②卜德(Derk Boodde)后来的英译,即将新儒家译为"Neo-Confucianism"乃本于此。不过,近代汉语学术中所谓"新儒家"之用不一定始于冯友兰,如他在其《中国哲学史》下册"道学之初兴及道学中二氏之成分"一章曾说:"宋明道学家即近所谓新儒家之学"。③ 这里的"近所谓"表示,以"新儒家"指称宋明理学应当开始于30年代初期以前的一个时期。据陈荣捷的看法:"17世纪天主教传教士来华,见宋明儒学与孔孟之学不同,因仿西方哲学历史之进程而称之为新儒学(Neo-confucianism)。近数十年我国学人大受西方影响,于是采用新儒学之名,以代理学。"④不过,现在并没有证据表明20—30年代中文学界的"新儒家"的用法是直接来源于西方的。

其实,"新儒家"或"新儒学"的这一用法,在当时并不流行,陈荣捷曾说:"我在抗战前到檀香山去,那时新儒学这名词非但外国人不懂,中国的教授也不懂。"⑤可见,在30年代中期,新儒家的提法,对大多数人仍然相当陌生。虽然,从冯友兰以来,以"新儒家"

---

① 冯友兰:《中国哲学史新编》第五册,6页。
② 冯友兰:《中国哲学史》上册,中华书局,1984年,352页。
③ 同上书,下册,800页。
④ 陈荣捷:《宋明理学之概念与历史》,中国文哲所,1996年,286页。
⑤ 陈荣捷:《新儒学研究的时代趋势》,中国文哲所,1995年,31页。

指称宋代以后的儒家思想的用法渐渐增多,但多数学者仍然习惯用"道学"或"理学"来指宋明时代主流的儒家思想。冯友兰自己在其晚年的《中国哲学史新编》也是以"道学"为主要的关键词,而把"新儒学"看成"西方"的习惯用法。

这种关于"儒家""儒学"的用法,在一定程度上,体现出中国学者的研究态度和认知取向。中国的儒家思想有2000多年的历史,有思想体系的儒家学者为数众多,故对于中国学者而言,儒学首先是哲学思想,是对于宇宙、道德、知识的知性探究(intellectual inquiry),也是对人心、人生、人性的内在体验,又是对理想人格和精神境界的追寻与实践,当然也是对社会、政治和历史的主张和探索。儒学的这种特点,不仅体现于孔子、孟子、荀子、朱子、王阳明、王船山这些著名思想家,也体现在中国各个历史时代的儒学,特别是宋明理学的众多思想家。只要翻阅《宋元学案》和《明儒学案》,从其中充满的宋明理学有关道体、性体、心体、有无、动静的详尽讨论,就可了解,中国新儒学思想体系的具有很强的哲学性和思辨性,宋明理学的思想家对宇宙、人心、体验、实践有一套相当系统的理论化思考和细致入微的辨析分疏。因此,不可否认,理学既是一种具有普遍性的知性探究,又是精神生命的思考体验。基于这样的理解,在中国学界的研究中,始终注重在哲学思想意义上的儒学研究。

上面所说的这种中国学术界的研究特点,固然与中国儒学自身包含着普遍性的哲学思考有关,同时,这种偏重可能也与现代中国的教育及研究的制度设置有关。在中国的教育和研究体制中,对儒家和儒家思想的研究,多设在大学哲学系和哲学研究所。

在中国,综合性大学都设有哲学系,所有的哲学系都有包括儒学研究在内的中国哲学研究。而除了中国社会科学院历史研究所和一二所大学的历史系有"中国思想史"的专业之外,包括北京大学在内的大多数大学的历史系都没有"中国思想史"的专业设置。这可能在相当程度上阻碍了从社会历史的方面对儒学进行的研究。在中国的师范大学中,中国教育史的专业也从事古代儒学的教育思想和教育实践的研究;此外,在中国史领域的研究也有与儒学相关的研究,但这些研究在整个儒学研究的格局中所占地位较轻。由此可见,中国的儒学研究和对"儒学"的理解,在内容上是以注重"思想"为主流,在方法上是以"哲学"的取径为主导的。甚至可以说,中国的儒学研究是"哲学史的研究"主导的,而不是"思想史的研究"主导的。

二

事实上,在20世纪以来中国学术的研究之中,有很长一个时期是没有把新儒学作为一个整体的对象来进行研究的。对宋明理学的研究只是体现为若干断代哲学史或专题史的研究。

受1915—1920年"新文化运动"的影响,大力引进西方近代文化的文化启蒙主义,和强烈批判儒家思想的文化批判思潮,在20年代以后,一度主导了研究者的眼界。20年代末至40年代末,对宋明儒学的研究主要有三个方向:一是利用西方哲学的范畴、问题,对新儒家的哲学进行逻辑分析的哲学史研究,分析宋明儒学的概念、命题、理论特色,如冯友兰《中国哲学史》的下册,可谓此种研究的代表。二是不注重用西方哲学的理论为研究方法,而以古典实证的方法对人物和文本作历史的研究,如容肇祖早期关于《朱子实纪》和《朱子年谱》的研究,此可谓文献学研究。三是批判思潮和启蒙思想的思想史研究,这里又分为两支,侯外庐从马克思主义出发,着力研究明清之际以降有关个性解放、个人意识觉醒和批判思潮的启蒙思想史的研究;容肇祖则从新文化运动的启蒙主义出发,撰写了大量反抗、批评程朱理学的明清儒学思想家的论文,特别注重明代后期的泰州学派和清初批评朱学的思想。① 这些研究虽然都取得了引人注目的成绩,但都没有对整个宋明理学进行全面的、内在的研究。所谓全面就是对整个宋明理学体系及其发展历史进行周全的研究;所谓内在,是指注重研究宋明理学自己所重视的问题和讨论,而不是从西方哲学的问题意识或社会变革的要求出发去决定研究的方向和问题。

在20世纪的后50年里,中国的研究者对宋明理学的研究以"文革"的结束为界限,经历了前后两个不同的时代。在"文革"以前(1976年以前)的时代,教条主义的马克思主义把儒学历史化、意识形态化,并把儒家思想看成现代革命的阻碍,对于儒家思想和宋明理学采取了严厉的批判态度。虽然,从历史唯物论的角度对宋明理学所作的批判是有意义的,特别是从政治、经济、制度、阶级等不同的社会历史背景揭示理学的历史特质,对以往完全忽视社会历史的研究是一种矫正。但由于学术受到政治的干扰,总

---

① 侯外庐这个时期的著作是《中国早期启蒙思想史》;容肇祖的论文是这一时期所写的关于黄绾、吴廷翰、何心隐、焦竑、方以智、潘平格、吕留良、颜元的论文。可参看《容肇祖集》,齐鲁书社,1989年。

的来说，教条主义的态度大大削弱了这一时期宋明理学的学术性研究。如辩证唯物论的研究方法，在传统的"理学""心学"之外，注重确立"气学"的地位，在哲学史研究上很有意义，但日丹诺夫式的"唯物—唯心"的绝对框架终究难以深入理学的内在讨论。

后"文革"时代以来，儒学的研究出现了根本的转变，即从对儒学的全面批判转变到对儒学的辩证肯定，对儒学从注重"外在的把握"深入到"内在的了解"，对儒学的"哲学的研究"扩大到"文化的研究"，对儒学的学术性的研究取得了显著的成绩，对宋明理学的全面研究取得长足的进步。

所谓把儒学历史化，是"五四"新文化运动以来中国启蒙主义思潮和社会主义思潮的共同主张，也是受韦伯影响的西方学者列文森(Joseph Levenson)的主张。这种主张认为儒学是历史的产物，儒学所依赖的历史基础已经不复存在，儒家已经死亡，儒学已经成为历史，所以儒学已经变为博物馆中的事物。所谓意识形态化，是指把儒学或宋明理学仅仅看成为对于当时某种制度或统治集团的辩护，或历史上某些特定阶级的代表，完全抹杀宋明儒学在思想、知识上的相对自主性。

另一方面，由于受到苏联的教条主义的马克思主义研究方法的影响，30年代以来的一直占主流地位的"哲学史研究"本身遭到扭曲，外在而来的唯物与唯心的问题成了最重要的基本问题，成了研究者不可偏离、不容怀疑的根本框架，忽略了对中国哲学的本来特点的客观呈现。

后"文革"时代儒学研究的转变，首先表现为对"哲学史研究"的客观性的诉求，和对中国哲学固有特色的探究的学术性研究的全面恢复。这一方向基本上是努力在吸收马克思主义的有益营养的同时,回到老清华、老北大注重哲学分析与文献考证的研究传统,蒙培元、张立文和我本人在80年代前期的朱子哲学研究,有关理学范畴体系和思维模式的研究,都可以看作在这一方向的努力。在思想史研究方面,侯外庐、邱汉生等的《宋明理学史》,是以宋明理学的整体为对象的第一部全面性研究著作,这部书一改《中国思想通史》的全面批判的基调,也体现出谋求"客观的理解"的转变;同时又发展出"理学与反理学"的模式,继续表彰反理学的思想家,以高扬启蒙思想和批判思潮的意义。经过80年代,以朱子学研究为代表的新儒学研究,在哲学史研究、文献学研究、思想史研究三个方面都在客观性、学术性、全面性方面达到了新的水平。

90年代,宋明理学的研究更加深入,在哲学史研究方面,如果说80年代的宋明理学研究主要体现为朱子学的研究进步,则90年代的宋明理学研究特别表现在阳明学研究的进展。90年代中国阳明学的研究,以20世纪西方哲学为参照,更加深入阳明学内部的哲学分析,一方面以存在主义为参照,注重对王阳明思想的精神境界的把握(如《有无之境》),一方面以交往行动理论为参照,注重阳明思想如何建立主体间关系(如《心学之思》)。同时,对明清之际的思潮的思想史研究分解为两个方向,一个是所谓《明清实学思潮史》(葛荣晋等),一个是《明清启蒙学术流变》(肖箑夫等)。而这两个方向都是注重明清之际的启蒙和批判思潮,特别是后者,其所追问的问题是中国思想资源中有没有自己的启蒙理性,中国有没有自己的近代性的根芽,这些问题仍然是侯外庐40年代以来注重追问的问题。

这一时期也出现了一些新的研究方向和成果,如朱伯崑倡导发展"经学哲学史"的研究,其基本思想认为,中国的哲学家,自汉代以来,都是以经学的注释和诠释,提出哲学问题,发展哲学思维。因此,宋明理学的哲学讨论,都是从经学诠释中转出来的。根据此种看法,宋明理学的历史,亦即是一部经典解释史,其中的问题都是内在地来自《周易》等元典。这是与一般所谓经学和经学史研究不同的一种新的研究。

80年代以来最重要的儒学研究的进步,主要表现在深度的、学术性的研究成果的大量出现。这些专人、专题、专书的儒学研究,致力于深入儒学的内在讨论,即力图深入和平实地理解历史上的儒家思想家他们自己最重视的问题、议题、课题是什么,把他们的讨论用现代的哲学语言还原出来,在现代哲学的视野中加以分析和把握。当代中国的儒学研究者,更加注重对"思想"本身的细致研究,更加注重思想家的精神追求、价值理想、哲学思考、人生体验,注重儒家作为经典诠释的传统,注重儒家作为德性伦理的传统,注重儒家与社群伦理、全球伦理的关系,并谋求在这些研究的基础上与西方哲学家、神学家展开对话。

儒学究竟是活的传统,还是死的文化?从"五四"后到"文革"前,温和的历史唯物论倾向于把儒学看成过去时代的产物,既无超越时代的内容,也无关现代的思想课题,故对待儒学只是一个对待历史遗产的问题。但激进的改革者和革命者,则把儒家思想视为革命或改革的根本障碍,不断地发起批判儒学的文化运动。在这个意义上,五四以来的激进启蒙主义和激进的马克思主义都不是把儒学仅仅看成历史遗产,而是把儒学把儒学看成仍然活着的、在发生着作用的东西。

不过,激进的马克思主义和自由的启蒙主义虽然把儒学看成仍然活着的东西,但似乎相信儒学渐趋死亡。如在某些马克思主义者看来,儒学产生的经济基础和社会阶级基础已不复存在,从而,儒学及其残留影响经过批判之后将退出历史的舞台。然而,从80年代的"新文化研究"的立场来看,儒学并不是已经过去的"传统文化",而是仍然存活的"文化传统"(庞朴),李泽厚更把儒学心理化,认为所谓儒学就是中国人的"文化心理结构"。因此,儒学并不会死亡,儒学也不会变成与现代无关的历史文物,对于中国人来说,儒学是积淀在世代中国人内心的文化心理。这种文化心理说,实际上是从一种文化的观点和视角,而对儒学所作的新的审视。这种"新"的审视表现为,在文化心理结构说里面,"传统和现代"的问题被由一个特别的角度联结起来了。

"传统和现代"视野中的儒学问题,在80年代中期的"文化热"中被极大地张扬起来,由于现代化理论、韦伯(Max Weber)理论、工业东亚的文化解释受到广泛注意,使得"儒学的文化研究"大大超盖了过去的"儒学的哲学研究"。在这样的视野之下,不仅"儒学与现代化"的问题受到集中注意,以儒学的价值观为中心,还引发了一系列相关的讨论,如:儒家对民主的回应;儒家对科技问题的态度;儒家伦理与经济伦理;儒家与马克思主义;儒家与自由主义;儒家与人权;以及儒家与基督教的对话,等等。80年代初期以来由杜维明所提倡的"儒学第三期的发展"以及"儒学与文化中国"的论题也吸引了不少讨论。由于宋明理学是在时间上最接近近代的传统,所以所有有关儒家思想与现代性的讨论,都以宋明理学为主要素材,从而,使得文化研究视野的扩大,也促进了宋明理学的研究。

80年代以来,中国有关宋明理学的研究日益深入,研究的范围更加宽广,宋明理学的人物的思想现在已经都有了专门的研究,在宋明理学的研究领域,已经形成了一个十分完整的学科研究格局。在这个发展过程中,学位制度的建立也起了重要的作用。

三

中国的理学(新儒学)习称宋明理学,这是因为理学是在宋代建立,经元代至明代而发展起来的。然而,新儒学运动的发端,在唐代已经开始。

中唐以后,门阀世族遭到无情打击,社会经济由贵族庄园制转变为中小地主和自耕农为主的经济。中小地主和自耕农阶层出身的知识人,通过科举考试制度,进身于国家政权和文化机关,称为国家官吏和知识精英的主体,亦即中国社会传统所谓的"士大夫"。与魏晋以来的贵族社会相比,中唐以后社会发展的总趋势是向平民社会发展。在文化上,中唐出现了三大动向,即新禅宗运动(六祖慧能为开始),新文学运动(古文运动),新儒家运动(韩愈、李翱),这三个运动共同推动了中国文化的新发展,这三个运动的发展持续到北宋,形成了主导宋以后中国文化的主要形态。

有关唐宋以来中国社会历史的特质及其与宋明理学的关联,历史学家的看法并不一致。我个人倾向于认为,中唐以后,贵族庄园制经济转变为中小地主及自耕农为主的经济,中小地主和自耕农阶层出身的知识人通过科举制度,而成为"士大夫"的主体,这种社会变迁与中唐开始的文化转向相关联,新儒家的出现以此为历史背景。虽然,内藤湖南以来把唐宋的社会历史变迁概括为"近代化",即认为中国自唐宋之交已进入近代化,这一提法可能失之过急,因为,一般所理解的近代化的经济基础——工业资本主义尚未出现;但唐宋之交中国社会历史的变化确实相当深刻,思想文化上的宗教改革、古文复兴、儒学重构,表明这的确是一个与新的时代相符合的文化景观。它虽然不是以工业文明和近代科学为基础的近代化,但可以将其理解为摆脱了类似西方中世纪精神的一个进步,一种"亚近代的理性化",中唐开始而在北宋稳定确立的文化转向乃是这一亚近代过程的有机部分。这个亚近代的文化形态,如果以西方为比照的话,似可看作一种介于西方中世纪和近代文明的一个中间形态。其基本精神是突出世俗性、平民性、合理性。在这个意义上,理学不应像以往那样被看作封建社会后期的国家意识形态,而可以看作摆脱了中世纪精神的亚近代的文化和精神表现。

进而言之,通过"道统"的设立,和"道学"的创立,新儒学把这一时代儒学知识分子对"儒学"的认同明确化和强化,他们对宇宙秩序、人伦秩序和社会价值的重新安排,他们的精神追求和政治理想,也都反映出面对成熟强大的佛教、道教的挑战,儒学新的自我意识的勃兴和重构儒学的宏愿。同时,不可否认的,新儒学与其所在的社会制度具有某种互动的联系。

不过,经历过机械的历史唯物论在解释历史上的失败,在新儒家的研究方面,中国学者大多数已放弃对宏观的社会历史的

"大叙述"(grand narratives)的追求，以避免大而无当的讨论。也由于这个原因，当代中国学者对这一类方法颇抱怀疑的态度：即不重视文献和文本，而热衷于追求外在的解释，缺乏充分根据而想当然地把新儒家思想整体或其某些学派归结为特定时代的特定阶层、宗族、制度的背景，或特殊的社会构造。当代中国的儒学研究者，之所以更倾向于注重对"思想"本身的细致研究，更注重思想家的精神追求、价值理想、哲学思考、人生体验，注重儒家作为经典诠释的传统，注重儒家作为德性伦理的传统，注重儒家与社群伦理、全球伦理的关系，并谋求在这些研究的基础上与西方哲学家、神学家展开对话，这不仅因为研究的对象本身如此，也都是与过去盲目、庸俗地采用历史唯物论的经验教训有关。

但是，对机械唯物论的警觉并不等于对社会科学的排拒。事实上，在整个儒学研究中已经出现吸收社会科学方法的例子。只是，由于中国宋明理学的哲学思想家数量庞大，对哲学思想的基础研究必先完成，故其他方法的引进较少而慢。展望未来的发展，也许可以这样说，过去的对思想本身的客观、细致、内在、深入的研究，为未来研究的多样化奠定了良好的基础；而哲学思想研究的成熟也为其他研究的开展准备了条件。如前所说，到目前为止，中国的新儒学研究以哲学史研究为主流，对社会历史的大叙述不感兴趣；但随着哲学思想研究的成熟和中国史研究的进步，未来的新儒学研究可能会在思想史的研究方面进一步发展。这种思想史的研究，虽然不会盲目追求大叙述，但会更多注意理学的实践层面，理学与当时社会的各种具体制度的互动联系，并在具体的研究上发展政治思想史、社会思想史的研究。

四

在出版了几部有关朱子学与阳明学的著作之后,1992年我出版了一本书,名为《宋明理学》,此书以二十几位理学思想家为主,叙述了宋明理学的产生、发展和演变,以求展示出宋明理学的基本人物、学术派别、概念命题和理论特色,著力揭示宋明理学发展的固有脉络和内在讨论。在该书的结尾我写道:"事实上,把文化的视野进一步扩大来看,则理学不仅是一世纪以后主导中国的思想体系,而且是前近代东亚各国占主导地位或尤其重要影响的思想体系。因而,说宋明理学是近世东亚文明的共同体现,是不算夸张的。从而,要展现理学体系所有的逻辑环节的展开、所有实现了的可能性,就需要把整个东亚地区的理学综合地加以考察。遗憾的是,限于篇幅和学识,本书还不能完成这一任务,只在明代理学中设了李退溪一节,对读者了解朝鲜朝的朱子学发展可能略有帮助。真正站在东亚文明的角度了解理学,还有待于进一步的研究。"

我在当时写下这些话时,根本没有意识到其中的不妥之处,似乎以为是理所当然的。这个不妥之处,就是中国学者往往不自觉地把"宋明理学"等同于"新儒学"(Neo-Confucianism)。这种意识在中国研究的范围内并无问题,但超出中国研究的范围就会发生明显的问题。如果我的书名为《新儒学》或《朱子学与阳明学》,我自然可以在其中叙述韩国和日本的朱子学及阳明学。但是"宋明"不仅是某种时间的标尺,而且是中国历史的朝代。在这个意义上,把李退溪列在宋明理学中叙述是不合理的。从这里可以看出,"新儒学"的概念是有其优越性的,因为它对整个东亚文明更具有普遍的涵盖性。也由于此,我们可以说"新儒学是东亚文明的共同体现",但不能说"宋明理学是东亚文明的共同体现"。

把上面所引的那段话中的"宋明"两字去掉,这一段文字应该是没有问题了。把李退溪的一节作为参看的附录,这部书也应该是没有问题了。但这个问题说明,中国学者往往缺少对"东亚"的清晰的、有分辨的意识。我在《宋明理学》中加入李退溪一节,其原因是我意识到,"理学"不仅是中国的思想,也是韩国的思想,亦是日本的思想,韩国以及日本的新儒学都曾在理学思想上作出创造性的贡献,应当把这些贡献展示出来;这样才能把理学体系所有的逻辑环节和思想发展的可能性尽可能的揭示出来。但是,朝鲜朝和德川时代的朱子学与阳明学,在广义上可以称为理学,或新儒学,却不能称为宋明理学。

虽然中、日、韩等东亚国家在历史上都曾有儒学,有朱子学和阳明学,但各个国家的儒学可能有相当大的差别,各个国家儒学在该社会所居的地位也各有不同,需要做细致的比较研究。研究日本儒学和韩国儒学,而不充分了解中国儒学,就不能了解,相对于中国的儒学,日本、韩国的儒学真正的特点和发展。同样,只了解中国的儒学而不了解日韩的儒学,也难以真正认识中国儒学的特质。例如,不全面了解朱子哲学的各个方面,而只就李退溪研究李退溪,就无法了解李退溪的著作中,哪些是朱子讲过而退溪复述的,哪些是退溪对朱子思想的发展。又如,只有全面了解中国宋元明清儒学内部对朱子哲学的各种批评,才能真正了解德川时代儒学对朱子的批评中,哪些是与宋明儒学的批评相同而一致的,哪些是与宋明儒学的批评不同而反映了日本思想的特色。反过来说,只研究朱子的思想,而不研究李退溪、李栗谷、伊藤仁斋的思想,就不能了解朱子哲学体系所包含的全部逻辑发展的可能性,不能了解朱子思想体系之被挑战的所有可能性,从而,这样的朱子哲学的研究就是不完整的。

80年代中期以来,中国学者渐渐加强了对韩国朱子学和日本德川儒学的研究,但研究的成果相当有限。与日本学者对东亚文化的广泛研究相比,中国学者对日本和韩国历史上的儒学研究还很不够,需要大力加强。

(《浙江学刊》,2001年3期)

从"思想世界"到"历史世界"
——余英时《朱熹的历史世界》述评

三年前,闻知余英时先生正在撰写有关朱熹的历史世界的著作,而且已经完成十余万字,颇有惊喜之感。然而数年之间,未见出版,中心期盼甚切。今年夏天,此书终于出版,题名为《朱熹的历史世界——宋代士大夫政治文化的研究》,全书上下两册,共计长达一千余页,可谓鸿篇巨制。余先生是著名的史学大家,而我个人曾就朱熹思想和宋代道学的研究下过一些功夫,故余先生此书对我的吸引,是可以想见的。我收到此书后,细读一遍,获益不少。此书在朱子研究方面已属第一流的造诣,在宋史研究领域更具有不同寻常的意义,在其所关联的儒学研究、道学史研究、士大夫文化研究诸方面,皆别开生面,创获实多。因此本书的内容及其主要论点,亟须介绍给学界,以促进相关的研究和引起进一步的讨论。由于本书尚未在大陆出版,所以我的这篇介绍和述评略为详细;又由于余先生书中对各部分内容往往都有清楚的说明,故我的叙述中难免有"寻章摘句"的地方,这是先要说明的。

一、朱子的"历史世界"

读过余著之后,很自然地联想起钱穆先生的巨作《朱子新学案》。钱先生从新亚退休之后,已年近七十,积四年之力,作成《朱子新学案》。余先生早年学于钱氏门下,在普林斯顿大学退休后,也是以近七十之年,经三四年的工夫,完成《朱熹的历史世界》。这两部书的写作各有其不同的因缘,本无交涉;而其同为退休后的力作,又皆以朱子为中心,此种相似令人称奇。不过,虽然钱、余皆为史学大家,《朱子新学案》和《朱熹的历史世界》也都以朱子为中心,但是二书的主题是全然不同的。简单说来,钱著的注意力仍在朱子的学术、思想的世界,余著的关注则在朱子的政治、历史的世界,这一区别是耐人寻味的。

这一分别正是余著与传统朱子研究的不同致力处,对历史世界的关注正是余著对于当代朱熹研究的新拓展。朱熹的研究一向以哲学、思想的取径为主流,这当然是因为朱熹的思想体系庞大,朱熹亦以思想家著称于当时后世。在这个意义上说,朱熹的研究,学者一贯重视其"思想世界"。余先生此书名为"朱熹的历史世界",自然亦以朱熹为其中心视点,但此书则把研究的注意力转向朱熹所生活、参与的"历史世界",这不仅在"知人论世"(特别是"论世")的方面深化了我们对朱熹的理解,更在有关于朱熹的历史研究方面开了新的境界。无疑,相对于长期以来的对朱熹的"哲学研究"而言,本书对于朱熹的"史学研究",使得朱熹研究的格局变得更为合理。

此书所谓的"历史世界"含义甚广,就朱熹个人而言,此一历史世界并非只是外在于朱熹个人的时代背景,而且是他所参与其中的生活世界;这一"历史世界"又不是指朱熹的全部个人生活史,而主要是指朱子生活所在的政治世界,即他的政治交往、政治关系、政治活动;同时,又指与朱熹相关联的国家政治生活与政治文化,在时间上则特别关注于12世纪最后20年。这个领域的研究显然是以前朱熹的研究者所忽视的。还应当指出,此一历史世界并不是与思想无关的行动集合,所以历史世界的研究并非与思想全然无关,在这个意义上,毋宁说作者在提供朱熹历史世界的广阔背景的同时,亦欲通过对历史世界的叙述,突显出朱熹的政治关切、政治主张、政治理想,一句话,突显朱熹的政治文化观念,进而呈现当时士大夫群体的政治文化。

这样一种研究自然不可避免地涉入于政治史的领域,但由于本书以理学宗师朱熹为中心,故与一般宋代政治史研究不同,即作者所关注者并非政治史的全部,而是与理学知识分子密切关联的政治史的世界。理学有其学术文化的形态,所以作者在自序开篇说:"本书是关于宋代文化史与政治史的综合研究,尤其注重二者之间的互动关系。"文化史即指宋代理学的发展和变化,政治史则著意于权力世界的结构和运作,互动即二者的纠结关联。庆元前期对于以朱熹为首的道学群的"党禁"是这种纠结的最集中体现,而本书之所以始终留意于12世纪最后20年,既是以庆元党禁的发生为终点向前追溯的结果,而且也是因为在此20年间的政治起伏实皆与道学有密切的关联。由于本书是以朱熹为中心,但不限于朱熹,故其论道学与政治的关系,广泛涉及南宋的理学群体与政治的交涉,这也是颇为与众不同的。文化史和政治史领域有别,一般学者难以两兼其功,惟有思想研究的背景而又深具史学多方面造诣和深厚功力的学人如余先生者,才能加以贯通,这也是我们特别关注此书的原因。

就与朱熹相关联的国家政治生活和政治文化而言,这一政治的历史世界在本书是从北宋为其开始,以呈现其时间性的。从结构上说,本书可视为三部分,上篇的绪说、上篇1—7章、下篇8—12章。上篇的绪说长达十余万言,主题是早期道学史的政治文化研究,上篇各章通论北宋至南宋前期的政治文化,下篇各章是孝宗光宗时期理学与权力世界复杂互动的专题研究。为什么在论朱熹的历史世界的著作中要大量深入北宋的历史与文化?作者对此有清楚说明,即朱熹所经历的世界并不是从他出生的一刻才开始的,这一历史世界的起源与形成必须上溯至北宋。在这一点上,也可以说作者正是刻意从北宋的历史发展和政治文化演进来呈现朱熹生活其中的世界及其对朱熹的影响;反过来,也可以说作者正是欲以朱熹中心视点,力图呈现宋代士大夫政治文化的整体面貌。这两方面可以说互为映照。的确,历史世界在狭义上本指朱熹所经历的政治和学术的历史环境,但无论就学术史还是政治史而言,朱熹生活其中而受之影响的历史世界都非凭空而起,都是延承着北宋的学术和政治遗产。因此,北宋的学术史(主要是道学史)和政治史(以熙宁变法为中心)亦构成了朱熹历史世界的一部分,而北宋道学与政治文化的研究自然成为本书的重要部分。

二、"秩序重建"的主轴：宋代的儒学与道学

据作者观察，长期以来，人们往往将道学或理学理解为专讲心性理气的内圣之学，在这种理解中，讲求"推明治道"的外王之学虽与理学并非全不相干，但在理学中处于边缘的地位。作者并不否认理学以内圣之学显其特色，但认为理学内圣的目的仍在人间合理秩序的建立，而这一以"合理的人间秩序的重建"乃是整个宋代儒学的目标。因此要了解理学和外王的关系，就要把理学重新"放回"宋代儒学的整体来理解，而不是把理学从儒学中"抽离"出来，只研究其特色。这一点，在方法上是很有意义的。

作者认为，北宋儒学的发展以古文运动为第一阶段，成熟于庆历时期。这一时期以"回向三代"的外王理想为主导观念，并成为士大夫的共识。熙宁变法为第二阶段，以王安石新学为主流，此时士大夫开始在三代的理想号召下提出对于政治社会文化的大规模革新的要求，促成了神宗熙宁变法。第三阶段为道学兴起，道学要求社会改革以道德性命之学为基础。这三个阶段并非截然相分，而是有所重合，则自不待言。

余先生对北宋儒学和早期道学史的研究，其立论的特色不在其有关阶段的划分，而在以政治文化的角度观察北宋儒学与早期道学的演进。他首先指出，在北宋儒学的发展中，士大夫的政治主体意识的发展令人瞩目。一二两阶段的"以天下为己任""同治天下"的理想塑造了宋代士大夫的政治文化，影响深远。从庆历到熙宁，"以天下为己任"已经成为士的集体意识，并且深刻影响

到南宋的理学士大夫。他认为,在北宋儒学的第一阶段,其学术形态为"经学",这一时期的儒学注重对于六经的解释,而这些解释基本上是"治道取向"的,也就是外王取向的,即研治六经的智慧目的是要导向合理的政治社会秩序,故其重心在修身齐家治国平天下。在北宋儒学的第二阶段,由于第一阶段三代理想已"言"之而久,便逼出了第二阶段"行"的开展,即从理想转入以"周礼"致太平的外王实践。就第三阶段产生的道学而言,其重心在正心诚意格物致知,其最后成就固然在形上学和心性学,但在王安石变法初期,道学也同样是以重建政治社会的秩序为主要关怀,故能参与变法。这表明王安石的改革不仅与第一阶段的胡瑗、孙复的治道理想同多于异,而且与第三阶段道学的外王理想相合,故而道学必须被看作北宋儒学整体动向的一个构成部分。作者强调,古文运动、变法改革、道学兴起,三者贯穿着同一主线,即儒家所要求的重建合理的人间秩序。重建秩序属于外王,故此说认为治国平天下的外王理想是北宋儒学的主轴,道学亦不能自外于此。

余先生强调,他的出发点和目的,是避免把道学作为一个自足的系统,而强调道学是儒学整体的一部分,应从宋代儒学史的整体性格和发展中来理解道学。他指出,不仅早期道学受北宋儒学对外王治道关怀的重大影响,宋初以来的儒学随时代的跃动而产生的一些现象,实与道学的发生有关,而以前治学术史的学者多不注意。如王安石越过韩愈,直承孟子,这与理学的抱负一致,而实开风气之先。关于北宋儒学的演进,本书提出,北宋儒学复兴之初,古文运动的领导者已根据他们理想中的上古三代发出重建秩序的呼声,这一呼声的原动力则是长期战乱下的民间期待文治秩序的迫切心理。初期儒学大体偏重于外王的政治秩序方面,对道德性命的内圣之说则涉及未深。但至王安石时代,内圣与外王必须结合的意识已经出现,王氏以道德性命之说为内圣,又以周礼致太平实践其外王理想。王氏的内圣外王相结合的系统之完成和流传尚早理学一步。王安石时代文化的这些现象表明,新学和道学同是因应时代超越古文运动的要求,显示了二者是同一儒学思想的产物。在这个意义上,王安石强调外王必须以内圣为精神基础的思想,既是王安石对宋代儒家政治文化的一个重要贡献,也参与了道学的兴起。这个判断并非降低了道学发生的意义,作者指出,由于王安石的道德性命内圣学中不辩儒释,假借于佛书太多,故初期道学必须以王氏新学为批判目标而发明、发扬儒家自己的内圣学。所以严格地说,儒家道德性命的系统建构是道学的特有贡献,在北宋儒学史具有划时代的意义(上篇153)。与众不同的是,他提出,初期道学家如张载、二程的最大关怀非他,即是古文运动、改革运动以来的北宋儒家所共同追求的秩序重建;但是面对新学的挑战,他们为自己规定了一项伟大的使命:为宋初以来儒家追求的理想秩序奠定一个永恒的精神基础(上篇157)。

　　在这个基本观察下,余先生着重提出,王安石与神宗的遇合,王安石得君的经历,对包括朱熹在内的南宋理学家仍发生着莫大的精神激励,支配着南宋理学家的政治期望,致使他们热烈参与了孝宗末年的改革部署。也就是说,淳熙绍熙时代的理学家的政治文化仍然延续着庆历熙宁时代儒学的政治文化,在这个意义上,朱熹的时代可称为"后王安石时代"。

在有关早期道学与政治文化和皇权的关联方面,余先生于此亦有其整全之见。一方面他指出,北宋科举省试以《中庸》出题,皇帝赐新及第进士《中庸》《大学》,都是直接推动道学兴起的因素,以此显示出政治史对学术史的影响。但另一方面,他也指出,宋代皇室可谓以佛教世家,皇帝多信仰佛教,此一背景对于理学史的研究相当重要;皇帝崇佛、士大夫好禅,这是宋代政治文化一基本特征,北宋道学家之辟佛的性质和起因,必须由此为起点来理解。这意味着,道学的反佛及老,又是针对当时政治文化的批判和对于政治文化的矫正。

三、道学文献的"政治解读"

人们一般认为儒学包涵"内圣"和"外王"两部分。很明显,本书以宋代士大夫政治文化为研究对象,而政治文化在传统儒学中不属于"内圣"而属于"外王"。本书的所有着眼点,一言以蔽之,即以重视"外王"的慧眼观察其对象。在这个意义上,"政治文化"也构成了作者独到的诠释视野,而由于这一诠释和解读视野的转换与建立,使得从前思想史学者耳熟能详的道学观念与道学文献,被焕然揭示出政治的意义,得到了新的理解。我仔细检视了作者的这些解读,觉得这些理解是合理的,有说服力的,此种研究方法,值得重视。以下试举数例,以见其创获。

一般认为,道学的"道统"观念是指以十六字心传为内容的儒家内圣之学的传统,而朱熹的《中庸章句序》则是此种内圣道统观的典型表达。余先生经过细致分析和解读,发现在朱熹的《中庸序》里,"道统"和"道学"是有所不同的,即以尧舜至文武为"道统"之传,而以孔颜曾孟为"道学"之宗,道统和道学被划分为两个历史阶段。二者的不同在于,上古圣王至周公是道统的时代,其特征是内圣外王合一;而周公以后内圣与外王分裂,孔子开创道学,专注于道体和内圣的学问。因此朱子笔下的道统观念,外王是其中重要部分,黄榦以后理学的内圣道统说则把朱熹的道统观念变成了道学之统的概念,消解了其中外王的一面。余先生此说强调朱熹"道统"观念的外王涵义,发前人所未发。

张载的《西铭》是道学的经典文献,依余先生的诠释,《西铭》的中心意旨是发扬士的"承当"精神,即北宋士大夫以天下为己任的意识,此种意识在《西铭》中更加拓展,放大为以宇宙为己任。此外,从这个角度来理解,陆象山的"宇宙内事是己分内事"也不能仅像哲学史的诠释从唯心论的角度去了解,也应当被理解为同一种士大夫的承当意识的体现。这种从士大夫的政治文化意识出发的解释,决不是牵强的。关于《西铭》的思想,现代学者有一种批评,认为张载把宇宙宗法化。但余先生指出,这种宗法化的结果,从政治意识来看,君主和一切人因同出于"父天母地"而变成"兄弟",因此所谓的宗法化包含着以此种方式削减君主的绝对权威的意义,缩短了君与臣的距离。由于在《西铭》的结构中,君主只是宗子,臣民成为旁亲兄弟,君与相之间获得新的安顿,而传统"三纲"中的"君为臣纲"将发生根本的改变,这显示出理学在中国政治思想史上的开创精神,可视为以此种曲折的方式对君为臣纲的观念提出了挑战。余先生的这些诠释与已有的哲学思想史解释并无冲突,可以并行不悖,而这些新的解释确实富有启发意义,也相当重要。这也说明,由不同的问题意识所形成的诠释眼光,会使得文献以前被忽视的面相在新的诠释眼光透射下彰明出来。

又如,张载曾评论二程兄弟:"昔尝谓伯淳优于正叔,今见之果然,其救世之志甚诚切。"此语治理学者皆很熟悉,但多注意"伯淳优于正叔"的比较,而余先生则着重抉发其"救世之志诚切",认为这显示出道学创始人对"天下国家"的深切关怀。又如文彦博对神宗言皇帝应当"与士大夫治天下",余先生更拈出程颐《经说》中"与之同治天下"一句,指出其与文彦博语贯穿同一精神,从而认为"君臣同治"与"君为臣纲"之间有着不可跨越的鸿沟,指出这是宋代理学对传统儒家政治思想的重大修改。这一类的例子还有不少,余先生由此提出,道学对"为己""自得"的强调其实只是道学的起点,而道学的终极目标是变天下无道为天下有道,内圣是基础,外王是目的。

朱熹与陈亮的王霸义利之辩,是思想史上人多熟知的一幕,一般都作为历史哲学或历史观来研究和分析。余先生则引陈傅良对朱陈二说所可能引出的政治后果的判断,来分析其中所可能包涵的政治意涵的向度,即陈亮之说足以导致"上无兢畏之君",而朱熹之说则可能开启"下有觊觎之臣"。余先生认为,陈傅良这一关于"骄君与乱臣"的观察,将朱熹陈亮二说的政治意义充分发挥出来了,"由此可知在当时的儒家政治思想的脉络中,陈说实为君权张目,是比较保守的,朱说约束君权,反而是比较激进的。"(上篇 48)他还指出,《中庸序》和朱熹答陈亮书的共同基调是用

"道"来范围"势",以"道"批判"势",引"势"入于"道",这既是"理学在中国儒学史上具有突破性的成就",也是"宋代士大夫政治文化的一个组成部分"(上篇53)。陈傅良之说亦为研究者所知,但以往学者皆未注意由此发掘其政治意义,本书这一分析从一个新的意义上探讨了朱陈之辩的意义。

最后是关于"皇极"的例子。朱子有《皇极辩》,陆象山有《皇极讲义》,但以前人们多不注意这些皇极之论的政治背景,如哲学史家一般将此讨论置于朱陆之争中来加分析。余先生则揭示出,"皇极"代表淳熙中和绍熙初皇帝与官僚集团的政治路线,有其鲜明的政治意义,朱熹的皇极说是他对当时政治路线的直接批判。揭示这一点,对于重新理解理学的皇极之辩大有裨益。另照余先生的解释,在朱熹看来,如果"皇极"依传统的训诂解释为"大中",则承认君主对臣下的进退有自由操纵之权;只有把它解释为王者之身为下民的标准,皇极才能一变而成为对人君修身以立政的要求。

本书对理学上述文献的解读和发明,对于重新理解宋代理学在政治思想史上的意义,具有重要的示范意义。难得的是,作者虽然在政治解读方面多有发明,但并非以此为唯一正确的取径,正如作者在绪说中所说:"我仅仅强调理学系统中有必须通过政治解读才能澄清的部分,但并不是将全部理学都化约为政治问题"。

四、"转向内在"说的挑战

在宋代政治史研究中,相权、党争都是老话题,而余先生的一个重要收获,是在梳理相权、党争的同时,发现了宋代政治史中"国是"的特别意义。据本书的研究,"国是"一词本出自《新序》,但在神宗以后,已经成为宋代政治生活中的一个重要范畴,君权和相权的具体施行都须有"国是"提供其合法性,而一朝的国是既定,便不能任意改变。余先生称此为"国是的法度化"。法度化的"国是"即现代政治生活所谓政治路线,它作为宋代政治文化的独特现象,始终和党争、党禁等重大政治事件互相纠缠。朱熹和他的父亲都曾受其祸,朱熹对"国是"的分析和论断最具代表性,故作者说:"如果我们说,不通过'国是'便无法彻底认识朱熹的历史世界,那也不算太夸张。"(上篇340)作者的此一抉发,也是很有意义的。

余先生此书更对已有的宋代儒学"转向内在"说提出挑战。现代史学家有一种观点,认为王安石变法失败后,理学家不再对政治社会事物抱乐观的态度,而普遍认为外部世界是极难改造的,在内在的精神世界取得进步以前,外部世界无法获得更新的内在力量。于是理学把精神从政治社会的关切中分离出来,从热切渴望全面改革外部政治世界的立场转向了内在的精神世界。所不同的是,有的学者认为这一转向发生于王安石变法之后,有的学者认为是在南宋秦桧当政以后。无论如何,"转向内在"说已成为宋代政治史和文化史研究的一个有影响的典范。

余先生亦面对于此,他说:"在我们通常的理解中,理学家因专情于内圣之学的建立,对实际政治似乎抱着一种可即可离的意态。就宋代儒学史而言,南宋理学的兴盛也好像标志着一种内向的发展趋势。熙宁变法的挫折也许为这一内向转变提供了一个历史的契机。……我自己过去也相信这至少是一个可以接受的历史解释,但是在研究了南宋理学家的政治活动之后,我却不禁发生一个重大的疑问:如果上述的看法可信,我们又怎样理解大批理学家在孝光宁三朝权力世界异常活跃这一现象?"(下篇26)

在朱熹的著述中有大量的政治性文献,如朱熹的文集中有一部分书信题为"论时事出处",所谓时事是指政情变化,出处是指士大夫因应政治形势的仕进守退之节,这些文献以往朱子研究者很少利用。事实上,在朱子的论学书信中也常常论及时事出处,但这些内容往往也被学者所忽略。此外朱子还有相当数量的封事、奏札等,反映了他的政治主张和要求。不仅朱子的文集如此,其他理学家的文集亦如此。余先生则充分利用了这些文献,加以细致的研究,结果发现,朱熹对政治十分关注,他在淳熙末至庆元初,政治参与也很活跃。不仅朱熹是如此,朱熹同时的理学士大夫皆是如此,如作者详细叙述了陆象山对"轮对"的重视和其"义难阿世非忘世"的心态,并指出朱张吕陆无不如此,理学士大夫对面见皇帝奏对的重视体现了他们对改良政治的关切。在本书的叙述中理学士大夫对当时的政治的高度关注被突显出来,与从前人们所理解的理学家的面貌很不相同。由此作者认为,从突出士大夫作为政治主体和以秩序重建的外王为目的而言,朱熹与南宋理学群体仍自觉或不自觉的以王安石为楷模,而不是完全转向无关外王的内圣世界。

因此,根据余先生的分析,得君行道仍是南宋理学士大夫的崇高理想,政治关怀仍对理学士大夫具有重要意义,所以他们不仅把自己作为文化主体,也把自己作为政治主体,发挥其政治的主动性。即对朱熹而言,内圣与外王的结构关系是"论本末,修身为本;论轻重,天下国家为重";而朱陆的异同,异在内圣,同在外王。也就是说,不管道学有何特色,不管道学内部有何分歧,道学不论是整体还是个人,都作为儒学的一分子而分享着宋代儒学的政治文化和理念。

据余先生观察,事实上,在朱熹逝世前二三十年间,理学家作为一个士大夫集团在政治上形成了一股举足轻重的力量,他们的政治取向是不满现状,要求改变"国是",以打破因循苟且的局面,他们具有浓厚的理想主义倾向,而且显然没有自限为文化的主体。本书给我们提供的孝、光两朝理学士大夫积极参与政治革新的图像无疑对南宋儒学"转向内在"说构成了根本的挑战。在这个意义上,本书不仅别开生面,提供了宋代文化史与政治史的交叉研究,而且本书所提出的王安石时代与后王安石时代的政治文化的连续性,也为理解宋代政治、文化的发展提供了新的典范。

五、重建"遗失的环节"

现在让我们转到南宋政治史。在这一主题上,本书的基本分析框架是关注理学士大夫、官僚集团、皇权力量三者的互动,欲观察在此种互动之中士大夫的政治主动性。

根据本书所述，理学士大夫的政治主动性往往对应于"得君行道"的向往和判断，换言之，这种政治主动性是基于士大夫与皇帝之间形成感召的关系而得以发扬。本书作者在仔细研究了12世纪最后20年的历史后发现，理学士大夫在这一时期政治上的活跃是和孝宗末年的新政部署有直接关系。其大致结论是：淳熙十四年高宗死后，孝宗的恢复冲动重被燃起，于是部署了一次大规模的改革行动；为了改变淳熙以来因循苟且的安静局面，他任命新相，并引入包括朱熹在内的大批理学士大夫进入中枢以为羽翼，图谋为恢复大计作内政的准备；然而这一与理学派士大夫的结盟，将更改淳熙以来的政治路线（国是），更势必引起权力的重组，故激起了淳熙后期一直主政的官僚集团的恐惧和反抗，从而酿成了持续十几年的政海波澜，最终导致了庆元党禁作为结局，宋代儒家的政治文化也因此耗尽了它的全部活力。

在本书所叙述的这段历史中，不仅可看到理学家期待"得君行道"的积极政治活动，可看到他们强烈的政治党性和勇往直前的政治拼争，更可清楚看到皇权、官僚、理学的复杂互动，从而突显和展现出朱熹的历史世界的生动图景。作者认为，由于改革方案未及实行而政局发生戏剧性改变，即光宗即位不久精神失常，又不久孝宗亦死而光宗内禅宁宗，孝宗的部署和理学士大夫的活动皆未在官方文书留下记载，从而使得这一段历史成为"遗失的环节"。而作者的用力，正是要以艰苦的史学工作努力发现和重建南宋中期政治史的这一"遗失的环节"。为此，作者对宋代文集、史乘、笔记等第一手资料遍加搜求，考证辨别、参伍分析，钩沉索隐，其用力之深，大大超出了一般研究朱熹和道学史的学者，作者所得出的结论发人之所未发,也都有其史料的根据。

　　作者的上述观察和结论使得他对已有的关于庆元党禁的看法提出了否定。传统的看法认为庆元党禁是官僚集团迫害知识分子,或政治权威迫害本与政治无关的知识分子。本书则认为,实际上理学家在这一时期已经进入权力世界,并与政敌展开了激烈的权力角逐。因此,庆元党禁的本质是官僚集团利用皇权力量把理学集团排斥出权力世界。官僚集团的构成也是士大夫,但与理学集团具有不同的政治取向;而官僚集团之排斥理学士大夫的根本原因是权力而不是思想,反道学和禁伪学只是官僚集团的一个方便的借口(下篇320)。作者对此段南宋政治史的研究和结论必将刺激起这一领域今后的进一步研究,成为南宋政治文化史研究的新动力。而作者关于权力世界三者互动(皇权、官僚、理学)的这一分析模式,对重新理解历史的诸多复杂现象亦提供了一个新的视角。

　　作者对此段历史的挖掘、重建、解释,展开于下篇全册的复杂论证,我们在这里自难尽表,读者可按之原书细细验证。其中值得特别拈出的,是其对孝宗、光宗的心路历程和不寻常的行为,都借助了"心理史"的方法以解释之,以揭示其认同危机和心理冲突,用补传统考证的不足;此部分叙述亦颇引人入胜,尤可见其史学方法的不拘一格。这里还要指出的是,在这部分论述中作者还提出一些有意义的论点,如指出朱熹政敌口中的"道学"与学术思想史上的"道学"是不同的概念。反道学派口中的"道学"是一个政治概念,意为"道学朋党",指与官僚集团对立的、以朱熹为精神领袖的、外延甚广的政治势力。而学术史上的"道学"在当时主要指朱熹、张南轩一派的性理之学。又如指出朱熹门人的活动方式在乾道淳熙之交已在士大夫中引起反感,他们自负矜己的态度往往使得官僚集团难以容忍,于是使得即使对朱熹、张栻很为尊重的儒家士大夫也对"道学"二字深抱怀疑的态度,这些也都在不同程度上成为后来道学之禁的因缘。作者的这些论断都言之有据,也是以前学者所多未注意的。作者对官僚集团的思维方式和行动方式的理想型分析,既系统深入,又精彩细致。尤当指出,作者对史料广征博引,考证精当,具见功力,这是其一贯风格,可不待言;而其运用之细,往往颇具慧眼,如淳熙末宰相周必大的日记《思陵录》,作者详加利用,以说明当时政治中枢的复杂情势,读之令人信服。又如《朱子年谱》虽清人王白田用力最深,但本书作者为还原当时政治情势,往往参比《旧谱》为说,亦一特色。

朱子的研究,历史学者往往视为禁途。20世纪宋史研究的大家,对朱熹与南宋道学往往避而不谈。已故著名宋史大家邓广铭先生对于孝、光、宁三朝史料、诗文十分精熟,曾有学者问他,在研究了陈亮、辛弃疾等人之后,是否有计划研究朱熹,他不无自嘲地说"朱熹学问大,研究不了"。邓先生对朱熹的看法固然颇受了陈亮的英雄主义的影响,但历史学者对朱熹研究多有意回避,由此亦可见一斑。事实上,对于历史学者,面对朱熹如何找到适宜的研究方向,始终是一个挑战。另一方面,近二十年来,宋史的研究,对于社会史、文化史的研究日益兴盛,对政治史的兴趣明显减低;晚近对孝宗、光宗两朝的政治史研究尤少,且多以宋金和战为中心,迄无突破。今余英时先生以朱熹为中心,遍考第一手史料为其基础,又以大家手眼,高屋建瓴,作为此书,将学术史政治史贯通研究,并且提出宋代政治文化解释的新典范,在宋史与宋学研究领域可谓别开生面,贡献良多。

最后我想提及的是,我在读此书的时候,往往联想起余先生的《论戴震与章学诚》《方以智晚节考》《陈寅恪晚年诗文释证》等书,在我个人看来,就本书的用力与成就来说,绝不在前述余先生几种名著之下,甚至是有过之的。本书的出版不仅是对朱熹研究的新的推进与深化,也必然对今后南宋政治史特别是孝、光两朝的政治文化史研究起一推动的作用。

(《二十一世纪》,2003年5期)

"一破千古之惑"
——朱子对《洪范》皇极说的解释

余英时先生在《朱熹的历史世界》一书中,对淳熙时期皇极说争论的政治含义作了深入揭示,指出孝宗淳熙后期王淮执政时以其皇极论为国是,标榜"维持安静""消弭朋党",作为其苟且折中的执政纲领,从而引起理学士大夫如朱熹的批评;而朱熹所写的《皇极辨》则是对光宗即位之初重申皇极为国是的反响,朱熹要推翻对皇极说的曲解,别出正解以取代之,以摧毁当时国是的理论基础。① 余先生的这些抉发是很值得重视的。

按照朱熹从理学诠释体系出发的理解,皇极之"皇"指王者而言,所以有关皇极的讨论,在朱熹确实是涉及政治文化范畴的问题。不过,这只是一面,在另外一面,朱子在和他的学生朋友之间讨论皇极的时候,更多地是把这个问题当作和朱熹经典解释中常常遇到的其他问题一样,从学术和思想上来加以讨论。因为,经典文本中任何一个观念,本身都具有其独立的经典解释意义,对

---

① 余英时:《朱熹的历史世界》,三联书店,2006年,823页。

朱子来说，经典的义理解释本身毕竟是第一位的，在此基础上申发其政治思想的应用。本文的意旨即在强调这一点。

一、皇极辨之起因

《尚书·洪范》，箕子论洪范九畴，其中第五项为"建用皇极"。文中对建用皇极的解说是：

> 五、皇极：皇建其有极。敛时五福，用敷锡厥庶民。惟时厥庶民于汝极。锡汝保极：凡厥庶民，无有淫朋，人无有比德，惟皇作极。凡厥庶民，有猷有为有守，汝则念之。不协于极，不罹于咎，皇则受之。而康而色，曰："予攸好德。"汝则锡之福。时人斯其惟皇之极。无虐茕独而畏高明，人之有能有为，使羞其行，而邦其昌。凡厥正人，既富方谷，汝弗能使有好于而家，时人斯其辜。于其无好德，汝虽锡之福，其作汝用咎。无偏无陂，遵王之义；无有作好，遵王之道；无有作恶，尊王之路。无偏无党，王道荡荡；无党无偏，王道平平；无反无侧，王道正直。会其有极，归其有极。曰：皇，极之敷言，是彝是训，于帝其训，凡厥庶民，极之敷言，是训是行，以近天子之光。曰：天子作民父母，以为天下王。

孔安国《洪范》之传曰："皇，大；极，中也。凡立事，当用大中之道。"其所谓大中即无过无不及，是两端的中道。

朱子自早年到中年，没有留意过《尚书·洪范》之皇极说的解释，现在看到最早的讨论应在淳熙后期，即自浙东救荒归来之后。如其答梁文叔：

> "皇极"之说,来说亦得之。大抵此章自"皇建其有极"以下,是总说人君正心修身、立大中至正之标准以观天下而天下化之之义;"无偏无陂"以下,乃是反复赞叹,正说皇极体段;"曰皇极之敷言"以下,是推本结杀一章之大意。向见诸葛诚之说略是如此,但渠说有过当处耳。(《朱子文集》卷四十四)

朱子在浙东时认识诸葛诚之,故推其语气,此书当作于浙东归来后数年,当在甲辰之后、戊申之前。在这里,朱子回应了梁关于皇极的讨论,他基本同意梁对皇极的解说,也基本肯定诸葛诚之对皇极说的理解。朱子认为,皇指人君,建极是确立根本标准。如何建极呢?就是人君以自己修身来确立这个道德标准,然后用这样的标准观察天下,而天下则自然会依照这个标准归心教化。朱子不仅解说了"皇建其有极",也把《洪范》中论皇极的整段文字分成三层作了结构和宗旨的说明。照朱子所说,他的理解与梁文叔及浙中学者诸葛诚之差别不大。虽然,朱子这里对皇极的解释是强调人君以修身立标准、天下化之,与后来《皇极辨》的基本思想一致,但在这里仍使用了"大中",这是《皇极辨》作成后朱子不再主张的,而且后来朱子是用"至极"而不是用"至正"解说极之义,可见此信当写于《皇极辨》作成之前。

淳熙末年,朱子作《皇极辨》,正式表达出其意见。其答吴伯丰第二书:

> 横渠先生象,记得旧传蜀中本时,云亦有御史象,今却不记曾见与不见。岁久不复可得其真,但当兼收,以见区区尊仰之意而已。但去岁此时同遭论列,今又适以此时相见,亦

可笑也。李卫公书如此,正不足传,顾其全书遂不复可见,殊可惜耳。庐陵近数得书,一病不轻,且幸已平复也。金溪一向不得书,亦省应答之烦。《皇极辨》并往,此亦一破千古之惑,可录一本送正淳,皆勿广为佳耳。(《朱子文集》五十二)

"去岁此时论列"指淳熙十五年六月朱子入朝时林栗既劾朱熹又攻击横渠之事。"金溪一向不得书",指朱陆太极之辩后二人已有一段时间未通音讯。按朱陆之辩朱子最后一书在淳熙十六年正月,二月孝宗内禅,陆象山七月来书报荆门之命,以此推之,此书应在淳熙十六年夏六月为近①,时当《皇极辨》作成不久,故寄吴伯丰一观。考虑到《皇极辨》一文写作的时间约在淳熙十六年夏或稍前,及此书的语气,《皇极辨》写作起因应当与朱陆之辩中涉及皇极说有直接关系。吴伯丰、万正淳皆江西学者,朱子在提到金溪(陆九渊)后立即提起随信寄去的《皇极辨》,并特意叮嘱"勿广为佳",即是不想让《皇极辨》一文广为流传,以避免刺激陆象山及其江西弟子,以免引起新的论辩,表明此文应与陆学有关。

同时,此文所论也包含了对"时事"的涉及,说明此文之作确有其涉关时事政治的含义。束景南曾指出:"朱熹其时专作《皇极辨》,一则抨击赵眘及反道学派所谓持平无党,调和折中之'皇极用中'说,盖'皇极用中'说已成赵眘及反道学当政打击道学之政治武器,如周南在绍熙元年廷对所言:'今蒙蔽之甚,使陛下不能用人者,其说有三而已,一曰道学,二曰朋党,三曰皇极。'(《山房

---

① 参看拙著:《朱子书信编年考证》,与束景南《朱子年谱长编》卷下,964页。

集》)二则仍与陆九渊论辩无极太极。"①按周南原话为："今之蒙蔽之甚者立为议论,以笼罩主意,使陛下不能摆脱以用人者,其说有三而已……"依周南当时的说法,淳熙中以来,朝中人士有三种突出的议论或说法蒙蔽了皇帝,妨碍了朝廷的用人,一是道学之论,二是朋党之论,三是皇极之论,可见周南所谓三说乃是指三种淳熙以来朝中的政治议论,对皇帝的用人之道发生了影响。这三种都是针对道学而对朝廷任用道学人士产生了消极作用的议论主张,皇极说便是其中的一种。职是之故,朱子的皇极辨中自然也会涉及对这种皇极说的政治应用的批评。

不过,朱子既然说明"一破千古之惑",表明无论写作的直接起因如何,此文的基本观念和理论指向是针对汉代以来学者对"皇极"的诠释传统进行辨析,其学术辨析的意义是基本和首要的。

二、《皇极辨》初本

传本朱子文集的《皇极辨》是后来的改本,而并不是淳熙十六年的初本,初本载在宋本《晦庵先生文集》后集,后集当刻于淳熙

---

① 束景南:《朱子年谱长编》卷下,964页。但与余英时稍有不同,束景南认为主张皇极说的主要是孝宗,而不是王淮。余英时则明确说明其看法是以李心传"如王淮之皇极"说为依据(见余著818页)。

十六年。① 让我们先来看《皇极辨》初本的全文：

> 《洛书》九数而五居中，《洪范》九畴而皇极居五，故自孔安国训"皇极"为"大中"，而后之诸儒莫有以为非者。予尝考之，皇者，君之称也；极者，至极之义、标准之名，常在物之中央，而四外望之以取正焉者也。故以极为在中之至则可，而直谓极为中则不可。若北辰之为天极，屋栋之为屋极，其义皆然。而《礼》所谓"民极"者，于皇极之义为尤近。顾今之说者既误于此，而并失于彼，是以其说展转迷缪而终不能以自明也。即如旧说，姑亦无问其他，但于洪范之易"皇"以"大"，易"极"以"中"而读之，则所谓"惟大作中，大则受之"之属为何等语乎！故予窃独以为皇者君也，极者至极之标准也。人君以一身立乎天下之中，而能修其身以为天下至极之标准，则天下之事故莫不协于此而得其本然之正，天下之人亦莫不观于此而得其固有之善焉，所谓皇极者也。是其见于经者，位置法象盖皆本于洛书之文，其得名则与夫天极、屋极、民极者皆取居中而取极之意，初非指中为极也，则又安得以是而训之哉？②

上为第一段（分段为笔者所为），解说"五、皇极"。朱子首先指出，

---

① 昌彼得认为后集刻于淳熙十六年三月，其说亦言之成理，昌说见其影印宋本《晦庵先生文集》跋。若如此，则《皇极辨》可能作于淳熙十六年二、三月间。以答吴伯丰书参之，至迟在该年五、六月。又，若《皇极辨》作于淳熙十六年二、三月间，时光宗刚刚即位，则朱子便不可能在其中对光宗的政策进行反应。但这并不排除朱子在接下来的几年中对光宗的政治和组织路线提出批评。

② 本文所用《皇极辨》初稿文本，见《朱子全书》修订本26卷，687—692页。

孔安国用"大中"解释皇极的说法,千年以来,大家都认为是正确的,从没有人指出其错误。事实上北宋道学对皇极的理解也没有离开孔说,如张横渠。① 而朱熹认为,首先,"皇极"中的"皇"是指君主而言,"极"是指标准;但皇权本身并不能成为标准,君主只有按儒家思想修身正身,他的行为才能成为天下的根本标准。所以朱熹的皇极思想是对皇权的道德限制,而不是对皇权的无条件声张,这是朱熹皇极说的政治思想本质,与后世鼓吹皇权的皇极说不同。其次,作为标准的极常常树立在物的中央,四方周围都以它为标准而取正。所以,极的位置常常在中央,但极的意思并不是中,极的意思是根本标准;特别是,如果照孔安国的说法,用大替代皇,用中替代极,下文的"惟皇作极"就变成"惟大作中",文义就完全不通了,因此以"大中"解释皇极是不正确的。总之,在概念上,朱子认为"中"是"极"所蠹立的位置,不是"极"的本义,极的本义只能是最根本的标准。反对以中为极是朱子的基本立场。当然,朱子也没有摆脱中的缠扰,在经典解释上,他还需要用极在中央之中来取代孔传的无过不及之中的解释。

> 曰"皇建其有极"云者,言夫人君以其一身而立至极之标准于天下也。曰"敛时五福,用敷锡厥庶民"者,言夫人君能建其极,而于五行焉得其性,于五事焉得其理,则固五福之所聚,而又推以化民,则是布此福而与民也。曰"惟时厥庶民于汝极,锡汝保极"者,言民视君以为至极之标准而从其化,则

---

① 如横渠言:"极善者,须以中道方谓极善,故大中谓之皇极,盖过则便非善,不及亦非善。"(《语录下》,《张载集》,332页)

是以此还锡其君,而使之长为天下之标准也。曰"凡厥庶民,无有淫朋,人无有比德,惟皇作极"者,言民之所以能若此者,皆君之德有以为至极之标准也。曰"凡厥庶民,有猷有为有守,汝则念之;不协于极,不罹于咎,皇则受之"者,言君既立极于上,而下之从化或有浅深迟速之不同。则其有谋者为操守者固当念之而不忘;其未能尽从而未抵于大戾者,亦当受之而不拒也。曰"而康而色,曰:'予攸好德。'汝则锡之福,时人斯其惟皇之极"者,言人之有能革面而以好德自名,虽未必出中心之实,亦当教以修身求福之道,则是人者亦得以君为极而勉其实也。

上为第二段,阐述《洪范》中"皇建其有极"及其以下几句中论及"极"的语句意义。朱子认为,"皇建其有极"就是人君以身作则为天下建立一根本标准。而"皇建其有极"下面几句都是说人君立此标准并推广以教化人民,而人民以君身之德为至极标准,追随并归化于此极;强调按照皇极修身是根本的求福之路。在他看来,这样的解释非常通畅。

  曰"无虐茕独,而畏高明。人之有能有为,使羞其行,而邦其昌"者,言君之于民不当问其贵贱强弱,而皆欲其有以进德,故其有才能者必皆使其勉进其行,而后国可以赖以兴也。曰"凡厥正人,既富方,汝弗能使有好于而家,时人斯其辜。于其无好德,汝虽锡之福,其作汝用咎"者,言凡欲正人者,必先有以富之,然后纳之于善。若不能使之有所赖于其家,则此人必将陷于不义而无复更有好德之心矣,至此而后始欲告之以修身求福之说,则已缓不及事,而其起而报汝,唯有恶而无善矣。盖人之气禀不同,有不可以一律齐者。是以圣人所以立极于上者至严至密,而所以接引于下者至宽至广。虽彼之所以移于此者,迟速真伪、才德高下有万不同;而吾之所以应于彼者,矜怜抚奄,恳恻周尽,未尝不一也。

上为第三段,朱子认为这一段先讲人君用人之道不论强弱,都以进德为要求;其次强调教化必须先富后教,使民之家业有基础,而后使其向善好德,以修身求福。朱子指出,圣人建立标准是至为严密的,但接引下民的态度则甚为宽广,对下民因德性的差别造成的进步缓慢持宽容态度,显现出对人民的恳恻之心。朱熹认为,立极和接引是不可偏废的两面,立极必须至严至密,接引则应当至宽至广。这里所谓接引的宽广是对下民而言。

曰"无偏无陂,遵王之义;无有作好,遵王之道;无有作恶,遵王之路。无偏无党,王道荡荡;无党无偏,王道平平;无反无侧,王道正直。会其有极,归其有极"者,言民皆不溺于己之私,以从乎上之化,而会归于至极之标准也。析而言之,则偏陂好恶,以其生于心者也言也;偏党反侧,以其见于事者言也;遵义、遵道、遵路,方会其极也;荡荡、平平、正直,则已归于极矣。曰"皇极之敷言,是彝是训,于帝其训"者,言人君以身为表而布命于下,则其所以为常、为教者一皆循天之理,而不异乎上帝之降衷也。曰"凡厥庶民,极之敷言,是训是行,以近天子之光"者,言民于君之所命,能视以为教而谨行之,则是能不自绝远,而有以亲被其道德之光华也。曰"天子作民父母,以为天下王"者,言能建其有极,所以有作民之父母而为天下之王也。不然,则有其位无其德,不足以建立标准,子育元元,而履天下之极尊矣。

以上为第四段,解说六"无"和会归有极。按"无有作好""无有作恶""无偏无陂""无偏无党""无党无偏""无反无侧",这六项"无"是修身的不同方面;"遵王之义""遵王之道""遵王之路"是遵从君上的教化。"会其有极,归其有极"是归于根本的标准。朱子认为六"无"而"遵王",是说人民遵从人君的教化,会归于人君以身立极的标准。王道荡荡、王道平平、王道正直都是归于根本标准的状态。

通过上面四段,已经把洪范"皇建其有极"一整段的意思讲明。此下,朱子又对以大中解释皇极的现实政治含义和流弊进行了直接的批评:

> 天之所以锡禹,箕子之所以告武王者,其大指盖如此。虽其奥雅深微,或非浅陋所能究测,然尝试以是读之,则亦坦然明白而无一字之可疑者。但先儒昧于训义之实,且未尝讲于人君修身立道之本,既误以"皇极"为"大中",又见其词多为含洪宽大之意,因复误认,以为所谓中者不过如此。殊不知居中之中既与无过不及之中不同,而无过不及之中乃义理精微之极,有不可以毫厘之差者,又非含糊苟且、不分善恶之名也。今以误认之"中"为误认之"极",不谨乎至严至密之体,而务为至宽至广之量,则汉元帝之优游、唐代宗之姑息,皆是物也。彼是非杂糅,贤不肖混淆,方且昏乱陵夷之不暇,尚何敛福锡民之可望哉!

这是初本的第五段。朱子指出,把皇极解释为大中,在政治上就是强调掌握"无过无不及"的调和中间路线。而这种"大中"其实往往是放弃原则,放弃标准,成为含糊苟且、不分善恶的掩饰;由于取消了严格的标准,专以宽容为名,结果是杂糅是非,混淆君子小人。如前面所说,立极严而接引不宽,是不对的;立极不严而只求宽松,也是不对的。虽然这里所说曲解含容宽大的"先儒"包含了本朝不少人物,因为北宋以来朝廷常常出现以"皇极用中"标榜不偏不倚的说法,但朱子在这里实际上是有针对性的,直指孝宗时代后期朝中某些政治集团或势力(如王淮)。他们所持大中的皇极说,其政治实践,对于朱熹而言,就是对道学人士和反道学人士不分善恶,对道学人士与反道学人士在政治上的争论模糊化处理,对反道学的小人含糊包容,仍加使用。朱子认为,这就是混淆杂糅的政治议论和含糊苟且的政治路线。

在文本的最后一段也就是第六段:

> 吾意如此,而或者疑之,以为经言"无偏无陂""无作好恶"则所谓极者,岂不实有取乎得中之意,而所谓中者,岂不真为无所去就憎爱之意乎?吾应之曰"无偏无陂者,以不私意而有所去就尔。然曰遵王之义,则去恶而从善未尝不力也。无作好恶者,不以私而自为憎爱尔。然曰遵王之道,遵王之路,则其好善而恶恶固未尝不明也。是岂但有包容、漫无分别之谓?又况经文所谓王义王道王路者,乃为皇建有极之体,而所谓无所偏陂反侧者,自为民归有极之事,其文义亦自不同也邪。必若子言,吾恐天之所以锡禹,箕子之所以告武王者,上则流于老庄依阿无心之说,下则溺于乡原同流合污之见,虽欲身体而力行之,是乃所以幸小人而病君子,亦将

> 何以立大本而序彝伦哉?作皇极辨。

从此段最后一句"作皇极辨"来看,应是全文的最后结束。在这一段里,朱子批评了把"无作好恶"理解为"但有包容、漫无分别"的态度,也批评了把"无作好恶"理解为佛老"无所去就"的思想;否定了把"无作好恶"理解为老庄"依阿无心之说",也否定了把无作好恶混等于"乡愿同流合污之见"。这里主要针对的是以老庄思想解释皇极说的论点。

在《皇极辨》初本本体完成之后,朱熹又两次写了补充,记之于文后,发明未尽之意。第一个补记是:

> 或曰:"皇极之为至极,何也?"予应之曰:"人君中天下而立,四方面内而观仰之者,至此辐辏于此而皆极焉。自东而望者不能过此而西也,自西而望者不能逾此而东也。以孝言之,而天下之孝至此无以加;以弟言之,则天下之弟至此而无小过也。此人君之位之德所以为天下之至极,而皇极所以得名之本意也。故惟曰聪明睿智,首出庶物,如所谓天下一人而已者然后有以履之而不疚,岂曰含容宽〔大一〕德之偏而足以当之哉!"客曰唯唯,因复记于此,以发前之未尽。

这是解释至极,强调至极的意思就是中天下而立,四方观仰取法以为至极。皇极即人君之德为天下至极。朱子特别提及,皇极绝不是仅指含容宽大而已。

第二个补记是:

> 庄子曰:"为善无近名,为恶无近刑,缘督以为经。"督,旧以为中,盖人身有督脉,循脊之中,贯彻上下(见医书),故衣

背当中之缝亦谓之督（见《深衣注》），皆中意也。老庄之学，不论义理之当否，而但欲依阿于其间，以为全身避患之计，正程子所谓闪奸打讹者，故其意以为为善而近名者为善之过也，为恶而近刑者亦为恶之过也，唯能不大为善、不大为恶而但循中以为常，则可以全身而尽年矣。然其为善无近名者，语或似是而实不然。盖圣贤之道，但教人以力于为善之实，初不教人以求名，亦不教人以逃名也。盖为学而求名者，自非为己之学，盖不足道；若畏名之累己而不敢尽其为学之力，则其为心亦已不公而稍入于恶矣。至谓为恶无近刑，则尤悖理。夫君子之恶恶如恶恶臭，非有所畏而不为也，今乃择其不至于犯刑者而窃为之，至于刑祸之所在，巧其途以避之而不敢犯，此其计私而害理又有甚焉。乃欲以其依违苟且之两间为中之所在而循之，其无忌惮亦益甚矣！客尝有语予者曰：昔人以诚为入道之要，恐非易行，不若以中易诚，则人皆可行而无难也。予应之曰：诚而中者，君子之中庸也；不诚而中，则小人之无忌惮耳。今世俗苟偷恣睢之论，盖多类此，不可不深察也。或曰：然则庄子之意，得无与子莫之执中者类耶？曰：不然。子莫执中，但无权耳，盖犹择于义理而误执此一定之中也。庄子之意，则不论义理，专计利害，又非子莫之比矣。盖迹其本心，实无以异乎世俗乡原之所见，而其揣摩精巧、校计深切，则又非世俗乡原之所及，是乃贼德之尤者。所以清谈盛而晋俗衰，盖其势有所必至，而王通犹以为非老庄之罪，则吾不能识其何说也。既作《皇极辨》，因感此意有相似者，谩笔之于其后云。

按：此文原附于《皇极辨》之后，为补记之二，当时未有"养生主说"之名；后独立为篇，篇名定为《养生主说》，载于今传本文集七十二，而文字与《皇极辨》初稿所附无异。此文批评庄子"为善无近名，为恶无近刑"之说，认为这种思想与世俗所谓"中"有近似之处，世俗的中"乃欲以其依违苟且之两间为中之所在而循之"，是"苟偷恣睢之论"，这既不是"子莫执中"的中，也不是皇极之义。

由于这两则补记皆附于《皇极辨》初本之末，收入淳熙十六年所刻《晦庵先生文集》后集，可知两则补记写作的时间应在《皇极辨》初本完成后不久。而在这两则补记中，朱子突出地批判了依违苟且之两间的中间路线和折中主义，现实政治含义比较突出。

三、《皇极辨》后本

今传本所载《皇极辨》为后本，载朱子文集卷七十二，乃就初本而加以文饰之，其全文如下：

> 《洛书》九数而五居中，《洪范》九畴而皇极居五，故自《孔氏传》训"皇极"为"大中"，而诸儒皆祖其说。余独尝以经之文义语脉求之，而有以知其必不然也。盖皇者，君之称也；极者，至极之义、标准之名，常在物之中央，而四外望之以取正焉者也。故以极为在中之准的则可，而便训极为中则不可。若北辰之为天极，脊栋之为屋极，其义皆然。而《礼》所谓"民极"，《诗》所谓"四方之极"者，于皇极之义为尤近。顾今之说者既误于此，而并失于彼，是以其说展转迷缪而终不能以自明也。即如旧说，姑亦无问其它，但即经文而读"皇"为"大"，

读"极"为"中",则夫所谓"惟大作中,大则受之"为何等语乎!
以上为第一段,对比初本可知,其对皇极的解释与初本完全一致。在次序文句上则有别,如初稿"予尝考之",后本为"余独尝以经之文义语脉求之,而有以知其必不然也"。初本"故以极为在中之至则可",后本作"故以极为在中之准的则可"。在举例中加了《诗》所谓"四方之极",而去掉了初本论法象本于洛书、得名居中而取极一段。

今以余说推之,则人君以眇然之身履至尊之位,四方辐凑,面内而环观之,自东而望者不过此而西也,自南而望者不过此而北也,此天下之至中也。既居天下之至中,则必有天下之纯德而后可以立至极之标准,故必顺五行、敬五事以修其身,厚八政、协五纪以齐其政,然后至极之标准卓然有以立乎天下之至中,使夫面内而环观者莫不于是而取则焉:语其仁则极天下之仁,而天下之为仁者莫能加也;语其孝则极天下之孝,而天下之为孝者莫能尚也,是则所谓皇极者也。由是而权之以三德,审之以卜筮,验其休咎于天,考其祸福于人,如挈裘领,岂有一毛之不顺哉!此《洛书》之数所以虽始于一,终于九,而必以五居其中;《洪范》之畴所以虽本于五行,究于福极,而必以皇极为之主也。

与初本不同的是,第二段没有立即讨论皇建其有极和敛时五福等,而是把初本的补记一的思想增写在这里。强调立于天下之至中者必有天下之纯德,如此才可以为至极的标准;其纯德又必须在五行、五事、八政等实事上体现,标准才能真正立于天下而使人民据以取正。君主为德和为政相统一,以皇极为主,社会和人民才能聚福得福,这是儒家德福观的一种表达。

若箕子之言有曰"皇建其有极"云者,则以言夫人君以其一身而立至极之标准于天下也。其曰"敛时五福,用敷锡厥庶民"云者,则以言夫人君能建其极,则为五福之所聚,而又有以使民观感而化焉,则是又能布此福而与其民也。其曰"惟时厥庶民于汝极,锡汝保极"云者,则以言夫民视君以为至极之标准而从其化,则是复以此福还锡其君,而使之长为至极之标准也。其曰"凡厥庶民,无有淫朋,人无有比德,惟皇作极"云者,则以言夫民之所以能有是德者,皆君之德有以为至极之标准也。其曰"凡厥庶民,有猷有为有守,汝则念之;不协于极,不罹于咎,皇则受之"云者,则以言夫君既立极于上,而下之从化或有浅深迟速之不同。其有谋者、有才者、有德者,人君固当念之而不忘;其或未能尽合而未抵乎大戾者,亦当受之而不拒也。其曰"而康而色,曰:'予攸好德。'汝则锡之福,时人斯其惟皇之极"云者,则以言夫人之有能革面从君而以好德自名,则虽未必出于中心之实,人君亦当因其自名而与之以善,则是人者亦得以君为极而勉其实也。

这是第三段,与初本第二段论述的内容相当。在文句上,初本作"曰'敛时五福,用敷锡厥庶民'者,言夫人君能建其极,而于五行焉得其性,于五事焉得其理,则固五福之所聚,而又推以化民,则是布此福而与民也"。后本为"其曰'敛时五福,用敷锡厥庶民'云者,则以言夫人君能建其极,则为五福之所聚,而又有以使民观感而化焉,则是又能布此福而与其民也"。把初本和后本对照可见,

"曰"改为"其曰","者"改为"云者","言夫"改为"则以言夫",这是后本的通例;并去掉了"而于五行焉得其性,于五事焉得其理",把"而又推以化民"改为"而又有以使民观感而化焉"。在这些地方,既可见朱子修辞之功的精细,也可看出后本的简化。本段此类例子,仅举如此,读者可自行细加比照。

其曰"无虐茕独,而畏高明。人之有能有为,使羞其行,而邦其昌"云者,则以言夫君之于民一视同仁,凡有才能皆使进善,则人材众多而国赖以兴也。其曰"凡厥正人,既富方,汝弗能使有好于而家,时人斯其辜。于其无好德,汝虽锡之福,其作汝用咎"云者,则以言夫凡欲正人者,必先有以富之,然后可以纳之于善。若不能使之有所赖于其家,则此人必将陷于不义。至其无复更有好德之心,而后始欲教之以修身,劝之以求福,则已无及于事,而其起以报汝唯有恶而无善矣。盖人之气禀或清或浊,或纯或驳,有不可以一律齐者。是以圣人所以立极乎上者至严至密,而所以接引乎下者至宽至广。虽彼之所以化于此者,浅深迟速其效或有不同;而吾之所以应于彼者,长养涵育其心未尝不一也。

这是第四段,与初本第三段论述的内容相当。其中文句的调整修饰之功,略如前面一段,如最后一句初本作"虽彼之所以移于此者,迟速真伪、才德高下有万不同;而吾之所以应于彼者,矜怜抚奄,恳恻周尽,未尝不一也"。后本为"虽彼之所以化于此者,浅深迟速其效或有不同,而吾之所以应于彼者,长养涵育其心未尝不一也"。是故不复一一细加比较了。

其曰"无偏无陂,遵王之义;无有作好,遵王之道;无有作恶,遵王之路。无偏无党,王道荡荡;无党无偏,王道平平;无反无侧,王道正直。会其有极,归其有极"云者,则以言夫天下之人皆不敢徇其己之私以从乎上之化,而会归乎至极之标准也。盖偏陂好恶者,已私之生于心者也;偏党反侧者,已私之见于事者也;王之义、王之道、王之路,上之化也,所谓皇极者也;遵义、遵道、遵路,方会其极也;荡荡、平平、正直,则已归于极矣。其曰"皇极之敷言,是彝是训,于帝其训"云者,则以言夫人君以身立极而布命于下,则其所以为常、为教者皆天之理,而不异乎上帝之降衷也。其曰"凡厥庶民,极之敷言,是训是行,以近天子之光"云者,则以言夫天下之人,于君所命,皆能受其教而谨行之,则是能不自绝远,而有以亲被其道德之光华也。其曰"曰:'天子作民父母,以为天下王'"云者,则以言夫人君能立至极之标准,所以能作亿兆之父母而为天下之王也。不然,则有其位无其德,不足以首出庶物、统御人群而履天下之极尊矣。

这是第五段,与初本第四段论述的内容相当。其中文句以多调整之功,如初本作"言人君以身为表而布命于下",后本为"则以言夫人君以身立极而布命于下",后本突出"立极",与全篇思想更为一致。初本作"不足以建立标准,子育元元,而履天下之极尊矣",后本为"不足以首出庶物、统御人群,而履天下之极尊矣"。

是书也,原于天之所以锡禹,虽其茫昧幽眇有不可得而知者,然箕子之所以言之而告武王者,则已备矣。顾其词之宏深奥雅,若有未易言者,然尝试虚心平气而再三反复焉,则亦坦然明白而无一字之可疑。但先儒未尝深求其意，而不察乎人君所以修身立道之本，是以误训"皇极"为"大中"。又见其词多为含洪宽大之言，因复误认"中"为含胡苟且、不分善恶之意。殊不知"极"虽居中，而非有取乎中之义。且"中"之为义，又以其无过不及、至精至当而无有毫厘之差，亦非如其所指之云也。乃以误认之"中"为误训之"极"，不谨乎至严至密之体，而务为至宽至广之量，其弊将使人君不知修身以立政，而堕于汉元帝之优游、唐代宗之姑息，卒至于是非颠倒，贤否贸乱，而祸败随之，尚何敛福锡民之可望哉！

这是第六段，与初本第五段论述的内容相当。初本作"既误以'皇极'为'大中'。又见其词多为含洪宽大之意，因复误认，以为所谓中者不过如此。殊不知居中之中既与无过不及之中不同，而无过不及之中乃义理精微之极，有不可以毫厘之差者，又非含糊苟且、不分善恶之名也"。后本为"是以误训'皇极'为'大中'。又见其词多为含洪宽大之言，因复误认'中'为含胡苟且、不分善恶之意。殊不知'极'虽居中，而非有取乎中之义。且'中'之为义，又以其无过不及、至精至当而无有毫厘之差，亦非如其所指之云也"。两相比较，意旨相同，文语次序有所调整，更明确指出了误认中为无原则调和的错训。

呜呼！孔氏则诚误矣，然迹其本心，亦曰姑以随文解义，为口耳占毕之计而已，不知其祸之至此也。而自汉以来迄今千有余年，学士大夫不为不众，更历世变不为不多，幸而遗经尚存，本文可考，其出于人心者又不可得而昧也；乃无一人觉其非是而一言以正之者，使其患害流于万世，是则岂独孔氏之罪哉！予于是窃有感焉，作《皇极辨》。

这是第七段，与初本的第六段论述的内容相当，而论述不同。初本针对以老庄思想解"中"、解"无偏无党""无作好恶"，明确加以分析和辨别。而后本则删掉了这一段，指出孔氏以来，其错误竟无人为之指正，造成患害千有余年。其中"自汉以来迄今千有余年，乃无一人觉其非是而一言以正之者，使其患害流于万世"，乃朱子指出大中说的错误，这就是所谓"一破千古之惑"。朱子特别强调"幸而遗经尚存，本文可考，其出于人心者又不可得而昧也"，点明了朱子解经的根据。此外初本补记第一已经吸收在后本，初稿补记第二则独立为"养生主说"，故后本《皇极辨》至此而全文完。

由于后本与初本多是文语有所不同，基本思想没有改变，因此可推知，后本的完成亦在初本写就之后的一两年内。数年以后，庆元二年丙辰，朱子因读冯当可集而为后本《皇极辨》写了一则补记：

> 冯当可，字时行，蜀人，博学能文。其集中有封事云："愿陛下远便佞，疏近习，清心寡欲以临事变，此兴事造业之根本，《洪范》所谓'皇建其有极'者也。"其论皇极深合鄙意。然则予前所谓"千有余年无一人觉其缪而正之"者，亦近诬矣。但专经之士无及之者，而文士反能识之，岂汩没传注者不免于因陋踵讹，而平心诵味者有时而得之文字之外耶！庆元丙辰腊月甲寅，东斋南窗记。

冯时行（公元1100—1163年）字当可，以人君清心寡欲为皇建其有极，而不追随孔氏传的大中说，朱子认为这种以人君修身解释皇极的理解"深合鄙意"。(补记中"予前所谓'千有余年无一人觉其缪而正之'者",当为概括后本最后两句之言)朱熹写《皇极辨》的时候本不是主要针对政治的发言,但在庆元二年韩侂胄禁伪学时身陷危机的处境,再读冯行可集,使他对冯当可封事所说"愿陛下远便佞,疏近习,清心寡欲以临事变,此兴事造业之根本,《洪范》所谓'皇建其有极'者也",不能不深有同感。

四、与门人论皇极

《语类》卷七十九中有关皇极的论述,并不少见,可与《皇极辨》相对照。其中多是就《洪范》文本之贯通诠释立论,如:

> "五皇极",只是说人君之身,端本示仪于上,使天下之人则而效之。圣人固不可及,然约天下而使之归于正者,如"皇则受之","则锡之福"也。所谓"遵王之义"、"遵王之道"者,天下之所取法也。人君端本,岂有他哉?修于己而已。一五行,是发原处;二五事,是总持处;八政,则治民事;五纪,则协天运也;六三德,则施为之撙节处;七稽疑,则人事已至,而神明其德处;庶征,则天时之征验也;五福、六极,则人事之征验也。其本皆在人君之心,其责亦甚重矣。"皇极",非说大中之道。若说大中,则皇极都了,五行、五事等皆无归啥处。又云:"便是'笃恭而天下平'之道。天下只是一理;圣贤语言虽多,皆是此理。如《尚书》中《洛诰》之类,有不可晓处多。然间有说道理分晓处,不须训释,自然分明。如云'王敬作所不可不敬德'、'肆惟王其疾敬德'、'不敢替厥义德'等语是也。"

人杰。莹录详见下。(《朱子语类》卷七十九)

此条万正淳字人杰录,明确说明皇极不是指大中之道,皇极是指人君之身端本于上,以修己为本。这段话解释皇极的方向与《皇极辨》同,但尚未以至极标准而言,应在《皇极辨》作成之前。朱子与万曾经讨论及此,故写成《皇极辨》后要吴必大转示万正淳。

"皇极"二字,皇是指人君,极便是指其身为天下做个样子,使天下视之以为标准。"无偏无党"以下数语,皆是皇之所建,皆无偏党好恶之私。天下之人亦当无作好作恶,便是"遵王之道","遵王之路",皆会归于其极,皆是视人君以为归。下文"是彝是训,于帝其训","是训是行,以近天子之光",说得自分晓。"天子作民父母,以为天下王",则许多道理尽在此矣。但缘圣人做得样子高大,人所难及,而不可以此尽律天下之人,虽"不协于极",但"不罹于咎"者,皇亦受之。至于"而康而色",自言"好德"者,亦锡之福。极,不可以"大中"训之,只是前面五行、五事、八政、五纪是已,却都载在人君之身包括尽了。五行是发源处;五事是操持处;八政是修人事;五纪是顺天道;就中以五事为主。视明听聪,便是建极,如明如聪,只是合恁地。三德,亦只是就此道理上为之权衡,或放高,或捺低,是人事尽了。稽疑,又以卜筮参之。若能建极,则推之于人,使天下皆享五福;验之于天,则为休征。若是不能建极,则其在人事便为六极,在天亦为咎征。其实都在人君身上,又不过"敬用五事"而已,此即"笃恭而天平"之意。以是观之,人君之所任者,岂不重哉!如此,则九畴方贯通为一。若以"大中"言之,则九畴散而无统。大抵诸书初看其言,若不胜其异,无理会处;究其指归,皆只是此理。如《召诰》中,其初说许多言语艰深难晓,却紧要处,只是"惟王不可不敬德"而已。(营)(《朱子语类》卷七十九)

据语录姓氏黄䇓戊申所闻,为天下作个样子即端本示仪于上,明言极不可以大中训之。时为朱陆太极之辩之中,其思想与稍后所作《皇极辨》一致,强调都在人君身上作榜样,人君无偏无党,人们自然遵王之道。人君能为天下作个样子,推之于人,便使天下人享受五福。

> 问:"先生言'皇极'之'极'不训中,只是标准之义。然'无偏无党','无反无侧',亦有中意。"曰:"只是个无私意。"问:"'准标之义'如何?"曰:"此是圣人正身以作民之准则。"(《朱子语类》卷七十九)

此问答言朱子论皇极不训中,只是标准,与《皇极辨》所说合,应在《皇极辨》之后。人君以身作则,以己之正身作民之标准,此便是皇极。

> 先生问曹:"寻常说'皇极'如何?"曹云:"只说作'大中'。"曰:"某谓不是'大中'。皇者,王也;极,如屋之极;言王者之身可以为下民之标准也。貌之恭,言之从,视明听聪,则民观而化之,故能使天下之民'无有作好,而遵王之道;无有作恶,而遵王之路';王者又从而敛五者之福,而锡之于庶民。敛者,非取之于外,亦自吾身先得其正,然后可以率天下之民以归于正,此锡福之道也。"(卓)(《朱子语类》卷七十九)

卓录,据语录姓氏,其在饶后录之序,当在壬子前后,故与《皇极辨》所论一致。以"吾身先得其正,然后可以率天下之民以归于正"为锡福之道。《洪范》九畴第九本是向用五福,而在第五皇极这一畴中,多次谈到"锡福",即施布给人们幸福,不仅强调"敛时五福,用敷锡厥庶民",而且说到"汝则锡之福""汝虽锡之福",是经典中较关注"福"的文献。由于《尚书》所说的福是人民的幸福,锡福是人君施布幸福给人民,其福论是政治与行政意义的,故儒家政治思想强调人君必须正身才能给人民带来幸福。

"皇极",如"以为民极"。标准立于此,四方皆面内而取法。皇,谓君也;极,如屋极,阴阳造化之总会枢纽。极之为义,穷极极至,以上更无去处。(闳祖)(《朱子语类》卷七十九)

李闳祖,语录姓氏戊申以后所闻,所谓"四方皆面内而取法。皇,谓君也;极,如屋极"与《皇极辨》初本后本一致。"阴阳造化之总会枢纽"的提法本是朱子对太极的解释,此处论皇极之极并联系太极之极,与朱子答陆九渊论太极书一致(详后),当在同时。

"极,尽也。"先生指前面香桌:"四边尽处是极,所以谓之四极。四边视中央,中央即是极也。尧都平阳,舜都蒲坂,四边望之,一齐看着平阳蒲坂。如屋之极,极高之处,四边到此尽了,去不得,故谓之极。宸极亦然。至善亦如此。应于事到至善,是极尽了,更无去处。'故君子无所不用其极'。书之'皇极',亦是四方所瞻仰者。皇,有训大处,惟'皇极'之'皇'不可训大。皇,只当作君,所以说'遵王之义,遵王之路',直说到后面'以为天下王',其意可见。盖'皇'字下从'王'。"(泳)(《朱子语类》卷七十九)

胡泳录在晚年,极,尽也,与以至训极同意。其四边望之、屋极之说,皆发《皇极辨》之义。说明《皇极辨》之后直至晚年朱子始终坚持他对极的训释。

自然,在坚持正训解的同时,朱子也会对正解的反面进行批评,并点出"今人"政策主张的偏差,如:

> 皇极非大中,皇乃天子,极乃极至,言皇建此极也。东西南北,到此恰好,乃中之极,非中也。但汉儒虽说作"中"字,亦与今不同,如云"五事之中",是也。今人说"中",只是含胡依违,善不必尽赏,恶不必尽罚。如此,岂得谓之中!可学。
> (《朱子语类》卷七十九)

郑可学漳州来学,语录姓氏其所录在绍熙二年,故此段话在《皇极辨》作成以后,故与《皇极辨》后本说法一致,在其中批评了"今人"即当时主政者对中的理解。

> 苏氏以皇极之建,为雨、旸、寒、燠、风之时,皇极不建则反此。汉儒之说尤疏,如以五般皇极配庶征,却外边添出一个皇极,或此边减却一个庶征。自增自损,皆出己意。然此一篇文字极是不齐整,不可晓解。如"五福"对"六极":"一曰寿",正对"凶短折";"二曰富",正对"贫","三曰康宁"对"疾与弱",皆其类也。"攸好德"却对"恶",参差不齐,不容布置。如曰"敛时五福,锡厥庶民",不知如何敛?又复如何锡?此只是顺五行,不违五事,自己立标准以示天下,使天下之人得以观感而复其善尔。今人皆以"皇极"为"大中",最无义理。如汉儒说"五事之中",固未是,犹似胜此。盖皇者,君之称

也。如"皇则受之","皇建其极"之类,皆不可以"大"字训"皇"字。"中"亦不可以训"极"。"极"虽有"中"底意思。但不可便以为"中",只训得"至"字。如"北极"之"极","以为民极"之"极",正是"中天下而立"之意。谓四面凑合,至此更无去处。今即以"皇极"为"大中"者,更不赏善,亦不罚恶,好善恶恶之理都无分别,岂理也哉!(谟)(《朱子语类》卷七十九)

周谟录己亥以后所闻,此录甚详,与《皇极辨》及以上郑可学录完全一致。尤其是此录最后"今即以"皇极"为"大中"者,更不赏善,亦不罚恶,好善恶恶之理都无分别,岂理也哉!"直指含糊依违的政治路线,应在《皇极辨》稍后。

五、朱陆之辩皇极

在作《皇极辨》的前一年,淳熙十五年四月,陆九渊与朱熹书,辨太极图说。朱熹十一月八日复书,陆九渊十二月十四日答书,朱熹与次年己酉正月再复书。二人就太极图两来两往,便告结束,未继续下去。此一过程自无需在这里赘述。

陆九渊在其第一书中提出"极,中也",以此说明"无极"如同"无中",是不通之论。朱熹十一月答其书,提出太极即至极之理,极并不是"中",其书云:

> 至如"北极"之极,"屋极"之极,"皇极"之极,"民极"之极,诸儒虽有解为中者,盖以此物之极常在此物之中,非指极字而训之以中也。极者,至极而已。以有形者言之,则其四方八面,合辏将来,到此筑底,更无去处,从此推出,四方八面,

都无向背,一切停匀,故谓之极耳。后人以其居中而能应四外,故指其处而以中言之,非以其义为可训中也。(《朱子文集》三十六《答陆子静》)

可见朱子在答陆九渊此书的次年所作《皇极辨》中的主张,与这里所说是一致的。需要指出的是,朱子在这里是第一次正面阐发皇极的意义,而此时他所阐发的对极与皇极的解释并没有包含任何政治的考虑在内。明显的是,朱子的解释是从他自己对太极的解释出发的,与他对太极的解释"理之极至"相一致的是他的基本出发点。太极论是朱子哲学的核心,是朱子必须强力捍卫的,在这个意义上说,极的诠释和皇极的诠释都负有维护太极论的意义。这应当是《皇极辨》的出发点。很明显,如果在太极的问题上,极被解释为中,太极便是太中,这和《易传》《庄子》等书以及汉唐易学对太极的理解就全然背离,而讲不通。朱子用经典中北极、皇极、民极的解释支持自己的主张,而陆九渊坚持以极为中,陆第二书曰:

> 极亦此理也,中亦此理也。五居九畴之中,而曰"皇极",岂非以其中而命之乎?"民受天地之中以生",而《诗》言"立我丞民,莫非尔极",岂非以其中命之乎?《中庸》曰:"中也者,天下之大本也。和也者,天下之达道也。致中和,天地位焉,万物育焉。"此理至矣,外此,岂更复有太极哉?(《陆九渊集》,《与朱元晦二》,28页)

陆氏不反对极是理,但他强调中也是理,所以中可以是极。在这里涉及皇极的讨论中,陆九渊认为,洪范九畴,皇极为第五,居于九畴之正中,中即是两极的中间。所以皇是"以其中而命名"。可见陆九渊正是用通行的《尚书》孔传以"中"对皇极之极的解释来反驳朱熹。陆九渊的主张被朱熹概括为"以中训极",这个观点实来自于孔传。从这一点来看,太极之辩是必然要发展为皇极之辩的。朱熹则坚持极是指理而言,认为中不是皇极之义,朱第二书曰:

> "极"是名此理之至极,"中"是状此理之不偏,虽然同是此理,然其名义各有攸当。虽圣贤言之,亦未敢有所差互也。若"皇极"之极,"民极"之极,乃为标准之意。犹曰"立于此而示于彼,使其有所向望而取正焉"耳,非以其中而命之也。……大传、洪范、诗、礼皆言极而已,未尝谓极为中也,先儒以此极处常在物之中央,而为四方之所面向而取正,故因以中释之,盖亦未为甚失。而后人遂直以极为中,则又不识先儒之本意矣。(《文集》三十六《答陆子静》)

以极为标准,正是此下《皇极辨》所正面主张的,"以此极处常在物之中央,而为四方之所面向而取正"也是《皇极辨》中所用的说明方式。可见朱熹在朱陆之辩中对"极"及皇极的解释正是他其后不久撰写《皇极辨》的直接基础。在这个意义上说,《皇极辨》对于朱子而言本是朱陆太极之辩的一个余波,是朱子在理论上反对以中训极的解释学实践的进一步扩大。而朱子对《洪范》皇极的疏解,除了正面训释皇极以发明人君正身立标准之外,在其反面则是批评以大中为极的汉唐训解,并连带涉及孝宗朝用此来推行模糊调和政策的政治层面。这就是《皇极辨》的起因、主导方向和连带的政治效果。

语录又有一条也涉及无极太极与皇极之义：

> 李问："'无极之真'与'未发之中'，同否？"曰："无极之真是包动静而言，未发之中只以静言。无极只是极至更无去处了。至高至妙，至精至神，更没去处。濂溪恐人道太极有形，故曰'无极而太极'，是无之中有个至极之理。如'皇极'，亦是中天下而立，四方辐辏，更没去处；移过这边也不是，移过那边也不是，只在中央，四畔合凑到这里。"又指屋极曰："那里更没去处了。"（《朱子语类》九十四）

问者的问题大概是在朱陆无极太极之辩中发问的，朱子的回答与他答复陆九渊书的提法是一致的。由于朱子并没有直接说明皇极辨与太极无极之辩的关联，也没有把皇极辨一文寄给陆九渊，故陆九渊并没有立即对之作出回应。

淳熙十六年二月，孝宗内禅，光宗即位，诏陆九渊知荆门军，陆九渊绍熙二年九月至荆门，绍熙三年元月在荆门为民祈福，讲洪范九畴及皇极义。荆门风俗，正月须行作醮仪式，以祈福。作为地方行政领导的陆九渊自然要随俗，他借行醮礼的机会，通过发明《洪范》"敛时五福"的意义，把民俗的祈福与儒家教化联结起来，把民俗的功利祈福转化为儒家"正心为福"的精神建设。应该说，陆九渊这一儒家文化实践是值得赞赏的。

陆九渊集载其《荆门军上元设厅皇极讲义》：

> 皇，大也；极，中也。洪范九畴，五居其中，故谓之极。是极之大，充塞宇宙，天地以此而位，万物以此而育。古先圣王皇建其极，故能参天地、赞化育。（《陆九渊集》，283页）

陆九渊完全以孔氏以来的大中说解释皇极,考虑到朱子的《皇极辨》已经做成三四年,陆九渊必然已经通过其他途径看到过朱子的《皇极辨》,所以他在这里坚持孔氏之说,自然也带有与朱子对立的意思。

> 惟皇上帝,降衷于下民,衷即极也。凡民之生,均有是极,但其气禀有清浊,智识有开塞。天之生斯民也,使先知觉后知,先觉觉后觉。古先圣贤与民同类,所谓天民之先觉者也,以斯道觉斯民者,即皇建其有极也,即敛时五福,用敷锡厥庶民也。(《陆九渊集》,284页)

这是说天把中降给下民成为民的性,天命为性,民皆有性,这就是极。① 这是以性为极。但人的气禀有清浊,使人之性往往受到蒙蔽。先觉觉后觉,使后觉的本性得以发明,这就是皇建其有极。

> 此心若正,无不是福;此心若邪,无不是祸。世俗不晓,只将目前富贵为福,目前患难为祸。不知富贵之人,若其心邪,其事恶,是逆天地,逆鬼神,悖圣贤之训,畔师君之教,天地鬼神所不宥,圣贤君师所不与,忝辱父祖,自害其身。静时回思,亦有不可自欺自瞒者,若于此时,更复自欺自瞒,是直欲自绝灭其本心也。纵是目前富贵,正人观之,无异在囹圄粪秽中。

---

① 《汤诰》有云:"惟皇上帝降衷于下民若有恒性克绥厥猷惟后。"《尚书正义》解释说:"天生民与之五常之性使有仁义礼智信是天降善于下民也。天既与善于民君当顺之故下传云顺人有常之性能安立其道教则为君之道。"

> 患难之人,其心若正,其事若善,是不逆天地,不逆鬼神,不悖圣贤之训,不畔君师之教,天地鬼神所当佑,圣贤君师所当与,不辱父祖,不负其身,仰无所愧,俯无所怍,虽在贫贱患难中,心自亨通。正人达者观之,即是福德。(《陆九渊集》,285页)

陆九渊说,人以富贵为福,若富贵之人心邪行恶,终归贻害其身。人以患难为祸,如果患难之人心正行善顺应天地,鬼神当佑,内心亨通,这便是福德,这也就是《洪范》说的"敛时五福"。这就把福祸转为人心,从而得出结论"心正是福,心邪是祸"。这种心学的福祸观,对于庶民还是有其说服力的。

> 愚人不能迁善远罪,但贪求富贵,却祈神佛以求福,不知神佛在何处,何缘得福以与不善之人也?尔庶民能保全此心,不陷邪恶,即为保极,可以报圣天子教育之恩,长享五福,更不必别求神佛也。若其心正,其事善,虽不曾识字,亦自有读书之功;其心不正,其事不善,虽多读书,有何所用?用之不善,反增过恶耳。(《陆九渊集》,285页)

因此,人如果不去保全本心,行善远过,只去求神拜佛,不可能得福。而保全本心就是《洪范》说的保极,就可以长享五福,不必求神求佛。最后陆九渊指出,一个人心正行善,虽不识字不曾读书,却有读书明理的功效。如果一个人心邪行恶,读书再多,又有何用?这个说法在陆学是一贯的,也显示出,陆九渊的明心何必读书的主张适合于乡里民众的教育。① 应该说,陆九渊的宣讲皇极,主要是为了结合当地祈福风俗进行地方教化,他选洪范皇极来发明心学的福论,很能表现其巧思,而他在皇极讲演中也顺便对朱子的皇极说和朱子学读书观作了回应。所以这个讲演一举三得。

这个讲演的消息很快就传到朱熹,朱熹很注意这个讲演的影响,所以他立即给与陆九渊有关的人士写信,提请他们加以注意辨别。如答胡季随:

> 日月逝矣,岁不我与,愿深省察,且将《大学》《论语》《孟子》《中庸》《近思》等书仔细玩味,逐句逐字不可放过,久之须见头绪,不可为人所诳,虚度光阴也。荆门皇极说曾见之否?试更熟读《洪范》此一条,详解释其文义,看是如此否?君举奏对,上问以读书之法,不知其对云何也。(壬子)(《朱子文集》五十三)

其实陆九渊的讲演也不是专对皇极概念的解释而发,但其讲义称《皇极讲义》,故朱子由传闻而以为陆氏专门提出一种皇极之说。大概朱子因为二人太极图之辩中曾涉及皇极,朱子自己又写过皇极辨作为朱陆之辩的余论,自然认为这是陆氏对他的《皇极辨》的回应,而特别加以注意,以致他对陆九渊何必读书的讲词都未予批评,而何必读书论本来是他批评陆学的重要目标。

又如朱子答项平父:

---

① 余英时先生推测,陆九渊这一皇极讲义可能是因为光宗重提皇极为最高原则,他才会想到亲讲皇极章敛福锡民之旨以代替为民祈福的醮事。可参见余著《朱熹的历史世界》,839页。的确,比起陆九渊,朱子的皇极说更为强调寻求以儒家道德制约皇权。

> 来喻"敬义二字,功夫不同",固是如此。然"敬"即学之本,而穷理乃其事,亦不可全作两截看也。《洪范》"皇极"一章,乃九畴之本,不知曾子细看否?先儒训"皇极"为"大中",近闻又有说"保极"为"存心"者,其说如何?幸推详之,复以见告,逐句详说,如注疏然,方见所论之得失。大抵为学但能于此等节目处看得十数条通透缜密,即见读书凡例,而圣贤传付不言之妙,皆可以渐得之言语之中矣。(壬子)(《朱子文集》五十四)

胡、项二人都是来往于朱陆两家,故朱子对他们并不回避他与陆的皇极说的分歧。在这两封信中,朱熹有一个观点值得注意,就是不要只孤立地讨论经典文本中某一个别概念的意义,而应该把整个文本逐句详说,仔细玩味逐段文字,使对一个概念的解说能贯通于整个文本。所以他不直接指出陆氏存心保极说的问题,而要胡、项等还原到文本的详细疏解,以辨别陆氏说法的对错。说明朱子的学术论辩和政治批评都要求以对经典文本的正解为前提。朱子解释洪范皇极正是采用了这种"部分不能脱离整体"的文本解释学的方法,也显示出他对自己的解释方法和解释成果的自信。

《语类》中也有对陆氏皇极说的谈论,如:

> 符叙舜功云:"象山在荆门,上元须作醮,象山罢之。劝谕邦人以福不在外,但当求之内心。于是日入道观,设讲座,说'皇极',令邦人聚听之。次日,又画为一图以示之。"先生曰:"人君建极,如个标准。如东方望也如此,西方望也如此,南方望也如此,北方望也如此。莫不取则于此,如周礼'以为

民极',诗'维民之极','四方之极',都是此意。中固在其间,而极不可以训中。汉儒注说'中'字,只说'五事之中',犹未为害,最是近世说'中'字不是。近日之说,只要含胡苟且,不分是非,不辨黑白,遇当做底事,只略略做些,不要做尽。此岂圣人之意!"贺孙(《朱子语类》卷七十九)

朱熹对皇极的说明一本其《皇极辨》之说,而且直指"近日之说",即"只要含胡苟且,不分是非",说明其《皇极辨》的针对性确实包含对现实政治的批评。(因为陆九渊荆门讲皇极在绍熙初,而"近世说"必不是指光宗,而是主要指孝宗朝后期以来流行的议论和政见。)

问:"先生言'皇极'之'极'不训中,只是标准之义。然'无偏无党','无反无侧',亦有中意。"曰:"只是个无私意。"问:"'准标之义'如何?"曰:"此是圣人正身以作民之准则。"问:"何以能敛五福?"曰:"当就五行、五事上推究。人君修身,使貌恭,言从,视明,听聪,思睿,则身自正。五者得其正,则五行得其序;以之稽疑,则'龟从,筮从,卿士从,庶民从';在庶征,则有休征,无咎征。和气致祥,有仁寿而无鄙夭,便是五福;反是则福转为极。陆子静荆门军晓谕乃是敛六极也!"德明(《朱子语类》卷七十九)

这是在与廖德明论皇极时谈到此事。关于廖德明所问无偏无党是否为"中"的问题,朱熹在《皇极辨》的最后一点已经回答过。在这一段对话的最后,他认为陆九渊荆门所论,不是敛五福,而是敛六极,是说陆氏所说不是建用皇极的好处,而是不用皇极的坏处,故不是"敛时五福"的正解。朱子这个批评似不恰当,盖陆氏是对民众施行教化,不是解经论学,应不必在此处进行学术辨析。

余英时先生书中,对叶适、陈亮的皇极说都已论及,这里再补充一条论及陈傅良者:

> 先生问德粹:"去年何处作考官?"对以永嘉。问:"曾见君举否?"曰:"见之。"曰:"说甚话?"曰:"说洪范及左传。"曰:"洪范如何说?"曰:"君举以为读洪范,方知孟子之'道性善'。如前言五行、五事,则各言其德性,而未言其失。及过于皇极,则方辨其失。"曰:"不然。且各还他题目:一则五行,二则五事,三则八政,四则五纪,五则皇极;至其后庶征、五福、六极,乃权衡圣道而着其验耳。"(《朱子语类》卷第一百二十三)

比起朱熹,陈傅良更重视《尚书》,特别是洪范篇,他的皇极说也可注意。可惜他并没有这方面的著作留世,著录的只有论《周官》《左传》等著作。

由以上论述可见,作为儒家经典学解释的大师,朱熹的皇极讨论,不会只是针对政治的发言,只是要消解当时某种政策的理论基础。"论时事"和"求训解"在朱子是不同的,这一点还是要加以分别的。当然,朱子有时在谈到字义训解时,也会连带谈及时事意义,但不会为了政治需要而去决定训解。在经典的诠释上,朱子对"极"的解释最早为中年时代对《太极图说》的解释,在朱陆太极之辩中朱子承继和发展了其关于"极"的理解,形成一套有关"极"的理论,在讨论太极之义时亦论及皇极之义。在朱陆太极之辩后不久所作的《皇极辨》之中,朱熹把这一套理解运用于皇极说作为一种基础,又以君主正身修身的儒家表率说把"建用皇极"的意义具体化,形成为朱子学的皇极说。皇极说既是朱子政治思想的一个论述,也同时可以看作其太极论的相关部分,在后世发挥了持续的影响。这里我们引元代吴草庐的极论作为此种影响的代表:

> 曰:太极者,何也?曰:道也。道而称之曰太极,何也?曰:假借之辞也。道不可名也,故假借可名之器以名之也。以其天地万物之所共由也,则名之曰道;道者,大路也。以其条派缕脉之微密也,则名之曰理;理者,玉肤也。皆假借而为称者也。……极,屋栋之名也。屋之脊檩曰栋。就一屋而言,惟脊檩至高至上,无以加之,故曰极;而凡物之统会处,因假借其义而名为极焉,辰极、皇极之类是也。道,天地万物之统会,至尊至贵,无以加者,故亦假借屋栋之名而称之曰极也。然则何以谓之太?曰:太之为言,大之至甚也。夫屋极者,屋栋为一屋之极而已;辰极者,北辰为天体之极而已;皇极者,人君一身为天下众人之极而已。以至设官为民之极,京师为四方之极,皆不过指一物一处而言也。道者,天地万物之极也。虽假借极之一字,强为称号,而曾何足以拟议其髣髴哉!(引自《宋元学案·溪廉学案下》)

吴澄继承了朱熹对极和皇极的解释,也是把皇极之义置于太极论中讨论,因他不是专论皇极,故说得粗些。草庐学综朱陆,但在重要概念上,还是本于朱子而言之。①

(谨以此文纪念北京大学哲学系建系百周年)

(《北大学报》,2013 年 1 期)

---

① 初稿写定于 2012 年 9 月 26 日,修订于 2012 年 10 月 8 日。

元明理学的"去实体化"转向及其理论后果
——重回"哲学史"诠释的一个例子

至少在明代中期以后,主张"气质之性"的学者越来越多,这已是众所公认的历史事实。在过去几十年的学术界,不少学者常常把这一气质之性的突显与理欲之辨相联系,主张这一现象反映了资本主义的萌芽从而具有启蒙思想的意义。这在中国和日本的中国思想研究中已成为具有主导地位的思想史解释。

然而,晚近以来,开始有学者注意到明代的气质人性论不一定与"情欲解放"有必然联系,相反,强调只有气质之性而无义理之性的学者,却可能通过继续坚持"存理遏欲"而导向更严格的道德主义。[①] 这一事实的被关注,暴露出以往主流的思想史解释的局限性和片面性,以及以往思想史研究方法中在确定思想和社会间关联时常常具有的推测性质和思辨倾向。这使我们不得不回到文本的哲学史解释,以了解这一思想实际发展的源流。

我在《朱子哲学研究》曾指出:"从哲学上说,在理气同异的问

[①] 王汎森:《明末清初的一种严格的道德主义》,载《近世中国之传统与蜕变》,中央研究院近代史研究所,1998年。

题上,有些理论上的矛盾朱子并未解决,其中主要是气质蒙蔽说与气异理异说的矛盾。如果按照气异理异说,人禀得何种气即禀得何种理,禀得何种气多,即禀得何种理多,这个说法必然导致只能承认有气质之性,而不能承认本然之性。本然之性说是与气质蒙蔽说联结在一起的,气质的清浊虽然可以蒙蔽性理,但并不影响到性理的完具或欠缺。而照气异理异说,不善的原因并不是因为气质蒙蔽了作为性之本体的理,而是由于所受的气质的偏驳本身决定了所禀得的理的偏少。

这两种不同的思想涉及了本体论上理气观的两种不同立场:如果说宇宙之间,理是作为气之中的一种实体存在的,那么就自然地导出在人性论上的性之本体说和气质蒙蔽说。如果坚持气异理异说,那么推而上之,必然得出结论,即理并不是气之中的某种本体、实体,而只是气的属性、条理。而后一种论点就不是理学的本体论了,而近于气学的气本观点了。朱子虽然也强调气异理异之说,但他没有意识到,这一观点坚持到底,就要求在本体论上确立气本论,而他自己始终是一个理学的理本论者。同时,从构成论上究竟如何阐述本然之理到气质之理的转化,也是一个未被解决的问题。

从理论的次序说,这里是强调人性论的气异理异说必然要求一种理的条理说为其基础。其实,反过来也是同样,存在论上的理的条理说也必然引导到只能承认气质之性说,而否定本然之性说。事实上,朱子以后,元明理学的理气论正是循着这样一条内在的理路走过来的。本文把这条道路称为理学思维去实体化的路向,但本文采取现象学描述的立场,对此种路向并不含有任何褒贬之义。而且,这里的"理学思维"专指对于"理气论"中的"理"的思考,与一般学术研究使用的广义或狭义的理学概念都不同。本文以下将叙述并分析元明理学的这一发展。

一、吴澄的理"非别有一物"说

在我看来,由于元代的吴澄(草庐)因其与陆象山同乡而不得不有时替陆氏分解,习惯上被误认为倾向于陆学。其实,从整个学术、思想的体系来看,吴澄毋宁是朱子学术及道学传统的真正承继者。正是在这个意义上,我一贯主张,"象山之后,还是阳明;晦翁之后,终是草庐"。

吴澄的理气论是接着朱熹学派的理气论讲的,并开始在理论上作出调整。他说:"自未有天地之前,至既有天地之后,只是阴阳二气而已。本只是一气,分而言之则曰阴阳;又就阴阳中细分之,则为五行。五行即二气,二气即一气。"①这是说,天地是有成毁的,没有天地之前,气已存在;天地消毁之后,气仍存在。宇宙间唯一永恒的存在物是气。一气可分为阴阳二气,阴阳二气可再分为五行,而二气五行本质上都是一气。

气是唯一的永恒的存在物,那么,理的地位又如何呢?吴澄接着说:

> 气之所以能如此者,何也?以理为之主宰也。理者,非别有一物在气中,只是为气之主宰者即是。无理外之气,亦

---

① 《答人问性理》,《吴文正集》卷三。

无气外之理。①

　　这里有两点值得注意:第一,朱熹认为理气在实际上没有先后,但在逻辑上理先气后。吴澄则不再重视朱熹讨论的理气先后的问题,他强调的是,宇宙中实际存在的只是气,而所谓理,是气的活动的主宰,即规律。第二,朱熹虽然讲在实际运行上理气不相分离,但说"理与气,此决是二物",把理看成是某种实体化的东西。而吴澄强调,理在气中,但理不是作为一物在气之中,强调理不是实体,理只是气之条理和规律。这是朱子学内,在理的问题上"去实体化"转向的开始。而且,这"理非是一物"的思想与"理在气中"的思想密切联系,吴澄说:"理在气中,元不相离"(语见《答田副使第三书》,《吴文正集》卷三)②,所以清人黄百家解释吴澄的理在气中说云:"百家谨案,理在气中一语,亦须善看。一气流行,往来过复,有条不紊;从其流行之体谓之气,从其有条不紊谓之理,非别有一理在气中也。"③这个说明是很恰当的。《理学与元代社会》指出:"'理在气中'命题的提出,在理学发展史上具有重大意义,它开启了明代理气一元论的先河。"④另一方面,吴澄仍然用"主宰"一词界定理,这一方面是由于理气论与人性论的牵连,另一方面也是理学形上学词汇的误用。无论如何,这种主宰说只是功能意义上的,而已经没有任何实体的意义了。

　　这一点也表现在"太极"的问题上。与朱熹一样,吴澄也是以

---

① 《答人问性理》,《吴文正集》卷三。
② 此条材料出处系方旭东博士见告。
③ 《宋元学案·草庐学案》,3042页。
④ 徐远和:《理学与元代社会》,人民出版社,1992年,113页。

太极为"道",为"至极之理"。他说:"太极与此气非有两物,只是主宰此气者便是,非别有一物在气中而主宰之也。"①可见,他主张的主宰并不是承认理为实体。他又说:"太极阴阳五行,同时而有者也,非渐次生出。"②"开物之前,混沌太始,混元之如此者,太极为之也。开物之后,有天地人物,如此者,太极为之也。闭物之后,人物销尽,天地又合为混沌者,亦太极为之也。"③这是说,宇宙由混沌变为开物,最后天地销尽又归于混沌,都是太极的作用使然。这个思想,接近于程朱所说的"所以然",指太极是宇宙万物存在、变化的所以然,即根据和规律。所以他也说:"气之循序而运行者为四时,气之往来屈伸而生成万物者为鬼神,命名虽殊,其实一也。其所以明、所以序、所以能吉凶,皆天地之理主宰之。"这说明,虽然他反对理的实体说,主张非实体的主宰说,但他仍保留了以"所以"论"理"的思维。这要到罗钦顺才提出进一步的修正。

吴澄的人性论是从其理气论直接推下来的,但与朱子似无甚区别。他说:"人得天地之气而成形,有此气即有此理;所有之理谓之性。此理在天地,则元亨利贞是也。其在人而为性,则仁义礼智是也。性即天理,岂有不善!但人之生也,受气有或清或浊之不同,成质有或美或恶之不同,……惟其气浊而质恶,则理在其中者,被其拘碍沦染而非复其本然矣。此性之所以不能皆善,而有万不同矣。"④

---

① 《答王参政仪伯问》,《吴文正集》卷二。
② 《答田副使第三书》。
③ 同上。
④ 《答人问性理》,《吴文正集》卷三。

这段话是说,天地间一气运行,理在气中,理是气之所以能运行者。人之生,禀受天地间的气而成为自己的形体,所禀受来的气之中就有理,气中所具有的理就是性。所以性本来就是天理,是没有不善的。但是由于每个人都是具体的,所禀受得来的气是不同的,有清有浊的,这就使得处于形气中的理要受到形气的影响,如果气浊质恶,性就会"被其拘碍沦染",即受到污染。从而,人的现实的人性,便不能皆善,而有了各个不同的差别。对圣人来说"此理在清气美质中,本然之真,无所污坏,此尧舜之性所以为至善"。对一般人来说,气质总是有不清不美之处,性也就不是全善的了。这种人性论还是属于气质蒙蔽说,而不是气异理异说。

二、罗钦顺的"理气一物"说

明代朱子学从一开始就试图修正朱子的理先气后论,如薛瑄主张"理气不可分先后","理涵乎气之中",但他仍然还不能摆脱把"理"理解为气之中的一种实体的倾向,无论他的理气无缝隙说还是理如日光说,都是如此。到了胡居仁,则在气对理的存在的优先性上,作了进了一步的肯定,主张:"'有此理则有此气,气乃理之所为',是反说了。有此气则有此理,理乃气之所为。"[①]主张气是第一性的,气是本源,理由气所决定。这表明胡居仁是从薛瑄到罗钦顺之间的一个发展环节。

罗钦顺思想的特色体现在他的理气观。理学从二程开始,在

---

① 《明儒学案·崇仁学案》卷二。

哲学的宇宙论上,把"理"作为宇宙的普遍原理,同时又认为这个"理"是气的存在、运动的"所以然"。朱熹继承并发展了这一思想,他虽然有时也说理是条理秩序,但在总体上,强调"理"作为气之所以然,是不杂于气又不离于气的形上实体。这个思想在后来理学的发展中受到不少怀疑,罗钦顺就是对朱熹理气观提出异议的学者的代表之一。

罗钦顺指出朱熹理气观有严重失误,断言理并不是形而上的实体,而是气之运动的条理,他说:

> 理只是气之理,当于气之转折处观之,往而来,来而往,便是转折处也。夫往而不能不来,来而不能不往,有莫知其所以然而然,若有一物主宰乎其间,而使之然者,此理之所以名也。①

罗钦顺认为,气是不断变化运动的,气之所以往复变易,有其内在的根据,正如一个物体,在阻力为零的情况下,只要给它一个力,它就会作直线运动不断向前;如果该物体运行到某一点上又向相反的方向运动,那么一定另有外力或内部装置操纵它。从程颐到朱熹都认为,理对于气的作用正像一个作往复运动物体的操纵者,支配着气的往而复、复而往的变化运行。罗钦顺提出,从功能上看,理虽然支配着气的运动,但理并不是神,也不是气之中的另一实体。更重要的是,他提出"若有一物主宰乎其间",即程朱在

---

① 《困知记》续卷上,68页(按:本文引用的古代思想资料并非新奇,多属哲学史和理学史著述常用的资料,作者在不同,论著中也运用过。故本文对于这些资料的解释也往往参照了作者以前使用过的解释)。

这一点上,总是不能摆脱以实体化的观点看待理的倾向,是有其原因的,因为理的这种作用确实容易被理解为一物;而其实,这只是"若有一物",并非真的有一物。在他的这种说法里,他对以往的"主宰"说也有所不满。

在罗钦顺看来,程朱一方面承认理具有气之运动的规律的意义,另一方面又宣称"理与气决是二物",这样一来,作为事物规律的理就被实体化了。罗钦顺十分明确地反对这一点,他不仅反对理的实体说、主宰说,也反对理的"所以"说。他说:

> 自夫子赞《易》。始以"穷理"为言,理果何物也哉?盖通天地、亘古今,无非一气而已。气本一也,而一动一静,一往一来,一阖一辟,一升一降,循环无已。积微而著,由著复微,为四时之温凉寒暑,为万物之生长收藏,为斯民之日用彝伦,为人事之成败得失。千条万绪,纷纭胶轕,而卒不可乱,有莫知其所以然而然,是即所谓理也。初非别有一物,依于气而立,附于气以行也。或者因"易有太极"一言,乃疑阴阳之变易,类有一物主宰乎其间,是不然。夫《易》乃两仪四象八卦之总名,太极则众理之总名也。云"易有太极",明万殊之原于一本也;因而推其生生之序,明一本之散为万殊也。斯固自然之机,不宰之宰,夫岂可以形迹求哉?斯文也,惟程伯子言之最精,叔子与朱子似乎小有未合。……所谓叔子小有未合者,刘元承记其语有云"所以阴阳者道",又云"所以阖辟者道",窃详"所以"二字固指言形而上者,然未免微有二物之嫌。以伯子"元来只是此道"之语观之,自见浑然之妙,似不须更着"所以"字也。所谓朱子小有未合者,盖其官有云"理

与气决是二物',又云"气强理弱",又云"若无此气,则此理如何顿放",似此类颇多。①

罗钦顺不赞成宋元理学的"所以"说,认为"所以"二字往往意味着理气为二物。他指出,理作为气之理,作为气之运动的根据和内在法则,并不像朱熹所说的是依附于气的另一实体(物),理与气并不是"二物",理只是气的运动变化的规律。他提出"仆从来认理气为一物"②,就是说,理与气不是两个实体,实体只是气,理只是这一实体自身的规定,是这一实体固有的属性与条理。理与气不是二元的对待。

根据"理气一物"不可分的观点,他还批评了朱熹关于理气合凝的说法,他说:

> 周子《太极图说》,……"无极之真、二五之精,妙合而凝"三语,愚则不能无疑。凡物必两而后可以言合,太极与阴阳果二物乎?其为物也呆二,则方其未合之先,各安在耶?朱子终身认理气为二物,其源盖出于此。③

如果理和气的关系像朱熹所解释的,是"妙合而凝",那就意味着,具体事物产生之前,理与气是各自独立流行于宇宙之中的;理只是在一定的形气结聚时才"搭附""安顿"到气之中。罗钦顺认为这是不可能的,因为不可能有没有理的纯粹的气,也不可能有离开气而独立的理。根据这一点他还批评了朱熹的"堕入"说,朱子

---

① 《困知记》卷上,4—5页。
② 《与林次崖金宪》,《困知记》附录,151页。
③ 《困知记》卷下,29页。

曾认为"气质之性"是太极全体堕入气质之中而成,罗钦顺指出:"夫既以堕言,理气不容无罅缝矣。"① 因为,"堕入"意味着两者在"堕入"之前是分离的。

理学的理气分离及实体化的问题还总是与理气聚散的问题纠结在一起,而这一问题一直未得到解决。明代理学中如薛瑄曾对此提出过一些与朱熹不完全相同的提法,但薛瑄一方面主张理气无缝隙,却另一方面又用理如日光,气如飞鸟的比喻说明气有聚散的运动,理无聚散的运动,于是最终还是把理与气看成有"隙缝"的。罗钦顺批评他:

> 薛文清《读书录》甚有体认工夫……,然亦有未能尽合处。……录中有云"理气无缝隙,故曰器亦道、道亦器",其言当矣。至于反复证明气有聚散、理无聚散之说。愚则不能无疑。夫一有一无之间,其为缝隙也大矣,安得谓之器亦道、道亦器邪?盖文清之于理气亦始终认为二物,故其言未免有窒碍也。②

罗钦顺明确地指出,薛瑄思想中的这种矛盾根源于他把理气看成两个实体。在理气聚散的问题上罗钦顺认为,对于人与物而言,"气聚而生,形而为有,有此物即有此理,气散而死,终归于无,无此物即无此理,安得所谓死而不亡者耶?"③ 就是说,理只是气和事物的规定,一个事物或一类事物消散之后,这个事物的理或此类

---

① 《困知记》卷上,8页。
② 《困知记》卷下,38页。
③ 同上书,30页。

事物的理也就不再存在,不能说这些理是永恒的。对于"天地"来说,由于"天地之运,万古如一,又何生死存亡之有"①,所以天地之理与天地一样,都是永恒的。在这里,罗钦顺显然区分了特殊规律与普遍规律。事物的特殊属性和规律不是永恒的,是与这些事物的存在相始终的,而宇宙的普遍本性与规律则是没有生灭的,罗钦顺的这些看法以及他敏锐地把理的聚散问题归结为理是否有生灭的问题,是有见地的。

罗钦顺还指出:

> 窃尝以为气之聚便是聚之理,气之散便是散之理,惟其有聚有散,是乃所谓理也。②

> "若论一,则不惟理一,而气亦一也。若论万,则不徒气万,而理亦万也",此言甚当,但"亦"字稍觉未安。③

既然理只是气的规律,如果气是单一的,理也必然是单一的,气若是多样的,理也必然是复杂的。说"理一而气亦一""气万而理亦万",是强调气是第一性的,理是第二性的;但要说明,这里的"亦"字仍有视理气为"二物"之嫌,必须警惕。罗钦顺的这个思想也表明,他认为气一则理一,气万则理万,理并不是气之中某种不变的抽象实体,理是作为实体的气自身所决定的某种条理和规定,这就超过了薛瑄等人未能摆脱理学本体论局限的思想,同时和王廷相显然进一步发展了这一思想。

---

① 《困知记》卷下,38 页。
② 同上。
③ 同上书,43 页。

从哲学的本体论上说,罗钦顺的理气观对于朱子学的挑战在于,一方面,理气一物说逻辑上包含了对理在气先说的批判。另一方面,强调理气一物,反对认理气为二物,是反对本体论的二元论,主张一元论,而这种一元论是转向以气为第一性实体的一元论。

"理一分殊"始提出于程颐答杨时书,后来杨时、朱熹加以大力发展,成为理学传统中的一个重要论题,也为理学提供了一种方法,处理各种与一和多、一般和个别的关系。罗钦顺特别重视"理一分殊",而且强调以"理一分殊"为方法处理人物之性的问题,在这方面他提出了与朱熹不同的思想。他说:

> 窃以性命之妙,无出理一分殊四字。……盖人物之生,受气之初,其理惟一;成形之后,其分则殊。其分之殊莫非自然之理,其理之一常在分殊之中,此所以为性命之妙也。语其一,故人皆可以为尧舜,语其殊,故上智与下愚不移。①

在这一段话里,"理一"是指人物具有的共同本性,"分殊"是人物各自具有的不同特性。罗钦顺认为,万物受气初生之际,它们的理都是相同的,这表现了"理一",而万物各自具有了自己特定形体之后,它们的性就有了差别,这表现了"分殊"。因而,在构成论的意义上,可以说,气所构成的形质在理一到分殊的演化中起了决定作用,即特定的形质有其特定的理、性。

罗钦顺又说:

---

① 《困知记》卷上,7页。

"性善",理之一也,而其言未及乎分殊,"有性善有性不善",分之殊也,而其言未及乎理一。程张本思孟以言性,既专主乎理,复推气质之说,则分之殊者,诚亦尽之。但曰"天命之性",固已就气质而言之矣,曰"气质之性",性非天命之谓乎?一性而两名,且以气质与天命对言,语终未莹。朱子犹恐人之视为二物也,乃曰"气质之性即太极全体堕在气质之中",夫既以堕言,理气不容无罅缝矣。惟以理一分殊喻之,则无往而不通。①

罗钦顺从一般与特殊的角度来理解古典人性问题的争论。他认为,天、地、人都是物,因而他们的理有统一性。类的属性与个体的属性是一般与个别的关系,也就是理一与分殊的关系。正如一切马都是"马",但个体的马有黄有白,有牡有牝。万物之性都是"性",但个别表现有仁有智、有贤有愚,就是说,没有什么独立的堕在形体中的实体式的一般本性,天命之性并不是这样的东西。每个人或物的性可以说都是宇宙自然赋予的,都是天命之性(天所命与的性),但其表现不同。理一即寓于分殊之中。那种认为人物中既有一个一般的天命之性,又有一个具体的气质之性的看法,罗钦顺是不赞成的,他不主张把一般实体化,主张辩证地理解一般与特殊的关系。他认为,孟子讲性善,只看到了人性的普遍的一面,即都有成圣成贤的根据和可能性,但并没有看到人性的具体的特殊性、差别性。告子等主张"有性善有性不善",看到了人性的个体表现的差异,但却忽视了差异中也有普遍性。张载、

---

① 《困知记》卷上,7—8页。

程颐想把普遍性和差别性结合起来,但走了一条错误的实体化的道路。在罗钦顺看来,普遍即寓于特殊之中,普遍表现为特殊。天命是理,气质是气。天命是气质的天命,没有离开气质而孤立存在的天命。气质之性既然是性,表明它就是气质的理,也就是气质的天命,因而天命之性、气质之性只能是一个。根据他的理气观,理只是气之理,气流行于天地之间,其理为普遍之理,这是"气一则理一",万物既生之后,形气获得了各自的规定,其理也各自不同,这属于"气万则理万"。气万则理万的说法表明,人性完全是属于特定气质自身的属性。根据理一分殊的原则论性,"自不须言天命、气质之两名",人物只有一个性,不须要用天命之性、气质之性两个名称去指称它,更不能认为人或物中有两个不同的性。

朱熹也曾应用理一分殊的模式说明人性问题,但朱熹是用理一分殊论证宇宙本体与万物之性的同一性,如"统体一太极""各具一太极"。但在这种关系中,如果说各具一太极是分殊,则这个"殊"只是"多",殊与殊之间并无差异,这与朱熹用以处理万物分理的差异所赋与"理一分殊"的意义不同。罗钦顺则从理是气自身的规定这一立场出发,坚持用一般和特殊的关系来处理性理与分理。

从罗钦顺这种富于辩证意义的思想出发,人性的统一性并不排斥个体表现的差异,反而是以之为前提的,一般的单一规定并不排斥个别的现象差异,因为个别比一般更丰富、更具体。根据这个思想,那种把人性善理解为每个个体的人都表现为相同程度的纯粹善,只是一种形而上学的理解。

三、王廷相的"性出乎气"说

王廷相哲学的一个显著特征是,具有强烈的批判性。他对程朱理学的理气观作了前所未有的深入批判,他的理气关系论就是在这种批判中发展起来的。

王廷相认为,气分为元气和生气,元气无形,生气有形。元气相当于张载说的太虚之气,生气相当于张载说的游气。不论元气、生气,其中都具有理。他说:"理载于气,非能始气也。世儒谓理能生气,即老氏道生天地也。"①"气也者,道之体也。道也者,气之具也。"②他指出,宋儒以为理能生气,是完全错误的,理不能离气,气是宇宙的唯一实体,理是气所固有的秩序、规律、条理,"载"表明理不是独立存在的实体,理以气为受载的实体。理本身只是"虚而无著"的,既无形体迹象,又无动静运动,这样的理是不可能产生气的。理不能悬空独立存在,理必须以气为本。气则自然具有条理,元气中有元理,不能说元气之上、之先还有虚无而象的理。如果以为理在气先,那就与老庄没有区别了。王廷相认为,既然理不是实体,没有运动,气才是有运动的实体,所以气是第一性的,理是第二性的。他甚至提出,气与理的这种关系,有如有耳目才有聪明一样。王廷相的这些思想表现出鲜明的气本论立场。

程朱学派的理本论哲学中有一个重要的论点,即认为气有变化,理无变化;气有生灭,理无生灭,因而理是一种永恒,不变的绝

---

① 《困知记》卷上,753 页。
② 《慎言·五行》,同上书,809 页。

对。在王廷相看来,气是宇宙间唯一的实体,理只是气的规律,条理、秩序。因而:"气有变化,是道有变化。……气有常有不常,则道有变有不变。一而不变,不足以该之也。"[①]王廷相认为,如果说气不断变化,道却永远不变,那么气与道就割裂开来了。自然界和人类社会的一切现象都处在永恒的变化运动之中,道和理也是有变化的。王廷相特别指出,人类社会的理是随着时代的发展而变化的:

> 儒者曰:天地间万形皆有敝,惟理独不朽,此殆类痴言也。理无形质,安得而朽?以其情实论之,揖让之后为放伐,放伐之后为篡夺,井田坏而阡陌成,封建罢而郡县设。行于前者不能行于后,定于古者不能定于今,理因时致宜,逝者皆刍狗矣,不亦朽敝乎哉。[②]

王廷相这个思想是说,事物的规律决定于事物本身的物质存在条件,规律是物质过程的规律,物质过程及其条件变化了,相应地,它的规律的内容也要发生改变。因而,不能认为世界上一切规律都是永恒不变的,对于规律和法则应采取一种变化的辩证理解。他把这一思想应用于人类社会,直接显示出对程朱理学的批判锋芒。因为程朱理学正是把人类社会某一发展阶段的某些原则说成是宇宙永恒规律的表现。王廷相认为,人类社会的各种原则(理)不是固定不变的,而是变化的、有生灭的。从形式上看,事物的法则并不像一个具体事物那样从生到死,从新颖变为腐朽,但

---

① 《雅述》上篇,《王廷相集》,848页。
② 《雅述》下篇,同上书,887页。

是,不同时代有着很不相同的规范和原则,过去的东西一去不返,如同弃物,这表明理是"因时而宜"的,而不是绝对的。

王廷相认为,由于气的变化,理不但也有变化,而且表现出具体的差别,他说:

> 天地之间,一气生生,而常,而变,万有不齐。故气一则理一,气万则理万。世儒专言理一而遗理万,偏矣。天有天之理,地有地之理,人有人之理,物有物之理,幽有幽之理,明有明之理,各个差别。统而言之,皆气之化,大德敦厚,本始一源也。分而言之,气有百昌,小德川流,务正性命也。①

这是说,天地万物都是一气所化,气既是统一的,又是差别的。由于气化的具体过程不同而形成了众多的不同事物,这些事物虽都是气所构成,但每个事物都有自己的构成方式,自己的条理秩序。天、人、物各自有自己特殊的规律。这就批判了程朱理学在强调统一性、普遍性的形式下把宇宙的自然法则同社会的道德规范比附起来的观点。他主张,气的变化既然是万殊的,理作为气的条理、规律必然也是万殊的、具体的。在这里,他的观点与罗钦顺是一致的。

王廷相对人性的看法与理学的代表性看法很不相同。如程颐提出的"性即理",是一个广为理学内多数学者赞同的命题,王廷相对此提出异议,他认为"以理言性"并不妥当,他举例说,《易传》说"穷理尽性"就是把理与性相区分,不能把"尽性"说成"尽理",他又举出程颢讲的"定性",也不能改成"定理",可见,"性即

---

① 《雅述》上篇,《王廷相集》,848 页。

理"的说法是不正确的。

王廷相与程朱对性的看法的不同,主要在于他反对把性看成与气相独立的理,而把性看成由气所决定的属性。他认为:

> 余以为人物之性无非气质所为者。离气言性,则性无处所,与虚同归;离性言气,则气非生动,与死同途。是性与气相资,而有不得相离者也。但主于气质,则性必有恶,而孟子性善之说不通矣。故又强出本然之性之论,超乎形气之外而不杂,以傅会于理善之旨,使孔子之论反为下乘,可乎哉?不思性之善者,莫有过于圣人,而其性亦惟具于气质之中。但其气之所禀清明醇粹,与众人异,故其性之所成,纯善而无恶耳,又何有超出也哉!圣人之性既不离乎气质,众人可知矣。气有清浊粹驳,则性安得无善恶之杂?故曰惟上智与下愚不移。是性也,乃气之生理,一本之道也。①

王廷相认为,性是由气质所决定的,气质清明的人性善,气质浊驳的人性恶,这就叫做"性出乎气"或"性出乎气质"。因此,不受气质影响的性是没有的。由于人的气禀有清浊粹驳之不同,所以"性善"的说法是儒者的一种迷惑②,根据这个立场,他认为宋儒区分"本然之性"与"气质之性"也是错误的,因为既然现实的人性没有不受气质影响的,既然性出于气,也就没有什么不受气质影响的本然之性。这个观点意味着,人只有气质之性,而无脱离气不受

---

① 《答薛君采论性书》,《王廷相集》,518页。
② 王廷相云:"性善之说不足以尽天人之实蕴矣。"同上。

气影响的本然之性。所以他说区分本然之性与气质之性"此儒者之大惑也"。① 他强调性是"气之生理",就是强调性只是一定气质的性,而不是脱离气质的东西。

根据以上所说的看法,王廷相自然地认为性有善恶,所谓性"一本之道",就是说不仅善是性所本有,恶也是性所本有,"善固性也,恶亦人心所出,非有二本"。② 他又说:"圣人之性,亦自形气而出,其所发未尝有人欲之私,但以圣人之形气纯粹,故其性无不善耳。众人形气驳杂,故其性多不善耳,此性之大体如此。"③"是性之善与不善,人皆具之矣。"④

王廷相反对仅以理言性,反对仅以善言性,反对离气而论本然之性,这些观点都出于他强调"气"的作用。但王廷相也并不由此走向机械的命定论,他主张:"性出于气而主乎气,道出于性而约乎性,此余自以为的然之理也。"⑤性决定于形气的清浊昏明,与道相合的性为善,与道相乖的性则为恶,而人的气禀造就的性不是不可以改变的,人生之后带来的气禀之性只是性之"始",性还可以不断地发展,因为气质可以变化;他提出"凡人之性成于习","缘教而修,亦可变其气质而为善,苟习于恶,方与善日远矣"。⑥所以人要用道来裁乎性、约乎性不善的方面,以性善的方面主导地变化气质。

---

① 《性辨》,《王廷相集》,609 页。
② 同上。
③ 《雅述》上篇,《王廷相集》,851 页。
④ 同上书,850 页。
⑤ 《答薛君采论性书》,《王廷相集》,518 页。
⑥ 同上书,519 页。

王廷相所说的人性的恶的方面,主要是指情欲之私。他认为,由于性具善恶,所以不能说道心发于性,人心发于气,而应当说道心人心都是根于性而发,他说:"舜之戒禹而以人心、道心言者,亦以形性为一统论,非形自形而性自性也。谓之人心者,自其情欲之发言之也;谓之道心者,自其道德之发言之也。二者,人性之所必具者。"①

王廷相一反宋儒"梏于性善之说""守仲尼之旧",他的人性论是气学的一个合乎逻辑的结论,在这一点上,他显然比罗钦顺更加完整地贯彻了气本论观点,也使得气学体系中人性论立场得到了澄清和表现。明中后期的思想家受此种气学及以气性论的思想影响很大。

四、刘宗周的"气质之性"说

刘宗周对理气的看法受到罗钦顺、王廷相以来明代气学思想的影响较大,他主张气是第一性的,理是第二性的,反对各种理在气先、道在器上的思想,他说:

> 盈天地间一气而已矣,有气斯有数,有数斯有象,有象斯有名,有名斯有物,有物斯有性,有性斯有道,故道其后起也。而求道者,辄求之未始有气之先,以为道生气,则道亦何物也,而遂能生气乎?②

---

① 《雅述》上篇,851页。
② 《蕺山学案·语录》,《明儒学案》卷六十二,1520页。

> 吾溯之未始有气之先,亦无往而非气也。当其屈也,自无而之有,有而未始有,及其伸也,自有而之无,无而未始无也。①

他还说:"理即气之理,断然不在气先,不在气外。"②这些清楚地表明刘宗周认为有气而后有理(道),理不在气之先,理不能生气,所谓理只是气的理,离开了气也就无所谓理,"离气无理"③。

刘宗周的理气论不仅是他对本体论、宇宙论的一种了解,对于他来说,更重要的是以这种理气论来说明关于心性的关系。所以他强调,知道了理即气之理、理不在气之先,才能知道"道心即人心之本心,义理之性即气质之本性"。④ 也就是说,他认为,道心与人心、义理之性与气质之性的关系与理与气的关系是密切关联的,甚至是同构的。

刘宗周说:"凡言性者,皆指气质而言也,或曰'有气质之性、有义理之性',亦非也。止有气质之性,更无义理之性,如曰气质之理,即是,岂可曰义理之理乎?"⑤由于理是气之理,因而性是指气质的性。天地之间流行的气是"气","气质"是指气积聚为一定形体的存在,即积聚为形质的气。而气质的理,就叫作性。因而性是指一定气质的性、一定气质的理。刘宗周认为"气质之性"这句话是可通的,因为"气质之性"就是指"气质的性"。而性本来就

---

① 《蕺山学案·语录》,《明儒学案》卷六十二,1520页。
② 同上书,1521页。
③ 同上书,1529页。
④ 原话是:"理即是气之理,断然不在气先,不在气外。知此,则知道心即人心之本心,义理之性即气质之本性。"参见上书,1521页。
⑤ 同上书,1525页。

是气质的性,并没有什么独立于气质或气质之外的性。在这个意义上,只有"气质之性"这句话是可说的,其他的说法如"义理之性"就不可通了。正如理是气之理,没有独立于气的理;性是气质的性,没有独立于气质的性。他认为,人或物只有一个性,而没有两个性,这个性就是气质之性,即人或物这一特定形质的性。如果从种类的性来看,气质之性就是一种类的属性,每一类事物都有其特定的气质,因而每类气质的属性便各不相同。

从理是气之理、性是气之性出发,刘宗周反对宋儒提出的人既有气质之性又有义理之性的说法,并认为气的不同造成了性的差别,所谓人性就是人类特定气质决定的性,没有第二个性。宋儒认为人之心如水,义理之性如水之清,气质之性造成了水之浊,刘宗周则认为,人心如水,气质之性即如水之清,水的浊是由习造成的。他说:

> 要而论之,气质之性即义理之性,义理之性即天命之性,善则俱善。子思曰喜怒哀乐未发谓之中,非气质之粹然者乎?其有不善者,不过只是乐而淫、哀而伤,其间差之毫厘与差之寻丈,同是一个过不及,则皆自善而流者也。惟是既有过不及之分数,则积此以往,容有十百千万,倍蓰而无算者,此则习之为害,而非其性之罪也。①

在刘宗周看来,喜怒哀乐四气的正常流转,正是气质纯粹无杂的表现,未发之中即是指四气的有序运行,并不是气外的其他东西,四气的有序运行就是四德。因而,喜怒哀乐就是气质的性,就是

---

① 《蕺山学案·答门人》,《明儒学案》卷六十二,1556页。

仁义礼智,从而也就是义理之性。而气质之性归根到底又是宇宙一气流行的条理,因而气质之性也就是天命(流行)之性。如果说天命之性,义理之性是善的,那么气质之性也是善的。他还指出:

> 若说有气质之性,又有义理之性,将使学者任气质而遗义理,则"可以为善,可以为不善"之说信矣。又或遗气质而求义理,则"无善无不善"之说信矣。又或衡气质义理而并重,则"有性善有性不善"之说信矣。……须知性只是气质之性。而义理者,气质之本然,乃所以为性也。①

如果气质之性不即是义理之性,则气质本身就不是必然善的,从而任气质在理论上就是可能为善可能为不善。如果导致气质义理性二元论,那就意味性中有善有不善。这些都是刘宗周反对的。他认为性并不是一种独立的实体,性就是一定气质的特性,义理不过是指气的运行的本然状态而已。从整个前后论述来看,这里的"所以"并不是罗钦顺所批评的"所以"实体,而是指"是以","所以为"即"是以为"。这里的所以二字较轻较虚。他认为"一性也,自理而言则曰仁义礼智,自气而言则曰喜怒哀乐"②,也是强调性、理只是指气的有条理的运行。

与气质之性的问题相联系的是道心人心的问题,正如刘宗周所说,理即气之理,"知此则知道心即人心之本心,义理之性即气质之本性"。根据理气相即的观点,他指出:

> "人心惟危,道心惟微",道心即在人心中看出,始见得心

---

① 《蕺山学案·天命章说》,《明儒学案》卷六十二,1581页。
② 同上书,1517页。

性一而二,二而一。①

心只有人心。而道心者,人之所以为心也。性只有气质之性。而义理之性者,气质之所以为性也。②

心则是个浑然之体,就中指出端倪曰意,即惟微之体也。人心惟危,心也,而道心也者,心之所以为心也,非以人欲为人心、天理为道心也。正心之心,人心也;而意者,心之所以为心也。③

虽然,这里的"所以为"暴露出古代汉语词义的含混性、多义性,但刘宗周的基本思想应当还是可以辨别清楚的。刘宗周反对把"人心"等同于人欲以及把"道心"等同于天理,他认为人之只有一个心,这就是《书经》中说的"人心"或《大学》中说的"正心"的心,正如人只有一个性即气质之性一样。在他看来,心是一个属于气的概念,而道心则是一个本真、本来的心概念,所以他把道心说成"心之所以为心",这并不是说道心是人心内的超越实体,这只是把二者说成是心与心之本然状态的关系,否则人就有两个心了。这从他说"道心即人心之本心"可得证明。同理,"气质之所以为性"也是指气质的本真属性。这里的"所以为"也不是指义理之性是气质之性内的超越性实体,而是把气质之性与义理之性的关系说成是气质的性与气质的本然条理的关系。因为气质的性就是气质的条理,所以他说"只有气质之性,更无义理之性"。如果我们把这里的"所以为"理解为罗钦顺所批评的内在的超越实体,那就使

---

① 《蕺山学案·语录》,《明儒学案》卷六十二,1516页。
② 同上书,第1543页。
③ 《蕺山学案·商疑答史孝复》,同上书,1554页。

得义理之性与气质之性成为两种人性，这正是刘所反对的。① 刘宗周理解的性并不像朱熹那样是气之中的一种实体（从刘宗周关于喜怒哀乐的理论来看，他认为理或性可以说就是气的正常流转的性质或状态），因而他认为道心作为所以为心，作为本心，也可以说由"意"上来体会。在朱熹学说中十分强调性与心不在同一层次上，而在刘宗周思想中摒弃了那种内在实体说，在同一层次上来认识心性的区别与关联。

刘宗周还认为："人心道心只是一心，气质义理只是一性，识得心一性一则工夫可一。静存之外更无动察，主敬之外更无穷理。其究也，工夫与本体亦一，此慎独之说也。"② 这表明，刘宗周有意识地在理、气、心、性、本体、工夫诸方面坚持一元论的方法原则。可以认为，刘宗周思想中心与性一而二，二而一，意既是中体（未发之中），又是微体（道心惟微）；既是心体（独），又是性体（莫见莫显），因为他所理解的性就是心的一种本然的条理或状态。

刘宗周思想中一个很重要的观点就是心性关系与理气关系是相同的，即同构的，他说："有心而后有性，有气而后有道，有事而后有理。故性者心之性，道者气之道，理者事之理"。③ 他更明确强调"人心一气而已矣"。④ 从明中期以来，理学心学都把心当作属于气的一个范畴，认为心与性的关系就是气与理的关系，提

---

① 在这个问题上，有的学者认为刘宗周的义理之性仍是超越性的形上存在，这在很大程度上是未能从整体的诠释来了解刘宗周这里的"所以为"的意义。有关观点可参看李明辉：《刘蕺山对朱子理气观的批判》，《汉学研究》19卷，二期。
② 《蕺山学案·天命章说》，《明儒学案》卷六十二，1581页。
③ 《蕺山学案·语录》，同上书，1541页。
④ 同上书，1527页。

出条理为性说,这在刘宗周更为明显。他说:

> 性者心之理也。心以气言;而性,其条理也。离心无性,离气无理。虽谓气即性、性即气,犹二之也。①

> 夫性因心而名者也。……心之所同然者,理也。生而有此理之谓性,非性为心之理也。如谓"心但一物而已,得性之理以贮之而后灵",则心之与性,断然不能为一物矣。②

刘宗周认为,既然心即气、性即理,心性之间的关系就可以由理气的关系直接推出。本体论上离气无理,故心性论上离心无性,但这种离心无性,与宋儒讲性是与气不离不杂的实体的观点不同。正如罗钦顺讲理气一物,刘宗周主张心性一物,在他看来,理只是气的未发生变异的本然流转及其有序更迭,性只是心的本然流行和正常条理。所以他认为孟子说"恻隐之心,仁也"是正确的,因为孟子"以心言性",并没有把心性分为二物。他认为《中庸》即喜怒哀乐言天命之性也是正确的,因为这也是"以心之气言性"③。当然,刘宗周并不是认为气就是性,而是说人之心气流行运转,喜怒哀乐迭相循环,此种正常表现就是仁义礼智,就是性,因而须在气上认性,不能离气言性。

刘宗周的这些思想,得到了黄宗羲的完全肯定,他说:"夫盈天地间,止有气质之性,更无义理之性,谓有义理之性不落于气质者,臧三耳之说也。师于千古不决之疑,一旦拈出,使人冰融雾

---

① 《蕺山学案·答沈中柱》,《胡儒学案》卷六十二,1561页。
② 《蕺山学案·原性》,同上书,1568页。
③ 同上。

释。"①他还进一步指出:"夫不善者,是气之杂糅,而非气之本然。其本然者,可指为性。——是故气质之外无性,气质即性也。第气质之本然为性,失其本然者非性。"②表明在气质之性的问题上他继承了其老师的思想。

五、王夫之的"气质中之性"说

在《论语·阳货篇》论性相近章,朱子集注说:"此所谓性,兼气质而言也。气质之性,固有美恶之不同矣。"又引程子曰:"此言气质之性,非言性之本也。若言其本,则性即是理,理无不善,孟子之言性善是也,何相近之有哉?"③程朱都主张,在性即理的意义上,人性并无不同,不能说相近;只有在气质之性的意义上,人的气质之性各个差别,才能说相近。船山认为,程子创说气质之性,"遂疑人有两性在",他是反对人有两性的,反对性二元论:

> 所谓气质之性,犹言气质中之性也。质是人之形质,范围著者(这)生理在内;形质之内,则气充之。而盈天地间,人身以内、人身以外,无非气者,故亦无非理者。理行乎气之中,而与气为主持分剂者也。故质以函气,而气以函理。质以函气,故一人有一人之生;气以函理,故一人有一人之性也。若当其未函时,则且是天地之理气,盖未有人者是也。乃其既有质以居气,而气必有理。自人言之,则一人之生,一

---

① 《先师蕺山先生文集序》,《黄宗羲全集第十册》,52页。
② 《明儒学案》卷二十九。
③ 《四书大全》,山东友谊书社,1989年,1866页。

人之性;而其为天之流行者,初不以人故阻隔,而非复天有。是气质中之性,依然一本然之性也。①

在他看来,气质之性的概念,不应当指人性的一种内涵、一种倾向,而是指人性与气质的内在关系。本来在宋明理学里"气质之性"的概念与"天地之性"的概念(或本然之性或义理之性)相对,是注重强调人性中代表气质作用的一面,以说明人的情欲的宇宙论根源。船山则认为,气质之性,就如同其字面的意义一样,应(在存在的意义上)指一定气质的性,而不是(在价值的意义上)代表气质作用的人性。在这里,气质两字加在性的前面的意义,是说这个性不是脱离气质独立自存的性,而是依赖于气质、作为气质自身的属性、规定、条理的性。在具体的阐发方面,船山提出,从宇宙论来说,天地之气充塞于两间,而理行乎气之中,这里的行不是指理作为另一实体行于气中,而是指理作用于气中,这种作用就是"与气为主持分剂",也就是调节之、条理之。就理和气的结合关系来说,两者是永不分离的;有气,必有理在其中;有理,必有气为之体。天地之气不断聚合为有形之质,形质中充满了气,船山称作质以函气,这里的"函"特指成形后的体质与气的关系,形质是气构成的,故说质以函气。质包涵着气,这里的气是指构成形质的气,而气又总是包涵着理的,故又说气以函理。气以函理的理就是此形质的性了。"若当其未函时,则且是天地之理气",在气没有聚合成为形质时,就谈不到函了,这时的理气不是已聚之气、已凝之理,而是两间中大化流行的理气。对船山来说,

---

① 《读四书大全说》,466页。

流行的天地之理气,与聚凝的人物之理气,两者的区别是很重要的。

以上的说法是比较清楚的,可以说也是朱子学理气观的宇宙论构成论是一致的。但另外一些说法,就似乎不是很清楚了。按照解释的脉络说,这里是针对"性相近"之说,因此说"质以函气,故一人有一人之生;气以函理,故一人有一人之性",应该是说,既然质以函气,则不同的个体形质所函的气有所不同,从而每人都有其特殊的生命体质;又由于不同个体形质所函的气有所不同,所以这些气中所函的理也有所不同,也就是气质中之性相近而不同。这个说法在朱子学里叫作"气异而理异",这样就说明了孔子的"性相近"的思想。可是,船山在这段的最后却说"是气质中之性,依然一本然之性也",以反对朱子学把本然之性与气质之性区别开来的做法,而这似乎是说,气质之性不受气质的影响,与本然之性相同。这种说法在朱子学中叫作"理同而气异",可是,这样一来,又怎么能论证性相近之说呢?① 船山最后的推理也不清楚,照其最后几句所说,当形质已成之后,质以函气,气以函理,一人一生,一人一性;而那些未聚的理气仍只是天地流行之理气,并不受已聚成形的形质所影响。从这里如何推出"是气质中之性,依然一本然之性也"的结论?船山所用的"本然之性"的概念与朱子学是同是异?气质中之理当然是来自天地之理,但假如气质中之理与天地之理全同,那它就不受特定气质所影响,又如何说明性

---

① 唐凯麟认为:"这就是说,气质之性即气质中所涵之理,借用朱子的话来说,就是本然之性。"《试论王船山的人性论》,《王船山学术思想讨论集》,湖南人民出版社,1984年,300页。

是相近而不是相同呢？看来船山的意思似乎是说"是气质中之性，依然一天地之性也"，即气质之性在根源上仍然是来源于天地之性，仍然是天所命人之性（天命之性）。

船山在最后说：

> 盖性即理也，即此气质之性。主持此气，以有其健顺；分剂此气，以品节斯而利其流行。主持此质，以有其魂魄；分剂此质，以疏浚斯而发其光辉。即此为用，即此为体。不成一个性、一个质、一个气，脱然是三件物事，气质已立而性始入，气质常在而性时往来耶？①

前一个"主持""分剂"的主语都是理，理主持此气、分剂此气；理对气的主持作用即主导，提供其变化的动力；对气的分剂作用即调节，提供其流行的规律节次。这都是指天地之化的理气而不是指人身的理气。后一个"主持""分剂"的主语应是性（即在人身凝为性的理），性主持此质、分剂此质。性对形质的主持作用是提供其生命力，性对形质的分剂作用是疏通其通透性以便于生气的往来。这都是指人身的理气。性以气质为体，也以气质为用，不能说性、气、质是三个独立的事物。那种以为气质形成以后性才进入气质，或以为气质是恒定的而性在气质中进进出出的观点，把性皆理解为一独立于气质的实体，都是错误的。我们知道，小程提出性即理，与大程提出天即理同功，但小程所说的性即理，只是说性即仁义礼智等道德原则，而在朱子便将性即理的解释立基于宇宙论的理气论，性成为宇宙流行之理安顿在人身的小太极。船

---

① 《读四书大全说》，471页。

山强调的是,所谓性即理,不是借寓于气质中的神秘实体,而是指性即气质之理,性即属于一定气质本身的属性和条理。这一讲法与明代理学人性论的变化趋势是一致的。

气质之性的概念本来是在性善论的前提下对性善论的一种补充,如果气质之性的概念甩开本然之性而独立成立,则气质之性的说法可与性近论协调,而与性善论的差别便突显出来了。船山思想受孟子影响甚大,但在性善说的问题上,便显示出与孟子的不同。

船山在这一点上,是有自觉的,所以他特别讨论了孔孟性说的差别,并对孟子性善说作了一种解释:

> 孟子惟并其相近而不一者,推其所自而见无不一,故曰"性善"。孔子则就其已分而不一者,于质见异而于理见同,同以大始而异以殊生,故曰"相近"。乃若性,则必自主持分剂夫气者而言之,亦必自夫既属之一人之身者而言之。孔子固不舍夫理以言气质,孟子亦不能裂其气质之畛域而以观理于未生之先,则岂孔子所言一性,而孟子所言者别一性哉?①

照船山的说法,孟子是从现实的相近人性,"推其所自",推原人性的根源,发现它们的根源是一致而相同的,所以说性善。孔子则是就现实的人性观察来作判断,现实的人性与人性的本源是不同的,其不同在于,在宇宙论上,从人性的本源到现实的人性已经历了一个从"一"到"分"的演化过程,从而现实的人们的人性不再是相同而一致的,而是相近的。相近就既不是"一",也不是大"异",

---

① 《读四书大全说》,470页。

不完全一致,所以不是"一",但大同而小异,故是"近"。这就是所谓"于质见异而于理见同,同以大始而异以殊生",于理见同是指同以大始,于质见异是指异以殊生。同以大始(《易》云乾知大始)即人性的发生学根源是相同的,异以殊生指人的身体形质各个差别。船山认为,性应当指气的调节者而言,也必须落实到每个个体的身体形质上说。

船山的这个讲法实际是说,孔子讲的是人性,孟子讲的不是人性,而是人性的源头。正如前面所叙述的,人性的源头即人的形体未生、未成以前,而禀气成形以前的天地理气是命而不是性。故船山接着说:

> 孟子之言性,近于命矣。性之善者,命之善也,命无不善也。命善故性善,则因命之善以言性之善可也。若夫性,则随质以分凝矣。一本万殊,而万殊不可复归于一。易言"继之者善也",言命也;命者,天人之相继者也。"成之者性也",言质也,既成乎质,而性斯凝也。质中之命谓之性,亦不容以言命者言性也。故惟"性相近也"之言,为大公而至正也。①

从以上的分别来看,孟子讲的性实际是推原性之所自,即二程所说的极本穷源之论,讲的是"人生而静以上"事,因此船山认为孟子讲性善的性其实是命,孟子说的性善其实是命善。命是无不善的,命是天命本然,是性的源头,所以由源头的善而说人性亦善,这也是可以的。但是真正来说,性是随所在的特定气质而分殊凝定的,分是指从源头到特殊的气质而分化,凝是指从流行的天理

---

① 《读四书大全说》,470—471页。

变为限定在一定气质之中的理。从本源的命到个人的性,是"一本万殊"的过程,既是万殊就不可能是"一"了。用《周易》的语言来说,命属于"继之者善",故说"命者天人之相继者也";性属于"成之者性",而"成之"就是指形质。质成形而性随之以凝。质从命接受来的是性,但已不是源头的一本,而成为各个相近的万殊,故不能说性善,只能说性近。从哲学的论证而言,这种以"继善"和"成性"来区分天理与人性,也是朱子学所本有的。

在性与气质的问题上,船山不仅反对天地之性与气质之性的二元人性论,还对朱子学的一些提法提出了批评,如他对新安陈氏的"性寓于气质之中"的说法加以批评:

> 新安云"性寓于气质之中",不得已而姑如此言之可也;及云"非气质则性安所寓",则舛甚矣。在天谓之理,在天之授人物也谓之命,在人受之于气质也谓之性,若非质,则直未有性,何论有寓无寓?若此理之日流行于两间,虽无人亦不忧其无所寓也。若气,则虽不待人物之生,原自充塞,何处得个非气来?即至于人之死也,而焄蒿悽怆、昭明于上者,亦气也。且言寓,则性在气质中若人之寓于馆舍。今可言气质中之性,以别性于天,实不可言性在气质中也。①

其实,性寓于气质中的说法以及非气质性何所寓的说法都来自朱子,并非新安陈氏的发明。船山在这里强调,性和气质的关系不适合用"寓于"这样的表达,因为"寓于"容易被理解为一种外在的关系,即"寓于"的说法虽然也表示理在气中,但这种"在"不是内

---

① 《读四书大全说》,471 页。

在的"在",好像是另外一个本来与气无关的实体藏栖于气之内。而船山所理解的作为气质中之性的理当然也在气之中(不会在气之外),但它是此气自身的条理、属性。于是,对于一个人来说,气质不是性居住的一个场所,因为场所是可变换的,而一个人的性和此人的形质是一种不可变换的内在关系。

正是在这个意义上,船山甚至反对使用"性在气质中"的讲法,而始终主张的是"气质中之性"的提法。"性在气质中"和"气质中之性"的这个区别,在一定意义上正如同我们现在强调的"哲学在中国"和"中国的哲学"的区别一样。这一点才体现了船山与朱子理气观念上的最基本的分别,这也是明代中后期思想的共识。

在经历了明中期以来的在"理"的理解方面的"去实体化"的转向以后,儒学思想家大都走向了这种气质之性(条理之性)的人性一元论。元明的这种人性论虽然多非自然人性论,仍然主张存理遏欲,但这种人性论往往不再坚持性善论,使得孟子的性善论在儒学中的地位受到挑战,从而形成了儒学发展及其经典诠释的新课题。清代思想家如陈确、颜元乃至戴震无不受此影响。

这种变化了的理气观对于儒学的"本体"和"工夫"本身造成了何种影响和后果,明代的理学家们自己似乎无所意识。我们所能看清的是,造成和推动这种转向的原因,与其说反映了明代市民社会的兴起,倒不如说是元明以来思想家们的"哲学"的知性探究本身的内在逻辑发生了决定的作用。特别是,在这里并没有价值的、工夫的原因在发生作用,"哲学"的思维逻辑在很大程度上掩盖并忽略了儒家思想自身的体系要求。换言之,在本文的例证里,都不是从儒家价值或人性论出发而要求某种存在论,相反,在这些例子里，更像是由于存在论上哲学探究的要求导致了人性论论说的改变。这说明，在儒家思想体系的发展中，哲学思维并不总是从属性的，而可能是具有一定的独立性，甚至在一定条件下哲学思维的变化会引起其儒学其他部分发生相应的变化。当然，我们也不认为哲学思维特别是存在论和宇宙论在儒学体系的整体上总是决定其他部分的基础。这提示我们应当深入研究儒家思想自身的逻辑和其中哲学思维逻辑的相互关系，这是所谓"哲学史"研究更应当关注的课题。在这个意义上，本文是关于明代思想的由"思想史"的解释转向"哲学史"解释的一个案例。

（《中国文化研究》，2003年3期）

王阳明的拔本塞源论

一、拔本塞源

王阳明的《拔本塞源论》,原为其《答顾东桥书》的最后一节,该书载于《传习录》中卷,而为之首。《年谱》嘉靖四年九月下"答顾东桥璘书有曰",可见年谱是将此一答书系于嘉靖四年,王阳明是年五十四岁。①《答顾东桥书》是王阳明晚年的重要作品,其论学术思想的分量已相当于一部著书。而"拔本塞源论"虽然本是答顾东桥书的结尾部分,但阳明自己已经指出,结尾之前的部分多是就分散的问题答问,还没有谈到根本性的问题。在《拔本塞源论》紧接其后的一段文字中他说:

> 夫圣人之所以为圣者,以其生而知之也。而释《论语》者曰:"生而知之者,义理耳。若夫礼乐名物,古今事变,亦必待学而后有以验其行事之实。"夫礼乐名物之类,果有关于作圣之功也,而圣人亦必待学而后能知焉,则是圣人亦不可以谓

---

① 亦有学者据启周道通书而以此书为在嘉靖三年,这个问题在此不作讨论。

之生知矣!谓圣人为生知者,专指义理,而不以礼乐名物之类,则是礼乐名物之类无关于作圣之功矣。圣人之所以谓之生知者,专指义理而言,而不以礼乐名物之类,则是学而知之者亦惟当学知此义理而已,困而知之者亦惟当困知此义理而已。今学者之学圣人,于圣人之所能知者,未能学而知之,而顾汲汲焉求知圣人之所不能知者以为学,无乃失其所以希圣之方欤?凡此皆就吾子之所惑者,而稍为之分释,未及乎"拔本塞源"之论也。

在这段文字之后才开始了"拔本塞源论"的论述。这里所引"释论语者"言,为朱子《论语集注·述而篇》"我非生而知之者"章所引尹氏之语,所以阳明所论是针对朱子学而言,是明确的,因为顾东桥本人即是朱子学者,持朱子学的立场与王阳明进行辩难。事实上《传习录》自上卷开始,语录中针对朱子的批评可以说比比皆是,这是阳明成学以来的一贯态度,并不奇怪。不过,阳明在这里引用尹氏之说,并不是要批评其说,而是借由朱子引述的尹氏说转而证明自己持论的合理。这就是,社会文化的知识是圣人学而后知的,道德义理才是圣人不学而生知的,所以圣人的本质不在于他后来学得了什么,而在于他本来就与众不同地掌握了什么。学圣人之学,不应去求圣人学而后知的,而应该专求圣人所能知生知的,因而为学的重点是在道德义理,而不是具体知识。如果汲汲于知识的追求,遗忘了周敦颐《通书》中"贤希圣(圣希天)"的方法功夫其目的是提高道德义理,那就不是圣人之学,也是达不到圣人的。通过把道德—知识对立起来,强调道德义理的优先性,王阳明建立起了其拔本塞源论的前提。

由上引这一段话的最后一句可知,"拔本塞源论"虽然只是答顾东桥书的最后一部分,但与答顾东桥书的前面部分主要针对顾东桥的具体疑问相比,这最后的部分具有总论根本的意义,从而也具有了相对独立的意义。正惟如此,王阳明死后其弟子后学把这段文字独立出来命名为《拔本塞源论》①,这使得此篇在理学史和思想史上享有特殊地位。明末大儒孙奇逢说:"拔本塞源之论,以宇宙为一家,天地为一身,真令人恻然悲,戚然痛,愤然起,是集中一篇大文字,亦是世间一篇有数文字。"②本文即专就这段文字的思想加以讨论,不涉及答顾东桥书最后这段文字之前的内容。

在以下的分析中我们把此文分为十段,逐段加以阐释(学者分段容有不同)。让我们先来关注作为引言的部分:

> 1. 夫"拔本塞源"之论不明于天下,则天下之学圣人者将日繁日难,斯人沦于禽兽夷狄,而犹自以为圣人之学;吾之说虽或暂明于一时,终将冻解于西而冰坚于东,雾释于前而云滃于后,呶呶焉危困以死,而卒无救于天下之分毫也已!

"拔本塞源"一词最早见于《左传》昭公九年,宋代理学创立者程颐说过"夫辟邪说以明先王之道,非拔本塞源不能也"。③ 程颐认为孟子深深了解趋利之弊,"只为后人趋着利便有弊,故孟子拔本塞源,不肯言利。"④可知"拔本塞源"是对于偏邪有害的思想而言,特别是讲求私利的思想。俗语云"水有源、树有根",拔本塞源就是

---

① 至少在嘉靖十六年薛侃所刻《阳明则言》中,已将此文命名为拔本塞源论。
② 引自陈荣捷:《王阳明传习录详注集评》,华东师范大学出版社,118页。
③ 《河书南程氏遗书》卷二十一下。
④ 同上书,卷十八。

强调拔除这些思想的根基、堵塞这些思想的源头。就王阳明来说，他所说的拔本塞源，主要是就"私己之欲""功利之毒"而发的，而正确的拔本塞源的方法在他看来就是诉诸于真正的、没有受到曲解的圣人之学。在他看来，如果不懂得圣人之学以拔本塞源为宗旨，这样的学术就会繁琐而艰难，天下追求圣人之学的人就会陷于这种假的圣人之学，离开道德义理越来越远，最终沦于禽兽夷狄而不自知，还以为自己在从事圣人之学。王阳明在这里虽然没有明白指出其批评的学术对象（在后面他明确批评了四种杂学），但我们知道他在这里所说的假圣人之学包含了朱子学，他所说的繁难也应包含了朱子学的格物穷理功夫。

另外，我们知道王阳明在晚年以致良知为宗旨，时时处处宣传致良知学说。而在这里，他强调，如果不明白他的"拔本塞源"论，他的良知学说虽能暂时为大家接受，但最终恐怕错误思想此起而彼伏，"按下葫芦又起瓢"，解决不了根本问题，对于救治天下不能起分毫的作用。这样看来，他的拔本塞源论在实践的意义上已成为王阳明良知思想能够传播、流行于天下的关键。从全篇来看，他是认为，如果人不能除去所怀功利之心，致良知的学说将无法流行于天下，也不可能在改变社会上发挥出作用。这样看来，去除私欲功利之心和致极良知二者已成为阳明晚年思想的两个关键点，而去除私欲功利之心的理论依据是万物一体的思想。如果说万物一体的思想是要落实到去除私欲恢复本心，那么可以说，万物一体说和致良知说，共同构成了王阳明晚年道德哲学的主体。

二、万物一体与圣人之学

下面我们正式进入这篇文章的文本。在《拔本塞源论》的初始部分,王阳明提出了对圣人之心、圣人之学、圣人之教的阐发,这也是本文全篇的宗旨。

> 2. 夫圣人之心,以天地万物为一体,其视天下之人,无外内远近,凡有血气,皆其昆弟赤子之亲,莫不欲安全而教养之,以遂其万物一体之念。天下之人心,其始亦非有异于圣人也,特其间于有我之私,隔于物欲之蔽,大者以小,通者以塞,人各有心,至有视其父子兄弟如仇仇者。圣人有忧之,是以推其天地万物一体之仁以教天下,使之皆有以克其私,去其蔽,以复其心体之同然。①

要学圣人之学,必须要了解圣人之心、圣人之教。王阳明认为,圣人之心如果用一句话来表达,就是"以天地万物为一体"。什么是"以天地万物为一体"?照王阳明的说法,圣人看待天下的人,无论与他有没有亲属关系、社会关系,也无论与他的距离远或是近,只要是有血气、活生生的人,圣人之心都会看作是他的兄弟或亲属的婴儿,都希望使他们安全,要养育他们、教育他们,以实现和满足他的万物一体的心念。王阳明认为,天下所有的人,他们的

---

① 《大学问》:"是故苟无私欲之蔽,则虽小人之心,而其一体之仁犹大人也;一有私欲之蔽,则虽大人之心,而其分隔隘陋犹小人矣。故夫为大人之学者,亦惟去其私欲之蔽,以自明其明德,复其天地万物一体之本然而已耳。"

本心(也就是本来的心),在开始的时候与圣人并没有分别,都是以天地万物为一体的;只是后来由于被个体的私心和物欲蒙蔽,才把自己与天地万物间隔开来,也就不再能有万物一体的意识。本来的心是广大的,现在变得狭小;本来的心是通彻的状态,现在变为阻塞的状态。于是每个人都有了自己的私心,而私心作怪的结果,甚至使父子之间、兄弟之间如仇人相对,完全失去了他们本来的一体之心。圣人忧虑于此,因而立下了圣人的教法以教化天下的人,圣人之教的内容就是推广"仁者以天地万物为一体",来克除人的私心,去掉其蒙蔽,恢复人们的本心。

"仁者以天地万物为一体"是宋代的程颢最先提出来的,用"以天地万物为一体"来解释"仁",发展了古典儒学对"仁"的理解。王阳明继承了这一点,并把这一点视为圣人之心的基本内涵,并作为圣人之教的基本内容和出发点。圣人之教就是以这样的万物一体之仁,教导人们去克服个体私欲的蒙蔽,恢复心的本体,即心的本来状态。

3. 其教之大端,则**尧、舜、禹**之相授受,所谓"道心惟微,惟精惟一,允执厥中"。而其节目则"**舜**之命**契**",所谓"父子有亲,君臣有义,夫妇有别,长幼有序,朋友有信"五者而已。**唐、虞、三代**之世,教者惟以此为教,而学者惟以此为学。当是之时,人无异见,家无异习,安此者谓之圣,勉此者谓之贤,而背此者虽其启明如**朱**亦谓之不肖。下至闾井、田野、农、工、商、贾之贱,莫不皆有是学,而惟以成其德行为务。何者?无有闻见之杂,记诵之烦,辞章之靡滥,功利之驰逐,而但使之孝其亲,弟其长,信其朋友,以复其心体之同然。是盖性分之所固有,而非有假于外者,则人亦孰不能之乎?

王阳明认为,圣人之教有纲有目,圣人之教的主要纲领就是尧舜禹相授受的口诀"道心惟微,惟精惟一,允执厥中",这几句话见于古文《尚书》之《大禹谟篇》。意思是道心非常精微,要用精一和执中的方法进行心的修养。"道心"就是本性的直接发见,不掺杂任何私欲。"精一"是专一于道心的状态,"执中"是说道心即喜怒哀乐未发之中。《中庸》说喜怒哀乐未发之"中"是"大本",专一于道心就是守住了大本;保持这种道心的状态,自然发而无不和,"和"在《中庸》里被称作"达道"。圣人之教的纲领是守住大本,圣人之教的条目是通向达道。圣人之教的主要条目,即是古书记载舜命于契的五教:"父子有亲,君臣有义,夫妇有别,长幼有序,朋友有信",这五教的提法曾见于《孟子》,即是五种人伦及其规范。这就是达道,达道就是普遍的原则。① 父子君臣夫妇长幼朋友是古人看重的五种最基本的社会关系,社会关系古人谓之人伦。相对于这五种人伦关系,有五种对应的人伦规范,父子要有亲情,君臣要讲义务,夫妇要有分别,长幼要讲次序,朋友要讲信用。精一执中是内心修养,五教和顺是社会规范。上古到夏商周三代,教育者就是以道心精一、五教和顺为内容进行教育,学习者也完全是以道心精一、五教和顺为内容来学习,没有其他复杂的东西。所以

---

① 参看《重修山阴县学记》:"惟一者,一于道心也。惟精者,虑道心之不一,而或二之以人心也。道无不中,一于道心而不息,是谓'允执厥中'矣。一于道心,则存之无不中,而发之无不和。是故率是道心而发之于父子也无不亲;发之于君臣也无不义;发之于夫妇、长幼、朋友也无不别、无不序、无不信;是谓中节之和,天下之达道也。放四海而皆准,亘古今而不穷;天下之人同此心,同此性,同此达道也。舜使契为司徒而教以人伦,教之以此达道也。"

在那些时代,人们之间没有分歧的不同意见,家与家也没有不同的习惯,都是以道心精一、五教和顺为准则。安乐妥适于道心精一、五教和顺的人就是圣人,勉强而行精一执中、五教和顺的即是贤人。违背道心精一、五教和顺的人,即是再聪明如尧的儿子丹朱一样也是品行不肖之人(传说丹朱为尧的不肖之子)。

王阳明认为,上古时代不仅士以上的贵族以此为学,下至闾井、田野、农、工、商、贾普通百姓,莫不皆有是学,即都是以道心精一、五教和顺为学。他认为,古代不论贵贱,人们都奉行"惟以成其德行为务",即以成就其德行为学的目的。这也就是王阳明理解的"圣人之学"。为什么古人能"惟以成其德行为务"呢?他认为,主要是由于在那个时代没有用见闻烦扰人心,没有用记诵杂乱人的学习,没有把辞章作为普遍的功课,更没有以功利的追逐为流行风气,社会文化环境只是敦促人们孝顺父母、尊敬兄长、诚信朋友,以便恢复人的本心。可见王阳明在倡导圣人之学时也是很重视人的社会文化环境的作用和导向的。人的本心都是认同理义、认同五教的,孟子说理义是人心之所同然,也是此意。在他看来,孝、悌、信诸德是人的本性中所固有的,不是由外面假借而来的,故人人都能知能行孝悌信。在这里,王阳明也表达了对辞章之学、记诵之学、闻见之学、功利之学四种杂学的明确批判。

"性分之所固有",这句话本出于朱子《大学章句序》,朱子以《大学》所论为先王、圣人之教,故王阳明在论述圣人之教时也受到朱子大学序"是以当世之人无不学。其学焉者,无不有以知其性分之所固有"的影响。朱子《大学章句序》叙述了古代的教法与为学,王阳明的上述论述,可以说是站在与朱熹《大学章句序》不同的立场所提出的另一种教学论。王阳明认为,古代圣人之教不乱,惟以道心五教为教;人心亦纯明不乱,惟以成就德行为学。这是"教"与"学"的黄金时代。

应该指出,《尚书》大禹谟"十六字心传"的原话有四句,即"人心为危,道心惟微,惟精惟一,允执厥中",而王阳明只提后三句,未提首句"人心惟危"。这显然是因为与他的本心思想不合,因为人心惟危是强调人心的不可靠。照十六字心传的说法,人心和道心应该都是人本来具有的,人心甚至排在道心之前,圣人为学的要求是发扬道心而克制人心。而王阳明心学则认为道心是本心,是第一性的。照他在这里所说,人心是因失去了一体之心而后有的,是人的有我之私加上物欲的蒙蔽,本心不能体现,才形成了"人各有心"的人心。不过,王阳明的思想亦有其内在含糊之处,如,有我之私是哪里来的呢?如果按这里所表达的,有我之私是与本心似乎都是人生而具有的,何以道心是本心,私欲不是本心?如果说这是因为理性是心,欲望不是心,那又如何解释十六字心传的"人心"说?如果道心和私欲都是本有的,人恢复了道心就能免除私欲吗?可以看出,在这些问题上,王阳明的心学还没有处理得很圆满。

三、安分勤业与天下一家

王阳明接着论述了安分勤业的思想,值得注意的是,这其中也有朱子《大学章句序》中与"性分之所固有"并立的"职分之所当为"思想的影响。

4. 学校之中，惟以成德为事，而才能之异或有长于礼乐，长于政教，长于水土播植者，则就其成德，而因使益精其能于学校之中。迨夫举德而任，则使之终身居其职而不易。用之者惟同心一德，以共安天下之民，视才之称否，而不以崇卑为轻重，劳逸为美恶；效用者亦惟知同心一德，以共安天下之民，苟当其能，则终身处于烦剧而不以为劳，安于卑琐而不以为贱。当是之时，天下之人熙熙暤暤，皆相视如一家之亲。其才质之下者，则安其农、工、商、贾之分，各勤其业以相生相养，而无有乎希高慕外之心。其才能之异若**皋**、**夔**、**稷**、**契**者，则出而各效其能。若一家之务，或营其衣食，或通其有无，或备其器用，集谋并力，以求遂其仰事俯育之愿，惟恐当其事者之或怠而重己之累也。故**稷**勤其稼，而不耻其不知教，视**契**之善教，即己之善教也；**夔**司其乐，而不耻于不明礼，视**夷**之通礼，即己之通礼也。

王阳明认为古代学校以成德为根本追求，在此前提之下，也重视才能特长的培养发挥。这里说的礼乐在广义上即是文化，政教即政治行政，水土播植即农业。人的才能有所差异，各有其特长，有人有文化的才能，有人有政治的才能，有人有农业的才能，学校的教育是在成德的主导方针之下，使个人的能力特长得到发展，达到较为精深的水平。古代国家对人才的任用，以举德为先，而后使人从事某项专职工作终身不变。国家与各级用人单位，同心同德，共同以天下百姓的安宁为目标，用人方针是才位相称，全看个人才能与职位需要是否相当，而没有岗位高下的分别，也没有职位重要与不重要的分别，更不会把辛勤付出体力的工作看做低下的工作或把体力付出较少的工作看做高等的工作。被任用的人也是同心同德,共同以天下百姓的安宁为目标,如果职位与自己的能力相当,终身付出重体力劳动也不会以为这个工作辛苦;如果职位与自己的能力相当,终身安于从事下层细小的工作不会认为这个工作卑贱。朱子《大学章句序》里所说的"职分之所当为",认为每个人都有其社会职业分工的本分,王阳明把这一思想更加以发挥,使安分思想成为此文的重点。①

在王阳明的想象中,在上古那个时代,天下的人相亲如一家,人的分工和对待分工的态度,也像在一家之中一样,不会彼此计较。比如材质一般的人就安于农、工、商贾的社会分工,每个人都勤谨地自己从事行业的工作,相生相养,互相提供所需的生活资料以满足生活的需要,没有人认为他人的工作好而羡慕他人的工作;至于才能特别突出的人,则担任各种不同社会公共职务以贡献自己的才能。这正像一个家庭中的情形,有人经营衣食,有人从事交易,有人负责器物的齐备,一家人共同出谋出力,以实现生活的愿望,每个人都唯恐自己担负的事情没有做好而增加了他人的负担。② 所以,后**稷**勤恳地从事其种植事务,而不以不懂得教育而感到可耻,在他看来,**契**之善于教育,如同自己能善于教育是一样的;**夔**负责乐舞的事务,而不以不懂得礼仪制度而感到可耻,在他看来,伯**夷**通达于礼仪制度,如同自己能通达礼仪制度一样。

---

① 王阳明与聂文蔚书:"今诚得豪杰同志之士扶持匡翼,共明良知之学于天下,使天下之人皆知自致其良知,以相安相养,去其自私自利之蔽,一洗谗妒胜忿之习,以济于大同。"此书中亦强调相安相养之义,与本文同。参见《传习录》卷二。

② 按推之上下文义,"惟恐当其事者之或怠而重己之累也"一句文理似相反,姑记疑于此。

每个人都安分守业，不会有把工作分成高下的观念，也不会羡慕他人的工作。因为，他们都相互视如一家之人。

5. 盖其心学纯明，而有以全其万物一体之仁，故其精神流贯，志气通达，而无有乎人己之分，物我之间。譬之一人之身，目视、耳听、手持、足行，以济一身之用。目不耻其无聪，而耳之所涉，目必营焉；足不耻其无执，而手之所探，足必前焉；盖其元气充周，血脉条畅，是以痒疴呼吸，感触神应，有不言而喻之妙。此圣人之学所以至易至简，易知易从，学易能而才易成者，正以大端惟在复心体之同然，而知识技能非所与论也。

为什么古代人可以达到这样的安分境界呢？那是因为他们的治心之学纯粹清明，能够保全他们内心本有的万物一体的仁德，所以他们相互之间精神能够流贯你我，志气能够通达他人，他们的精神志气没有人己之分别，也没有物我的间隔。正像人的身体，眼睛负责看，耳朵负责听，双手用来拿东西，双脚用来行路，耳、目、手、足都是为了满足身体的需要和运用，不会彼此计较轻重。因此，作为身体的部分，眼睛不会以不能听为可耻，耳听所涉及的事物，眼睛必然随之关注；双脚不会以不能持拿东西为可耻，双手所要伸向之处，双脚必然向前来与之配合。这是因为人身是一体的，气在一体之中周流于各处而不会有遗缺，血脉在一身的运行畅通无碍，故身体各部分之间的相互感应与配合非常默契。圣人之学是非常简易的，绝不复杂，容易了解也容易实行。学圣人之学既容易入手也容易成就，这是因为圣人之学的大要只是回复本心对义理的先验认同，而不是注重知识技能的积累。如果追求知识技能，那种学术就不可能是简易有效的了。

万物一体说本来是指向亲民的实践,而在这里,王阳明把"以天地万物为一体"的思想运用于安分之说的论证,这与他在其他地方谈到万物一体的意义,其重点是有所不同的。

四、霸术俗学和功利之毒

但是上古的教与学的黄金时代,在三代以后已经衰落,孔孟之后更出现了各种杂学之"术",教者不复以万物一体为教,而学者不复以万物一体为学。王阳明特别批判了春秋战国的"霸术"和主张法术势的法家:

> 6. 三代之衰,王道熄而霸术猖;孔、孟既没,圣学晦而邪说横;教者不复以此为教,而学者不复以此为学。霸者之徒,窃取先王之近似者,假之于外,以内济其私己之欲,天下靡然而宗之,圣人之道遂以芜塞。相仿相效,日求所以富强之说,倾诈之谋,攻伐之计,一切欺天罔人,苟一时之得,以猎取声利之术,若管、商、苏、张之属者,至不可名数。既其久也,斗争劫夺,不胜其祸,斯人沦于禽兽夷狄,而霸术亦有所不能行矣。①

王阳明叙述了他所理解的学术史的演变。三代以后,孔孟仍坚持古代圣人之学、圣人之教,但孔孟之后,王道沉没而霸术盛行,圣学便被邪说淹没了,教育者不再主张圣人之教,学习者也不再追

---

① 阳明《亲民堂记》云:"固有欲亲其民者矣,然或失之知谋权术,而无有乎仁爱恻怛之诚者,是不知亲民之所以明其明德,而五伯功利之徒是矣。"

求圣人之学。当时流行霸术之学,鼓吹霸术的人,窃取先王言论的某些片段作为对外的标榜,实际上是以此满足个人的私欲,求取自己的私利。① 天下都顺着这种风气去追求霸者之学,圣人的大道便被阻塞了。人们仿效这种霸者之学,日日追求实现富强的办法,于是奸诈之谋、武力攻伐之计盛行,只要能够满足一时的收效,作为博取声名利禄的手段,一切欺天骗人的方法都可以采用。那个时代这样的霸者之徒像商鞅、苏秦、张仪等,多到不可胜数。久而久之,这样的争斗争夺,引发了无数祸患,百姓沦为像禽兽和夷狄的人一样,于是霸术也实行不下去了。在王阳明看来,强力争夺和自私功利的主张完全压倒了价值与道德的文明,这样的世界也就不复为文明的世界,而是退回到禽兽的世界或低等的文明。而人对这种世界是不可能永久接受的,从而霸术是违背了人的根本需要和追求的。王阳明之所以主要批判霸术和法家,不仅因为是孔孟之后出现最早的杂学,也因为他认为霸术和法家是功利之学的主要代表。

7. 世之儒者,慨然悲伤,搜猎先圣王之典章法制,而掇拾修补于煨烬之余;盖其为心,良亦欲以挽回先王之道。圣学既远,霸术之传积渍已深,虽在贤知,皆不免于习染,其所以讲明修饰,以求宣畅光复于世者,仅可以增霸者之藩篱,而圣学之门墙遂不复可观。于是乎有训诂之学,而传之以为名;有记诵之学,而言之以为博;有词章之学,而侈之以为丽。若

---

① 参看阳明答聂文蔚书云:"后世良知之学不明,天下之人外假仁义之名,而内以行私利之实。"(《传习录》卷二)阳明拔本塞源论与答聂文蔚书在思想上颇为相近,所作时间亦当相近,读者可相参看。

> 是者纷纷籍籍,群起角立于天下,又不知其几家,万径千蹊,莫知所适。

面对战国时代霸术的流行,历代的儒者感慨悲愤,他们广泛收集圣王的典章制度,整理修补那些在秦火之后残存的文献,他们的出发点是为了挽回先王之道。然而圣人之学已经中断很久,霸术的传播则积淀很深了,从而这些贤明智慧之士,也不免沾染到社会功利习气的污染,他们所阐明用来求得恢复先王之道的东西,其实不过只增加了霸者的藩篱,圣学的门墙则再也看不到了。此后,又出现了训诂之学,记诵之学、词章之学,这些学问或是为了求得声名,或是为了显示博学,或是为了夸示辞藻的华丽。这些在不同时代流行的学术喧哗纷乱,互相竞争,形成各种各样的学问方向,使人们不知道如何选择。

王阳明在这里叙述了学术的混乱及其历史上的发生和演变。他所说的"搜猎先圣王之典章法制,而掇拾修补于煨烬之余"指的是汉初至西汉末儒者收辑的《礼记》等著述①,训诂之学、记诵之学、词章之学则是指东汉至唐代的经学、文学等学术。总之,在他看来,孟子之后的学术都离开了圣人之学,使学者不知所向,这一大的学术史判断与宋代道学的判断是一致的。

> 8. 世之学者,如入百戏之场,欢谑跳踉,骋奇斗巧,献笑争妍者,四面而竞出,前瞻后盼,应接不遑,而耳目眩瞀,精神恍惑,日夜遨游淹息其间,如病狂丧心之人,莫自知其家业之

---

① 事实上,大小戴礼记中的资料多是战国儒学的资料。

所归。时君世主亦皆昏迷颠倒于其说，而终身从事于无用之虚文，莫自知其所谓。间有觉其空疏谬妄、支离牵滞，而卓然自奋，欲以见诸行事之实者，极其所抵，亦不过为富强功利五霸之事业而止。圣人之学日远日晦，而功利之习愈趋愈下。其间虽尝瞽惑于佛、老，而佛、老之说卒亦未能有以胜其功利之心；虽又尝折衷于群儒，而群儒之论终亦未能有以破其功利之见。盖至于今，功利之毒沦浃于人之心髓，而习以成性也几千年矣。

历代学习者面对这种情形，如同进入杂技场，场中有的跳、有的跑，有的笑、有的闹，到处是各种杂技表演，学习者在其中瞻前顾后、应接不暇、精神恍惚、不知所措。学习者沉浸在这样的场域里漫游其间，最后可能导致完全丧失自我，落到不知家业所归的境地。不仅学者如此，历代君王也都迷恋于这些学说学术，终身追求那些空洞无用的文章，也不了解这些究竟是些什么。中间偶然出现个别有识之士，觉察到这些学术空疏荒谬、支离不通，奋起谋求改变，希图代之以密切联系实践实行的学问，然而他们最终达到的境界也还是富强功利的事业而已。这里所指的应该是王安石一类的人物和学术。王阳明认为，这类人虽然曾受到佛老的影响，佛老思想本来要人解除一切功利心，可是佛老的学说最终并没有胜过他们的功利之心；他们也曾折衷于儒学不同派别的学说，儒家各派都是排斥功利心的，但群儒之论最终也未能破除他们的功利之见。直至今日，功利之学的毒害深入人的心髓，习惯影响本性，已经有千年之久了。

这些论述意在指出历史上学术的混乱对学习者的影响和所造成的结果。王阳明在这里特别指出了以私欲为中心的"功利之见"是圣人之学的根本阻碍,认为功利之习已经成了毒害社会文化的罪魁祸首。

五、风气与学术

接着上面指出历史上学术的混乱对学习者的影响和所造成的结果,王阳明特别对这些学习者出仕任官后出于功利之心、不能安分守责的现象作了描述和分析,他所针对的主要是当世士大夫的官场风气与学风:

> 9. 相矜以知,相轧以势,相争以利,相高以技能,相取以声誉。其出而仕也,理钱谷者则欲兼夫兵刑,典礼乐者又欲与于铨轴,处郡县则思藩臬之高,居台谏则望宰执之要。故不能其事,则不得以兼其官;不通其说,则不可以要其誉。记诵之广,适以长其敖也;知识之多,适以行其恶也;闻见之博,适以肆其辨也;辞章之富,适以饰其伪也。是以皋、夔、稷、契所不能兼之事,而今之初学小生皆欲通其说,究其术。其称名僭号,未尝不曰吾欲以共成天下之务;而其诚心实意之所在,以为不如是则无以济其私而满其欲也。

功利之毒造败坏了社会文化的风气,自私自利成了人的内在主宰,于是互相以有知识而傲视他人,以有技能来贬低他人,相互以势力倾轧对方,争夺利益,争夺名声。学习者在如此的学术环境中成长,等到他们出仕做官,管理经济和理财的官员想兼管军事和刑法,负责管理礼乐的官员又想兼任组织工作的诠选,任郡守县令的羡慕藩司和臬司(明清两代的布政使和按察使并称为藩臬),负责台谏的官员总想着做宰相(台官主要职责是纠弹官邪、监督官吏,谏官主要职责是侍从规谏、讽谏君主)。人人都没有安分守业的观念。由于,没有做某一方面事务的才能,就不能兼任这一方面的官职;不了解某一方面的知识,就不能得到这一方面的名声。于是,记诵的广博正使其傲气滋长,知识的增多正可帮助其行恶,闻见的广博不过使他能发挥辩才,辞章的华美正好被用来掩饰其虚伪。于是,上古皋、夔、稷、契安分守业而不求兼通的术业,今天的初学小生都想兼通之、研究之。"唯几也,故能成天下之务"是《易》系辞传的话,表面上他们说要以此来共同成就天下的事务,而实际上,他们在内心里认为不这样就不能得到其私欲的满足,说穿了不过是为了升官。可见,王阳明所关注的安分守业,不是针对农工商贾,而是针对士大夫的风气。在他看来,士大夫风气充满了私智和功利,已经成了败坏社会的主要痼症。①

现在来看最后一段即结尾:

10. 呜呼!以若是之积染,以若是之心志,而又讲之以若

---

① 此段所论可参之以答聂文蔚书:"后世良知之学不明,天下之人用其私智以相比轧,是以人各有心,而偏琐僻陋之见,狡伪阴邪之术,至于不可胜说;外假仁义之名,而内以行其自私自利之实,诡辞以阿俗,矫行以干誉,掩人之善而袭以为己长,讦人之私而窃以为己直,忿以相胜而犹谓之徇义,险以相倾而犹谓之疾恶,妒贤忌能而犹自以为公是非,恣情纵欲而犹自以为同好恶,相陵相贼,自其一家骨肉之亲,已不能无尔我胜负之意,彼此藩篱之形,而况于天下之大,民物之众,又何能一体而视之?则无怪于纷纷籍籍,而祸乱相寻于无穷矣!"(《传习录》卷二)

是之学术,宜其闻吾圣人之教,而视之以为赘疣柄凿,则其以良知为未足,而谓圣人之学为无所用,亦其势有所必至矣!呜呼,士生斯世,而尚何以求圣人之学乎!尚何以论圣人之学乎!士生斯世而欲以为学者,不亦劳苦而繁难乎!不亦拘滞而险艰乎!呜乎!可悲也已!所幸天理之在人心,终有所不可泯,而良知之明,万古一日,则其闻吾"拔本塞源"之论,必有恻然而悲,戚然而痛,愤然而起,沛然若决江河而有所不可御者矣!非夫豪杰之士无所待而兴起者,吾谁与望乎?

针对那些反对其良知说的人,王阳明指出,以霸术的历史习染,以当下人们的心态追求,以人们以往所接受的这种学术(即训诂之学、记诵之学、词章之学),他们听到我的圣人之教诲,自然就会加以反对,认为我的学说是多余无用的,或者觉得如方与圆一样格格不入,以至于他们认为良知不是充分的,认为我讲的圣人之学是无用的,这些反应都是势有必至的。然而,一个知识人生在今天的时代,到底怎样追求圣人之学?怎样评论圣人之学?一个知识人生在今天这个时代而要追求圣人之学,身上有那么多习染,面前有那么多杂学,不是很劳苦繁难而且艰辛可悲吗?然而,良知是人心的明德,人人都全体具有,万古不变,始终如一,所以,人们如果听到我的拔本塞源论,必定会恻然而悲,戚然而痛,愤然而起,沛然不可挡,如同冲决江河的水流而不可阻,去追求良知的朗现。所以,除了无待外求而奋然兴起的豪杰之士,我还能期望于谁呢!①

---

① 参看阳明答聂文蔚书:"今诚欲求豪杰同志之士于天下,非如吾**文蔚**者而谁望之乎?如吾**文蔚**才与志,诚足以援天下之溺者;今又既知其具之在我而无假于外求矣,循是而充,若决河注海,孰得而御哉!"(《传习录》卷二)

王阳明的高弟钱德洪谈到阳明晚年万物一体思想时指出："平生冒天下之非诋推陷，万死一生，遑遑然不忘讲学，惟恐吾人不闻斯道，流于功利机智，以日堕于夷狄禽兽而不觉；其一体同物之心，譊譊终身，至于毙而后已。此孔、孟已来贤圣苦心，虽门人子弟未足以慰其情也。"（《传习录》卷二小序）这一论断完全合乎《拔本塞源论》的思想，可见"流于功利机智"和"堕于夷狄禽兽"是王阳明对当时学术功利化和官德堕落的最突出的诊断，他所宣讲的万物一体说正是为了对治当时社会现实流弊的病症。

梁启超对拔本塞源此文曾有按语云："王子此言，何其淋漓沉痛，一至于是！读之而不羞恶、怵惕、创艾、分发者，必其已即于禽兽者也！其所谓称名借号曰吾欲以共成天下之务，而诚心实意乃以济其私而满其欲，吾辈不可不当下返观，严自鞫训曰：若某者，其能免于王子之所诃乎？若有一毫未能自信也，则吾之堕落，可计日而待也。"①梁启超的按语写在1905年，他指的是那些嘴上高喊为国家为人民，实际上自私自利，奉行功利思想的人；他提倡以王阳明拔本塞源论为镜，反省自我，以避免道德的堕落，而走向有健全道德的人生。事实上，"流于功利机智"也是我们当代社会人所共见的普遍病象。这说明，王阳明的这篇文字，对近代以来中国人的建国实践，对当代干部官员的道德修身，以及对广大社会的人生提升，仍有其不可忽视的意义。

（《学术界》，2012年11期）

---

① 梁启超：《德育鉴》，北京大学出版社，2011年，14页。

方以智的哲学智慧

方以智,字密之,号曼公,别号浮山愚者等,生于明神宗万历三十九年(公元1611年),死于清圣祖康熙十年(公元1671年),安徽桐城人。方氏家族有研究周易的传统,他的名字即取于《周易大传·系辞上》"卦之德方以知"。

方以智的家族与东林党有很深的关系,他自己在青年时也曾积极参加复社的政治活动,每与友人相聚,共愤国事,慷慨呜咽,拔剑砍地。崇祯时曾担任翰林检讨,明亡后在梧州出家,始终不与清廷合作。

在中国传统哲学的历史上,方以智是一位十分独特的人物。他所活动的时代,也正是西学通过传教士输入中国的时代。方以智与一些传教士交往甚密,对当时输入的西学十分熟悉,他大胆地提出要"借远西为郯子",有选择地吸收西方文化。方以智学问十分渊博,广泛涉猎过天文、地学、算学、医学以及传统的经学、文学、音韵学等多种学科。他的名著《物理小识》辑录了各种学科的大量知识,似乎是为了编成一部百科全书所作的笔记准备。他的著作形式也颇具特色,如《东西均》一书,与经典注释、语录汇编、心得集录、论学问答等传统哲学著作体例完全不同，而是一部系统、完整、严密的自著的哲学著作。他的学说也一脱明儒重伦理心性的老套，他在精神和气质上十分接近于西方的所谓哲学家。

一、"充一切虚，贯一切实"

方以智继承了《周易大传·序卦》中的唯物主义思想，认为世界上的一切具体现象都是"物"，他说："盈天地间皆物也。……器固物也，心一物也。"(《物理小识·自序》)他认为天、地、人都是"物"，而"物"又都是由气所构成的。他说："一切物皆气所为也，空皆气所实也。"(《物理小识·天类》卷一《天类》)"虚固是气，实物亦气所凝成者。"(《物理小识·天类》卷一)他指出一切空间都充满了气，气与空间是不能分割的。列星、山川、草木、动物都是气化凝结所成的不同形态。

  方以智进而指出："气则微矣。然冬呵出口，其气如烟。人立日中，头上蒸苘，影腾在地。考钟伐鼓，窗棂之纸皆动，则气之为质，固可见也。充一切虚，贯一切实，更何疑焉。"(《物理小识·天类》卷一)。

"充一切虚"是指充满整个虚空，没有间断、没有空隙，"贯一切实"是指渗透到一切有形实体内部，这显然是从宏观和微观不同方面强调气是一种连续存在的物质。正是由于他对气抱有连续性的理解，所以他不仅把水汽的转化，而且把声波的振动传递现象都作为气的普遍存在的证明。

二、"物有则,空亦有则"

方以智的思想在哲学上仍是气的一元论。依照这种观点看来,宇宙中并不存在着什么脱离物质的绝对空间,虚空充满了气,它是气的一种存在形式。这是继承了张载以来的气的学说。不仅如此,他还提出:"一切物皆气所为也,空皆气所实也,物有则,空亦有则。以费知隐,丝毫不爽,其则也,理之可征者也。"(《物理小识·天类》卷一)既然空间充满了物质性的气,物质与空间必然都是有规律的,这些规律可以通过现象加以验证,是可知的。"物有则,空亦有则"表明物质和空间是不可分割的、受同一规律支配的有统一性的实在。

三、"独性各别,公性则一"

统一与差别,共性和个性,这是唯气论者在解说世界的统一性时必须进一步回答的问题。方以智说:"气行于天曰五运,产于地曰五材,七曜列星,其精在天,其散在地,故为山为川,为鳞羽毛介草木之物,声色臭味,别其端几。黄帝论人,亦以五五约之,正谓独性各别,而公性则一。"(《物理小识·总论》)"独性"指每一事物特有的属性,"公性"指事物共同具有的属性。方以智认为,天地广大,万物繁多,究其实而言,都是气的变化的不同具体形态。具体形态不同,其属性也就有差别。每一事物都有自己特殊的规定性。但是由于所有这些具体形态的事物又都是一气所化,这就决定了它们又具有共同的属性,"公性则一"表明万物是具有统一性的。"独性各别"表明万物属性又是互有差别的。

四、"宇中有宙,宙中有宇"

古人说"四方上下曰宇,往古来今曰宙",后来的人多以"宇宙"联用,而讨论宇和宙的问题的哲学家寥寥无几。方以智提出宇宙问题的新见解:"以推移之宙消贪心,以规矩之宇辨物则,而一万俱毕矣,去者已去,来者未来,今又逝也,贪执何为?……灼然宙轮于宇,则宇中有宙,宙中有宇,春夏秋冬之旋轮,即列于五方之旁罗盘,而析几类应,孰能逃哉?"(《物理小识·占候类》卷二)这是说,宙指时间,其特点是"推移",即流逝不断。宇指空间,具有几何性质。"宙轮于宇"是指时间在空间中不断流转,未来变为现在,现在转为过去,方以智认为,空间与时间是不能分割的,空间中有时间("宇中有宙"),时间中有空间("宙中有宇"),时间和空间互相作用,互相联系,甚至可以互相转化。方以智的这个思想十分精到,可惜未能加以深入发挥。

五、"气、形、光、声四几"

在吸取了大量自然科学知识,包括当时西方传入的自然科学知识之后,方以智更为明确地用气来解释声、光等物理现象,从而进一步发展了中国古代的唯气论。他说:"气凝为形,发为光声,犹有未凝形之空气与之摩荡嘘吸。故形之用止于其分,而光声之用常溢其余,气无空隙,互相转应也。"(《物理小识·天类》卷一)又说:"气凝为形,蕴发为光,窍激为声,皆气也。而未凝未发未激之气尚多,故概举气、形、光、声为四几焉。"(《物理小识·天类》卷一)这个思想是说,从统一的观点来看,气是宇宙的物质基础,但就气的表现和存在形态说,自然界的物质现象可以分为四种,这就是气、形、光、声。这里"形"指气所凝成的固定形体,"气"指尚未凝结为固定形体的气。"形"是固定的,因而其作用限于与形体直接发生接触的范围,是有限的。而光、声、气三者都是连续无间,弥漫充塞,它的相互作用和变化也就是无限的了。方以智强调,气凝结为形体,充蕴而发出光,振动而发出声,以及未凝未发未激的气,这是自然界四种最基本的物质存在形态。"几"在中国哲学中包含着微妙运动的意义。方以智称形、光、声及未凝之气为"四几",也就是说,他认为气的这四种基本存在状态也是四种基本的运动形式,换言之,他似乎推测到不同的物质现象不过是物质的不同运动形式,物质和运动是不可分的。恩格斯也指出过,自然界的质的差别常是基于运动的不同形式[①],所以,方以智用这个"几"字,包含有深刻的含义。

六、反因

在方以智的哲学体系中十分自觉地贯彻了他的方法,他的方法的基本点就是重视对立与统一的相互关系。

---

① 见恩格斯:《自然辩证法》,人民出版社,1971年,47页。

"反"即相反,指矛盾对立;"因"即相成,指相互依存。"反因"也称"相反相因",指一切矛盾的对立面又同时相互连接,相互依存。他指出:"吾尝言天地间之至理,凡相因者皆极相反。"(《东西均·反因》)方以智指出,宇宙间普遍存在着矛盾对立的现象,昼夜、水火、男女、生克、刚柔、清浊、明暗、虚实、有无、形气、道器、真妄、顺逆、安危、劳逸等等,都是"相反"的。自然界和人的生活充满了矛盾。他举例说,人的走路也是矛盾,步行的每一步都是既有所取而又有所舍。恩格斯曾指出,运动本身就是矛盾,简单的机械的位移也是矛盾。① 在这一点上方以智显示出他对生活的深刻的辩证观察。

"相反"的东西不仅是"对待"的,而且是"相因"的,雌雄异形而为牝牡交感,水湿火燥而民用不离,刚柔相分而律品协和,相反的东西无不同时又是相成的。他断言:"所谓相反相因者,相抹相胜而相成也。""……相害者乃并育也,相悖者乃并行也。"(《东西均·反因》)把对立面的关系仅仅看作是绝对互相排斥的、没有联系的,是所谓形而上学思维方式。按照方以智的思想,对立的两极是彼此不可分离的,正如它的彼此对立一样,它们也彼此渗透、联系。对立之所以对立,正是由于它们同时又有统一的关联。方以智还认为,正是由于对立,才有运动,才有发展。

在方以智看来,对立面的相反相因,同时包含着矛盾的相互转化:"雨露而霜雪,春生而秋杀。吉凶祸福,皆相倚伏,生死之几,能死则生,狥生则死,静沉动浮,理自冰炭,而静中有动,动中有

---

① 见《反杜林论》,《马克思恩格斯选集》第3卷,160页。

静,静极必动,动极必静,有一必有二,二本于一,岂非天地间之至相反者,本同处于一原乎哉?"(《东西均·反因》)正像春生转化为秋杀,秋杀又转化为春生一样,生与死,吉与凶,福与祸,动与静无不互相渗透,互相包含,互相转化,把转化看成是事物对立面的同一性的重要内容,这是方以智辩证思维的一个重要特点。

"危之乃安,亡之乃存,劳之乃逸,屈之乃伸"(《东西均·反因》),方以智关于"反因"的思想,继承并发展了老子的辩证转化论,深刻阐明了辩证法的相反相成的原理。事物的转化不仅表现为物极而反的自然过程;在人类社会中人们可以自觉运用这一原理,从反面入手,以危求安,以劳求逸。方以智这些思想和古代辩证法大家们一样,基于他们对自然过程的深刻观察和对社会生活的高度总结,体现了相当深邃的哲学智慧。恩格斯曾指出,辩证法不是把范畴看成固定的、僵死的对立,而是强调对立面的渗透和转化,在辩证法看来,一极作为胚胎存在于另一极之中,一极到了一定点就转化为另一极,世界就是在对立中发展起来的。① 遗憾的是恩格斯对中国古典哲学了解甚少,否则,他就不会仅仅提出佛教徒和希腊人作为古代辩证思维的代表了。整个世界对于方以智以及其他中国古代许多辩证论者们,正如同对于黑格尔一样,是"一首辩证法的诗"。

七、"圆∴三点"

方以智还进一步讨论了绝对与相对的问题,他提出,在一切

---

① 《自然辩证法》,181页。

对立之上存在着一种超越对立的绝对。他说:"因对待谓之反因,无对待谓之大因。然今所谓无对待之法,与所谓一切对待之法,亦相对反因者也,但进一层耳。……有天、地对待之天,有不可对待之天。有阴、阳对待之阳,有不落阴、阳之阳,有善、恶对待之善,有不落善、恶之善,故曰:真天统天、地,真阳统阴、阳,真一统万、一,太无统有、无,至善统善、恶。'统'也者,'贯'也。谓之超可也,谓之'化'可也,谓之'塞'可也,谓之'无'可也。无对待在对待中,然不可不亲见此无对待者也。"(《东西均·反因》)"有对待"指一切相反相因的对立面,"无对待"指不与任何具体的东西构成反因关系的绝对。按照这里所说,从本体论上看,现象世界是相反相因的,本体则是超越任何对立的。

从方法论上看,在各种相对的认识之上还有超越任何对立的绝对真理。如天与地相对待,但还有不与地相对的"天";善与恶相对待,还有不与恶对立的"善"。这一点显然是形而上学的。

但是方以智又认为,这个被称作"大因"的无对待的绝对并不是一种独立于具体事物之外的另一种客体,这个超对待的绝对就寓于一切对待的事物之中,通过对待的东西表现自己,也就是说,在他的理解中,绝对是存在和贯穿于相对之中。他甚至也承认,从更高的层次上看,绝对的"大因"与一切相对的"反因"也是一种相反相因的关系。这无异于说,绝对在一定意义上也是相对的,这些思想也包含有某些对绝对和相对关系的辩证的理解。

这种无对待统有对待、绝对统相对的关系方以智也常用"圆∴三点"(∴读作伊)来表示。"圆∴三点"的下面二点即表示相反相因的对立面,上面的一点就是统相对而又贯于相对之中的绝对。方以智强调，画成∴三点是设象不得不然，在实际上上一点并不独立存在，它是贯穿在下两点之中的。

为了强调"圆∴三点"作为认识方法的意义，方以智还提出统、泯、随的说法。"泯"表示反面的真理，"随"表示正面的真理，而泯、随还只是相反相因的相对真理，绝对真理是"统"，它把相反的东西结合在一起，而超越了相对。换言之，在他看来，泯、随代表着认识中的正负两极，都有片面性，只有把对立的认识综合起来，贯通起来，人才能从相对进入到绝对。换言之，方以智的这些思想一方面表现了他的三教合一的思想，另一方面也表明他对绝对和相对的关系作了比前人更为深入的探讨。

八、"交、轮、几"

方以智还提出"交、轮、几"的观念。他说："交以虚实，轮续前后，而通虚实前后者曰贯，贯难状而言其几。"（《东西均·三徵》）又说："交也者，合二而一也，轮也者，首尾相衔也。凡有动静往来，无不交轮。则真常贯合于几，可徵矣。"（《东西均·三徵》）"交"指一切对立面的相交，即相互作用、相互渗透，"轮"指对立面相互推移，往复更替，连续不断。在方以智看来，"交"和"轮"使对立面结合为联系的统一体，成为一个不息的运动过程。

方以智更注意"几"；几是中国哲学的一个重要范畴。《周易大传·系辞下》说："知几其神乎""几者动之微"，以几指运动开始的状态，在哲学上指运动的根源。方以智认为，由几可以认识宇宙的绝对本体，在方以智看来，作为运动根源的"几"，既不是动，也不是静；既不是虚，也不是实；既不是前，也不是后，然而"几"又不间断地发挥它的作用，正是这种不息不已的"几"使对立面相交、轮续。方以智认为，整个宇宙就是处在这样一种"交""轮"为经纬的过程，在这样一个永恒过程中，消融了一切具体的差别，人如能认识这一点，也就认识了绝对真理。

方以智的交、轮、几思想既有辩证法，又有形而上学，我们应当剔除他的形而上学，吸取他的辩证思维成果。

九、"质测"与"通几"

传统的中国学术有不同的分法。方以智将学术区别为'质测''通几''宰理'三类。他说："寂感之蕴，深究其所自来，是曰通几；物有其故，实考究之，大而元会，小而草木蠢蠕，类其性情，徵其好恶，推其常变，是曰质测。"(《物理小识·自序》)又说："考测天地之家，象数、律历、音声、医药之说，皆质之通者也，皆物理也。专言治教，则宰理也。专言通几，则所以为物之至理也。"(《通雅》卷首三)"质"指具体实物，"测"即考察研究，"质测"就是对一切具体的实物进行研究，以了解其中内在的规律。"通"是通观，"几"指深奥的原理，"通几"就是研究整个世界普遍而根本之原理。"质测"是考究具体事物之"故"，"通几"是要了解并贯通天地万物之一"故"，宰理则是指研究国家和社会治理的学问。可见，方以智所说的"质测之学"即实证科学，"通几之学"即哲学，"宰理之学"即社会科学，这个分法十分接近于近代的学术划分。方以智还强调，实证科学是哲学研究的基础，"质测即藏通几者也"，忽视实证科学,与实证科学相脱离的哲学就会陷于空虚。仅仅重视实证科学,反对进一步作哲学思考,同样有弊病,他认为两者的研究应当接合起来。

在宋明理学中,程朱一派主张格物以穷理,他们所说的格物虽然包括具体地研究事物之理,但从根本上说并不是为自然科学研究确立地位。在程朱理学中,对具体事物的考察是从属于对天理的认识的,也是作为体认天理的手段。在陆、王心学中,则反对研究具体事物,注重在自己的心性上作工夫。方以智的思想表明,他是理学以外的独立思想家,"质测"的提出,是从根本上确立了自然科学作为独立的基本学问的存在权利,要求把自然科学从旧学术中完全独立出来。这个思想有着十分重要的意义。

方以智在《物理小识》的总论中说:"智每因邵蔡为嚆矢,徵河洛之通符,借远西为郯子,申禹周之矩积"(邵蔡指邵雍蔡沈,河洛指河图洛书,郯子是春秋时人,孔子曾问于郯子。禹周指夏禹周公,传说古代算学与禹周有关)。意思是他要以古代的博学者为师,广泛吸收中国和外国的自然科学知识和其他一切知识,以博古通今。他的这几句话,明显地表露出他对知识的密切追求。他的那种对于知识的热爱和追求,那种对摒弃知识的学说的憎恶和鄙夷,那种追求知识而不顾一切的勇气,那种博采万力的宏大胸怀,不能不使人联想到几乎与他同时代的英国哲学家弗兰西斯·培根(公元1561—1626年)。总使人觉得,他的"因、徵、借、申"的豪言,与"知识就是力量的"壮语,表达的是同一种对新的科学的召唤。

何心隐的社会活动与思想特质

国人有关何心隐生平的研究,至今仍不得不推容肇祖早年所著《何心隐及其思想》一文为最详尽。1936年他在《大公报》史地周刊发表《何心隐冤死事考》,次年1937年他又写了《何心隐及其思想》。① 1959年容肇祖整理的《何心隐集》由中华书局出版,容肇祖在该集序中说,"1936年我从论明先生处借钞(《爨桐集》)","当时何子培先生又钞给我一部梁夫山遗集"。可知,他应当是在得到这两部集子之后,对冤死事考文又加充实之功,写出了《论何心隐及其思想》的长文。不过,虽然此文甚长,论述仍集中在何心隐的一生事迹考述,对思想论及的不多。后来容肇祖出版《明代思想史》,其中的何心隐部分基本没有超出这篇长文。何心隐的思想,在侯外庐主编的《中国思想通史》四卷下中始得到较详细的陈述。由于何心隐思想的哲学性论述较同时期思想家为少,所以在一般哲学史研究中得到的关注也较少。从这一点上,也可看出哲

---

① 《容肇祖集》前言:"我在天津《大公报》的史地周刊发表《何心隐冤死事考》一文,论述其冤死之故,伦明先生借给我何心隐《爨桐集》,何子培先生慨然寄我《梁夫山遗集》,我因得述其人的思想。"《何心隐及其思想》写于1937年4月,发表在辅仁学志第六卷一、二合期。何子培曾作有《明儒梁夫山先生年谱》,载《中法大学月刊》,5卷5期,1934年10月。

学史与思想史的研究侧重确实有所不同。

何心隐的姓名,他自己说得很清楚:"窃以梁汝元即何心隐也。自庚申前则在学姓名,乃梁其姓而汝元其名也。自庚申后则游学名号,乃何其姓而心隐其号也。夫以何易梁姓,而以心隐易汝元名者,一则避已故严相之肆毒,一则便四方交游之称道也。"①其实,他始终自称"元"或"汝元",史学研究自应用其本名梁汝元,更为适当。但长期以来,何心隐之名已经成为使用习惯,也就很难返回了。

关于何心隐及其所属的泰州后学的思想性格,众所周知,黄宗羲在《明儒学案》中特别对泰州学派及其中的"颜何一派"提出了著名的批评:

> 阳明先生之学,有泰州、龙溪而风行天下,亦因泰州、龙溪而渐失其传。泰州、龙溪时时不满其师说,益启瞿昙之秘而归之师,盖跻阳明而为禅矣。然龙溪之后,力量无过于龙溪者,又得江右为之救正,故不至十分决裂。泰州之后,其人多能以赤手搏龙蛇,传至颜山农、何心隐一派,遂复非名教之所能羁络矣。②

这种"冲决名教"式的描述和批评曾引起近代左派学者的极大兴趣,以致不仅把颜山农、何心隐,更把整个泰州学派的思想活动视为反封建名教的平民抗议,从而对之大加表扬。如侯外庐主编的《中国思想通史》便认为何心隐"仇视封建的社会制度",他的思想

---

① 《上南安陈太府书》,《何心隐集》,中华书局,1981年,95页。
② 《明儒学案》下册,中华书局,1986年,703页。

是"反抗封建主义的'妖逆'思想",颜何一派"是封建统治的对立面,确是进行了反对封建统治阶级的斗争"。①

同时期日本学者的研究结论也大体与中国相近。② 然而,由于长期以来颜山农的著作未见于世,使得这些评述至少从历史资料上看是不完整的。20世纪90年代《颜钧集》的出版,才使颜何一派的真相较完整地显露出来。在《颜钧集》出版后,我即对颜山农的著作做过研究,且指出:

> 从颜、何文集来看,颜、何的主张,并未逾越名教的藩篱。黄宗羲所说"传至颜山农、何心隐一派,遂复非名教之所能羁络矣",其实其中的名教二字并不能像通常理解的是指当时通行的道德原则和价值体系,也不能因此而视颜、何为反封建的平民的政治抗议。事实上,若根据历史材料而体味黄宗羲的话,那么可以说,他在这里所说的名教实是指士大夫儒学的思想和行为方式,他的话正是代表正统儒家士大夫对于世俗民间儒者的排斥。③

由于有了《颜钧集》的发现,我们可以更完整地了解颜何一派的思想和实践的本来性格。本文即是在笔者对颜钧研究的基础上,欲回过头来重读《何心隐集》,以求得相互印证,并试图纠正黄宗羲以来对何心隐及其思想的不当诠释。

---

① 侯外庐主编:《中国思想通史》第四卷下,人民出版社,1980年,1009—1012页。
② 代表者如森纪子的《何心隐论》,载《史林》60卷5号,1977年9月。该文认为何心隐是注重反权力的行动和摆脱名教的思想家,反映了商品经济活跃背景下的思想变化。
③ 陈来:《颜山农思想的特色》,《中国传统哲学新论》,九州图书出版社,1999年,370页。

一、何心隐的遭遇

黄宗羲在上引批评颜何冲决名教的话之后接着说:

> 顾端文曰:"心隐辈坐在利欲胶漆盆中,所以能鼓动得人,只缘他一种聪明,亦自有不可到处。"羲以为非其聪明,正其学术也。所谓祖师禅者,以作用见性。诸公掀翻天地,前不见有古人,后不见有来者。释氏一棒一喝,当机横行,放下拄杖,便如愚人一般。诸公赤身担当,无有放下时节,故其害如是。今之言诸公者,大概本弇州之《国朝丛记》,弇州盖因当时爱书节略之,岂可为信?羲考其派下之著者,列于下方。①

黄宗羲所引顾宪成的话,见于《小心斋札记》卷十四。② 黄宗羲明确指出王世贞的《国朝丛记》本于当时审案的司法文书,不尽可靠,但他对泰州学派的描述显然也受了王世贞《弇州史料后集》记述的影响。"掀翻天地"的说法同样很容易被理解为冲决名教的反主流文化的活动。黄宗羲还认为,禅宗的棒喝虽然突破常规,但禅宗能够"放下",归于平常;而颜何诸人则不能"放下",一贯任

---

① 《泰州学案》前言,《明儒学案》,703页。
② "何心隐辈,坐在利欲胶漆盆中,所以能鼓动人者,缘他一种聪明,亦自有不可到处。耿司农择家僮四人,每人授二百金,令其生殖,内一人从心隐问计,心隐授以六字曰:'一分买,一分卖。'又益以四字曰:'顿买零卖。'其人用之起家,至数万。试思两言,至平至易,至巧妙,以此处天下事,可迎刃而解。假令其心术正,固是有用才也。"《小心斋札记》,引自《明儒学案》,1389页)其实心隐此说只是治生之常,世俗智慧,不可即谓坐在利欲盆中。

意放肆,"无有放下时节",所以比禅宗更为有害。

《明儒学案》所叙述的何心隐传记如下:

> 梁汝元字夫山,其后改姓名为何心隐,吉州永丰人。少补诸生,从学于山农,与闻心斋立本之旨。时吉州三四大老,方以学显,心隐恃其知见,辄狎侮之。谓《大学》先齐家,乃构萃和堂以合族,身理一族之政,冠婚丧祭赋役,一切通其有无,行之有成。会邑令有赋外之征,心隐贻书以诮之,令怒,诬之当道,下狱中。孝感程后台在胡总制幕府,檄江抚出之。总制得心隐,语人曰:"斯人无所用,在左右能令人神王耳。"①

黄宗羲记何心隐建萃和堂,这明显是把何心隐的聚和堂错写成颜山农的萃和堂了。他说何心隐是从学颜山农而与闻王心斋的"立本"之旨,这一点与别的传记也有差异。如邹元标的《梁夫山传》,其中言:

> 梁夫山讳汝元,字柱乾,而何心隐其更号也。少补弟子员,治壁经。幼时颖异拔群,潜心经史,辄以远大自期。凡耳而目之,皆知其为伟器也。嘉靖丙午,督学蔡公拔首冠郡。时本邑右渠张公勉学署邑,校士得公卷,抚掌叹曰,天下奇才。
>
> 由是远迩知名。及闻王心斋先生良知之学,竟芥视子衿,乃慨然曰"道在兹矣"。遂师颜山农,即以继孔孟之传。②

---

① 《泰州学案》前言,《明儒学案》,704页。
② 《何心隐集》附录,120页。

照这个说法,何心隐是先闻心斋良知之学,后从心斋弟子颜山农问学。省志本传、县志本传、梁夫山遗集序都称何心隐"闻王心斋讲学,以道自任"。虽然何心隐是永新人,颜山农是永丰人,中间隔吉安,相距未远,但颜山农讲学并非承传心斋所说,而是讲其"急救心火""七日来复"等。所以,邹说应近是,何心隐是听说了王心斋讲学的宗旨,为其吸引,才从心斋弟子颜山农问学。

黄宗羲记述何心隐的传记接着说:

> 已同后台入京师,与罗近溪、耿天台游。一日遇江陵于僧舍,江陵时为司业,心隐率尔曰:"公居太学,知太学道乎?"江陵为勿闻也者,目摄之曰:"尔意时时欲飞,却飞不起也。"江陵去,心隐舍然若丧,曰:"夫夫也,异日必当国,当国必杀我。"心隐在京师,辟各门会馆,招来四方之士,方技杂流,无不从之。是时政由严氏,忠臣坐死者相望,卒莫能动。
>
> 有蓝道行者,以乩术幸上,心隐授以密计,侦知嵩有揭帖,乩神降语,今日当有一奸臣言事,上方迟之,而嵩揭至,上由此疑嵩。御史邹应龙因论嵩败之。然上犹不忘嵩,寻死道行于狱。心隐踉跄,南过金陵,谒何司寇。司寇者,故为江抚,脱心隐于狱者也。然而严党遂为严氏仇心隐,心隐逸去,从此踪迹不常,所游半天下。①

这是记述何心隐因从事涉及政治的活动,而发生的遭遇起伏。何心隐在京中与张居正的这一次会面,给他在心理上造成很大压力,他对自己结局的预言不幸被自我实现了。何心隐在京中交结

---

① 《泰州学案》前言,705页。

范围甚广,这个方士蓝道行善行方术,可能与道教有关。当时这种乩术流行,皇帝亦颇为相信,不仅祸福以乩为筮,疾病以乩为医,而且政治亦以乩为问。何心隐与此辈关系密切,故利用此种方式介入倒宰相严嵩的活动。顾宪成说有人曾从何心隐问仙,这个仙是否包括乩仙之道,他是否会行乩术,不得而知。他又被称为异人,或诬为妖人,或亦与此有关。唯能确定的是,何心隐由于参与倒严活动而未成功,被严党视为仇敌,从此被迫踏上了游踪天下的避遭之路。

但是最终何心隐并没有被严党所害,而是被张居正之党所害,黄宗羲的记述是这样:

> 江陵当国,御史傅应祯、刘台连疏攻之,皆吉安人也,江陵因仇吉安人。而心隐故尝以术去宰相,江陵不能无心动。心隐方在孝感聚徒讲学,遂令楚抚陈瑞捕之,未获而瑞去。王之垣代之,卒致之。心隐曰:"公安敢杀我?亦安能杀我?杀我者张居正也。"遂死狱中。①

前引资料中黄宗羲已经提到张居正与何心隐曾在京师僧舍见面而不和之事。这里则以张居正令湖北官员抓捕何心隐并使其致死。其实,李贽对张居正与何心隐之间不睦的认识最近事实和人情:

> 何公死不关江陵事。江陵为司业时,只与朋辈同往一会言耳。言虽不中,而杀之之心无有也。及何公出而独向朋辈

---

① 《泰州学案》前言,705页。

道此人,有欲飞不得之云,盖直不满之耳。何公闻之,遂有此人必当国,当国必杀我等语。则以何公平生自许太过,不意精神反为江陵所摄,于是抚然便有惧色,盖皆英雄莫肯相下之实,此等心肠是也。自后江陵亦记不得何公,而何公终日有江陵在念。偶攻江陵者首吉安人,江陵遂怨吉安,日与吉安缙绅为仇。然亦未尝仇何公者,以何公不足仇也,特何公自为仇耳。何也?以何公必为首相必杀我之语,已传播于吉安及四方久矣。至其欲奉承江陵者,憾无有缘,闻是,谁不甘心何公者乎?杀一布衣,本无难事,而可以取快于江陵之胸腹,则又何惮而不敢为也![1]

因此,一般认为,地方官员抓捕何心隐而致其死,不见得是出于张居正的意旨,而是他们要以此事献媚于张居正,顾宪成也说"昔一时也,为江陵献媚者,杀永丰如杀鸡豕"。[2] 这也是认为地方官员最后抓捕了何心隐,并致使其杖后死于狱中,乃是为了迎合首辅张居正(江陵)对何心隐的忌恨。

张居正对何心隐的憎忌应还和何心隐对政治的某种行侠式参与有关,据《明史记事本末》,"八年春正月己未,先是永丰梁汝元聚徒讲学,吉水罗巽亦与之游。汝元扬言张居正专政,当入都颂言逐之。居正微闻其语,授指有司捕治之。"《万历野获编》也说"心隐每大言欲去江陵不难,其徒皆信之,以此媒祸"(卷八邵芳条)。就何心隐的性格和行事作风来看,这种因扬言、大言而贾祸

---

[1] 李贽:《答邓明府书》,《焚书》卷一。
[2] 《怀师录题辞》,《泾皋藏稿》卷十三。

是很可能的。

二、聚和堂的合族乡治实践

颜山农曾在其家乡创办萃和会,何心隐在家乡所建的聚和堂,明显是受了颜山农的影响。但聚和堂与萃和会仍有异同。

颜山农先集家族中儿、媳、群孙、族众、奴婢等七百余人为讲会,宣讲"耕读正好作人""作人先要孝悌""起俗急修诱善",劝人孝顺父母,和好家族,勤俭执业,经过十日宣讲,成效显著,人亲家和。于是扩大为全乡的"萃和会",成为全乡的一种活动组织,其活动一如颜山农家族之会,每晚聚在会堂讲论,甚至聚宿,交换心得。两个月后,一乡风气大变,一派协和景象。可见,萃和会是当时在江西流行的讲会的一种,与士大夫的讲会不同,属于通俗的乡会活动。①

何心隐建聚和堂虽然受了颜山农办萃和会的影响,但一开始,是作为"乡学"即乡里学校来建设的,这是与颜山农不同的。他的乡学建设观念是追求宗族内子弟教育的总体的统一性。他说:

> 本族乡学之教,虽世有之,但各聚于私馆,栋宇卑隘,……故今总聚于祠堂者,正欲师徒之舒畅也。况聚于上族私馆,则子弟惟知有上族之亲,聚于中族私馆,则子弟惟知有中族之亲,聚于下族私馆,则子弟惟知有下族之亲。私馆

---

① 陈来:《颜山农思想的特色》,《中国传统哲学新论》,九州出版社,370页。

> 之聚,私念之所由起。故总聚于祠者,正以除子弟之私念也。且不惟可以除子弟之私念,凡为父兄者朝夕相顾,子弟亦因以相亲相爱。……故总聚于祠者,又以兴长上之亲爱也。①

这是说,何心隐本族之内的乡学教育早已有之,但这些学塾都各自依赖于族内某支系或某家,造成本族内各个学塾学舍规模隘小,教与学都不舒畅。更重要的是,这些学塾各依本支,不亲族内他支,无助于宗族整体内亲情的贯通。为了改变这一点,他成立聚和堂,作为"乡学总教",即把族内各支各家的学塾取消,统一组织为一个地点设在宗祠内的宗族学堂。他认为这样施行的结果是宗族内所有子弟必将减少对本家本支的私念,他们的父兄也因此增多了族内相互的往来,密切了相互之间的关系,促进了全族的相亲相爱,可以由此充分实现"合族"的功能。可见,在何心隐,宗族内教育从"分"到"总"的整合,不是单纯追求教育的规模扩大,也不是仅仅从学塾教育着眼,而是寻求"合族"的伦理理想。

本来在各支各房各家,子弟到学塾受教上学,因距离不远,可中午回家吃饭,晚上回家住宿。由于宗族的地理分布较单支来的要广,建立统一的宗族学堂,便需要处理居住较远学生的饮食和住宿问题。何心隐的办法是统一送饭,统一住宿,这就使聚和堂成为一所集中住宿的寄宿学堂了。他说:

> 夫教既总矣,然又各归个馔,则暑雨祁寒,子弟苦于奔驰,父兄心亦不安。故不分远近贫富,必欲总送馔,所以省驱驰,以安父兄之心也。

---

① 《聚和率教谕族俚语》,《何心隐集》,68页。

> 馔既送矣,然又各归个宿,则晨出夜入,子弟袭以游荡,师长教亦不专,故不分远近长幼,必欲总宿祠者,所以防游荡,以专师长之教也。(若贫者以人单力薄而有送馔之虑,是谓无远虑矣。……富者以溺爱姑息,而有宿祠之忧,是谓无大忧矣。)①

何心隐规定入学的子弟不可回家吃饭,而在学堂内统一用膳,以免去各家送饭之苦。他虽然没有说明膳宿费用的来源,看来也没有增加负担。关于统一住校,何心隐的说明是,如果每日回家住宿,晨出夜入,学生在路上往往游荡,老师的教育不能专一贯彻,因此规定学生都须在宗祠内住宿。食宿的负担来源,此文没有明说,以理推之,宗族应当至少负担了其中的一部分或大部分。

在总教、总聚、总送馔、总宿祠之外,聚和堂还在五个方面立下关于学生行动的具体规定,即所谓"处有常条"者,形成学堂的规范。学堂的领导则由宗族推举的"率教"负责。

现在来看何心隐改善教育的出发点,这就是他在《聚和率教谕族俚语》开首所说的两句话:

> 上思君之所以善其治者,以有国家之教也。下思民之所以善其俗者,以有乡学之教也。②

由此可见,聚和堂的建立是乡学的改革,而何心隐的乡学改革,是以"民之所以善其俗"为目的的。即不是追求科举教育的成功,而是改善社会风俗,加强教育管理,促进宗族和睦,这才是何心隐教

---

① 《聚和率教谕族俚语》,《何心隐集》,68—69页。
② 同上书,68页。

育改革的根本基点。在这一点上,他与颜山农办萃和会的宗旨是一致的。在这篇《聚和率教谕族俚语》的最后,以率教的口气说,"敢不以此惩忿窒欲""敢不以此迁善改过""敢不以此敬老慈幼""敢不以此信友报君"①,不仅承诺实践儒家的价值,而且表明了报君的忠心。在这里哪有一点反抗封建统治的影子?

颜山农的萃和会并非是乡学的改革,而是讲会的一种。但与颜山农类似,能够施行这样的改革,何心隐必然是其宗族内具有较高身份地位和财富能力的人,而不是一介普通百姓。② 有了宗族内领袖身份和财力的保证,聚和堂这一套规定和办法,并不是什么"乌托邦空想",不难实现。当然,这一整合性的体制,对本族的人来说,带有一定的强制性,不能自愿参加或退出。另外,虽然聚和堂之建,主要是为了合族善俗,以协人心,但其中也表明了"其在外姓父兄子弟,幸以相体,本姓决不敢以亲疏分厚薄也"。这是照顾到宗族聚居地的外来居民,把他们的教化也纳入宗族学堂之中,以促进地方的乡治秩序。

这种为国为君的意识,在何心隐为率养茹芹代写的《聚和率养谕族俚语》中表达的更为直白:

> 茹芹自幼安于亲之所养,莫知其本于君之所赐。夫我之田产,由于亲之所遗,似非君之赐也。我之形躯,由于亲之所生,亦非君之赐也。故视君田粮之征,若费在我之财。视君

---

① 《聚和率教谕族俚语》,《何心隐集》,69页。
② 耿定向祭何心隐文中说他是"倾万金之产了不惜"(《耿天台全书》卷十二)。李贽也说:"公家世饶财者也,公独弃置不事,而直欲与一世圣贤共生于天地之间。"(《何心隐论》,见《何心隐集》,10页)

丁粮之征,若劳在我之力。分虽勉强输纳应承,亦不过苟免刑罚而已。自究其心,岂真乐于尽分以报君之赐耶?况推是心以往,惟忧其财之费也,又忧其不容以不费,则必千思万虑,甘费其财,以行贿赂,以求免其所重费,又图侥幸以免其轻费而后已也。惟忧其力之劳也,又忧其不容以不劳,亦必千思万虑,宁劳其力以作奸弊,以求匿其所重劳,又图苟以隐匿其所轻劳而后已也。故推是心以处一族,则惟欲一族以替其费与劳耳,而一族之失养莫知恤也。推是心以处一房,则惟欲一房以替其费与劳耳,而一房之失养莫知恤也。甚至推是心以处同胞兄弟,则惟欲兄弟以替其费与劳耳,而兄弟之失养莫知恤也。兄弟因之以相迕,一房因之以相残,一族因之以相戕,不惟忘君之所赐,亦将失亲之所养矣。即此以究其心,诚何心哉?①

这个由族长宣示的谕语,其开始与结束,始终强调人民的一切都莫非君王所赐。何心隐提出,如果不能认识到一切为君所赐,就不能主动交纳田粮丁粮,就会想方设法逃避赋税的义务。这个由率养发布的谕语,其实更承担着率教的功能,企图从思想上帮助人民意识到交纳赋税是人民的本分,也是对君王的报答。这样一种观念无论如何也不能说是"仇视封建的社会制度"或"反抗封建主义"。恰恰相反,他对于君王所持有的报答或尽忠的观念是更为保守的。

这种报答君王所赐的观念主要用来针对赋税的征收,但何心

---

① 《聚和率养谕族俚语》,《何心隐集》,70页。

隐给出的论证却是普遍的:

> 癸丑正月,合族始聚以和,和聚于心,始知养本于君之所赐也。我有田产,不有君以统于上,则众寡相争,田产不得以相守也。今我得以守其田产者,得非君所赐欤?我有形躯,不有君以统于上,则强弱相欺,形躯不得以相保矣。今我得以保其形躯者,亦非君所赐欤?①

家庭的田产虽然是父母所遗留的,但若没有君王统治于上,人们必然相争,最终无法保守自己的田产。因此,今天每家的田产能够得到政治和法律的保护,端有赖于君王给予的政治秩序。如果没有君主代表的政治秩序,必然引起无休止的纷争,导致混乱无序,在这个意义上说,田产也是君之所赐。个人的躯体是父母所生,但没有君王统治于上,人人争斗,强者凌弱者,躯体也不能保护自己。由此可见,个人的躯体得以保存,也是有赖于君王主导的政治秩序。何心隐以此种论证来宣传一切本于君之所赐,人必须尽其本分义务以报答君赐之恩。

以上所说是观念的疏通,何心隐更设计一套保证宗族交纳赋税的督导体制:

> 知其赐之难报也,故已设率教,又设率养,以报其赐。知其养之难率也,故设辅养者以维其辅。又知其养之难维也,故另设一十二人总管粮于四季,二十四人分催粮于八节,七十二人各征粮于各候。②

---

① 《聚和率教谕族俚语》,《何心隐集》,70页。
② 同上书,71页。

率养总负责,以下设辅养、维养、管粮、催粮、征粮,各负其责。四季即春夏秋冬,八节即四立二分二至,各候即二十四节气,每季每节每候皆有三人负责。每个月中有两个节气,每逢一节气,便有人负责来征粮;所征之粮,在八节之时由征粮者交付给催粮者。催粮者则在每季把所收粮交付给管粮者,而管粮者把粮交付给维养,维养交付辅养,辅养再交付率养。率养面对地方政府。责任系列大抵如此。征粮者每人负责五天,催粮者每人负责十五天,管粮者每人负责一月,维养、辅养、率养则四季皆负其责。

从"聚和率养谕族俚语"的题名可见,率养等职能也归属于"聚和堂",即何心隐把这一套交纳征粮的体制也作为聚和堂的体制的一部分。这样一来,聚和堂就包含了"教"和"养"两种系统和功能。何心隐又把两者匹配,在教的系统中也设立了辅教、维教等。两者不仅系列匹配,功能上也互相支持,近于"教养合一"的宗族新体制。如:

> 或者各候粮有未完,则必达于各节;各节粮有未完,则必达于各季;各季粮有未完,则必达于维养者,转达辅养,以达率养;以审其情,以达于率教。教之不改,然后呈于官司。俾各由渐而化,同乐于尽分以报君上之赐也。①

可见,率养在征粮交纳过程中遇到问题,还需向率教通报,率教主持进行教育,教而不改,送报官司。这就使得,率教不仅教导子弟,而且负责教导族内成人,于是,宗族体制完全连接于县府,在教和养两方面都成为县府统治的基层体制,完整实现了明代统治

---

① 《聚和率养谕族俚语》,《何心隐集》,71页。

的乡治秩序。据耿定向说,聚和堂不是仅仅帮助官府收粮,而且定有救助措施,"凡徭赋潜钱,时敛而输之公。不给者,代为输,薄息而缓其偿"。① 这是很有益于穷者的。据省志本传,在聚和堂外,何心隐还"复捐千金,创义田,储公廪,以待冠婚丧祭鳏寡孤独之用"。② 何心隐曾有聚和堂日记,可惜散失不存,无法具体了解了,但聚和堂必然包含有一定的互助相恤的内容,而何心隐捐助的资金是支持这个体制的主要基础。

但是,地方官员并不理解何心隐的报君之心,反而对聚和堂不同于一般家族的活动有所不安,从何心隐《修聚和祠上永丰大尹凌海楼书》看来,这位县令凌儒虽然对王学有亲近感,对聚和堂的组织活动却未加赞赏,反而奉劝何心隐要"明哲保身"。③ 而后来的县令与何心隐更发生冲突,《明儒学案》的记述是:

> 谓《大学》先齐家,乃构萃和堂以合族,身理一族之政,冠婚丧祭赋役,一切通其有无,行之有成。会邑令有赋外之征,心隐贻书以诮之,令怒,诬之当道,下狱中。孝感程后台在胡总制幕府,檄江抚出之。

说何心隐自己"身理一族之政",这不能理解为他亲任率教率养,事实上率教率养各有其人,不是由何心隐自己担任。但他无疑在这一套体制的设计、施行中起了关键的作用。至于这一套体制是不是"冠婚丧祭赋役,一切通其有无",如同宗族的公社,《何心隐

---

① 《里中三异传》,《耿天台先生文集》卷十六。
② 《何心隐集》,125页。
③ 同上书,72—73页。

集》的材料并未证实。何心隐设计的这一套体制,固然使当时的赋税输纳有了保障,但大宗族整合的体制,也使得地方腐败官员的"赋外之征"会遇到困难,而不像小户人家可以听凭胥吏鱼肉。这是他后来被凌儒的后任县令诬下狱中的原因。但这并不是和封建制度本身的矛盾,而是和地方官吏违法行政的矛盾。

有学者认为聚和堂是族内财产互通有无的体制①,这是对《聚和率教谕族俚语》中一段话的严重误解。这段话是:"半年之后,试子弟有生意者,必有权宜之处;三年小成,又有通变之处;十年大成,则子弟不论贫富,其冠婚衣食,皆在祠内酌处。"据容肇祖对率教谕语这段话的解释是:"有职业的,则半年之后可以权宜毕业,或者三年小成,即算毕业。至十年大成的,则冠婚衣食,都在祠内酌处。"②十年大成者必定是家塾毕业而科举有功者。所以,把聚和堂理解为一种公社制是不正确的。

关于他在家乡建聚和堂等事,邹元标的记述是:

> 爰谋诸族众,捐赀千金,建学堂于聚和堂之傍,设率教、率养、辅教、辅养之人,延师礼宾,族之文学以兴。计亩收租,会计度支,以输国赋。凡冠婚丧祭,以迨孤独鳏寡失所者,悉裁以义,彬彬然礼教信义之风,数年之间,几一方之三代矣。③

---

① 《宋明理学史》说:"这个聚和合族是他的乌托邦社会思想的一个试验。把一族的各家不论贫富合在一起,孩子共同教养,青年男女婚嫁都由族里经办,老人由合族奉养,疾病死丧由合族治疗经理。一族财产,各家互通有无。赋役负担合族共同支应。"参见下卷一,454页。
② 《容肇祖集》,338页。
③ 邹元标:《梁夫山传》,《何心隐集》,120页。

与王艮强调"安身"不同,何心隐的乡治实践,可以说是在"齐家"观念上的展开。据明儒学案记载,"谓大学先齐家,乃构萃和堂以合族",可见聚和堂是他对"齐家"的理解与实行。这是和宋明士大夫对"大学之道"的发明有所不同的。后他在京中遇到张居正,率尔问曰:"公居太学,知大学之道乎?"①我想他必定对他的聚和堂齐家实践颇为自满,而问难于士大夫,认为他们都没有真正懂得大学之道要在"齐家"。所以,虽然就整个明代政治结构而言,可以认为何心隐的聚和堂是建设乡治秩序的一种体现,然而,就其直接目的而言,是出于"齐家"合族睦族的宗族建设,这是应当有所区分的。

沟口雄三曾提出,阳明学的特质是关注乡村共同体的道德秩序,巩固乡治秩序体制,促进了道德的民众化,礼教的渗透化,道德共同体的成员扩大了相互互助和社会参与。他甚至认为清末谭嗣同的"冲决罗网"是阳明学突出平等意识及万物一体的仁学的再现。② 很明显,把整个阳明学看作是"乡村秩序取向"的,是有一定问题的。阳明学中的士大夫在朝中或各地任职,在朝者当然是"国家秩序取向"的,在地方任官者,其行动是对其王朝委派的职务负责,而士大夫自身的修养对阳明学士人来说仍是第一位的。即使是泰州学派,王艮也仍然以孔子式的教主自任,并非只专注地方乡村事务。沟口的认知仅仅适用于未出仕任职而只在

---

① 《何心隐集》,123页。
② 沟口雄三:《中国的思想》,放送大学教育振兴会,1991年,114—115页。另参看沟口雄三等著:《中国的视角》,第一部分第一章,平凡社,1995年。岸本美绪后来在其著作《明清交替与江南社会》第三章《明末社会与阳明学》的补论中对沟口有所回应,见该书93—100页。

地方活动的阳明学运动的参与者,他们或只有较低的功名,或是平民,皆属纯粹地方精英,特别是泰州学派中的人物,如颜山农、何心隐,以及韩贞等。韩贞,萃和会、聚和堂,这些活动确实可以说是乡村秩序取向的。但秩序只是一个方面。如礼教的渗透化,也是乡村秩序的建构,但不是突出"和";而颜山农的萃和会和何心隐的聚和堂,都具有明确的"合族"目的,突出"和"的价值,追求宗族与乡村共同体的和谐。秩序与和谐是需要分别的。至于发端于北宋的万物一体的仁说,虽然在明代中后期理学中广泛发展,但更多地属于儒家道德性与精神性的讨论,即使是阳明学的亲民诠释,也很难说是基于对乡村共同体的关注,更没有证据表明近代思想家如谭嗣同的思想与明代的万物一体说有直接的关联。

何心隐在出游避难以后,对"齐家"有新的发展。耿定向述云:

> 隆庆壬申,程学博氏挈之来,我仲子诘之曰:子毁家忘躯,意欲如何?曰:"姚江始阐良知指,眼开矣,未有身也。泰州阐立本旨,知尊身矣,而未有家也。兹欲聚友,以成孔氏家"云。①

这是说,隆庆六年程学博带何心隐来,耿定向的弟弟问其意欲如何,他明确表示,王阳明只讲良知,却没有讲身;王心斋讲了身,但没有讲到家,何心隐自己希望发挥"家"的意义。可见,何心隐对《大学》的发挥,不关注"致知""修身",而始终集中在"齐家"这一条目上。只是,此时他讲的家,或他理解的齐家,已经不是先前在家

---

① 《里中三异传》,《耿天台先生文集》卷十六。

乡兴办聚和堂的合族实践和乡学改造。他此时的主张是"聚友为家",实际上是以讲会为家,要把明代中后期的讲会,变为一种"家"化的朋友组织。他自己组织的这种讲会名之为"孔氏家"。这虽然与他的个人生存困境有关,即遭受官府的官司纠缠,而避难于四方朋友之家,但也可以看作是强化当时流行的讲会的一种社会构想。

所以,他在《论友》一文中说:"天地交曰泰,交尽于友也。友秉交也,道而学尽于友之交也。"他把讲学的载体主要放在朋友一伦,故特别予以重视。此外他又著有《语会》,主张:

> 夫会,则取象于家,以藏乎其身。而相与以主会者,则取象于身,以显乎其家者也。不然,身其身者,视会无补于身也;家其家者,视会无补于家也。何也?视会无所显无所藏也。乃若天下国之身之家之,可以显可以藏乎其身其家者也。会岂小补于身于家已乎!①

他认为,一般人以自己的身体为身体,以自己的家为家庭,这都只是常人的态度,这种身、家与儒家《大学》理想的天下、国、家所显发的身、家意义是不可比的。讲会的会是模拟家的,通过主办讲会,以主持讲会为身的体现,以讲会为家的存在,这才是君子对身对家的态度。只把个人的身看作身,只把自己的家看作家,就不能理解讲会对于身家的意义。只有把生理的身也变为服务社会的身,把讲会的社会组织也视为家庭,由此去体现"身"的意义和"家"的意义,这才是他所理解的"大学"理想。

---

① 《语会》,《何心隐集》,28—29页。

三、何心隐的思想

何心隐的思想比颜山农要来得复杂、精深一些。《明儒学案》叙述的何心隐的思想主张如下：

> 心隐之学，不堕影响，有是理则实有是事，无声无臭，事藏于理，有象有形，理显于事，故曰："无极者，流之无君父者也，必皇建其有极，乃有君而有父也。必会极，必归极，乃有敬敬以君君也，乃有亲亲以父父也。又必《易》有太极，乃不堕于弑君弑父，乃不流于无君无父，乃乾坤其君臣也，乃乾坤其父子也。"又曰："孔、孟之言无欲，非濂溪之言无欲也。欲惟寡则心存，而心不能以无欲也。欲鱼、欲熊掌，欲也，舍鱼而取熊掌，欲之寡也。欲生、欲义，欲也，舍生而取义，欲之寡也。欲仁非欲乎？得仁而不贪，非寡欲乎？从心所欲，非欲乎？欲不踰矩，非寡欲乎？"此即释氏所谓妙有乎？盖一变而为仪、秦之学矣。①

《明儒学案》记述的何心隐思想，在这里有两个主要部分，第一个部分是有极说，其原文见于何心隐《辩无父无君非弑父弑君》文。照这种有极说，极是指根本原则，无极是无根本原则，故必然流于无君无父。皇建其有极，是确立人道的根本原则，君父的大纲大常才是乎有了根据。会极归极则是指经由敬君亲父的实践而合于此人极。从天人合一的理解来说，此人极即是宇宙之太极，

---

① 《泰州学案前言》，《明儒学案》下卷，705页。

所以只有牢固树立"易有太极"之说,君臣父子的大纲大常才能得到保证。何心隐的这一套对《尚书》和《周易》的"极"的解释,反对无极之说,完全是对君主政体和宗法伦理的无保留肯定,表现出他的根本政治观念与主流价值是完全一致的。

第二个部分是寡欲说,原文见于何心隐《辩无欲》文,其大意为,濂溪(周敦颐)所说的无欲,不是孔子所说的无欲,也不是孟子所说的无欲,而是近于老子所说的无欲。孔子以好仁为主,孟子以存心为主,孔孟都重视寡欲,从心所欲不逾矩是寡欲,舍生取义是寡欲,而不是一般地主张无欲。所以何心隐认为,濂溪之无欲,是老子无欲观妙之无欲。他特别提出,"欲惟寡则心存,而心不能以无欲也"。心存才能寡欲,从而好仁、取义。通观何心隐此文,并不是提倡感性欲望的满足,而是辨别儒家与二氏之不同。他说的寡欲,其实是对欲望的一种选择和克制。颜山农本主张"制欲非体仁"说,何心隐此说应当也是受到颜山农的一定影响。所以,何心隐的这种说法,与宋明儒学区分儒家与佛老在"欲"上的不同态度,是一致的,黄宗羲把此说理解为苏秦、张仪之学,是不正确的。

他在《聚和老老文》中也表达了对欲的另一种意见：

> 欲货色,欲也。欲聚和,欲也。……昔公刘虽欲货,然欲与百姓同欲,以笃前烈,以育欲也。太王虽欲色,亦欲与百姓同欲,以基王绩,以育欲也。育欲在是,又奚欲哉？仲尼欲明明德于天下,欲治国欲齐家欲修身欲正心欲诚意欲致知在格物,七十从其所欲,而不逾平天下之钜,以育欲也。育欲在是,又奚欲哉。汝元亦奚欲哉,惟欲相率相辅相维相育于聚

和，以老老焉，又奚欲哉！①

这是说欲和欲不同，对物品的欲是欲望，对宗族和睦的欲是理想，后者显然是肯定的。所以无欲是不对的。即使是对物品或美色的欲念，用《孟子》中的例子，公刘和太王都是既肯定自己的欲念，又力行与民同欲，这样的欲都是正当的。《大学》说古之欲明明德于天下，孔子言七十从其所欲，这些欲也都是正当的。培育和实现这些欲也是正当的。而何心隐自己的"欲"就是与聚合堂的各位率教率养辅教辅养等一起老老幼幼，致力于宗族的和睦发达。②

《明儒学案》在提到这两部分之外，在开首处还特别提及所谓事理说，原文见于《钜》《何心隐集》卷二，而黄宗羲以"心隐之学，不堕影响"概括之，说明他并没有读懂这一篇文字。文中一开始言：

学之有矩，非徒有是理，而实有是事也。……无声无臭，事藏于理，衡之悬，绳之未陈，矩之未设也。有象有形，理显于事，衡之已悬，绳之已陈，矩之已设矣。③

何心隐对矩的强调，绝不是黄宗羲所说的不堕影响，恰恰是重视实理实事。他认为，当衡、绳未用来度量事物时，此时可谓是事藏于理。当将衡、绳等用来度量实事实物时，此时是理显于事。矩就是事理的标准。他又说：

象物而象，形物而形者，身也，家也。心、意、知、物，莫非

---

① 《何心隐集》，72页。
② 吴震指出，育欲是对公欲的培养，不是私欲的伸张，参见其文《16世纪心学的社会参与》，《云南大学学报》，2007年，第三期。另外还可参看其《泰州学派研究》第1章，中国人民大学出版社，2009年。
③ 《何心隐集》，33页。

> 身也,本也,厚也。天下、国,莫非家也,厚也,本也。①

而这一篇的主旨,并不是黄宗羲所理解的论事与理的关系,而是以"矩"为中心。阳明弟子王心斋善谈《大学》"絜矩之道",以身为矩,以身为本,似对何心隐也有所影响,这从何心隐传记皆说他年轻时曾闻心斋"立本"之说可见。而何心隐此篇不仅谈身的重要,还谈家的重要。在他看来,身和家都是使理得以对象化(物化)的有形载体。他说:

> ……物也,即理也,即事也。事也,理也,即物也。无物不有者矩也,不容不有者也。有矩斯有物也,斯有身也,斯有家也。家者形象乎其身者也。身者形象乎其物者也。物者形象乎其矩者也。……有矩以矩其身,而学焉,庶乎其有身也。身者伸也,必学必矩,则身以之而伸也。……有矩以矩其家,而学焉,庶乎其有家也。②

有物必有理,有理必有物,身和家都是形象化的实体,家是身的形象,身是物的形象。以矩来度量身,以学来使身合乎矩,这样的身才是真正的身。以矩来度量家,以学来使家合乎矩,这样的家才是真正的家。所以说有矩斯有身,有矩斯有家。另一方面,矩不是独立存在的,矩要体现在物的形象存在上,物要体现在身的形象存在,身要体现在家的形象存在。矩不可离物,这其实也就是格物的意思。"有矩以矩其身,而学焉,庶乎其有身也""有矩以矩其家,而学焉,庶乎其有家也",矩作为名词是事理之标准,而矩和

---

① 《何心隐集》,33页。
② 同上书,34页。

学作为动词,在这里是实现原理。同样,身其身,是说使身真正成为身;家其家,是说使家真正成为家。把理则现实化、形象化为具象的存在,这是何心隐思想的特点。

何心隐的思想方式是区分自然的存在和合理的存在,努力把自然的存在变为合理的存在,是实践的关键。人是自然的存在,仁其人,或人其人,就是使人从自然的存在变为合理的存在。身其身,家其家,也都是要求把现实中的身、家,改变为合理的身、家,化现实为合理,化自然为合理。而改变为合理的身、家,并不是把身、家变成了其他东西,而是成为其本来意义的身、家。

何心隐思想分析方式的另一个特点是强调显与藏。他在《仁义》篇说:

> 象仁以广居,象义以正路,无象之象也。鬼神,知也,无藏有也。广其居以象仁,正其路以象义,有象之象也。鬼神之体物也,致知在格物,有显无也。……亲与贤,莫非物也。亲亲而尊贤,以致凡有血气之莫不亲莫不尊,莫非体物也,格物也,成其象以象其象也,有其无以显其藏也。仁义岂虚名哉?①

孟子说:"仁,人之安宅也;义,人之正路也。旷安宅而弗居,舍正路而不由,哀哉!"(《孟子·离娄上》)照何心隐的理解,广居是表象仁的,广其居是表现仁的;正路是表象义的,正其路是表现义的。广居是形容,是概念的表达,所以是无象之象;而广其居是实践,是行为的体现,所以是有象之象。无是藏,有是显,为仁就是要通过

---

① 《何心隐集》,27页。

具体有形的实践,来有其无、显其藏,使无成为有,使藏变为显。

再看他的《原人》篇:

> 人则仁义,仁义则人。不人不仁,不人不义。不仁不人,不义不人,人亦禽兽也。仁义之人,人不易而人也。必以仁为广居,而又必广其居以象仁;……必以义为正路,而又必正其路以象义。①

此篇是发挥孟子仁义说的思想。何心隐认为,人必定思行仁义,思行仁义者必定是人,所以仁义是"人"的本质定义,不是人的人不思行仁,不是人的人不思行义,;反过来也是一样,不思行仁的就不是人,不思行义的就不是人。也就是说,不思行仁义的人便不是人,与禽兽无异。一个仅仅在生理意义上的人还不是真正的人。而仁义之人,"人不易而人也",这里前一个"人"是人的现实状态,后一个"人"是人应该成为的状态即仁义,意谓"仁义之人"是指不用改变自己现实状态其本身就是人的人。而一般的人必须要经过"人"化,亦即"仁义"化,才能成其为真正的人。

来看何心隐的《论中》篇。

> 精于中而执之,必允无杂心也;一于中而执之,必允无二心也。莫非心也,心而主则中心,而贯则道心。……既不能主乎人,又不能主于人人也,人亦禽兽也。人其心也,非道心也。心以贯心,而主于一人,以主乎亿兆无算之人,道其心也,非人心也。人心非有减也,道心非有加也。人聚而道,道

---

① 《何心隐集》,26页。

散而人，莫非心也。道乎其心者，其用心也大而难，若存若亡，似有似无，心甚微也。人乎其心者，其用心也小而易，用于此自触乎彼，用于彼自触乎此，彼此相触而利害相攻，心甚危也。……见心虽危，若有主乎其危者，安安在中；见心虽微，而若有主乎其微者，显显在中。中亦心也，心之心也。①

这是发挥他关于"人心惟危，道心惟微""惟精惟一，允执厥中"的理解。他认为，《尚书》所说的"中"，就是心，或称"中心"，心能成为主宰便是"中心"，心能贯通人我便是"道心"。如果心不能自作主宰，又不能贯通人我，这样的人不过和禽兽一样；这样的人的心，是人心惟危的心，不是道心惟微的心。如果心能主宰一人之心，又能主宰亿万人之心，这样人的心就是"道心"，不是"人心"。所谓道心，作为实践的概念，就是以道贯乎其心，这样的用心当然大而难，操存舍亡，非常微妙。人心则虽然流动容易，但心之所至，往往利害相攻，非常危险。见心当指见在的心，见在心虽然危险，但若果有所主宰，就可转危为安。见在心虽然微妙，但如果能有主宰，微妙便可化为显著。这样的心就是中心，中心不是一般的心，而是心之心。

他更主张："允执乎中者，允执君以道其心也。道乎一己之心，以君主乎亿兆无算之人之心，……以君象中，以位尊君，而共保乎心之不危不微，化乎人，纯乎道而后已也。"②这种尊君论也证明了他的政治立场与主流价值是完全一致的。

---

① 《何心隐集》，31页。
② 同上书，32页。

关于皇极、人极,他有《宗旨》一篇,其中说:

> 三代以上,宗旨出于上,皇极之类是也。三代之下,宗旨出于下,人极之类是也。宗旨出于上,虽师友不有二旨也,……宗旨出于下,虽君臣尤有二旨也。……旨出于上,而下自宗之,不强用功而功无有不用也,用之而有功也,有功之切于用也,无旨而无不宗也。旨出于下,而上未宗之,虽欲用功,而功或有不用也,用之而无功业,无功而切于用也,有旨而有不宗也。①

他认为由君王发布关于最高价值的宗旨,是所谓"出于上",这样的发布方式,上下统一,都无异议,如三代以上的《尚书》之"皇极"。由民间发布这样的宗旨,是所谓"出于下",在上者不予认可,在下者各不一致,没有贯彻的力量,比如三代以下周濂溪的"人极"。可见,他崇尚的是墨子式的尚同思想,主张一切由君王制定发布宗旨,认为这样自上而下,统一一致,最为有效。这种崇尚皇权的思想,与士大夫儒学强调用道德理念制约皇权的思想有所不同。

何心隐集卷二有一短篇,名为《道学》,原文如下:

> 性之于道,譬则水达于江河淮海者也。性之于学,譬则达水于江河淮海者也。道之学,性之命也。学之道,命之性也。水之自江而江,自河而河,自淮而淮,自海而海者,性也,道也。水之必江而江,必河而河,必淮而淮,必海而海者,命也,学也。
>
> 学也学其道也,有道必有学,有性必有命也,而后可以达之天下也。道之中而大也,圣人之道也。道以道其学也,有

---

① 《何心隐集》,38页。

> 学必有道,有命必有性也,而后可以达之天下也。学之大而中也,圣人之学也。①

此文围绕性、道、学、命四个概念而展开。其大意是说,性对于道,如同水流至大海,即性如流水,道如大海,性的实现,即是归于大道。性对于学,如使水流于大海。道之学,即道的学问,是性之必然。学之道,即学问之道,是命之本性。水在江河淮海,是性和道的自在本然之体。水之必流向江河淮海,是命之必然,也是学的作用。所以,学一定是学道,有道必定有学,有性必定有命,这样就可以达之于天下中正至大的圣人之道了。同样,道一定会把学习道德化,有学一定要有道,有命一定要有性,这样才能达到天下至大中正的圣人之学。整个思想是强调道和学互相包含,道内在地规定了学,学可以促进性的实现。

这些说法中虽然仍有不甚明晰之处,但其宗旨,是肯定"道学",从道与学的相互关系论述道学作为圣人之学的意义。这说明他在主观上是认同"道学"的。

可见,《明儒学案》选取的几条,还不是何心隐最主要的思想,论人、论仁义、论中、论道学等,都未包括在内,而他自己最重视的还有关于讲学的思想。何心隐在嘉靖三十九年以后,四处游走,处处讲学,他说:

> 自庚申前而汝元与郡邑乡族所讲者,此学也。……自庚申后,而汝元与东西南北所讲者,此学也。②

---

① 《何心隐集》,39页。
② 《又上湖西道吴分巡书》,《何心隐集》,89页。

程学博也说他:"平生精力自少壮以及老死,自家居以至四方,无一日不在讲学,无一事不在讲学。"①他在各处往往建有讲学会所,"在燕畿,则构有孔复堂,在楚黄,则创有求仁会馆"。② 此外,他在各地依士大夫如罗汝芳、耿定向居住时,也都从事各种讲学活动。③ 他对讲学的态度,有些狂气,认为"孔孟所讲所学之透于元者,后元而死者,不得有所传也"。④ 这是继承了心斋门下与后学的那种自大张皇。

何心隐集中的论著,如原人、论中等,应该都是他参加讲学活动的立论,必然大都成为其讲学之论题。他在晚年所写的长文《原学原讲》,更为他自己所重视。⑤

《原学原讲》以《尚书》《洪范》篇九畴之"五事"为基础,洪范九畴之二:

> 二、五事:一曰貌,二曰言,三曰视,四曰听,五曰思。貌曰恭,言曰从,视曰明,听曰聪,思曰睿,恭作肃。从作乂,明作哲,聪作谋,睿作圣。

何心隐说:

> 自有貌必有事,必有学也,学其原于貌也。……自有言必有事,必有讲也,讲其原于言也。……不有所学,则不有所

---

① 《祭梁夫山先生文》,《何心隐集》,136页。
② 邹元标:《梁夫山传》,《何心隐集》,121页。
③ 他说:"至今六十有余岁,无一岁不与讲学人交,以事讲学事也。"参见《上沿途经解衙门书》,《何心隐集》,116页。
④ 《上祁门顾四尹书》,《何心隐集》,80页。
⑤ 《原学原讲》之作,容肇祖以为在万历七年1579之春,参见《容肇祖集》,358页。何心隐自己说:"心之所志,在《原学原讲》一册也。"参见《何心隐集》,80页。

聚,而不有所统矣。而容不有学耶?有貌必有血,以聚以统于学也。不有所讲,则不有所诲,而不有所传矣。而容不有讲耶?有言必有讲,以诲以传于讲也。是故学也者,学乎其所讲也,不有讲而奚有学耶?①

五事的第一项是貌,何心隐认为有貌必有学,五事的第二项是言,何心隐认为有言必有讲,所以讲学的活动是有着人类学的本原性的。有所学就要有所聚,有所讲就要有所传,从这个意义上说,孔子最重视的学,是根于人之貌言视听思的基本需要,而学必须要聚而讲之,故讲学是学的最根本的方式。②

> 要之,事而一、而二、而三、而四以终者,终于五也。又要之,事而貌、而言、而视、而听以终者,终于思也。又要之,事而恭、而从、而明、而聪以终者,终于睿也。又要之,事而肃、而乂、而哲、而谋以终者,终于圣也。又要之,圣又终乎其睿其思,其五其事者也。即事即学也,即事即讲也。圣其事者,圣其学而讲也。③

五事的最后,终结于圣,何心隐认为圣就是即事即学、即事即讲,也就是要始终讲学。万历七年正月,诏毁天下书院,《原学原讲》一文应作于张居正禁令讲学的同时前后,何心隐大概已经听到风

---

① 《何心隐集》,1 页。
② 原学原讲的思想,可参看邓志峰:《王学与晚明的师道复兴运动》,264 页。
③ 《何心隐集》,4 页。

声,故作此文,为自由讲学而声张。① 何心隐处处立讲会,宣传其思想,散布其影响,这正是张居正及其党所以要打击他的重要原因。与他思想相像,同被耿定向称为"异人"的邓豁渠就不曾受到类似对颜山农、何心隐的打击,其道理亦在于此。

我们记得,邹元标的何心隐传中说过:"及闻王心斋先生良知之学,竟芥视子衿,乃慨然曰'道在兹矣'。"这和许多宋明儒者厌科举之业、求圣人之学的途径差不多。但由于他学于王心斋的传统,从于颜山农的讲学的方式,于是不仅厌弃举业,对精英儒者即士大夫也存了轻视之心。在黄宗羲的记述中提到,何心隐"少补诸生,从学于山农,与闻心斋立本之旨。时吉州三四大老,方以学显,心隐恃其知见,辄狎侮之"。吉州三四大老,必定是指阳明高弟邹守益等,这显示出他从一开始就和士大夫儒者拉开了距离。他以齐家为理念,兴办聚和堂,在宗族的范围内从事乡治乡教的实践,就此保有他在实践上的对于士大夫的优越感。这种优越感甚至使他就"大学之道"的把握向时任国子监司业的张居正进行挑战。因而,他的讲学学问不与士大夫儒者同,是很自然的了。何心隐庚申后虽然也与一些讲学之士交往,但仍以泰州学派的成员如罗汝芳、耿定向为主。而且他跟士人的交往中也常出之以杂学。如耿定理号楚倥,耿定向的弟弟自述云:"吾始事方湛一,湛一本不知学而好虚名,故去之。最后得一切平实于太湖(邓豁

---

① 何心隐说:"自戊寅二月二十日为避毒来吊祁门胡时和庐墓,至此春三月,一期余矣,惟有原学原讲万余言,何尝有一妖言乎?"(《上祁门姚大尹书》,《何心隐集》,79页)容肇祖认为此文之作在己卯一至三月间(见《容肇祖集》,358页),似非是。

渠),复能收视反听。得黑漆无入无门之旨于心隐,乃始充然自足,深信而不复疑也。唯世人莫可告语者,故遂终身不谈。"①《泰州学案·耿定理传》亦记述其为学经历云:"求友访道,累月忘归。其始事方湛一,最后于邓豁渠得一切平实之旨,能收视返听。於何心隐得黑漆无入无门之旨,充然自足。有问之者曰:'闻子欲作神仙耶?'曰:'吾作天仙,不作地仙。'曰:'天仙云何?'曰:'直从太极入,不落阴阳五行。'"②这就流于一种神秘的宗派了。

这几个人都是黄宗羲列入泰州之下颜何一派的人物,他们的学术有些庞杂,儒佛道常常浑合不分,又带有几分民间宗教色彩。如何心隐的"黑漆无入无门之旨"像是佛门话头禅的一流,肯定不是纯正的理学,也不是阳明学的本色。《明儒学案》泰州学案说:"心隐在京师,辟各门会馆,招徕四方之士,方技杂流,无不从之。"且不说其政治的参与,其所结交的人士,也是相当庞杂。他自己也说和方士阮中和多次交往,学其修养之法,阮所行为"纯阳法",亦道亦医,何心隐也承认:"以汝元心事所事所讲所学事,而旁通乎其事者,亦惟仙家所尚者,其事则阮中和所事事也。"③又说:"又因旁求仙家者流,以闭关以斡旋精气神于貌言视听思为秘传者,又莫阮中和若也。"④顾宪成说他在耿定向家,"内有一人尝从心隐问仙"⑤,他所通的仙学,大概就是此道而已。明代中后期三教合一的气氛甚浓,所以明代儒学者的学术及往来自然不再纯粹,与

① 《焚书》卷四《耿楚倥先生传》。
② 《明儒学案》,下册,826页。
③ 《又上赣州蒙军门书》,《何心隐集》,100—101页。
④ 同上书,102页。
⑤ 顾宪成:《小心斋札记》卷十四。

奇人、异人、术士的结识都很普遍。至于他的行为方式,略如颜山农,以"张皇"为特色,而比颜山农更充满"侠"气,黄宗羲说"山农游侠,好急人之难"。李贽引用时人对他的看法:"其病心隐者曰:人伦(当为伦)有五,公舍其四,而独置身于师友圣贤之间,则偏枯不可以为训。与上闾闾,与下侃侃,委蛇之道也,公独危言危行,自贻厥咎,则明哲不可以保身。"①

与王艮、颜山农一样,何心隐也充满师道的自负,"不然,孔孟所讲所学之透于元者,后元而死者,不得有所传也"。② 但是这种自认为担负孔孟之学真传的自负并没有得到当时士大夫儒学的认可。李贽说:"山农以布衣讲学,雄视一世而遭诬陷","心隐以布衣出头倡道,而遭横死"③,虽然何心隐之死并非因为他的学术不纯正,而是因为政治的原因④,但他的讲学和行事,具有与颜山农相近的特色,是很显然的。而泰州学派尤其是其下颜何一派多有此类的成员,这使得他们和儒学士大夫正统精英之间必然存在紧张的一面。而张居正等对他的打击也正是以此为基础,而不顾社会、民间的舆论,强加给他各种的罪名,最终置他于死地。

尽管如此,当何心隐死后,不仅民众声冤,士人也多肯定他的儒学精神,如说"心隐师法孔子"⑤,"公诵法孔子者也"⑥,"心隐生平所为,皆忠孝大节"⑦,就连耿定向的《梁子招魂辞》也说"永丰梁

---

① 李贽:《何心隐论》,《何心隐集》,11页。
② 《上祁门顾四尹书》,《何心隐集》,80页。
③ 李贽:《为黄安而上人三首之一》,见《何心隐集》,119页。
④ 耿定向说他"月旦一评,祸之根些",这是认为他每张皇放言,引来大祸。见《何心隐集》,141页。
⑤ 张宿:《刻何心隐集叙》,《何心隐集》,8页。
⑥ 李贽:《何心隐论》,《何心隐集》,10页。
⑦ 陈士业:《答张谪宿书》,《何心隐集》,138页。

子,学问宗孔,言行类孟"①,这说明他的追求志向和生平大节还是得到了时代的肯定,也表明这个时代对"儒者"的理解与道学不同,已越来越具有包容性。

(《文史》,2012年3期)

---

① 《何心隐集》,140页。当然,耿定向也说"梁也,孔慕而侠行,吾哀其志"。(《耿天台先生文集》卷十六《里中三异传》),肯定何心隐的志向,但对其行为之褊狭不中,则有所不满。

附录:儒学发展的问题与前景

一、传统儒学的评价

1. 肯定的评价

牟钟鉴认为,儒学的基本思想适应中国传统宗法社会的国情,并有一套缓和社会危机、调节人际关系的方法措施,给人们一种以家国为本位的积极向上的人生价值观。还有一些更为深刻的东西,涉及整个人类社会普遍存在的问题,反映了人类生存和发展的普遍希求,如安老怀少的人道主义精神,重视人生的道德价值、积累知识和好学精神等。[①]

李锦全认为,儒家着意研究和解决人际关系问题,以伦理政治为轴心。仁学是一种强调和谐、协调、平衡为价值取向的政治伦理学说,儒学熏陶下形成的克制礼让、平和内向等传统心理性格,对现代精神文明的建构仍有积极作用的一面。[②]

杜维明认为,儒学的基本精神方向是以人为主的,它所代表

---

① 牟钟鉴:《关于传统文化研究的几个问题》,《孔子研究》,1986年,第二期。
② 李锦全:《儒家思想的演变及其历史评价》,《孔子研究》,1986年,第四期。

的是一种涵盖性很强的人文主义,这种人文主义是入世的,要参与现实政治,但又不是现实政权势力的一个环节,有着相当深厚的批判精神,即力图用道德理想转化现实政治,这是儒家的真精神。①

陈俊民也认为,儒家追求一种宇宙意识的觉悟,有了这种宇宙意识才会涵养出超道德的自由人格,达到真善美高度统一的理想境界。这种宇宙意识既表现在儒者实现民胞物与、大同理想的努力,把个人人格的完成置于大众群体人格的完成之中;又通过民族意识的形式,表现为浩然正气,铮铮风骨。儒学既要用伦理转化政治,又坚守尊道不趋势的精神,儒学的这种人文主义是中国儒学主流的真精神。②

朱日曜认为,中国传统文化中儒道影响最大,积淀最深。道家人生哲学消极遁世,儒家提倡积极向上的奋发精神,儒家的影响是积极的,凝聚为中华民族不屈不挠、坚韧不拔的优秀品质。中国历史上的志士仁人都体现了儒家自强不息的精神。传统儒家作为系统的政治学说贯穿着"安国家、定社稷、序人民"的求治心理,主张礼治仁政、富国富民,这些主张虽然并不是在任何条下都能够实现,但就一般意义上来说,对生产发展和社会安定都有积极意义。历史上繁荣安定的盛世都离不开儒家思想的作用。儒家的影响有些是积极的,也有消极的,由此构成的人文传统是

---

① 杜维明:《儒学传统的现代转化》,《知识分子》,1985年,秋季号。
② 陈俊民:《论宋明理学家的人格理想追求》,《中国传统文化的再估计》,上海人民出版社,1987年。

我们走向现代化的起点,也是引进吸取西方文化的本体。①

2. 否定的评价

刘泽华认为,有人提出儒家为代表的人文思想是提供人格平等、人格尊严、个性独立、道德理性、民主政治的基础,其实并非如此。儒学人文主义的基本导向恰恰是王权和专制主义。王权至上和道德至上的理论使人丧失独立人格,引向个性泯灭,把人作为工具,使多数人不成其为人,限制了人的全面发展,不是引导人在适应社会中改造社会,而是彻底变为道德工具,通过自我克制,安于现状,其最后归宿不免是吃人。②

陈鼓应认为,礼制观念是儒家思想的核心,礼制思想与现代的政治生活格格不入。在现代生活中要求民主自由、大众参与等等,这在儒家中都是缺乏的。相反,在儒家中都是倡道君主中心、排斥异己,要求人们不在其位不谋其政,反对大众参与。此外家族意识、家长制、教条主义、人治思想、偶像意识等等都会在我们现代政治生活中产生不良影响,因此我们对儒家思想应该深入面地批判。儒家所宣扬的道德观就是属于尼采抨击的那种"家禽道德""羊群道德""奴隶道德",在中国思想史中最单薄的、最保守的是儒家,在现代改革过程中最起阻碍作用的亦是儒家。③

郑克中讨论儒家对经济发展的影响时指出,从发展社会经济的角度看,儒家传统文化的历史作用是:(一)相互依赖型的社会

---

① 朱日曜:《传统儒学的历史命运》,《吉林大学学报》,1987年,第三期。
② 刘泽华:《中国传统的人文思想与王权主义》,《中国传统文化的再估计》,上海人民出版社,1987年。
③ 陈鼓应:《传统文化是多元的》,《电影艺术》,1987年,第三期。

关系、泯灭了人的自强自立精神,(二)平均主义压抑了人的进取精神,(三)重义轻利妨碍了生产流通的发展,(四)轻视鄙薄科学技术和生产劳动导致社会生产力长期发展缓慢,(五)炫耀性消费导致生产投资不足。①

3. 两面论的评价

在近年讨论中,较多学者持这样的看法,即儒家思想既有积极的一面,也有消极的一面,有应该继承发扬的内容,也有应当批判否定的成分。张岱年认为,儒家并非只讲三纲五伦。孔子维护君权,但不赞成个人独裁,以为国君如果要求"言莫予违"就有亡国的危险,更反对暴政,宣称苛政猛于虎。孔子肯定人人都有独立的意志,断言三军可夺帅,匹夫之志不可夺,孟子更提出天爵良贵之说,认为人人都有自己的内在价值,即道德自觉性,孟子宣扬大丈夫的标准是"富贵不能淫,贫贱不能移,威武不能屈",这为广大人民特别是知识分子树立了激励人心的榜样。② 儒家关于人格价值的理想,自强不息的精神,对历史文化的发展起了积极的作用,孕育著中华民族前进的精神资源。不过,儒家强调同心向德,对于增强民族凝聚力起了积极作用,却忽视了竞争的重要;儒家尊重传统,孔子述而不作,对历史文化起了巨大的积极作用,但忽视了创新的重要。儒家对知识有相当的肯定,但偏重内心的体认;历史上的儒家标举出崇高的理想,但比较忽视效用问题。儒家的这些偏向归结起来就是:(一)重协调而轻竞争,(二)重继承

---

① 郑克中:《论儒家传统文化对我国经济发展的影响》,《东岳论丛》,1987年,第四期。

② 张岱年:《文化传统与民族精神》,《学术月刊》,1986年,第十二期。

而轻创新,(三)重直觉而轻知解,(四)重理想而轻效用。①

刘述先指出,不管你是否喜欢儒家,它的影响不是那样容易摆脱开来的。我喜欢讲传统的资源和负担的两面性。既然传统在我们身上影响这样深,所以我们不能采取一种单纯的否定态度,它可以是资源,也可以是负担,有待我们仔细认取和抉择。②杜维明也认为,包括儒家在内的传统文化,其真精神是一笔丰富的精神财富,需要通过知识分子群体批判的自我意识才能继承下来。这一传统的负面则体现在人的下意识层运作的封建意识,对统治阶层、大众群体都有相当广泛的影响,也只能通过群体批判的自我意识才可以将其扔掉。③

丁守和认为,中国传统文化中占主导地位的是儒家。儒学中占统治地位的则是仁、礼、中庸及三纲五常等思想。这些思想作为政治思想、伦理道德和礼仪教化,用来协调人际关系、巩固宗法社会,这个思想体系在封建社会的上层意识形态占统治地位,而且影响到社会生活、文化生活的各个方面,下层劳动群众也有形无形地受到它的影响和束缚。儒家对中国传统文化的形成发展和社会心理凝聚有巨大影响,同时对中国社会发展有严重迟滞作用。对儒家这个思想体系,从根本上说只能是打破它、否定它,但对其中的各个部分决不应如此。儒家学说中确有不少精华,有许多优秀的成分或因素,就仁礼中庸等思想分别来说,其某些部分或方面也有可以继承发扬的东西,如民本思想、先天下之忧而忧

---

① 张岱年:《对中国传统文化的两点看法》,《光明日报》,1987年,1月29日。
② 刘述先:《关于"儒家思想与文化危机"的再反思》,《九十年代》,1986年,第二期。
③ 杜维明:《传统文化与中国现实》,《九十年代》,1985年,第十一期。

的思想、崇德利用厚生的思想,威武不屈、爱好和平、不畏强暴、刻苦耐劳、坚韧不拔的精神和同胞观念及爱国主义精神等等。对中国民族性格的形成起过重大作用的,也是中国文化的优良传统。①

4. 两重性的评价

认为儒家学说具有两重性,也是近年不少学者所持的看法,是指儒家思想的每一部分,其性质都不是单一的,而是双重的,既有正面的价值,也有负面的影响。

庞朴认为,儒家人文主义精神像一切事物有自己的两重性一样,也具有两重性。给民族和国家增添了光辉,也设置了障碍;向世界传播了智慧之光,也造成了中外沟通的种种隔膜,是一笔巨大的精神财富,也是一个不小的文化包袱。它的优点和缺点,正面和负面,不是分别放置而可以简单取舍的,它们杂糅在一起,难解难分。②

牟钟鉴认为,以儒家为主体的传统文化,不仅长期成为统治思想,还相当广泛地渗透到社会生活的各个领域,成为一种有普遍性的社会心理和生活习俗,影响到民族性格的形成。传统文化功过常同出一源,优点与弱点相伴,如以家国为本位的传统,其积极方面使人有强烈的社会责任感,天下兴亡匹夫有责,形成团结中华民族的伟大凝聚力;其消极方面则易于扼杀个性,甚至流于愚忠愚孝。重人伦、讲人情的传统,积极发挥,形成敬老爱幼民胞物与的人道主义;消极发挥,形成私情大于国法的不良风气。注

---

① 丁守和:《中国传统文化试论》,《求索》,1987年,第四期。
② 庞朴:《中国文化的人文主义精神》,《光明日报》,1986年,1月6日。

重精神生活价值的传统,能令人养成重义轻利、讲求气节的品格和达观恢宏的胸襟,但也会出现禁欲轻物之弊。吃苦耐劳、任劳任怨的传统可发展出弘毅不拔艰苦奋斗的优良品质,某种条件下又会使人安于贫困、温顺可欺。①

另有学者指出,礼的内容是等级隶属关系,这种隶属观念最集中表现在维护三纲五常,这种隶属关系形成强大的社会关系网,人只有在隶属他人的关系中才有存在的价值,隶属观念与反躬自省的道德修养相结合,使个性的压抑达到最大强度,很难有自主意识的萌发,这是礼的消极面。但另一方面,礼所表达的隶属观念,又增进了人与人之间的相互依赖,对家庭和国家具有强韧的亲和力,所以古人以天下观代替国家观,又以家族观实践国家观,修养治平都是一回事。把个人命运与家庭国家利益融为一体,使爱国主义有坚实的基础,有助于中华民族的凝聚和中华民族的绵延,这是礼的积极面。②

潘良祯说,中国文化这笔巨大的历史遗产具有两面性,既是中华民族的骄傲,也是沉重的历史负担。中国传统主干是儒家学说,儒家学说的核心是仁,仁主要是主张人与人友爱和睦,这只是一种理想,但毕竟是美好的理想。一般的人与人之间友爱和睦不也是我们今天应该提倡的美德吗?父慈子孝不仍然是起码的伦理道德规范吗?在这一点上,中国传统哲学中讲究做人的这一特色,难道不应该作为优秀遗产加以继承发扬?然而问题也出在这

---

① 牟钟鉴:《关于传统文化研究的几个问题》,《孔子研究》,1986年,第二期。
② 《传统文化与现代化——近年来中国文化研究概况述评》,《中国社会科学》,1986年,第三期。

里,仁以亲亲为根据,崇拜祖宗,慎终追远成了民族心理的一个重要方面,这对民族心理的消极作用是很明显的,好古甚必然多保守,这就严重地阻碍创新和改革。①

二、关于两种儒学传统

在评价儒学传统的问题上,一些学者提出要区分儒学的真精神和政治化的儒学,知识精英的儒学和帝王的儒学。

杜维明主张必须区别"儒家传统"与"儒教中国"。儒教中国可以理解为政治化的儒家伦理为主导思想的中国传统封建社会的意识形态,及其在现代文化中各种曲折的表现(一般理解的封建遗毒)。他认为,儒家传统与儒教中国不属于同一类型的历史现象,又不属于同一层次的价值系统。儒教中国随着专制政体和封建社会的解体丧失了即有的形式,目前在中国人的文化心理结构中仍有威力无比的封建遗毒,很可以理解为儒教中国是在政治文化中仍发生消极作用的幽灵亡魂。白虎通义以三纲五常为主线所建构的儒教中国和孔孟之道体现的人文精神确有千丝万缕的联系,但反思历史,总不能得出孔子仁智双修的为己之学、孟子深造自得的大丈夫精神必然导致汉代王霸杂用的政治文化吧?元代王室尊奉程朱为官学,不能说朱子哲学是在意识形态上为蒙古入主中原预先作准备吧?从孔子到戴震的儒学大师都是经过自觉反思,主动地批判地创造人文价值的优秀知识分子,他们是

---

① 潘良祯:《儒家思想和现代化》,《书林》,1985年,第四期。

儒家传统的塑造者。他认为,儒家传统是指孔子以来用全副生命在现实人生中体现儒学精义的知识精英,通过群体的批判的自我意识而制造出来的人文价值,要把它和儒教中国区分开来。把中国弄成半殖民地半封建即东亚病夫的田地,儒家是要负责任的,但别忘了,儒家传统也是使得中华民族日新又日新的泉源活水,是塑造中国知识分子涵盖天地的气度和胸襟的价值渊源,也是培育中国农民那种坚韧强毅的性格和素质的精神财富。① 走后门、不守秩序、打官腔、等级森严这些令人不快的东西是不是儒家传统里面出来的?毫无疑问,有些与儒家有关,对此儒家不能辞其罪,但是那些建构儒学传统的思想家所体现的价值取向正好与此相反,我们不能让他们来背黑锅。被动性、奴性等等在儒家所塑造的社会中有很多例证。从其政治文化的权威主义,以及道德的权威主义方面看,它也确实成为阻碍中华民族进入现代化的重要障碍,特别是文化心理方面的障碍,但政治化的儒家和以道德理想转化政治的儒家之间的对立是显而易见的。可以这样说,儒者在历史上有两种形态,一种是被政治化以后依附于现实政权、利用儒家的一些价值作为控制人民维护既得利益的工具,而我们所要强调的是塑造儒家价值系统的那些重要人物。②

姜允明也认为,中国的儒家传统,它的延续性固然有由历代君王的权威加以维系的这种情形。这种权威主义承袭的是法家

---

① 杜维明:《儒学第三期发展的前景问题》,《文化:中国与世界》第二辑,三联书店,1987年。
② 杜维明:《创造的转化——批判继承儒家传统的难题》,《中报月刊》,1986年,五月号。

传统不是儒家传统,实际上挂的是羊头卖的是狗肉,因为孔子虽然尊王,但决不主张帝王的绝对权威,专制思想源于法家而不出于孔子。所以纯儒的传统命脉全是由知识分子和思想家的传授来维持。专制帝王推行的充其量为俗化的儒教,知识分子的学术传统较能表现出纯儒精神,二者不能相提并论,混为一谈。① 金耀基也指出,道统与政治的结合,变成帝王的儒学,但这不必是儒家本身的罪过和责任。

三、关于评价儒学的标准

在长期以来关于传统文化的讨论中,特别在中国大陆,在评价标准方面,公认的比较平实的提法可以说是"取其精华,弃其糟粕"。即使在近年的讨论中,这仍是不少学者所持的立场。如丁守和主张,对中国文化的传统,我们的原则只能是剔除其封建的糟粕,吸收其民主性的精华。②

这种传统的看法近年来受到来自不同方面的批评。如陈奎德主张,取其精华、弃其糟粕是一种"笼统模糊"而"永远正确"的提法,对我们具体行动不能提供有信息量的方向性导向。事实上对于何者为糟粕、何者为精华的价值判断本身,决不能脱离一个文化价值系统的参照而孤立得出,况且由于系统的整体性,各个元素相互牵连,一损俱损、一荣俱荣,也很难获得舍此留彼的理想

---

① 姜允明:《中国传统哲学中普遍性和现代性问题的试探》,《上海社会科学院学术季刊》,1986年,第三期。

② 丁守和:《中国传统文化试论》,《求索》,1987年,第四期。

效果。① 这种看法是认为一个文化系统的诸要素是不可析的整体,要吸收一个文化的精华就必须整体地吸收其整个文化系统,要剔除一个文化的糟粕,就须整个地破除该文化系统,有人称之为整体论。②

杜维明从另一方面批评"取其民主性精华"的观点,针对中国大陆学者这一较为普遍的看法,他提出,人们常说要把从孔夫子到孙中山的文化继承下来,取其民主性科学性的精华,去除其封建性的糟粕。然而,最大的困难是,如果我们用西方文化的标准为标准,我们很难在中国的传统中找到类似西方民主、科学的精华,这并不表示它本身没有精华,它有的是和西方近代文化性质不同的精华,它有哲学的人学的精华,修身养性的精华,天人合一、情景交融等伦理学、美学的精华。它们既非民主也非科学,但是在对人进行全面的反思、启发知识分子的自觉方面,及在政治、经济、文化等领域建立信赖机制方面都有独到的价值。他提出,必须内在于传统本身的逻辑性来把握它的精华。③

张汝伦也认为,西方文化的每一重大转折与发展都不是以外来文化为标准式价值参考系、重新评价检讨自己的传统文化、发现其基本问题加以更新改造,而是从新的历史条件、自然条件、社会条件出发,从传统文化与人的社会实践日益加剧的矛盾出发,创造性地对传统文化作出新的解释和调整,从而推动了文化的建

---

① 陈奎德:《文化讨论的命运——兼与杜维明先生商榷》,《复旦学报》,1986年,第三期。
② 牟钟鉴:《关于传统文化研究的几个问题》,《孔子研究》,1986年,第二期。
③ 杜维明:《传统文化与中国现实》,《九十年代》,1985年,第十一期。

设和发展。历史证明,以西方文化为价值标准和参照系来评价与改造中国传统文化,实际上难以取得积极的根本性的进展。①

第二个争论是关于是否应以现代化的功能坐标来判断儒学及传统文化的价值。仅以传统文化对经济科技现代化的作用来评判传统文化的价值,杜维明称此为功能坐标系统的标准。他认为,韦伯理论因过分强调和传统绝然不同的现代,无形中把传统的实质意义弃置不顾,而只从传统在现代化过程中所起的积极或消极作用来评断传统的功能意义。这种只在功能坐标系统中衡量传统的学术进路和雅斯贝尔斯站在现代人进行反思的层次上来理解传统的学术进路大不相同。② 近二十年来,从功能坐标系统衡定精神传统的学人明显锐减,而站在某种精神传统的基础上对"现代化"进行批判认识的学者大有人在,传统与现代已不是绝然分割的两个概念,从传统到现代也不能理解为单线的进程。③

中国大陆不少学者坚持对儒家应取批判地继承态度,而批判继承应以是否有利于现代化为标准。岳成认为,传统是复杂的,精华与糟粕并存;传统又是发展的,在一定条件下消极的东西可以转化为积极的东西,积极的东西又可以转化为消极的东西。因此对传统,正确的方针还是要"批判继承"。现在国内外有人认为未来世界将以中国传统的儒家思想为楷模,但那是未来,我们最重要的是现在,要以实现四个现代化为标准,凡是有利于四化的

---

① 张汝伦:《文化研究三题议》,《复旦学报》,1986年,第三期。
② 杜维明:《从世界思潮的几个侧面看儒学研究的新动向》,《九州学刊》,1986年秋季号。
③ 杜维明:《儒学第三期发展的前景问题》,《文化:中国与世界》,三联书店,1987年。

发扬之,不利于四化的批判之。①

四、儒学价值系统的反思

1. 儒家价值取向的偏失

傅伟勋认为,儒家"泛道德主义"的立场,使他们以德性之知为优先于闻见之知,不承认这两种知识的平等地位。"知"从泛道德主义立场看,本身并没有独立的价值,只是为了"行"的目的而存在。这种泛道德主义的偏爱,混淆了人伦道德和知性探求,又把实存主体、生死解脱、终极存在等层面道德化。儒家的道德主义偏向影响到其知识论、形上学、心性论、伦理学各方面,应当加以超克。②

刘述先指出,传统儒家的一个严重问题是,过分强调道德伦理的单向发展,以至压抑了其他方向发展的可能性。中国未能发展出希腊式的纯理的思想,没有开出近代欧洲式的工业技术的革命,民主法治的架构,文学艺术的充分自由的表达,不免受到现代人的诟病。中国的传统儒家确有偏重道德之嫌。事实上道德的完人只是一种可能的发展方向。我们也需要成就科学家、艺术家乃至企业家的形态,故对人的道德只可有一种低限度的要求,即人人都得有某一种道德操守,但却不能有一种高度限度的要求;

---

① 岳成:《剪掉封建主义的辫子》,《书林》,1986 年,第十一期。
② 傅伟勋:《儒家思想的时代课题及其解决线索》,《知识分子》,1986 年夏季号。

人人都要成圣成贤。① 像名家的诡辩那一类东西，站在儒家立场来看是要不得的，儒家要你抓住根本，这种东西却把你的眼光吸引到别处去，在价值方面看来就要不得，所以他要我们不要离开常识和实际，不许抽象凌空去想东西，出发点可能是好的，可是有一点它是坏的，就是文化发展不能一蹴而就必须曲通，也就是《中庸》所谓的"致曲"。②

杜维明认为，任何文化都有它的方向性，都有它的精彩一面，也有它不能照察的一面。儒家文化在处理人与人的关系，在道德哲学、人生哲学这些方面颇显精彩。面对自然的探索、对科学的专注、对客观政治制度的建构，对无限理想的追求，对超越而外在的神的敬畏和向往，在儒家文化内部都不很突出，也没有得到健康的发展。同时由于过分强调协同、中庸、和谐、渐进，以致对既有的现实制度，对那些即使最不合理的政治集团，也想以一些委曲求全的方式来容忍它，希望从内部转化它。③ 相比起来，基督教超越性很强，可以完全独立于现实政治和现实世界之外，总能设法保持它的纯洁性，儒家没有这个选择，要进行内在于社会的转化，而在这个运作的过程中很可能庸俗化，妥协了自己的理想。④

冯天瑜认为，以儒家为主体的中国文化属于以求善为目标的伦理型。由"伦理中心主义"出发，治道特别注重道德感化，在这种德治主义影响下，道德的威力被看得比法律更为重要和有效。

---

① 刘述先：《论儒家内圣外王的理想》，《儒家伦理研讨会》，新加坡：东亚哲学研究所，1987年。
② 《现代新儒家与中国的现代化座谈会》，《中国论坛》，1982年，第十期。
③ 杜维明：《中国传统文化纵横谈》，《社会科学》，1986年，第八期。
④ 杜维明：《超越而内在：儒家精神方向的特色》，《亚洲文化》，1987年，第四期。

社会靠宗法制度上的伦理观念维系，个人首先考虑的不是遵从法律而是在人际关系中履行道德义务，由重人伦产生的重人意识，是一种宗法集体主义，并非尊重个人价值与自由发展。伦理中心主义产生出贵义贱利的价值观和德力分离的观念，重政务、轻自然，斥技艺，入世而不出世，文学重载道，取士重通经，政治以伦理为出发点，伦理以政治为目的，伦理与政治，伦理与哲学融为一体。①

与傅伟勋称儒家为泛道德主义相近，冯天瑜称儒家为伦理中心主义。包遵信称儒家的价值取向为"伦理本位主义"，他认为，被称为儒家的历史思想家，他们的思想中有一共同的主线，这就是伦理本位主义。这种伦理本位主义作为传统文化的一体化原则，表现为重古贱今，重义轻利，重农贱商，重经典轻实践，一切外在的事功活动及自然知识的探求都必须纳入纲常伦理规范的支配之内才承认其意义。儒家伦理本位主义既是传统文化结构的基本特征，又是制约传统文化价值的主要机制。纲纪伦常和礼仪规范成了传统文化的中心，儒家经典则是这个中心的理论形态。明经闻道是传统知识体系的主要内容，以伦理代论理，以事理的必然混同于道德上的当然，哲学上的许多命题只有从政治伦理的角度才能准确把握其实际意义，认识论理与逻辑思维没有独立地位。这些特点与小农生产的自然经济，血缘纽带的宗法制度，中央集权的大一统共同构成了传统社会的有机整体。伦理化的原则已经成为中国现代化的精神枷锁，它把一切活动都伦理化，任

---

① 冯天瑜：《中国古文化的伦理型特征》，《江海学刊》，1986年，第三期。

何创造性精神都被视为对既有事物的触犯而受到贬斥，社会的发展，文明的进化，总被说成天下无道、人心不古，一切社会问题都被归结为道德问题，历史只能屈从于道德，因而历史只有改朝换代而社会没有多少进步。由于道德主体的树立在人的社会历史实践中处于不应有的位置，社会固然可以和谐稳定，却只能停滞不前。以伦理本位主义为中心的儒家价值系统要打破。① 包遵信这一观点与韦政通主张的"中国传统的改变不应只于政治和法律制度，作为文化核心部分的价值系统也要革新"是一致的。②

吴震认为，中国文化主流儒家文化，其价值观具有一个明显特征，即社会性的价值取向，强调崇奉理性原则以克制私欲和本能欲望，社会和国家利益绝对至上。满足个人情感和需要的价值取向为社会道德所不取。不义而富且贵，于我如浮云，固然是形成大义凛然的理想人格的要素，然而可悲的是将社会价值绝对凌驾于个体价值之上，一味鄙视乃至否定人的正常欲求，这也正是形成诸如安贫乐道、乐天知命等庸人习气和怯懦性格的主要原因之一。③

王邦雄认为，中国文化传统没有开出近代科学技术和民主制度，一方面是由于锁国孤立造成的落后，另一方面也是因为文化传统的特性问题。中国文化的首要关怀在道德人格的养成而不在知识技术的建构。今天要建构民主法治的社会和开发科学技术的力量，但科学与民主的内在主体是知识理性而不是道德理

---

① 包遵信：《儒家思想和现代化》，《知识分子》，1987年，冬季号。
② 韦政通：《当代儒家的心态》，《中国论坛》，1982年，第十期。
③ 吴震：《儒家的价值观束缚个性发展》，《书林》，1986年，第一期。

性,所以根据传统儒学的价值是不对应的。我们的心灵要做一调适,在道德的超越主体底下也要开出知识的内在主体。让知识的研究有独立的地位,社会政治问题不能仅由道德修养求得解决,内圣不一定能开出外王,外王的问题涉及权力的结构规范与转移等实质问题。①

2. 儒家内圣外王之道

在近年的讨论中,不少学者特别注重检讨传统儒学的所谓内圣外王之道问题。大多数学者都肯定儒家内圣而外王的模式与现代社会的政治法律结构不相合。韦政通指出,检讨中国走向民主的过程中所以困难重重的原因时,传统文化里那种根深蒂固的泛道德意识可能很值得我们去分析。由于这种意识,使中国传统的政治塑造成一个"政治伦理化"的特殊形态,结果是儒家内圣外王的一套在历史上成了空中楼阁,专制帝王变成实际的圣王,在政教合一的运用下,成为专制权力一元化合理的根据。②

刘述先肯定儒家内圣之学的价值,认为在今日要体证人生的内在价值,建立超越的道德原则,要在现实人生有所践履,传统儒家的内圣之学就不会丧失它的意义。同时他也提出,现代人对传统儒家最不满意的乃是内圣外王的关联性。照《大学》的铺陈,内圣似乎是外王既必要而又充分的条件。但由现代人的观点来看,内圣既不是外王的必要条件,也不是它的充分条件。政治自有其规律,不可与道德伦理混为一谈。道德伦理问题的解决,与政治

---

① 王邦雄:《中西文化的传统性格及其会通之道》,《鹅湖》,1988年,第二期。
② 韦政通:《当代儒家的心态》,《中国论坛》,1982年,第十期。

经济一类实际问题的解决并没有必然的关连性,当然政治后面不是完全缺乏道德伦理的基础,但只能是最低限度的道德要求,不可以太过唱高调,否则一定会产生反效果。①

傅伟勋认为,内圣外王是异质性的,依传统儒家的主张,内圣之道乃是圆满实现外王之道的先决条件,是充分的保证,内圣外王之道规定了儒家道德的理想主义。但在现代社会里西方提倡的道德的现实主义事实上已取代了道德理想主义,现代儒家学者应了解到,内圣外王乃属异质性的伦理事体,并无必然的关联。传统儒家依此内圣外王之道提倡德治礼治,在政治上只合乎人治理想,与源自近代西方的法治观念格格不入,也可以说,儒家有见于内圣之道,无见于外王之道,漠视微模伦理与巨模伦理的异质性,有混淆家庭道德与公共道德之嫌,造成无谓的道德祸害。②

汤一介认为,内圣外王之道基于"圣人最宜于作王"的观念而有,是中国人治政治的理论基础,与民主、法制的社会相违背,是道德政治化,政治道德化的表现,其结果是要求圣王,造就出的只是王圣,及政治的被美化和道德从归于政治。③ 他认为,内圣之学仍有极高价值,儒学大师们追求一种理想的境界,一种对宇宙人生的了解,这是一种理想,是可以身体力行达到的。但对宇宙人生的了解在任何情况下都难以推出现实事功,而儒家的问题正是以为这两套可以统一为一套,由内圣而外王,这也许是儒家学说

---

① 刘述先:《论儒家内圣外王之道》,《儒家伦理研讨会》,东亚哲学所,1987年。
② 傅伟勋:《儒家伦理的现代化重建课题》,《哲学与文化》,1988年,第一期。
③ 汤一介:《关于中国文化中的内圣外王之道》,《中国文化书院报》,1988年1月10日。

的一大弊病,中国社会曾受这种思想危害不小。实际上圣人最不适宜作王,因为具有理想人格的人总是很难了解现实,而面对现实就不能用空想的理想主义来行事。①

另有一些学者对传统儒家提出内圣外王主张作了历史的分析。余英时认为,中国古代国家一向被看作人伦关系的一个环节,价值之源内在于人心,然后向外投射,由近及远,这是人伦秩序的基本根据,在政治领域内,王或皇帝自然是人伦秩序的中心点,因此,任何政治方面的改善都必须从这个中心点的价值自觉开始,这便是"内圣外王"的理论基础。孟子对梁惠王、齐宣王讲仁心仁政,朱子对宋孝宗讲正心诚意,这显然都是从人伦关系的观点着眼。②

李泽厚认为,氏族社会中,首领的个体的"内圣"本是与能否成功维系氏族团体生存秩序的"外王"紧密联系的。群体命运取决于氏族首领的才德,道德常常就是政治,在那个时代有深刻的现实根基,是历史的真实,也是原始儒学的真正秘密。在李泽厚看来,外王不必是作王,主要指外在的政绩事功。孔子是重视外在事功的,发展到孟子,内圣一面大为突出,到宋明理学内圣变得可以而且必须脱离外王,而具有独立的意义,宋以后道德压倒一切,官僚体制的行政能日益丧失,也是事实。他还认为,宋以后儒者要以内圣控外王,也有制约君权的意义。以整个儒学发展的历史看,其生命力不仅在于它有内圣代表的道德理性一面,更在于也有一条外王的线索,使它有面向现实改造环境的性格,即重视

---

① 汤一介:《论儒家的境界观》,《北京社会科学》,1987年,第四期。
② 余英时:《从价值系统看中国文化的现代意义》,时报出版公司,1984年。

事功的经世传统。①

吴德耀认为,孔子之前中国已有两千多年文化,向来只有一种制度即君主政治制度。君子受命于天,不受任何法的约束,孔子只能接受君主政治统治这一事实,为了避免王权专制的弊病,孔子提出为政以德和正心诚意,要求帝王以圣王尧舜为榜样,从内心修养开始而后表达于外,这就是所谓内圣外王之道。②

冯天瑜也认为,经世是儒学的传统,但孔子以后,儒家经世分为以孟子为代表的内圣路线和以荀子为代表的外王路线两大相异的走向,从而铸造了文化和民族的内在精神,如一方面具有执著的对国家民族的忧患意识,另一方面又往往把道德的自我完善置于创造性的社会活动之上。③

林聪舜检讨了传统儒家经世理论的基础,他认为儒者经世的思想是把经学义理视为基础。传统儒家尊经代表一种企图将政治秩序与道德教化加以结合的心态。经书是士大夫阶层的图腾,过度尊经会误导学术方向,使学者钻故纸堆,容易伴随尊古情绪,使儒者易脱离现实流于迂腐。士大夫在经书的庇荫下会形成自我封闭的集团。儒者经世的另一基础是修身工夫,心性工夫过度膨胀会压缩其他领域的活动,形成外王事业的牵累。企图透过格君心之非达成内圣外王,只是儒者一厢情愿的悲剧。④

---

① 李泽厚:《经世观念随笔》,《中国古代思想史论》,人民出版社,1985年。
② 《儒家国际学术讨论会纪要》,《孔子研究》,1987年,第四期。
③ 冯天瑜:《试论儒学的经世传统》,《孔子研究》,1986年,第三期。
④ 林聪舜:《传统儒者经世思想的困境》,《哲学与文化》,1987年,第七期。

3. 儒学与民主和科学

余英时在谈到新儒家时指出,新儒家就是为中国儒家思想在民主和科学两个口号影响下寻求答案,最不满意五四以来许多人说中国没有民主科学。现代儒家的主体精神怎样客观化,这一问题不解决,民主是空谈,科学不落实下来建立实验室、从事实验研究,也无法真正建立科学。①

杜维明也认为,在儒家现代化的进程中,最大的问题当然是制度建构的问题,即怎样把儒家的人文精神落实到现实政治机制中,使之变成体现儒家价值的助缘,而不是让儒家的一些价值变成既有权威结构用以维护其既得利益和惰性的工具,这是儒家面临的非常大的挑战。②

(1) 儒学与民主

一种观点认为,儒家思想中有与民主思想相通的成分,但与现代民主又有区别。张灏认为,先秦儒学有民本思想,但从先秦儒家开始,民本思想就被德治思想卡住了,导致了两者缠结在一起,造成民本思想的政治还是一个从上到下、纵贯式的专制政权。③

余英时认为,中国文化把人当作目的而非手段,它的个人主义(Personalism)精神凸显了每一个个人的道德价值,它又发展了从人皆可以为尧舜到满街都是圣人的平等意识,以及从为仁由己

---

① 《当代新儒家与中国的现代化座谈会》,《中国论坛》,1982年,第十期。
② 杜维明:《创造的转化——批判继承儒家传统的难题》,《中报月刊》,1986年,第六期。
③ 《当代新儒学与中国现代化座谈会》,《中国论坛》,1982年,第十期。

到讲学议政的自由传统,凡此种种都是中国民主的精神凭借,可以通过现代的法制结构转化为客观存在。同时他也指出,从中国文化价值系统来看,国家一向被看成人伦关系的一个环节,在人伦关系中义务是第一序的概念,中国人的权利意识一向被压缩在义务观念之下。以人伦关系而言这是正常的,但是伦理与政治在现代生活中都各自有相对独立的领域,彼此相关而不相掩。所以分析到最后,中国人要建立民主制度,首先必须把政治从伦理秩序划分出来,这是一种离则双美,合则两伤的局面。分开之后我们反而可以更看得清中国人伦秩序中所含的一组合理成分及其现代意义。①

黄俊杰认为,儒家极其重视民本政治,基本上孔孟以至荀子都强调道德与政治之绝对相关性。孔孟尤其认为"道"尊于"势"。主张以道德驾驭政治。孔子说道不行乘桴浮于海,即不因个人利禄出卖道德理想。孟子论"民为贵,社稷次之,君为轻",这种贵民的政治思想与古希腊政事取决于人民的原则是相通的。因此不能说儒学不具有民主主义的精神。同样,儒学也极重视思想自由、平等主义,及胡适在五四时期提倡的健全的个人主义,特别是泰州学派和李卓吾等一系列儒者的思想中个人主义、自由主义极发达。不过,应该补充的是,儒学的民本主义和西方的民主主义是有区别的。最重要的是以民为本的政治制度的建立,西方对民主制度的重视抵制专制政治的可能性较大。②

刘述先认为儒家思想中有可以转接民主政治的成分,另一方

---

① 余英时:《从价值系统看中国文化的现代意义》,时报出版公司,1984年。
② 黄俊杰:《儒学传统的现代展望》,《金洲文化》,1987年,第四期。

面与西方式的民主又有某种紧张。他肯定由礼运大同的思想,可以转接上现代民主、法治的思想。① 同时又认为,民主的基石是权利观念与多元主义,而中国传统突出的却是责任观念与大一统的一元化观念。西方式的民主,个人主义过分发达,竞争激烈,法令多如牛毛,运作不便,人权虽比较上得到保障,但群众趣味低俗,高尚的文化理想难以提得上来,儒家要为文化发展定向,两方面必然呈现一种紧张。②

第二种意见是儒家思想缺乏民主的基础,与民主精神基本是冲突的。如韦政通认为,儒家泛道德主义是中国民主过程困难重重的重要原因,使得政治伦理化,也使得儒家的政治思想成为专制权力合理的根据。③

包遵信认为,民主和科学的产生脱离不了一定的文化价值和系统,同样,对它们的掌握和运用也脱离不了一定的文化价值。民主与科学同儒家传统有着不同的价值尺度,近代中国人掌握和发展科学与民主曾是那样曲折,并不是中国人笨,而是他们受传统的束缚,有着和西方近代文化不同的价值观念。④

朱日曜认为,儒家思想不可能疏导出民主的规范,早期儒家是透过家庭关系认识社会的,把国家简单看作家庭关系的延伸,认为国家应像家庭一样由一个家长来主宰。民本思想固然是儒家思想的精华,但民本思想与王权至上的观点的有机结合,恰好

---

① 刘述先:《论儒家内圣外王的理想》,《儒家伦理研讨会》,1987年。
② 刘述先:《当代新儒的探索》,《知识分子》,1985年,秋季号。
③ 韦政通:《当代儒家的心态》,《中国论坛》,1982年,第十期。
④ 包遵信:《儒家思想和现代化》,《知识分子》,1987年,冬季号。

是对君主专制在更高层次上的肯定。①

第三种意见是,儒家思想与现代民主意识虽有较大区别,但可以互补互济。沈清松认为,原始儒家十分重视个人的价值与尊严,但此种重视的形态是否与民主的要求相称,则需办明。孔子真正重视的是制度在人的主体性上之依据而不在其结构,制度的客观性依乎主体性的自我调整,未能注重制度因结构而有的合理性。孔孟荀的思想重视的是人的可完美性,而不在于他的个体性,这仅属于道德上的民主。现代化历程中的政治民主不仅要尊重个人的价值与尊严,且需尊重其个体之存在而有的权利,最低限度的个体性是政治上的民主的基本肯定。不过,在现代化历程中形成许多弊端,对个人的价值极端强调,制度本身过度膨胀,利益冲突无法达成共识,对这些弊端,原始儒家的思想特色与现代民主原理可以互补互济。②

(2) 儒学与科学

余英时认为,中国文化中没有发展出现代科学是另一问题,它对待科学的态度是开放的。内在超越的中国文化由于没有把价值之源加以实质化、形式化,因此也没有西方由上帝观念而衍生出来的一整套精神负担。达尔文的生物进化论在西方引起强烈的抗拒,其余波至今未已,但进化论在近代中国的流传几乎完全没有遭到阻力,其他物理、化学、天文、医学各方面的知识,中国人更是来者不拒。我们不能完全从当时人要求船坚炮利的急迫

---

① 朱日曜:《传统儒家的历史命运》,《吉林大学学报》,1987年,第三期。
② 沈清松:《原始儒家与民主思想》,《东方杂志》,1988年,第一期。

心理上去解释这种现象,因为早在明清之际士大夫接受耶稣会教士所传来的西学时,他们的态度已经是如此了。①

张岂之提出,从中国历史上看,儒学的理性主义不但不限制自然科学,而且推动了中国古代自然科学的发展,但儒学过于注重探讨道德伦理问题,则限制了一些儒者对自然现象的探讨。他还指出,魏晋南北朝时期儒学理性主义与自然科学相结合,加深了人对自然的认识,表现得最突出。刘徽从小受易学熏陶,祖冲之曾注解《易经》《孝经》《论语》,葛洪则是从儒学正宗入手的道教学者,贾思勰《齐民要术》更浸润了儒家的精神。②

包遵信认为,儒家价值系统鄙薄知识技艺是限制中国科学发展的主要原因。他认为:有些历史上的科学家成就很高,传统道德修养也好,但他的科学成就并不能在传统文化价值系统中发挥作用。中国近代落后的主要原因不是缺少有成就的科学家,而是没有科学驰骋疆场的文化环境。道德在中国文化中不单是个人行为规范和伦理原则,它还是整个文化的价值基因,渗透到社会生活的各个角落。传统文化价值系统不排除个人在科学上可以取得成就,却不能使这些成就社会化。③

乔根锁认为,儒家学派把全部注意力放在以仁为核心的伦理学方面,对科学技术等社会物质活动不屑一顾,它的全部理论体系,以格致诚正为基本方法,以修齐治平为最终目的,儒学的这种

---

① 余英时:《从价值系统看中国文化的现代意义》,时报出版公司,1984年。
② 张岂之:《儒家思想的历史演变及其作用》,《人民日报》(海外版),1987年10月11日。
③ 包遵信:《儒家思想和现代化》,《知识分子》,1987年,冬季号。

学术传统使我国古代自然科学发展的条件变得非常严酷。儒家注重道德规范以达到社会和谐,以科学技术为形而下的奇技淫巧、形器之末,在这种价值观的指导下,重义轻利;贵道贱器成了一个传统,整个封建社会中,科学技术从未引起统治阶级和知识分子阶层的重视,理学更是科学技术的大敌。①

五、儒学与现代化

1. 关于儒学在现代化过程中的作用和影响

一种意见认为,儒学与现代化是完全冲突的。包遵信的观点在近年的讨论中比较有代表性。他认为,所谓儒家传统不适应现代化,是指儒家伦理本位主义的价值系统与现代化是逆向的精神力量。离开了儒家传统的价值系统来谈它和现代化的关系,就会把一个有确定内容的问题泛化。儒家把日常生活到社会政治的一切活动都伦理化,伦理纲常的实践成了人生的价值意义和最终目的。社会的理想状态就是道德的和谐,一切社会矛盾都被消融为人的主观伦理善恶的矛盾。在这个伦理本位主义传统中核心的观念是贵义贱利和重道轻器。说儒家传统与现代化不适应,指的就是这一价值系统的核心不能为现代科学技术和经济发展提供正面的价值道向②,这并不等于否认传统儒家的某个观点在今天仍有价值。但如果这样从传统中找它的生命价值,那又何止一

---

① 乔根锁:《简论中国传统哲学中不利于自然科学发展的因素》,《西藏民族师范学院学报》,1985年,第四期。

② 包遵信:《儒家伦理与亚洲四龙》,《中国文化书院报》,1988年,1月10日。

点,可能会更多。但把这些都加在一起,是否就能代表了传统文化,就能算是传统文化的价值体系?因此用它来说明传统中还有有价值的内容可以,用来说明传统文化的价值系统不能破则不可。① 他还认为,认定儒家思想自身的体系结构和功能性质可以适应现代化的要求,成为现代化的精神力量,只是新儒家们一厢情愿的设想。

也有学者主张,中国近代史的实践证明儒学作为已经腐朽的封建统治学说,没有再生和转化的余地。他们认为,从17世纪西方进入现代化而中国最优秀的学者仍在"尊儒崇道"的历史来看,儒学早已成为中国进入近代化的阻力。那以后的经学家,仍只从书本上而不是从实践中检验学说的是非,致力于维护过时的腐朽传统,使只适用于封建时代的观念仍然保留在中国人的伦理道德和行为方式中间。儒学的积极因素已随封建制度日益衰朽而丧失活力,沉积为保守的历史惰性和习惯势力。用这一套修身治国的"天朝"无法抵抗外强侵略的事实,证明它已成为民族的沉重历史负担。②

在强调儒学阻碍中国现代化过程的学者中,蔡尚思的观点可谓始终如一,他认为中国走向现代化的进程是与批判儒学联系在一起的。中国近代三次大运动,戊戌变法、辛亥革命和五四前后的新文化运动都在不同程度上对儒学进行了批判。但都未能把儒家礼教为主体的封建思想压下去,致使中国现代化的目标迟迟未能实现。在他看来,只有彻底破坏了儒家,中国方能充分实现

---

① 包遵信:《儒家思想和现代化》,《知识分子》,1987年,冬季号。
② 《中国传统文化的再估计》,上海人民出版社,1987年,11—12页。

现代化。①

另一种意见认为,儒学传统有助于现代化。李端智认为,儒家传统中并无任何内在问题足以防碍中国经济发展,相反儒家传统有利于中国现代化:(1)儒家强调严峻的甚至是冷酷的竞争。(2)儒家重视历史与未来之间不可分割的联系,提倡长远规划。(3)儒家重视社会秩序超出对物质占有的欲望。(4)儒家注重逻辑和理性的同时注重直觉和人的因素。(5)儒家的相辅相成的观念对多变的现实加以协调,以出色的管理对付人类的变动和冲突。(6)儒家传统中有完整的社会纪律。(7)儒家善于用实用主义创立制度和进行改革。(8)儒家善于保持统一管理与自由竞争的平衡,在经济领域也提倡知识、礼仪,将商品经济竞争保持在和谐中。(9)儒家传统能防止精神污染的危害。(10)儒家能促进技术与贸易的创新。②

徐文祥认为,社会现代化过程并不完全需要遵照欧洲的模式。东方各国的现代化方向不能脱离其历史连续性。历代王朝虽然把儒家政治理论加以发展以适合其政治需要,但儒家的政治哲学也提供一套理论和准则限制君主成为独裁暴君。所以儒家的政治哲学和现代民主并非不能并存。儒家的经济思想反映的是以农村社会为基础的农业经济,但儒家关于处理贫富的见解对现代化工业社会不仅无碍而且有利。儒家所讲的五伦如果能配以现代观念,可能对现代社会有很大帮助。③

---

① 《儒学国际学术讨论会纪要》,《孔子研究》,1987年,第四期。
② 同上。
③ 同上。

2. 儒学对现代社会的意义

一种观点认为儒学的基本价值并不因时代变化而失去意义，而是对现代社会仍有重要价值。劳思光认为，哲学愈来愈像是专家们的智力游戏，与社会无大关系，而儒家作为传统哲学的一种，更有成为历史研究对象的趋势。但我深信儒家义理之学本身可以继续吸收新的思考成绩而发展，儒家的工夫论可以笼罩宗教问题的大部分。特别是儒家肯定事物有理和人生有分的主张，在今天仍然可以作为世界道德教育的原则，发挥社会文化的引导功能。儒家仍是活的哲学，而且对现代社会文化问题有独特的重要性。①

余英时认为，将价值系统与古代某些特殊的制度与习惯杂混不分，已是一个不易避免的通病，不可讳言，在某些方面中国必须西化，但是总体地看，中国的价值系统是禁得起现代化以至"现代以后"的挑战而不致失去它的存在根据。这不仅中国文化为然，今天的西方文化、希伯来文化、伊斯兰文化、日本文化、印度文化等都经历了程度不同的现代变迁而依然保持着它们文化价值的中心系统，此中最极端也最富启发性的例子是，印度的"舍离此世"的价值观念和森严的等级制度如何在现代化挑战下发挥了创造性的作用。这些古老民族的价值系统都是在文化定型的历史阶段形成的，从此便基本上范围着他们的思想与行为。各大文化当然都经过了多次变迁，但其价值系统的中心部分至今仍充满活

---

① 劳思光：《从普遍性与具体性探究儒家道德哲学之要旨》，《儒家伦理研讨会论文集》，东亚哲学研究所，1987年。

力,这一现实绝不会因少数人闭目不视而立刻自动消失的。中国价值系统面临现代变迁必须有所调整与适应,但它与现代生活不是互相排斥的。①

余英时还指出,学习西方文化,摆脱中国文化的影响——这必须是在原有的中国文化已妨碍我们成为一个完美的现代人,所以才要把传统的影响丢掉。中国文化是比较和平的,其中许多文化价值都不会妨碍我们去吸收科技。科学是否会与道德观念冲突?是否要对父母不孝才能接受科学的真理呢?难道一个和谐的家庭就不能过科学民主的生活吗?②

杜维明也提出,如果我们真的相信文明礼貌和开拓型人才不相容,那么我们是否应当提倡不排队买票、不爱惜公物、不体谅他人的"现代"伦理来取代谦虚、朴实的"落伍"道德?③

刘述先说,孔子所教所依附的社会网络现在已经明显过时了。今日既无君无忠,君臣关系自谈不上天经地义了。但亲人逝世心中的哀戚是否也不再适用于现代人呢?我们在今日要体证人生的内在价值,要建立超越的道德原则,要在现实人生有所践履,传统儒家的内圣外王之学就不会丧失它的意义。④

水秉和认为,儒家的道德规范在中国早已深入人心,成为一般人的第二本能。将之彻底否定,必然带来道德真空,而这个真

---

① 余英时:《从价值系统看中国文化的现代意义》,时报出版公司,1984年。
② 《东西文化与新加坡座谈会》,《亚洲文化》,1985年,第十期。
③ 《儒学第三期发展的前景问题》,《明报月刊》,1986年,第二期。
④ 《论儒家内圣外王的理想》,《儒家伦理研讨会》,东亚哲学研究所,1987年。

空恐怕不是任何新伦理道德在短时间内可以填补的。①

戴琏璋从现代的观点讨论儒家的批判精神,他认为,儒家那种反求诸己的自我批判,仍然是现代人在道德修养上不可或缺的工夫。因为必须经过自我批判才能有自发、自动、自主、自律的道德实践。至于综核名实的人物批判,在现代仍有它的重要性,特别是独立的新闻从业员应该善加继承。儒家称理而谈的政事批判,在现代宜纳入民主政治的轨道中,经由民意代表来发挥,而学术界在公正独立的舆论界方面仍有可为之处。至于信之疑之的学术批判,现代知识分子必须在自己的本位工作上加以弘扬。②

第二种观点是从工业化社会的弊病肯定儒学基本价值的现代意义。余英时提出,中国现代化自然不能不"动"不"进",仅靠"安""定""静""止"不足以使中国文化适应现代的生活,在科学技术经济各方面皆如此。但今天西方的危机却正在动而不能静,进而不能止,富而不能安,乱而不能定。现代生活中物质丰富和精神贫困的尖锐对照则是有目共睹的。如果说在现代化的早期,安定静止之类的价值观念是不适用的,那么在即将进入现代以后(postmodern)的现阶段,这些现象则十分值得我们正视了。③

黄俊杰认为,经济结构从一元化走向多元化,从同质性走向异质性,必然与政治的民主化、自由化有关,从而使儒家摆脱传统中国社会政治结构中一元化的限制,使儒学得到了新的希望。正因为整个工业化社会导致人的疏离,这种发展带给儒家一个新的

---

① 《儒家与政治》,《知识分子》,1985年,秋季号。
② 《儒家的批判精神》,《鹅湖》,1988年,第一期。
③ 余英时:《从价值系统看中国文化的现代意义》,时报出版公司,1984年。

挑战。儒家最宝贵的精神就是把人当作价值而不是当作工具。用韦伯术语说即价值理性重于工具理性,而儒家以人为中心的学说在高度分工的工业社会,正有如一剂清凉散。①

安乐哲认为,儒家常被视为一种保守的思想学派,忽略了儒家"和而不同"的观念。这个观念使儒学可以同时容纳不同的意见,因此儒家面临外来的刺激时,其可塑性是很强的。如家庭在以前的中国人的经验中占很重要的地位,随着时代的转变,儒家那些传统的价值可以被转移到工作的岗位,职业的关系及其他建制上,而依旧是很儒家的。他还认为,就资本主义预设个人私利为中心价值而言,儒家与原始资本主义是不相容的。儒家一直强调义利之辨,肯定义最终比个人利益更丰富、更有价值。就义亦可视为对某种善的追求而言,一种儒家的资本主义是可能的。日本、中国台湾等地的成功并不是建基在个人的成功上,而是建基在人民整体的成功,我想儒家的资本主义与那种吃人的资本主义有很大的差异。②

陈晓林认为,西欧理性主义由于价值理性与目的理性之间的辩证张力,开启了近代西方资本主义的格局,而中国儒家的理性主义,则以内在的和谐与中庸,以价值的统一与调和奠定了以伦理为本位的人文基础,两者本难作任何价值判断上的优劣之分。东亚曾受儒家文化影响的地区在现代化过程中所表现的韧性与活力已越来越受到举世的正视。儒家哲学未来对现代思潮的可能贡献之一正在于它可提供充实而周全的理由,来导正工具理性

---

① 黄俊杰:《儒学传统的现代展望》,《亚洲文化》,1987年,第四期。
② 《访安乐哲教授——谈西方的中国哲学研究》,《哲学与文化》,1988年,第二期。

过分肥肿而价值理性摇摇欲坠的实况,解消这一西欧理性主义无法克服的思想困境。①

曾昭旭认为,今日环境污染、能源危机、核子毁灭之威胁,乃至机械化规格化之反成为人生之持制等等,皆须吾人秉儒学之原蕴精义,紬绎引申之,落实践履之,使仁心真能直贯此等事物而与之融洽为一体,而后可能消解其厄。②

蔡仁厚认为,儒家伦理教人勤劳、敬业、互助、互信、合作、和谐,同时要求日新又新,采取和平改革,这些伦理的原则都有助于政治的稳定、社会的和谐、企业的发展、经济的繁荣。同时儒家素来重视教育事业,而教育的普及又可直接有助于人才的培养、知识的进步和科学的发明。西方学者能够理解儒家伦理是东亚经济发展的精神动源,不能不说是有识之言。儒学本天道以立人道,立人德以合天德,可以使人生与宇宙通而为一、道德与宗教通而为一、主观与客观通而为一。人的生命可以通向人伦世界、人文世界、自然世界,以获完整的贞定和全面的安排,最宜提供人类共同努力,求其实现。③

曾春海也认为,儒家由传统文化所吸取的价值理想成为儒者赖以安身立命、证成人生价值的最后根据,亦成为其批评现实政治的尺度。这种历史文化意识有助于培养民族自觉和文化责任。儒家万物一体的整体和谐的人生态度有助于消融工商社会因现

---

① 陈晓林:《中国哲学与现代思潮》,《哲学与文化》,1984年,第七期。
② 曾昭旭:《儒家哲学的时代意义》,《中国文化月刊》,1984年,第五十五期。
③ 蔡仁厚:《儒家思想对人类前景所能提供的贡献》,《中国文化月刊》,1986年,第八十四期。

实利害的冲突形成的人与人、团体与团体的对立,以及由人际疏离衍生的种种社会问题。儒家仁民爱物的思想,与西方人与自然不协调不同,视人与自然为机整体,对自然抱同情态度和道德责任。在知识态度上反对盲目滥用知识,强调人文价值的反省批判。儒家强调修身,可以为民主政治的实践注入德性的要素。①

第三种观点认为儒学在现代社会仍有重要意义,但其某些取向亦需调整。吕武吉在同杜维明对谈儒学与现代化问题时提出,成圣成贤是儒家思想中的终极关怀,但在现代化的生活中,追求道德的理想与求索做人的道理只能说是一个重要的课题,这种本质上的差距会不会使儒家伦理的思想变得和现代人不相干?②

刘述先在谈到儒家理想与当代科学时也提出,"知识的追求与拓展"与"道德的担负与要求"指向有异,强调伦理,希圣希贤,则知识的追求容易被视为落于第二义。如何在中国文化理想自身的根源上扩大而建立学说,也成为一个困难的问题。③

杜维明也承认,儒家理想人格和现代化所提倡的企业开创性心灵之间有明显的冲突,这一点不仅应该接受而且应该作进一步的认识。因为现代社会是逐渐趋向专业化、职业化、科技化、合理化的社会。以前儒家所欣赏的君子人格可能很全面,但从现代职业化的观点看,这不过属于一种分工特性不明显的人格类型。④

---

① 曾春海:《对中国传统文化思想的时代体认》,《东方杂志》,1985年,第十八卷七期。
② 吕武吉、杜维明对谈《现阶段儒家发展与现代化问题》,《中国论坛》,1985年,第十八卷七期。
③ 刘述先:《书代新儒家的探索》,《知识分子》,1985年,秋季号。
④ 杜维明:《创造的转化——主判继承儒家传统的难题》,《中报月刊》,1986年,五月号。

丘为君也认为,儒教与耶教有一个最大的不同点,这几乎构成儒家思想与现代化社会冲突最激烈的地方,即儒家德性知识里反专业化的倾向非常强烈,儒家所要求的是一个德性充满的完整人格,与今日高度现代化社会追求既尖且端的训练大异其趣,但儒教对智识的肯定,表明它与现代社会并非水火不相容。

杜维明还指出,儒学传统中有些内容对现代化进程是有消极影响的,如孟学中有一种强烈的平等主义,西方不少自由主义者根本不相信人人平等,而是从自由发展、社会功能的充分调动等角度接受不平等。中国社会则是不患寡而患不均,大家都穷也没关系,只要平等。这种大锅饭思想太厉害,事实上造成了很大混乱,平等思想在中国传统里特别是儒家里有非常深厚的基础,但在现代化的进程中又显示了很大的局限性,如经济发展就不能建立在平等的基础上。

李鸿禧认为,对儒家思想中合乎现代思潮者应予以新的诠释而发扬光大,对不宜于现代思潮者做适当的选择。如《礼记·礼运篇》所涵盖的选贤举能、天下为公的民主思想,讲求社会福利的民生哲学,和讲信修睦的世界大同理念,都应该弘扬。至于儒家过分信赖修身齐家治国平天下那种内圣外王的人治思想,或因历史背景只能理解牧民哲学的民本思想,或重视君为臣纲父为子纲淡忽个人尊严的思想,为适应现代世界思潮之法治主义民主主义,自由平等和基本人权等价值,必须做若干调整。①

姜允明也认为,传统哲学的基本价值无论对中国即将来临的

---

① 《当代新儒家与中国的现代化座谈会》,《中国论坛》,1982年,第十期。

科技时代或西方日前因人际隔离而形成的种种社会问题可以提供许多建树,但也决不主张复古,因为古老的传统经过历史的俗化过程,各种残渣成分、不适合现代性的糟粕秕糠必须加以淘汰。①

第四种观点是,一些中国大陆的学者认为,评价儒学应从当前中国大陆的现实历史条件出发,把处在改革而走向现代化的中国大陆所面临的问题和已经进入现代社会和走向后现代的发达社会面临的问题区别开来。如李泽厚认为,西方文化确有危机,他们在寻找出路,寻找人生的意义和价值,因为他们开始进入后现代化阶段,而我们跟他们恰恰差了一个历史阶段,我们是要进入现代化,他们是要求从现代化里面走出来。②

杨念群认为,中国现代化的发展和西方文明是不同步的。西方对东方文化的憧憬是文明极度发达之后的逆向历史反思,而东方文明如果也跟着洋人做出寻根的姿态,则是一种历史意识的缺乏,是一种反历史的文化意识。我们应该打破固有传统模式的和谐,以开放心灵、迎接传统价值体系的崩溃,重建中国文化本体。如果我们仍然含情脉脉地聆听中古儒家世界传出的遥远的回响,以此进行深情的自我安慰,就会不可避免地重蹈近代启蒙思想家的历史悲剧。③

岳成也提出,现在国内外都有人认为未来世界将以中国传统

---

① 《中国传统哲学中普遍性和现代性问题的试探》,《上海社会科学院学术季刊》,1986年,第三期。
② 《文化讲习班答问》,《中国论坛》,1988年,第一期。
③ 杨念群:《打破和谐——杜维明先生儒学第三期发展说驳议》,《青年论坛》,1986年,第七期。

的儒家思想为楷模,这很可使我们自豪神往,但可惜是遥远的未来,而我们最要紧的却是现在,所以目前还是要脚踏实地地去评价传统,以实现四个现代化为标准。①

第五种观点是,一些中国大陆学者从社会主义现代社会的角度肯定儒学传统的积极意义,同时又反对复兴儒学的口号。冯达文认为,社会主义应避免由极端个人主义造成的人际关系的失调和崩溃。人际关系的合理建构和建构中各部分的协调统一,本身就是社会生产和历史进步的重要条件,是社会主义的要求。就重视人际关系的协调平衡来看,儒学基础上形成的克制礼让,平和内向等传统心理性格在建设社会主义精神文明中有积极意义。但社会主义当代意识在现实基础、思维方法、观念要求、文化特质、功能和价值追求上都与传统儒学有根本差异,所以提倡复兴儒学建立后儒家社会是应否定的。②

魏承思认为,中国传统文化是一种伦理文化,它也将走向现代化的科学文化,在科学精神结构的中国现代文化里,将会更多地保留伦理文化的因素。传统的伦理文化肯定精神生活的崇高价值,提倡个人向群体负责的义务感,重视人及人生的重要意义,珍惜人际关系的和谐融洽,这一切只要赋与新的时代内容,对社会的进步都会产生积极作用。例如敬老孝亲的道德观念,只要不再是建立在家长制的人身依附关系基础上,是符合人性的,和社会发展的方向完全一致的。现代文化如果完全没有这样一些伦

---

① 岳成:《剪掉封建主义的辫子》,《书林》,1986年,第十一期。
② 冯达文:《中国儒学传统的特质及其在现代改革中的意义》,《现代哲学》,1986年,第一期。

理因素,科学如果仅仅只是追求纯粹的知识而无视社会后果,无视对人对社会对未来的责任,科学如果仅仅追求纯粹的功利,不顾由此而造成的人情冷漠和社会离异,不顾人类对自然界无限索取引起的报复,将会给人带来灾难。①

3. 儒家伦理与工业东亚

工业东亚(Industrial East Asia)在学术界中还是一较新的词,指日本、韩国、中国台湾、中国香港、新加坡的兴起。② 随着日本战后的复兴,韩国、中国台湾、中国香港、新加坡几个地区在经济上取得了惊人的成就。三十年来亚洲五龙成为世界上发展最快的区域是有目共睹的事实,如何解释这个史无前例的现象便成为80年代学术界关注的课题。③

西方学者在70年代末、80年代初开始明确地把儒家文化与工业东亚的经济发展相联系,在中文世界较早讨论到这一问题的是金耀基。他在1983年发表了题为《儒家伦理与经济发展:韦伯学说的重探》的文章。他提出,在研究中国因何"不发生"资本主义的问题时,韦伯以为"结构因素"对中国资本主义之不发生是没有决定性的,韦伯的判定是由于中国缺少一特殊的心态即资本主义精神,儒家伦理只是对世界的理性的适应而不是理性的主宰,这是儒家伦理所以不能推动社会经济秩序之变革以开出资本主义的根本原因,这不啻是说儒家文化与现代化是不相容的,是中

---

① 魏承思:《论中国传统文化的改革》,《社会科学》(泸),1987年,第十期。
② 梁元生《灰飞化作凤凰舞》,《亚洲文化》,1987年,第十期。
③ 杜维明《从世界思潮的几个侧面看儒家研究的新动向》,《九洲学刊》,1986年,秋。

国现代化的阻碍。韦伯的儒家伦理观正受到巨大的经验现象的挑战,这个巨大的经验现象是东亚地区几个社会生猛惊人的经济发展。学者对今日东亚社会经济发展所以成功的探索,不外属于两个派别。一是从结构的观点来解释,特别强调经济与政治制度的安排,另一是从文化的观点来解释,着眼于观念与价值的性格。在注重文化因素的学者中,金耀基特别举出社会学家勃格(P. Berger)的"庸俗化儒家思想"说。勃格在方法上追随韦伯,认为东亚现代化的根源必须从宗教衍发出来的伦理中穷究原委,儒家伦理是东亚现代化的源头活水。但作为东亚现代化之动源的并不是传统士大夫和儒吏的儒家思想,这是一套引发人民努力工作的信仰和价值,最主要的是一种深化的阶层意识、一种对家庭几乎没有保留的许诺,以及一种纪律和节俭的规范。庸俗化的儒家思想衍化为高生产的工作伦理,而儒家重和合的规范已成功地转到现代制度上(公司或工厂)。①

在金耀基之后,产生了一系列讨论韦伯命题、儒家伦理与工业东亚的关系的文章,尽管有些学者争辩说儒家伦理和工业东亚的关系与韦伯命题没有关系,但所有学者都肯定关于儒家伦理与工业东亚的关系是值得深入研究的。

(1)文化背景说。杜维明认为,工业东亚文明和儒家伦理有很密切的关系,这个提法不是说儒家伦理是促使工业东亚文明的因,而把工业东亚发展当作果。不是一种因果关系,而是一种文化背景。每一种文化背景在某一个时期会发生积极作用,而在不

---

① 金耀基:《儒家伦理与经济发展:韦伯学说的重探》,《明报月刊》,1983年,第八期。

同时期也可发生消极作用，同样在不同的地区也可以发生积极或消极的作用。同样的中国人，在中国政治环境中，19世纪以来中国商人确没有发挥积极的作用，没有创造出灿烂的商业文明和工业文明，这是因为政治文化的制裁与拖延，而同样是中国人，接受同样的文化素养，在离开了中国文化环境到东南亚或其他地方都创造了很多新的发展、新的企业精神。造成它的发展原因与它的文化、心理结构和价值观都有关系，而使它不能发展的则和它的政治制度、文化气候有关系。从这个角度上看，日本、中国台湾、韩国、中国香港和新加坡基本上是不同的社会，但它们有很多的文化同构，如考试制度。另一方面是群体精神、家庭作用等等，这些方面都使人觉得是儒家传统的一部分，但这都是背景不是因。①杜维明认为，西方近代精神和儒家伦理价值有一种新的配合，从而塑造了一种有别于西方的独特的东亚发展模式。东亚的企业具有浓厚的群体性特色，开明的政治领道，家庭赋与企业的一种稳定性和高资本积累率，许多过去被认为与现代化冲突的传统价值在东亚社会都发挥了积极的作用。儒家思想中某些因素固然不利于经济的发展，尤其是在政治权威与习俗结合时，但对工业东亚发生积极作用的儒家伦理却不能用封建的典范来理解。例如在人民心理结构中颇具儒家色彩的坚忍、勤劳、节俭、群体精神、顾全大局等，在某些政治文化空间可能产生消极的作用，也可能在自由开放的环境中发挥积极的创造精神。②

金耀基也认为，把日本、韩国、中国台湾、中国香港、新加坡在

---

① 《东西文化与新加坡座谈会》，《亚洲文化》，1985年，第十期。
② 杜维明：《企业取向的东亚文化发展模式》，《亚洲与世界文摘》，1986年，第九期。

组织上的成功归功于其组织成员皆受儒家传统之熏陶而具有一些共同特质,这一提法已引起广泛注意,并受到学者严肃的探讨。至少儒家伦理有助于经济发展的提法,可以视为一合理的假设。今天从大量现象看来,比较基督教伦理来说,儒家伦理与经济发展的关系似乎不一定更弱。①

傅佩荣认为,韦伯认为近代资本主义由基督教"入世禁欲"观念提供伦理基础,儒家是一种入世的宗教,却未能体现禁欲的价值,因此无法引发资本主义。实际上儒家思想也隐含了一套兼具入世与禁欲的伦理。入世与禁欲两方面在儒家理论中相容的基础是,古典儒家理解的人性是趋向于善的,因此一方面人的趋向于善的内在趋向必须在人际关系的网络中才能实现,故儒家重视家庭社会现世,表现明显的入世性格。另一方面潜存于人性中的善,促使人追随符合禁欲精神的生活方式。合而观之,有理由论断,儒家以其特有的方式为现代化提供了必要的伦理基础。②

(2)家族伦理说。陈其南认为,学者们所谓儒家伦理,比较具体的内容,即指庸俗化的传统家族伦理而言。事实上学者在讨论与经济发展有关的文化传统价值观时,对于儒家伦理的其他方面仍然多采取保留态度。可以说,学者们企图寻找的基督教伦理之替代物,在东亚社会是家族伦理,而非广义的儒家伦理。故较严谨的说法应该是:传统家族伦理对近代东亚的经济发展,特别是在工作和成就动机的层面,有积极的作用。③

---

① 金耀基:《儒家伦理与经济发展:韦伯学说的重探》,《明报月刊》,1983年,第八期。
② 傅佩荣:《儒家为现代化提供理论基础》,《哲学与文化》,1987年,第十二期。
③ 陈其南:《儒家文化与传统商人的职业伦理》,《当代》,1987年,第二期。

文崇一认为,工业东亚固然学习了西方工业国家的技术和管理方法之类,但仍然保持了浓厚的传统观念模式,如台湾的家族经营和传统价值观念,不仅没有阻碍经济发展,而且相当程度的在这个传统基础上加速了经济发展。①

在家族伦理对东亚企业的作用方面,也有一些学者持保留的看法。如黄光国认为,以个人层面而言,如果考虑对个人工作态度的影响,传统儒家伦理对经济发展是有利的,如为家庭而努力工作,累积存款;而以社会组织层面来看,儒家伦理的影响则是负面的。如台湾常见的家族企业,其特色是企业所有者集大权于一身,缺乏规章制度,根据一项研究,台湾家族企业和公营事业,员工的工作士气及工作满足程度均较差。②

殷惠敏说,如果说儒家伦理注重家族关系的特征,在某个时期促进了企业的发展,则这个特征,由于具有公私不分的倾向,也会妨碍企业的发展,台湾发生的"十信"事件正是生动的证明。③

(3)边际儒家文化说。若涵提出,大陆以外的东亚地区的经济发展是因为精神气质上已脱离了儒家文化,只在形式上保留,对儒家文化已产生了离心力,是一种"边际儒家文化"。而中国大陆虽有批"孔""文革",却还保存着"中心儒家文化"。一个名存实亡,一个名亡实存。边际地区华人或日、韩人具有海洋民族敢于创新的特质,中心儒家文化则与大陆民族的局限相联系。儒家灵魂是讲道德不讲利益,重农轻商,法律服从伦理,政治上的家长制

---

① 文崇一:《传统与现代之争》,《中国论坛》,1987年,第十二期。
② 《从台湾经验看世俗化儒家与资本主义》,《中国论坛》,1984年,第十二期。
③ 殷惠敏:《儒家思想与文化危机》,《九十年代》,1986年,第一期。

是儒家文化的必然产物,理学存理去欲,抑制商业金融,是至今仍负荷的重担。勃格讲的是一种两重性,即儒家文化也可有积极一面,体现在老百姓的工作伦理,这种伦理与市场经济体制结合,即边际儒家文化。①

殷惠敏也认为,亚洲小龙都有过殖民地的背景,以台湾来说,儒家伦理可以作为促进经济发展的一个非经济因素的变项,但不是一个独立的变项。可是要证明这个变项并不容易,因为在日本殖民时期,殖民政府的政策是鼓励从医从商,社会的价值取向已有变化。②

(4) 俗世化儒家伦理说。不少学者接受勃格庸俗化(俗世化)儒家伦理的提法。李亦园认为,柏格所谓庸俗化儒家伦理就是人类学所谓小传统的一些观念看法。那些东西未必是真正的儒家思想,实际上只是中国人的生活态度。但这些小传统的部分在最后及最终的 Ideology 上面实际与大传统无甚区别,儒家思想可以说是中国传统生活态度的哲学化、系统化的东西。中国小传统的基本生活态度也就是许多宗教研究中看得特别清楚的功利主义。中国式的小传统生活方式实际上只能帮助现代化到达某一阶段而已。③ 黄光国认为,事实上,深受儒家伦理影响的中国人确有追求经济成就的强烈动机,只要客观条件许可,这种动机充分发挥出来,便能造成强大的经济动力。④ 有的学者认为,财富和功名一

---

① 若涵:《关于儒家文化与东亚经济的对话》,《明报月刊》,1985 年,第一期。
② 殷惠敏:《儒家思想与文化危机》,《九十年代》,1986 年,第一期。
③ 《从台湾经验看世俗化儒家与资本主义》,《中国论坛》,1984 年,第十二期。
④ 陈其南:《儒家文化与传统商人的职业伦理》,《当代》,1987 年,第二期。

直是中国人追求的最高目标。①

杜维明指出,严格地说,新教伦理所体现的清教徒式的禁欲主义和资本主义纯属物质性的积累是泾渭分明的两条路线。新教伦理作为促进资本精神勃兴的动机结构已经不是神学意义中基督教自证自验的人生价值了。因此我们必须也从社会效验方面来心早温新教伦理的全幅内涵。同样地,儒家伦理不仅对士大夫阶层发挥了作用,同时对广大良民、商人、工人,乃至贩夫走卒都有极大的影响。我们必须善书、民俗、谚语、传说、通俗文学、地方戏曲和民间宗教等等资料来认识儒家伦理的全幅内涵,及其在传统社会各层面所起的积极、消极作用。②

水秉和的提法是,在中国传统儒家文化里有两组价值,一组是精英价值,即修身、齐家、治国平天下的大道理,这是为官僚阶级设计的价值,其特点是利他,重道德操守而轻实利,重视精神报酬。另一组是平民价值系统,在儒家文化笼罩下,他们虽然多少受到精英文化价值系统的影响,但是其基本特点是利己,重实际利益,追求物质上的满足。③

杭之认为,传统科举制度固然可以产生功利性的成就动机,但科举制度中儒家的道德意义已经丧失,而这种制度促成的功利性成就动机很难说是儒家成德的伦理要求所培育的,而且功利性的流俗价值在将其成就目标转移到工商利禄之途以后,不但仍带

---

① 陈其南:《儒家文化与传统商人的职业伦理》,《当代》,1987年,第二期。
② 杜维明:《从世界思潮的几个侧面看儒学研究的新动向》,《九州学刊》,1986年,秋季号。
③ 水秉和:《儒家模型及其现代意义》,《知识分子》,1986年,冬季号。

有功利性格,甚至与科举的功利性格结合在一起,形成现代社会中形形色色的官商与官商勾结。①

包遵信对"世俗化儒家伦理"的观念提出异议。他认为,儒家本为世俗性文化,主导精神无所谓世俗化问题,一般民众的习俗观念、行为模式既不能笼统地归诸儒家伦理,又不能把它视为和儒家对立的另一种价值系统。儒家传统并没有两种伦理精神,两种价值系统。所谓世俗化儒家伦理纯属子虚乌有的虚构。他特别提出不应把勤俭作风和工作纪律等归属儒家伦理,他还认为,即使在东亚社会找到这样或那样的现象与传统文化有联系,也不能证明儒家伦理对现代化有助力作用,除非指出儒家传统的价值系统仍能在现代化的企业中成为支配观念。②

傅伟勋认为,儒家美德与经济发展或许有点关联(如儒家一向倡道的勤苦节俭、自勉互勉、德育教育、秩序礼节),但不必以偏概全、过分夸张儒家伦理的正面作用。香港与新加坡长期受有英国人在政策制定、公司组织、企业管理等方面的示范与影响,日本与韩国都有强烈的集体团结精神。集体精神乃是促成日本战后经济奇迹的一大因素。加上德川幕府以来的商人之道精神,与明治维新以来的资本主义财阀意识等,日本早已具有顺利配合经济发展的意识形态结构。至于中国台湾,如无邻邦日本的经济冲击,如无美国的大市场可以供产品推销等之内外条件,是否能在这二十年内逐步造成今天的经济成就,是不无疑问的。总之,不先考虑五个地区分别具有的特殊情况与内外条件,而想特别标出儒家伦

---

① 杭之:《韦伯理论,儒家伦理与经济发展的纠缠》,《当代》,1983年,第三期。
② 包遵信:《儒家伦理与亚洲四龙》,《中国文化书院报》,1988年1月10日。

理对于经济发展可能构成一种助因,难免有自作幻想之嫌。①

六、儒学的未来发展

1. 关于儒学第三期发展的问题

众所周知,近年来特别提出儒学第三期发展问题的是杜维明,他曾对为什么提出这一问题作过较详细的记述。他强调,讨论儒学的未来发展,并非认定它是中国文化中最好的、独一无二的代表,或不发扬儒学中国就没有希望,而是希望从同情的角度来理解这一传统,在理解的过程中也自然会照察到它的阴暗面。② 提出儒学前景问题是在多元化背景下产生的,与什么独尊儒学的思想不相干。③

他提出,在雅士培所谓轴心时代出现的几个大的精神传统,不管是印度教、佛教还是犹太教、基督教、回教以及希腊文明的传统,在20世纪后期乃至21世纪都将会有进一步的发展。④ 假若多元的轴心文明在20世纪末还有历久弥坚的生命力,甚至放眼21世纪仍是方兴未艾,那么列文森对儒家传统的哀悼是否过分悲观了呢?如果轴心文明的其他大传统仍有生命力,那么儒学在未来文明发展中还有没有生命力?它的发展的动力和条件是什么?儒学第三期的提法是把先秦儒家、宋明儒学分别看作第一、第二期提出来的。第三期发展从五四以来已经过三代人的努力,特别

---

① 傅伟勋:《儒家思想的时代课题及其解决线索》,《知识分子》,1986年,夏季号。
② 杜维明:《传统文化与中国现实》,《九十年代》,1985年,第十一期。
③ 《杜维明谈儒家发展的前景问题》,《中国哲学史研究》,1987年,第一期。
④ 杜维明:《传统文化与中国现实》,《九十年代》,1985年,第十一期。

是1949年以来,台港地区已有一批动心忍性的儒家思想为儒学传统的现代转化作出了极大贡献,第三期发展在工业东亚早已开始了。但是,从整个进程上讲,现在仍处于初级阶段。①

杜维明认为,儒学第三期发展的提出,也是基于,从21世纪人类面对的课题看,儒学人文主义的价值有可能提供积极的贡献。他认为,以20世纪人类全体的生存条件、人生意义、社会及文化所面临的危机及将来展望等课题为起点,各大宗教各大传统重新反省、了解、评价。20世纪的问题是人的问题,如何对人的问题进行全盘的反省,人道与天道如何结合,如何建立起哲学的人学,已不仅成为哲学界而且也成为宗教神学的课题。② 以前特别注重超越这一面的宗教传统重点都不是从个人现在存在的具体环境出发,而是从上帝存在或达到涅槃来立论,儒家对它们的挑战是:如果现在要重新反省作为20世纪的人的问题,就必须从一个具体现实的人所遇到的存在考验这个基础上出发。③ 儒家可以对这一课题提供一条线索。他认为,人类要征服自然,以浮士德精神,以侵略性极大的力量转化自然,使之为人所用,结果已经连自己所赖以生存的生态环境都污染了。再加上对环境以实用、斗争、掌握、控制的方式进行过度剥削,造成了能源枯竭的危险。因此,需要有一个新的人文主义的出现,这个新人文主义起码要建立在人与自然和平共处的基础之上。④ 新人文主义是讲人是什么,人

---

① 《创造的转化——判继承儒家传统的难题》,《中报月刊》,1986年,第七期。
② 《创造的转化——判继承儒家传统的难题》(四),《中报月刊》,1986年,第八期。
③ 《现阶段儒家发展与现代化问题》,《中国论坛》,1984年,第十二期。
④ 《创造的转化——批判继承儒家传统的难题》(一),《中报月刊》,1986年,第五期。

类应该向何处去，在什么基础上能够建构一个可以促使文化之间、宗教之间相互对话的新的人文主义。在这样的背景下可以注意到儒家的一些比较突出的特色。杜维明还认为，一种忧患意识的出现是20世纪人类自我认识的特色。科技万能和资源无穷等人定胜天的乐观主义在成长极限和生态平衡等新人文主义照察之下显得肤浅而片面，以动力横决天下的西方现代文化为人类创造了史无前例的富强，但也把人类带到了永劫不复的地狱边缘。为人类的全体生存和福利寻求一条可行之道已成为东西方知识分子进行比较文化研究的共同意愿。20世纪发展到今天，大整合和大分裂互相冲突、互相影响、互相转化成为现代文明的特色，置身于这种情境来考虑儒学第三期发展前景问题既非含情脉脉地迷恋过去，也不是一厢情愿地憧憬未来，而是想从一个忧患意识特别强烈的人文传统的现代命运来认识今天中国、东亚乃至世界文化认同。①

正视儒学对中国历史发展的消极作用和同时肯认儒学对人类文明进一步发展可能做出的贡献，杜维明提出所谓"儒学的悖论"：儒家所代表的价值取向，不仅没有把中国带到西方的以弱肉强食为主道思想的资本主义社会，也没有给中国带来科技高峰、民主制度以及个性解放唤起的灿烂文化，而且事实上起了阻碍作用。但是现在西方文明又碰到了新的难题，站在这一角度看，儒家的思想肯定还有很大的说服力。于是我们碰到了一个十分有趣的课题：一个阻碍了中国进步、没办法和西方竞争而暴露出很

---

① 杜维明：《儒学第三期发展的前景问题》，《文化：中国与世界》第二辑，1987年。

多缺陷的价值体系,又包含了人类和平共处,进一步发展必须的价值,这也就是我所谓的悖论。①

关于儒学第三期发展及前景问题,学者看法不尽相同。1985年杜维明在北京大学讲授儒家哲学及在中国文化讲习班谈儒学未来发展问题,在中国大陆引起了比较强烈的反响。比较普遍的一种意见是中国大陆目前不应复兴儒学,如储昭华认为,无论是儒学复兴还是其他种种关于中西文化结合的观点,本质上都没有脱出中体西用的折衷调和主义。今天的中体西用诠释者更反对全盘复古,但同时又认为传统思想文化大大优越于西方,儒学伦理精神远胜于资本主义经营管理。因此需要重新评价儒学,以实现儒家与西方先进文明的完美结合。五四运动早已指出中国传统文化不适宜现代的环境,并为历史所证明。

我们今天改革和现代化的最大障碍和阻力,正在于作为传统文化本质和组成部分的封建主义残余、陈腐观念和习惯势力。正当我们与西方先进文化相差甚远而迫切需要向它学习,借以改造中国文化促进现代化和改革时,从狭隘的民族情感出发,极力美化或神化,以至主张复兴以封建主义为基础的儒学,这正与时代需要背道而驰,超越历史发展阶段是不能不受历史惩罚的。②

李书有认为,目前国内对儒学有批判与赞扬两种相反观点,批判者把封建社会长期停滞和近代以前的反复曲折归之于儒学

---

① 杜维明:《创造的转化——批判继承儒家传统的难题》,《中报月刊》,1986年,五月号。
② 储昭华:《论"西化"及中国传统文化的现实出路》,《社会科学评论》,1986年,第十期。

的消极作用,视儒学为精神包袱。赞扬者把国家的长久统一和民族独立归之于儒学影响,以为儒家伦理的人际原则有永恒价值,视儒学为精神财富,双方都有片面性。从历史的坐标看,儒学有其存在的必然性和价值,但从现实的坐标看,儒学已失去其基础和价值。①

陈奎德认为,海外华裔学者讲新儒学复兴是可以理解的,也是颇值得同情的。但在中国本土的中国人与他们所面临的思想挑战大不相同,我们站在一个新的起点上,面对现实环境、历史条件和外部文化的挑战,一空依傍,独立判断,独立创造,重新缔造一个价值体系,一个革新的文化,这是历史对我们的文化考验。②

杨念群认为,第三期儒学的观点基本上是站在儒学这个中心视点俯瞰西方,可以说是近代中体西用观的精致翻版和深化,如果中国知识分子重蹈"内圣外王"的老路,那么中国要实现现代化就无异于一句空话。③

朱日曜认为,儒学是中国传统文化的重要组成部分,对民族心态、生活方式及社会历史进程曾发生过十分巨大的影响。由于儒家思想在中国文化中的积淀,全盘西化是不可能的,但是儒学毕竟是封建时代的思想文化,近百年中国社会的巨大变化,使传

---

① 李书有:《新儒家思潮和我们的儒家伦理研究》,《南京大学学报》,1987年,第十一期。
② 陈奎德:《文化讨论的命运——兼与杜维明先生商榷》,《复旦学报》,1986年,第三期。
③ 杨念群:《打破和谐——杜维明先生儒家第三期发展说驳议》,《青年论坛》,1986年,第七期。

统儒学已失去了赖以生存的条件,中国的现代化也无需复兴儒学。①

另有一些学者对儒学未来发展的地位提出了自己的意见,强调未来发展的儒学应在多元的文化环境中存在。张岱年认为,关于新儒家,有一点是十分明确的,儒学第一期发展是作为百家之一家而存在的,第二期从汉代到辛亥革命,作为正统思想而存在。如果儒学有第三期发展的话,那它也只能作为众多学派的一个学派,而不可能作为统治思想而存在了。② 杨念群也认为,必须把儒学放在居于次要地位、补充地位,而代之以多元式的混合型文化整体。③

甘阳反对使儒家在未来文化中占主导地位的努力。他提出,孔儒之学能够成为中国现代文化系统的主干和核心吗? 20世纪以后中国文化的传统还能以儒家文化为象征和代表吗? 如果是那样的话,只表明中国文化的系统仍然是"过去已经存在"的那个系统,缺少标志"现代"特征的新的文化要素作为其核心主干。毫无疑问,儒家文化在今日及今后都仍将作为中国文化的组成部分并起作用,问题是今日及今后他们在中国文化系统中的地位或意义当与"过去"截然不同。"现代的"中国文化系统必有其现代的价值核心和总体特征。这种新的成分和要素不能也不应是儒学。中国文化的传统在今后将远远大于儒释道的总和而有其更为广阔的天地,即使在后工业社会的中国文化也不会是儒家文化的复

---

① 《传统儒学的历史命运》,《吉林大学学报》,1987年,第三期。
② 《中国传统哲学的批判继承》,《理论月刊》,1987年,第一期。
③ 《打破和谐——杜维明先生儒家第三期发展说驳议》,《青年论坛》,1986年,第七期。

兴。换言之,从建构现代中国文化系统的角度,不能再把儒家文化继续当成中国文化的基本精神,必须重新塑造中国文化新的基本精神,而使儒家文化下降为次要从属的部分,唯有这样才能真正克服儒家文化曾经起过的消极作用,才能真正光大中国文化的传统。①

2. 儒学的现代转化

多数学者认为,儒学要和现代生活结合,对人类今日遇到的课题作出回应,必须经过一番创造的转化,这种转化对儒学既是必要的也是可能的。

林毓生认为,儒学的仁的哲学与爱国家、爱民族是不冲突的,儒家最高的理想是每个人在生命中根据内在的资源完成道德的自我。从这一点看,仁的思想承认每个人都是目的,不是手段。创造的转化是一个过程,在这个过程中,新的东西是经由于传统里健康生机的质素的改造而与我们选择的西方观念价值相衔接,在这种有所根据的创造过程中,传统得以转化。②

李泽厚认为儒家仍有创造转化的活力。由于儒家的实用理性的影响,中国文化传统在某种意义上是最能接受吸取外来文化以丰富、充实和改进自己的,从佛教在中国人心目中的地位及五四时代的全盘反传统思想都是中国实用理性传统的展现,显示了中国文化传统的负荷著具有不受本传统束缚限制的开放心灵,也说明这个古老的文化心理传统仍有创造转化的活力。③

---

① 甘阳:《八十年代文化讨论的几个问题》,《文化:中国与世界》,三联书店,1987年。
② 《当代新儒与中国的现代化座谈会》,《中国论坛》,1982年,第十期。
③ 李泽厚:《中国现代思想史论》,东方出版社,1987年。

杜维明也援引贝拉的论点,认为基督教在西欧经过了宗教改革从中世纪的信仰转化为推动西方资本主义的精神泉源,宋明儒学也具有创转化功能,与东亚现代化有密切关联。①

杨国枢提出,整个儒家思想是农业社会的文化结晶,不论思想层次或实践层次,都是针对农业社会的。现在不应把原先适应农业社会的一套思想理论架构贴贴补补来适应现代工业社会,而应创造一种能适应于工商社会的新的儒学。②

另一种意见是对儒学现代转化的能力表示怀疑。汤一介认为,现代儒学派要求在吸收西方文化的同时更多更好地保持发扬儒学,特别是在现代如何使宋明心性之学得到发展从而适应并改善现代社会。这里有两个要求,一是从内圣之学能否开出适应现代民主政治的外王之道;另一个是能否从心性之学开出一个科学认识系统。这两个要求照我看都不可能实现。当然中国文化要发展为世界文化的一部分,也不可能不保持自己的独立性,也就不可能不包括新儒学所提出的问题。③

包遵信认为,儒家思想的现代转化既没有必要,也没有可能。他认为,以儒家为主体的传统文化,是一个封闭性的自足系统,正如中国封建社会商品经济无论怎么发展也摆脱不了自然经济的脐带步入资本主义一样,传统文化也不可能靠自我判断达到自我更新。④ 儒家思想作为一种既定的思想体系,有它特定的内容,相

---

① 杜维明:《儒学第三期发展的前景问题》,《明报月刊》,1986年,三月号。
② 《当代新儒家与中国的现代化座谈会》,《中国论坛》,1982年,第十期。
③ 汤一介:《传统文化面临的三个问题》,《理论信息报》,1988年3月27日。
④ 包遵信:《17世纪中国社会思潮(提纲)》,《中国传统文化的再估计》,上海人民出版社,1987年。

应的理论结构,如果塞进原先没有的内容(科学民主等),它的容量未必承受得了。原有结构也可能变形、科学民主是近代社会的思想原则,与儒家思想是有着不同社会内容、不同价值系统的树立的世界观。如果一定要把它们硬塞进儒家思想体系,结果只能是既断送了科学与民主的近代内涵,又扭曲一儒家的原则。因此儒家思想的现代转化只是一厢情愿的设想,儒家思想无论作为一种学说体系还是作为传统文化的主体,它都没有必要现代化,也没有可能现代化。[①]

3. 当代新儒家的评价

1982年在台北召开了专门讨论"当代新儒家与中国的现代化"座谈会。韦政通曾提出,历史文化、理想主义、人文精神、道德理想等代表新儒家精神的基本符号,他们赋与这些符号的意义,是否能为中国的现代化提供某种动力?多数与会者认为,新儒家现在还不是社会实体的一部分,只是少数知识分子的一套思想。[②]

金耀基认为,新儒家的影响基本上还停留在学院的层次上或只停留在少数知识分子之间,并没有进入"社会工程"的过程中。新儒家的思想根本未成为现代的外王学问,在制度方面,新儒家并没有提出关于家庭制度、教育等其他制度方面的特殊设计,即使有,也不一定可以见诸实施,他还特别指出,如果从现代化的角度看,"新儒家可能遭遇到另一种命运,就是新儒家整个的活动在现代化进程中,不是有利与不利的问题,而是可能变成不相干,这

---

① 包遵信:《儒家思想和现代化》,《知识分子》,1987年,冬季号。
② 《当代新儒家与中国的现代化座谈会》,《中国论坛》,1982年,第十期。

可能是从事思想工作的人最感悲凉的事。即在世界性现代化的过程,传统整个被冲没了,只剩下一些很小的回声,也许五十年、百年之后有人来回应这些呼声,但在目前现代化过程中,如理想观念,不能变成社会文化运动中的相干因素"。①

另一方面,金耀基指出,新儒家的努力是在现代化的邅变中保持中国文化的认同,他们对现代化的贡献基本上是一种批判工作。他们的批评主要是对现代化背后的理性主义特别是工具理性的问题,他们特别批评五四时的科学主义以及西方一些现代化先进社会出现的问题。他们的论点在现代化的社会不易获得热切的回应,而对后现代或后工业社会更有切入感,所以往往会产生一种超国界、超文化的现象。②

林毓生、张灏也指出,韦伯有时认为科技(工具理性)是西方文化的一个动力,给人类带来很多好东西,但也有时候感到迷茫,工具理性的高度发展使人更不能具有合理的人生,工具性虽使我们有效率,但本身不蕴含价值理性,科技的成就并不能达到最合理的价值。③

刘述先认为,当代新儒家的最大贡献在明白地指出,无论现代西方科学技术的巨大贡献以及政治社会革命意识的觉醒,内在的安心立命始终是一个不可替代的课题。而这个问题的解决不能靠对于一个超越外在的上帝的信仰来解决。新儒家体证到吾人所禀赋的生命人人涵有生生不已、忧惕恻隐的仁心。由这一点

---

① 《当代新儒家与中国的现代化座谈会》,《中国论坛》,1982年,第十期。
② 同上。
③ 同上。

仁心的体证加以扩充,即可由内心接通超越,由有限体证无限。这样的肯定不能由科学的经验来验证,它所牵涉到的是人的终极托付,是理性深层的体证,然而又必须靠终极托付的订立才能提升到意识的层面,可以通过自己的践履去体现这一境界。①

另一些学者着重指出了新儒家理论上的偏失。韦政通指出,新儒家思想的基本态度是创新必依据其所本有,也就是必须返本然后才能开新。就开新方面说,新儒家承认中国缺乏科学精神,承认在正德利用厚生之间少了理论科学知识的扩充,过分重视人的道德实践。② 新儒家的最大愿望之一是希望现实政权能由儒家的思想精神来领道。有的新儒家的确相信,儒家的人文精神如能转出或融摄西方的民主科学,不但能救西方之自毁,亦足以成为文化生命的最高原则。③

殷惠敏认为,到目前为止,试图肯定儒家思想的现代意义的文章都不能令人信服,原因是这方面的论述仍是附会成分居多。除了本体论的推演外,落实到现实层次和具体社会经济条件,便缺乏立足点。研究儒家的人只能一再强调儒家不是什么(如不是封建道德,帝制的社会秩序),而不能说儒家是什么,不能说明在当前的时空条件下它有什么积极意义。除了消极地说儒家同现代化要求并不扞格外,只能空洞地寄望于未来的机缘,或自由主义和儒家道德理想主义能够结合,或儒家能来个创造性的转化,

---

① 刘述先:《当代新儒家的探索》,《知识分子》,1985年,秋季号。
② 韦政通:《新儒家与自由精神专辑》,《中国论坛》,1983年,第二期。
③ 韦政通:《当代新儒家的心态》,《中国论坛》,1982年,第十期。

但在现实条件下如何结合,如何转化,又说不出所以然来。①

傅伟勋认为,传统以来的礼治观念与现代化的法治观念在国人心目中仍混淆不清,而家族中心主义与裙带主义仍未超克,足以例证封建时代的长期陋习还在作祟,而为民主政体与公正法制的一大障碍。同时深受儒家内圣外王之道的理想主义影响,还未彻底克服德治或人治传统观念而接受合乎现代社会的法治观念。西方民主政体与公正法制的形成发展乃是有其"体"作根基,如负面人性的肯认、多元开放的政治容忍和社会共识,独立人格的尊重、规律中心的伦理等。新儒家不想亦不愿面对西学之"体",反而硬把儒学的德治思想套到西方民主法相上,岂非犯了严重的时代错误?②

李泽厚在讨论新儒家强调以传统儒学精神为主体,吸收西方近代思想的基本特征时也指出,儒学仍有可为,这就是彻底改变基地,现代新儒学所以与宋明儒学同一新字,在于它自觉地以内圣之学为主导。外王在今天看来当然不仅是政治,而是整个人类的物质生活和现实生存,内圣也不仅仅是道德,包括整个文化心理结构,因此原始儒学和宋明理学由内圣决定外王的格局便应打破,另起炉灶。此外,现代新儒学是站在儒学传统的立场上吸收外来的东西,是否可以反过来,以外来的现代化的东西为动力和躯体?③

黄俊杰指出,近几十年来的儒家,无疑地基本上继承了宋明

---

① 殷惠敏:《儒家思想与文化危机》,《九十年代》,1986年,第一期。
② 傅伟勋:《中国文化重建课题的哲学探索》,《哲学与文化》,1985年,第十期。
③ 李泽厚:《略论现代新儒家》,《中国现代思想史论》,东方出版社,1987年。

以来陆王一派的学说,比较强调德性主体的建立。但除了陆王之外,也应提及程朱的儒学传统,这个传统比较重视知识,虽然各个时代的儒者都很注意道德问题,视知识为手段,但从今天中华民族要求现代化的方向来看,知识的重要性不能忽略。①

方克立认为,现代新儒家是中国人对中西文化冲突的一种很重要的回应方式,代表了在这一冲突中力图保持中国传统文化本体,以儒学为基础会通融合中西的努力。新儒家在西化浪潮中敢于站出来维护传统,与顽固的保守主义相比,又不绝对排斥西学,但实质上还是中体西用派。新儒家想由儒家的心性之学开出科学民主的外王事业以谋求现代化,没有摆脱"道德主体优位论"的立场。新儒家力图维护的是儒家伦理本位和心性之学的唯心传统,会通的也是现代西方的唯心论。但新儒家对哲学范畴的研究有参考价值,他们以孟子到陆王为正统,融摄康德、黑格尔一些思想建构的心性哲学的理论,也有启发和促进哲学思维的作用。②

4. 儒学发展的课题和条件

杜维明认为,儒学进一步发展,必须面对来自西方思想的挑战,第一是超越精神的层次,即基督教等代表的文化方向;第二是社会的层次,如马克思思想;第三是心理的层次,如弗洛伊德深度心理分析学。③ 其次对儒学阴暗面的批判也是它进一步发展的条件,因为它的所有阴暗面经过最全面深入的批判之后,它的健康一面的发展和它的阴暗面绝然分割,它所具有的生命力是经过考

---

① 黄俊杰:《儒家传统的现代展望》,《亚洲文化》,1987年,第四期。
② 方克立:《要重视对现代新儒家的研究》,《天津社会科学》,1986年,第五期。
③ 《现阶段儒家发展与现代化问题》,《中国论坛》,1984年,第十期。

验的,受其阴暗面污染的可能性也是比较小的。当把儒学的阴暗面照察得比较透彻之后,应该对儒家传统的精义进行深度思考,对儒家传统的再认识、再创造,也是儒学第三期发展的先决条件。① 而将来儒学的复兴的关键决定于儒家的学术思想有无见证者,即在儒学的传统中能否出现一些像样的哲学家、文学家、政治家、企业家等。儒学将寄居于知识分子群体自我批判的意识之中。②

如何对儒学进行再创造？杜维明认为,儒家至少可以在教育学、伦理学方面有突出表现,也很可能从伦理学的角度把它的美学、形上学贯穿起来,甚至可以发展一套儒学特有的认识系统和知识论。他特别提出"体知"问题,认为儒家的体知思想有其特殊的认识结构,自己的系统和逻辑,由此可以挖掘出一套中国特有的思想体系。③ 通过体知概念把德性之知和一般闻见之知区分开来,以突出德性之知的特殊意义,又把一般闻见之知与德性之知统合起来,让闻见之知在德性之知首出的前提下获得适当的位置。他认为,作为德性之知的体知活动是人类认识的基本形态,这种活动可以通过群体的批判的自我意识而转化为探索科学理论的认识。而体知活动所转化的、以成就科学理论为目标的认识,不必遵循培根所谓知识即力量的途径,也不必背弃以知识为智慧的希腊传统。不仅如此,立基于德性之知而由体知转成的科学认知是涵盖性极大的人文精神的体现。所以大可不必用道德

---

① 杜维明,《创造的转化——批判继承儒家传统的难题》,《中报月刊》,1986年,第六期。
② 杜维明,《儒家传统的现代转化》,《知识分子》,1985年,秋季号。
③ 杜维明,《创造的转化——批判继承儒家传统的难题》,《中报月刊》,1986年,第九期。

知识截然两分的模式把泛道德主义的标签加于儒学之上。①

包遵信不同意这种看法,他认为传统儒学的见闻之知和现代哲学的知性探求是涵盖不同的命题,它的独立不可能成为知性主体,如果硬要把它和德性之知并列,成为知识探求的正途,那就会冲破儒家的价值体系。传统思想"体知"在认识过程、认识结果、运作功效方面的特征是直觉性(思维缺少逻辑规范的限制)、模糊性(排中律的缺失,认识对象没有明确类属,什么都既是又不是)、联想的随机性(无类比附,类型推理),不可能转化为现代的认识体系。②

在近年对儒学进一步发展的课题的讨论方面,傅伟勋对儒家思想的时代课题及解决线索的研究,可以说是最为详尽周全的。他认为,谋求现代化意义的转折充实与内在难题的自我超克,使儒家经由一番现代化之后,配合经济社会政治科技资讯等层面的现代化,真正发挥正面积极的作用,而不致变成意识形态上的绊脚石,是一个重要迫切的时代课题。解决这些问题的基本立场应是由批判的继承谋求创造的发展,建立中国本位的中西互为体用论,形成多元开放的思想文化胸襟。他从五个方面具体讨论了儒家思想的课题及解决线索。

(1)知识论。儒家知识论基本特征是标榜泛道德主义,以德性之知优于闻见之知;相对于行而言,知没有独立的存在意义与价值。主知主义倾向始终被儒家本身道德主义压倒,开不出纯粹

---

① 杜维明:《论儒家的"体知"——德性之知的含义》,《儒家伦理研讨会论文集》,东亚哲学研究所,1987年。
② 包遵信:《儒家的现代转化和新儒家的理论困境》,《明报月刊》,1987年,第六期。

知性探求之路,由是产生严密科学研究态度的奇缺、逻辑思考能力的薄弱,哲学论辩过分简易化。解决线索在重新学习西方知性探求之长,分办客观性知识和主体性知识的殊异,使两种知识独立自主保持平等,不能再以"道德主体自我坎陷而为有执的认识主体论"去看纯理论性的知识探求。

(2) 形上学。儒家的"道德的形上学",强调宇宙气化流行显示天命的至诚无息,其内在难题亦由泛道德主义的单元简易心态而产生。天地自然是否原原本本彰显儒家所云"生生之化"或"天命流行"的道德意义,宇宙秩序是否即是道德秩序,并无完全独立于道德主体的客观性理据可言。哲学上无由证立"宇宙秩序是道德秩序"是一种"客观必然性",科学上更无法检证其"客观必然性"。解决线索是第一步要承认形上学并不是什么"客观真理",形上学无所谓客观不客观,而是建立在可望人与人间相互主体性的共识公认的一种哲学道理,第二步应使儒学具有"整全的多层远近观"性格,即不是作为一种客观固定的真理,而是随心性向上向善转移而形成的开放性哲学。

(3) 心性论。儒家的心性论由于采取道德的理想主义立场,忽略了负面人性及人的社会性。解决线索亦须采取整全的多层远近观,首先在心性论的最高层次肯定良知或本心本性,以便挺立人的道德主体性;同时也要设法包容从程朱的气质之性论到耶教与佛教为例的心性沉没门。建立一心开多门的心性论模型,以便对于包括道德本性、气质之性、自然本能、社会性与罪恶性在内的复杂人性,有一较为充实完整而免于单元简易、甚至片面独断的看法。

(4) 伦理学。儒家伦理学所面临的首要课题是,如何辩证地综合"最高限度的伦理道德"与"最低限度的伦理道德"。儒家道德理想主义一向无见于负面心性的结果,不预先设立最低限度的伦理道德,高唱最高限度的伦理道德。今后,道德教育仍可以提倡"最高限度的伦理道德",政治社会道德则尽求"最低限度的伦理道德"。在道德教育与道德主体性的树立上,儒家虽应继续强调"最高限度的伦理道德",但不应过分标榜成德的内圣之道,导倡导德理想即日日奋勉的现实过程,即提倡君子的奋勉而不是圣人的圆善。重新谋求微模伦理与巨模伦理的现代化综合。微模意义的家庭道德、日常伦理,儒家伦理当会继续发挥正面作用,但在关涉整个政治社会的巨模伦理,必须吸纳"规律中心的公正伦理"和"功利效益"结果论,打开一条现代化综合的中庸之道。

(5) 解脱论。儒家亦具有由道德的理想主义所衍生出来的一种特有的解脱论。如以忧道闻道为终极关怀,以未知生焉知死、乐天知命,及德福一如的生死智慧在现代社会仍有正面积极的意义与价值,有助于偏重大传统的知识分子建立健全有益的人生观。但是它对依从小传统(宗教信仰)的人民大众来说,恐陈义太高,难被接受。儒家是否也可以重新发展天与天命等原先已有的超越性层面,补充世俗伦理性层面,也是一个值得关注的课题。①

5. 儒学的现状及其当代影响

(1) 近代中国知识分子对儒学的态度

伴随着中国 19 世纪中叶以后的衰落,儒学这个持续了几千

---

① 傅伟勋:《儒家思想的时代课题及其解决线索》,《知识分子》,1986 年,夏季号。

年的文明传统遇到了前所未有的挑战。在饱受五四以来优秀知识分子猛烈抨击和批评之后,在经历了中国社会政治经济的巨大变动之后,已经变得急剧没落。今天,满怀忧患意识,以儒家传统的精神生命为终极承诺的学者也一致承认,"儒教中国的现代命运极为悲惨,这已可以说是不刊之论了"(杜维明),发出那"不可讳言,儒家这个名词给人带来许多不愉快的联想"的感叹(刘述先)。

杜维明曾对儒学在近代的没落作了这样的概述:儒家传统在中国近代的没落有目共睹。同治中兴的失败意味着运用儒家经世致用之学以自强的局限性;戊戌政变的夭折显示了日本明治维新式以传统精神指导改革的典范不适用于当时中国的现实政治;1905年废除科举之制,取士标准大变,儒家经典和培养领导人才逐渐脱离关系。辛亥革命摧毁了以儒家伦理为大经大法的专制政体;20世纪初期袁世凯企图推尊儒家为国教的复辟导致一连串打倒孔家店的新文化运动。儒家传统在中国近代的没落不仅是西方现代文化破门而入的必然归宿,也是中国主体知识分子共同努力的结果。

杜维明认为,五四运动以来中国知识分子对古今中西之争进行了一系列的反思,第一流的知识分子由于救亡图存而奋不顾身的使命感和爱国心的激励,形成了一股反对儒家传统的浪潮。西方文化,根据这一理解,是重视科学实证,民主建国,强调个性解放、人格尊严,提倡法制人权,主张以商品经济和市场机制调动生产力的文化。相反地,中国传统文化则是以封建社会为代表,由三个互相依赖的系统组成:以家长官僚制度为核心的政治文化,以宗法家族纽带为纲领的社会文化,以小农自然生产为基础的经济文化,由这三个系统所孕育出来的政治、社会和经济文化的权威主义,保守倾向和集体方式为特色,造成了压抑个体性、扼杀创造性、消解积极性的不良后果。如何拥抱西方现代文化,清除中国传统文化便成了有识之士的当务之急。①

余英时指出,基督教在西方近代文化中有两重性格,制度化的中古教会权威在近代科学的冲击之下已彻底崩溃了,但作为价值来源的基督教精神弥漫在各个文化领域,否则价值将无所依托。五四以来反传统的人误认现代化必须以全面抛弃中国文化传统为前提,似乎没有考虑到如何转化和运用传统的精神资源以促进现代化。五四的知识分子要在中国推动"文艺复兴"和"启蒙运动",这是把西方的历史机械地移植到中国来了,他们对儒教的攻击即在有意无意地采取了近代西方人对中古教会的态度。五四时代对中国传统的攻击并非完全是无的放矢,更不是说中国传统文化毫无弊病。五四人物所揭发的中国病象不但都是事实,而且尚不够鞭辟入里,但中国文化的病症病因与西方文化截然不同。②

(2) 儒学与当代中国人的文化心理结构

李泽厚认为,即使广大农民并不读孔子的书,甚至不知孔子其人,但沉浸和积淀在他们的行为规范、观念模式、思维方法、情感态度等等意识和无意识底层,主要仍是孔子和儒家的东西,而

---

① 杜维明:《儒学第三期发展的前景问题》,《文化:中国与世界》,三联书店,1987年。
② 余英时:《从价值系统看中国文化的现代意义》,时报出版公司,1984年。

不是道家、法家或佛教。当然这些东西也有，但大半已被吸收包含和溶解在儒家中了。规范玉皇大帝、如来佛祖的世界的，仍然是君臣父子的儒家秩序，这即是说，儒家作为几千年来的社会统治意识，已不是一个阶级的思想，而成为中国民族性或国民性或我称之为"文化心理结构"中的主要组成部分。可见，儒家并非绝学，不是什么快要毁灭从而需要赶紧挽救或恢复发扬的东西，这是一种活生生的不以人们意志为转移的现实存在，其中包含优良的东西，也包含有很坏的东西，正因为它是文化思想的现实存在，所以首要的是作清醒的自我意识和历史的具体分析，以了解它而后促进它的转化或革新。①

杜维明则认为，难以否认，儒家在中国人的文化心理结构中起着非常大的作用，但目前来看，这些作用基本上都是负面的，是封建意识形态在各种不同角色的体现。权威主义、官僚主义、近亲繁殖、小农经济的保守思想，缺乏进取、冒险精神，这些也都是陈独秀在《新青年》要抛弃的传统。而儒家所塑造的真正比较健康的精神，如大丈夫精神、抗议精神以及农民的坚韧性格等，则仅仅是一个遥远的回响。② 年轻一辈，首先在感情上排斥儒家。所有的理解都是从批判入手。在真正的学术思想层面，对儒学很生疏、很隔膜，对儒学比较精彩的内涵几乎没有接触。③

儒家伦理对一般民众至今仍有重要影响，这是学者一致承认

---

① 李泽厚：《关于儒学与新儒家》，《中国传统文化的再估计》，上海人民出版社，1987年。
② 杜维明：《传统文化与中国现实》，《九十年代》，1985年，第十一期。
③ 杜维明：《儒学传统的现代转化》，《知识分子》，1985年，秋季号。

的事实,如蔡仁厚曾指出,在台湾地区和海外华人社会,儒家伦理的根基仍深厚广大,有很强的适应性,虽然外在的架构、形式、节文在今天多已散塌,但实质上一直还在起作用。① 在中国大陆,根据一次较大规模的社会心理调查(问卷),在对"父慈子孝""勤俭节约""克己奉公""重义轻利""顺从长上"等传统价值的态度上。65%~77%的人认为可取,11%~12%的人认为当具体分析,完全否认其可取性只占3%~6%。②

(3) 儒学在当代的社会影响

汤一介在谈到今天的反传统派时说,反传统派认为中国文化要适应现代化,必须站在当代的立场上,引进西方现代文化,以便抛弃旧文化。中国的传统文化只能拖住现代化的后腿,应该加以否定。反传统的这些说法不无道理。现在中国传统文化思想仍然影响着社会生活、政治生活的各个方面,起着消极的作用,当前的各种弊病基本上与此有关。③

在如何估计儒学的现状这问题上,杜维明认为,在某种意义上,现代的日本、韩国以及现代的某些华人社会确有儒家的积极因素在起作用。现代的中国社会儒家根本没有起积极作用。④ 水秉和认为儒家思想正面临两个危机,在大陆上面对社会背景不良的危机,在台湾与海外面临着没有社会背景的危机。⑤ 杜维明还

---

① 蔡仁厚:《儒家伦理思想的反省》,《鹅湖》,1982年,第二期。
② 《当代人怎样看待中华民族的传统道德》,《社会》,1987年,第一期。
③ 汤一介:《传统文化面临的三个问题》,《理论信息报》,1988年3月2日。
④ 杜维明:《创造的转化——批判继承儒家传统的难题》,《中报月刊》,1986年,六月号。
⑤ 水秉和:《儒家与政治学》《知识分子》,1985年,冬季号。

提出,在工业东亚,儒学面临最大的考验是政治化和庸俗化。儒学作为一个比较深入的哲学的人学,如果变成一种官方思想,和现代知识分子对官方意识形态的反击能力没有什么特别的联系,那么儒学的前景是很悲观的。另外儒家传统在东亚的表现比较现实,与现代企业现实政治都有很实际的联系,它的理想性,即在塑造理想人格方面的动源就很可能得不到充分的展示,如果说儒学只具有帮助东亚企业家和西方企业竞争的一些价值,那了不起也只能塑造那种子贡式的大商人,和儒学自身的精神泉源之间还有很大的距离。①

(《儒学发展的宏观透视》,正中书局,1997年)

---

① 杜维明:《创造的转化——批判继承儒家传统的难题》,《中报月刊》,1986年,七月号。

后　记

这本书主要是近十年来我写的部分古代儒家哲学思想史的论文的汇集，其中先秦的部分以荀子为主，近世的部分则以朱子学与阳明学为主。书中最新的论文是论朱子皇极说、王阳明拔本塞源论和何心隐思想特质等几篇，但本集中也包括几篇我在80年代写的有关道家、名家与玄学的论文，因为这几篇并未收入《陈来学术论著集》十二卷中，读者不容易寻找，故一并收入此集。

附录"儒学发展的问题与前景"，是1988年春天我应新加坡东亚哲学研究所之邀为当年夏天的新加坡国际儒学会议所作的准备资料，以提供给会议参加者作为参考文献。当时我尚在哈佛，得以利用燕京图书馆的方便，广泛收集了两岸三地及新加坡中文学刊、杂志所登载的讨论儒学的论文，这是当时在中国大陆或在港台的学者都不具备的条件。这是我对此次会议做的重要贡献。此文较全面地整理了80年代中文世界儒学讨论的问题和线索，即使在今天看也仍有其价值，故作为本书附录，供今天热心儒学讨论的读者比较参考。

2003年夏天我为余英时先生《朱熹的历史世界》一书撰写了书评，本书收入此篇，本书的书名即取自此篇的题目，读者鉴之。

陈　来

2015年5月于清华学堂